U0165073

国家社科基金
后期资助项目

《孙子兵法》新研究：
以银雀山竹简本为中心

A New Research into *The Art of War* :
Centering on the Version from Yinque Mountain Bamboo Slips

熊剑平 著

中华书局
ZHONGHUA BOOK COMPANY

图书在版编目(CIP)数据

《孙子兵法》新研究:以银雀山竹简本为中心/熊剑平著. —北京:中华书局,2023.8
(国家社科基金后期资助项目)
ISBN 978-7-101-16186-1

Ⅰ.孙… Ⅱ.熊… Ⅲ.《孙子兵法》-研究 Ⅳ.E892.25

中国国家版本馆 CIP 数据核字(2023)第 063641 号

书 名	《孙子兵法》新研究:以银雀山竹简本为中心
著 者	熊剑平
丛 书 名	国家社科基金后期资助项目
责任编辑	白爱虎
责任印制	陈丽娜
出版发行	中华书局
	(北京市丰台区太平桥西里 38 号 100073)
	http://www.zhbc.com.cn
	E-mail:zhbc@ zhbc.com.cn
印 刷	天津善印科技有限公司
版 次	2023 年 8 月第 1 版
	2023 年 8 月第 1 次印刷
规 格	开本/710×1000 毫米 1/16
	印张 24¾ 插页 2 字数 400 千字
国际书号	ISBN 978-7-101-16186-1
定 价	118.00 元

国家社科基金后期资助项目出版说明

后期资助项目是国家社科基金设立的一类重要项目,旨在鼓励广大社科研究者潜心治学,支持基础研究多出优秀成果。它是经过严格评审,从接近完成的科研成果中遴选立项的。为扩大后期资助项目的影响,更好地推动学术发展,促进成果转化,全国哲学社会科学工作办公室按照"统一设计、统一标识、统一版式、形成系列"的总体要求,组织出版国家社科基金后期资助项目成果。

全国哲学社会科学工作办公室

目　录

序　一

黄朴民

　　熊剑平博士的新著《〈孙子兵法〉新研究：以银雀山竹简本为中心》将由中华书局出版，这是《孙子兵法》与中国兵学文化研究领域的一大收获，令人振奋，值得庆贺！承蒙他的信任，嘱咐我写个序言，作为他的同行与合作者，我当然责无旁贷，义不容辞。故不揣谫陋，借此机会谈点自己学习后的粗浅体会。

　　从中国古代学术思想研究总体状况来看，兵学思想与文化的研究属于"冷门"，但是，就兵学研究本身而言，有关《孙子兵法》的研究，却可以说是"冷门"中的"热点"。千百年来，这方面的研究成果可谓异彩纷呈，蔚为大观。这种局面的形成，决不是偶然的，而是由《孙子兵法》一书的性质与价值所决定的。明代学者茅元仪说得好："先秦之言兵者六家，前孙子者，孙子不遗；后孙子者，不能遗孙子。谓五家为孙子注疏可也。"不仅先秦如此，整个中国古代兵学的核心内涵、基本命题、价值取向、思维方式，等等，都无法另起炉灶，而只能在孙子建构的理论框架中做些引申阐释、补苴深化的工作。作为中国古代兵学的巅峰，《孙子兵法》是永远无法超越的，所以，魏晋之前，人们引用《孙子兵法》，往往省略"孙子"两字，而直接标明"兵法曰"云云。从这个意义上讲，《孙子兵法》与中国兵学之间几乎可以画上等号，研究《孙子兵法》，对于了解和认识中国古代兵学，既是入门，又是关键，具有以一驭万，纲举目张，触类旁通，牵一发而动全身的意义！

　　但是，在《孙子兵法》研究热的背后，也存在着不少不尽如人意的情况，包括对文本的文献学准确释读、兵学体系及其价值的科学总结、当代启迪意义的理性分析及成书之历史文化渊源的烛隐发微等。研究成果多，固然令人欣喜，因为没有一定的数量，就谈不上保证有一定的质量；但是，没有上乘的质量，再多的数量，也无法真正提升研究的高度与境界。陈陈相因，浅尝辄止，浮光掠影，蜻蜓点水，永远是学术研究上的大忌。平心而论，这种不足在《孙子兵法》研究上，同样是客观的存在。举个简单的例子，《火攻篇》有云："夫战胜攻取，而不修其功者，凶。命曰费留。"这里的"费留"，准确的含义究竟是什么，恐怕是到今天也无法说得清楚。"易无达占，诗无达诂"，这种遗憾，在《孙子兵法》的释读与研究上也是常态。

导致这种状况的长期存在，原因是相当复杂的。首先是《孙子兵法》本身内容博大精深，存在着多种解读的空间。"有一千个读者，就有一千个哈姆莱特"，由于学殖、立场、方法的差异，人们对《孙子兵法》的理解，也往往是言人人殊，莫衷一是。其次是古今关注重点的转移，导致在孙子思想再认识上出现落差。"一切历史都是思想史""一切历史都是当代史"，人们对传统文化的传承与弘扬，各有合乎自身逻辑的选择。如"不战而屈人之兵"的"全胜"战略观，当然是孙子思想体系的重要组成部分，却很难说是其核心宗旨。孙子的中心命题是如何确保"战胜"，而不是怎样实现"全胜"。"兵以诈立，以利动，以分合为变"，始终是《孙子兵法》的主旋律。但在"和平与发展"为当今世界进步主流这个大趋势下，人们往往会选择甚至放大孙子"全胜"观的地位、价值和意义。这不能说不对，但这只是现代意识改造后的当下孙子，而非历史语境中的真实孙子。第三是知识体系的局限性导致《孙子兵法》研究缺乏扎实推进的内在张力。《孙子兵法》研究有显著的跨学科属性，需要具备军事学、历史学、文献学、哲学等多学科的知识背景与研究方法。即使历史学与文献学功底雄厚，但倘若对军事学素无了解，则难以准确诠释相关的兵学范畴；同样，如果纯粹局限于军事学，没有一定的历史学、文献学造诣，那么其论述也不免流于泛泛。这种知识体系结构上的先天性要求，使得突破《孙子兵法》研究的瓶颈出现重重障碍。

当然，深化《孙子兵法》研究的最大挑战，来自材料本身的缺失与不足。众所周知，"巧妇难为无米之炊"，文献资料是进行一切学术研究的基础，许多学术争议的平息，千年聚讼的释解，理论共识的建立，关键需要回归文献资料本身，以具体而可信的证据说话。王国维说："吾辈生于今日，幸于纸上之材料外更得地下之新材料。"近年来儒学研究、道家研究之所以能推陈出新，日新月异，重要原因是得益于上博简、马王堆帛书、郭店楚简、清华简的出土和利用。以《孙子兵法》为代表的古代兵学研究要想有所突破，有所深化，也即在学术界真正进入"预流"，同样需要借助于新资料，用王国维的话说，即所谓"据以补正纸上之材料"。

　　所幸的是，五十年前，山东临沂银雀山一座西汉古墓中，出土了一大批极其珍贵的竹简，其中占相当大比例的，是先秦至西汉的兵学文献资料，包括享有"百代谈兵之祖"美誉的《孙子兵法》和失传已久的《孙膑兵法》。这些珍贵文献资料的出土，为深化《孙子兵法》与中国古代兵学的研究创造了新的契机，提供了新的动力，开辟了新的局面。意义至为巨大，影响极其深远。自此而后，凡是研究《孙子兵法》与中国古代兵学者，都不能不重视这些发现，都不能不同这些新材料对话，都不能不以释读和利用这些新资料作为自己研究的逻辑起点，否则就不免隔靴搔痒，缘木求鱼，难以进入前沿领域。

　　剑平博士这部新著，特色与优势，就在这个"新"字上。

　　这个"新"，首先表现在宗旨明确，中心突出。正如书稿的副标题所示："以银雀山竹简本为中心"，书稿紧紧地扣住了银雀山汉墓竹简这批新资料，以它为中心，来建构自己有关《孙子兵法》研究的学术论证体系。无论是对孙子生平事迹的钩沉，对《孙子兵法》成书年代的考辨，对先秦两汉兵学基本面貌的揭橥，对《孙子兵法》著录流传的梳理，对兵学理论命题的认识，对文本歧异内容的甄别，均以银雀山汉墓竹简这批新资料为坐标和参照，烛隐发微，勾玄辨析，使竹简本的解读与传世本的诠释、两者之间的互证进入了水乳交融、浑然一体的理想境界。既充分展示了坚守传统文献研究的固有优势，又突出反映了运用出土文献考察的创新能力，在兵学文化研究领域，将"二重证据法"的研究范式落到了实处，树立了一个具体的典范。司马迁在《史记·孙子吴起列传》中曾有深深的感慨："能言之者未必能行，能行之者未必能言。"可见知行合一之难。王国维倡导的古史研究"二重证据法"的重要性，人人皆知，普遍认同，但是在学术研究的实践层面真正能加以身体力行，才是真正难能可贵。本书笃实质朴地贯彻了这个理念与方法，从而保证了"新研究"这个定位实至名归，恰如其分！

　　这个"新"，其次表现在不囿成说，新义纷呈。创新是学术研究的本质属性与价值所在。我始终认为，与其全面地平庸，不如片面地深刻。一部论著是否成功，取决于它的相关学术见解或结论有无别开生面，能否在前人研究的基础上有所突破，有所补益。尤其是能在大家习以为常、人云亦云的问题上另辟蹊径，于正常中发现不正常，于合理中找到不合理。所谓"文章本天成，妙手偶得之"，说的就是这种弥足珍贵的学术悟性，有了这样的学术悟性，方能成为研究者。如果缺乏这样的悟性，那就只能是一个普通的二传手。前者是分子，后者仅为分母。从论著的讨论深度和相关见解来看，剑平博士具备了充当"分子"的必要条件，他的独到见解在书中随处可见，如行山阴道上，应接不暇。

例如，考证传世本十三篇与《汉志》所著录的"《吴孙子兵法》八十二篇"当为两部书，传世本《孙子》十三篇，有可能是《汉书·诸子略》所著录的"道家类"中的《孙子》十六篇。这个说法，乍听起来似乎有点匪夷所思，但也恐怕不是没有道理。在某种意义上讲，这也是草蛇灰绳，凿破鸿蒙：《老子》一书，后人中不乏视之为兵书者，故唐代王真曾作《道德经论兵要义述》，《孙子兵法》被收入华阴《道藏》，无论是老子，还是孙子，都以"水"为最佳事物与状态的喻体，等等。所有这一切，难道不是若隐若现的蛛丝马迹？剑平博士的意见，理应引起我们的注意。当然，要最后完全解开谜底，尚有继续考索的空间。又如，《孙膑兵法》有"间于天地之间，莫贵于人"等语，论者多据此而肯定孙膑具有唯物主义精神。多年以来，陈陈相因，几成定论。剑平博士对此并未盲从，而是通过对《孙膑兵法》中《月战》《地葆》诸篇的详尽分析，指出《孙膑兵法》充斥着浓厚的"兵阴阳"色彩，较之于《孙子兵法》，这显然是一种退步。可谓正本清源，言之有据，对于我们更公允地评价两《孙子》，无疑是十分有益的。再如，学术界习以为常称曹操为历史上"注释"《孙子兵法》第一人。剑平博士也不认同这个成说，他借助于对银雀山汉墓竹简《孙子兵法》佚文《四变》《黄帝伐赤帝》的辨析，认为早在曹操之前，就有不少人对《孙子兵法》做了形式多样、成果可观的注释。曹操头上注释《孙子兵法》第一人这顶"桂冠"似宜摘掉。应该说，这个看法也同样是合乎史实，可以成立的。

尤其值得肯定的是，剑平他一方面充分尊重前人的研究成果，但同时也勇于质疑，积极商榷。我忝为他的博士生导师，主要从事的也是《孙子兵法》与中国古代兵学研究。但是，对我的学术观点，他同样是有所保留，择善而从。对其他学者，剑平所持的也是一样的原则，"疑义相与析"。像"孙子学派"的定性与兴衰，像司马迁作《孙子》本传时是否见过竹简《见吴王》等材料，等等，不少著名学者都曾做过考辨，有具体的结论。但是剑平并没有裹足不前，而是以科学的态度和立场，提出了自己的看法，不迷信，不因循，体现出难能可贵的"当仁不让于师"的学术精神和勇气。

这个"新",其三表现在把握重点,发挥自己的特长与优势。任何研究者,在自己的学术素养与知识结构中,都有自己的强项与优势,也有自己的短板与软肋。因此,在从事学术研究过程中,需要合乎逻辑地扬长避短。用兵法的话说,就是谋定而后战,避实而击虚,所谓"攻坚则韧,乘瑕则神。攻坚则瑕者坚,乘瑕则坚者瑕"(《管子·制分》)。同打仗一样,学术研究最忌讳的,也是平均用力,因为面面俱到,等于面面俱不到,什么都是重点,就没有了重点。一本专著,不可能也没有必要解决研究对象的所有问题,能在某些方面提出独到见解,有所深化,能够给他人以启迪,为今后的研究创造契机,提供条件,那就非常成功了。

剑平博士也是深谙这个道理的。因此,在书稿撰写过程中,既能兼顾全面,更注重突出重点,把握关键,这正是他这部书稿能做到"推陈出新"的原因所在。这方面,剑平博士的努力是认真和投入的,成绩也是蔚为可观的。例如,剑平博士因工作性质的关系,在情报学研究方面颇有造诣,曾撰写和出版过《中国古代情报史》《孙子兵法情报思想研究》等著作,这个学术背景使得他在研究孙子情报思想之时,能够驾轻就熟,得心应手。他通过"情报分析""论用间之策""论反情报"等专门章节,就孙子的情报思想做了深入发掘和阐释,在此基础上,结合近现代西方情报学理论进行了综合比较,从而为系统而科学地总结、评价《孙子兵法》与中国古代用间理论与实践,奠定了坚实的基础。显而易见,在"面"的系统关照前提之下,"点"的深化和拓展,无疑是一部学术专著有存在理由和参考价值的根本保证!

当然,本书的一些学术问题也有继续讨论与商榷的空间。如对"兵阴阳"的否定与批判,似乎有点绝对化。"天人关系"其实非常复杂,有的现象并非一般常识可以解释,"兵阴阳"的存在有其一定的时空合理性;又如,将《孙子兵法》佚文《见吴王》《吴问》认定为关于《孙子兵法》的"问答体注解",似乎也值得再斟酌。先秦诸子学术思想在结集时,往往有学术宗师的传略,冠名为某子者的经典,在某种意义上可视为该学派的学术作品大全。如《墨子》,就显然是墨家学派的"墨学丛书",故今本《墨子》中的多篇文字,像《耕柱》《贵义》《公孟》《鲁问》《公输》等,多记载墨翟及其弟子的生平事迹,孙诒让据此而撰就墨子的传略,而鲁迅则写成历史小说《非攻》,收入其作品集《故事新编》中。《见吴王》等在性质上与《墨子》这类篇章相似,断言其为《孙子兵法》的"问答体注解"似乎有些武断。再如,称先秦兵书唯有

《孙子兵法》"出淤泥而不染"，彻底摒弃"兵阴阳"。这样的说法恐怕也存在着偏颇。且不论《孙子兵法》是否包含有"兵阴阳"的因素，说它是"出淤泥而不染"的"唯一"，也许就不是事实。《尉缭子·天官》说得明明白白："天官时日，不若人事也。""黄帝者，人事而已矣！"诸如此类，我希望剑平博士在今后的研究中，有所思考，臻于完善。

西汉汲黯曾向汉武帝抱怨："陛下用人如积薪，后来者居上！"在学术研究领域，"后来居上"也是常态。记得我1988年博士毕业，入职军事科学院战略部之前，当时战略部和历代战略研究室的领导曾对我做过一个面试。时任战略部副部长的谢国良将军，问我是否知道《武经七书》是哪七本兵书，我搜索枯肠，才答出了其中的六本，还是漏了《唐太宗李卫公问对》这一本。至于这些兵书究竟讲些什么内容，除了《孙子兵法》稍有印象外，其他都是茫然无知，一片空白。剑平的学术起点则要高过当年的我千万倍，他以《〈孙子兵法〉新研究》为博士论文选题，顺利完成博士学业，并以此申报成功国家社科基金后期资助项目，在此基础上撰写出版这部力作，为推动《孙子兵法》的研究做出重大贡献，真是让人备受鼓舞！不胜欣慰！

"长江后浪推前浪，前浪死在沙滩上。"作为"前浪"的我，虽不会轻易放弃，甘心沉沦于"死在沙滩上"，但是，看到剑平博士有这样的成就，也是发自内心的高兴！当然，学术的追求是永无止境的，本书的撰写与出版，只是给剑平学术探索过程中画下一个阶段性的分号，只是《周易》的"既济"卦。如果从更广邈的时空中考察，我们必须承认，一个人的奋斗与进步，永远是《周易》中的"未济"卦，人生永远是在过河，始终在路上，只能接近真理，但永远无法穷尽真理。有了这样的认识，我们就不会为取得成绩而忘乎所以、得意忘形，而是能够虚怀若谷，谦逊恭敬，保持清醒的头脑，从而"百尺竿头，更进一步"。

在一段时间里，我博士学业母校山东大学的校训为"学无止境，气有浩然"。这八个字，实在高明。前四个字，道出了治学的真谛；后四个字，揭示了做人的根本。我对它特别认同，视为我自己人生的座右铭。我愿意借用这八个大字，郑重地赠予剑平，分享共勉，以匡不逮！

是为序。

2021年8月30日于北京

序　二

储道立

做学问,通常大家只想到研究对象,却往往忽略研究学问的人。我们研究一部经典,除了汲取前人的成果,还要想想这些研究者是何种人。《孙子兵法》既是一部古籍,又是一部兵书。研究它的人,除了时代、立场、学术方法等方面的不同之外,还有一个很重要的不同,即文人和武人的不同。

此处的文人指知识分子或学者,特别是中国古代思想史的研究者。此处的武人,指军事理论家或将领,也包括军队的教育和研究机构中的教学研究人员。

文人与武人读《孙子》,有同有异,以下仅就"异"言。为了说明问题,所说或有"极端化"和"过正"之弊。

就认识言,大别在"死"与"活"。在文人眼里,孙子是2500年前的古人,是个历史人物,《孙子兵法》是一部古籍旧典。文人认为孙子是春秋时期诸子百家中的一员,他和当时的其他思想家一起,共同把中华文明推向了一个高峰,并在其中独树一帜,建立了系统的兵学理论,从而成为兵家的代表人物。在武人的眼里,孙子今天依然具有鲜活的生命。通过武人的口和笔,孙子仍然在充当军事教官和军事教员;《孙子兵法》依然像现代军事学术著作一样,充当研究现代战争的理论著作和作战指导教科书,对今天的现代化战争依然具有某种意义上的指导作用。

就目的言,大别在"知"与"用"。文人读《孙子》的目的是做学问,为的是增长学识,了解中国古代的兵家思想或传统文化。武人读《孙子》的目的在运用,为的是增强军事理论修养,试图从中找到可以借鉴之处,提升自己的作战指挥能力,赢得战争。

就侧重点言,大别在"历史"与"现实"。文人读《孙子》,注重其思想理论的历史地位和思想价值,旨在探索和揭示春秋时期的兵学思想体系、特质,及其对中华传统文化乃至人类文明的贡献。武人读《孙子》,注重其军事思想，尤其是战略思想的普遍性和现实意义。因为《孙子兵法》中揭示了战争的基本规律，论述了用兵作战的基本原则，提出了与战争密切联系的相关问题，比如战时经济、君将关系、士兵心理等，而这些内容并不会因为作战样式的变化而不再适用。

就研究范围说，大别在"博"与"专"。武人专门致力于孙子的军事思想研究，而不太关心其他方面。当然，这里的专门思想，也包含较为丰富的内容，比如孙子军事思想的体系、战略战术理论、军事辩证法、战术原则、情报工作、后勤保障、军队管理等等。概括起来，就是一个"军"字或"战"字。除此之外，武人对其他问题则不甚顾及。而文人往往则是全方位地研究孙子，涉及语言文字、版本目录、历代流传、其人其事、历史背景、思想内容、文化特征、价值地位等等。文人的注意力不太放在打仗上。

就效果言，大别在军味的"浓"与"淡"。武人谈孙子，军味很浓；文人谈孙子，军味很淡。比如谈论地形，武人能密切结合战争，所言皆军事地形学，甚至提升到地缘战略，进而论述不同地形对行军作战的利弊，以及如何施用战术原则。文人则多半局限于地貌状况，不敢多谈如何结合地形部署兵力。文人偶然也谈战略战术，但是他们对于战争比较外行，容易出现常识性错误。比如，有学者将火攻和用间同视为"特殊战法"，即是一例。而武人则在军事问题上比较内行，比如，孙子说"围师必阙""穷寇勿迫"，武人就能指出这是孙子在战术原则上的绝对化，有机械论的毛病。但武人也不免会犯一些超越时代的错误，比如，有人把火攻认同为古代的"核战争"，即是一例。

即使是研究孙子军事思想的哲学意蕴，文人与武人也有不同。武人能扣紧用兵作战谈军事辩证法，军味虽浓，却显得逼仄单薄，文人则通常致力于哲学层面的探讨，并能与孙子时代的各种哲学流派作横向的联系比较，军味虽淡，却较为深刻。但是，文人也不免流于空谈，他们的理论多半是不能拿来指导战争的。武人在谈论孙子军事理论的时候，也每每有说过头的情况，或者并非《孙子兵法》的实际情形。他们的缺陷有时表现为把孙子"现代化"，很容易受现代战争理论的影响，往往稍不注意就犯了"以今律古"的错误，加之孙子的理论和今天又确有相通之处，因而喜欢有意拔高孙子。比如"相敌之法"，一开始把它等同于今天的"部队侦察"，后又把它提高到情报领域的"战场侦察"，等到美军提出了"战场监视"，又提高到"战场监视"乃至"环境监控"方面。这些问题还不大，因为虽然二者内容大不相同，但在基本性质上还能沾上边。但是渐而也有很荒谬的地方，比如《用间》里的"乡间"，竟然说成是毛泽东所倡导的人民战争理论中的"人民群众侦察"，这是十分滑稽的。从这个例子可以看出，有些武人实际上根本不懂孙子，甚至没看过孙子，只听了一点只言片语，便以为很有心得了。

就研究方法而言，大别在"纸上考证"和"援引战例"。文人多考据，一字一句，耿耿于怀，务求辨出原貌。即便是专门探讨孙子的思想，也是哲学思想层面的，通常较少联系实际战例论述孙子的战略战术思想，加之文人一般不懂打仗，因此，即便是举例印证孙子的军事思想，他们也严格限定在春秋战国时期的著名战例，很少甚至根本不提近现代的战例。因为"以史证史"是基本的历史唯物主义态度。文人偶尔援引战例，其目的一般是为了印证孙子的军事思想，是为了说明孙子军事思想产生的来源，即军事思想是彼时彼地战争实践的产物，决不是教人如何打仗。武人研究《孙子》特别喜欢援引战例，而且纵观武人的研究过程，可以发现他们所援引的战例越来越近，越来越现代化。开始还比较谨慎，引一点曹刿论战，或是宋楚泓水之战（宋襄公）等等，大体上属于孙子同时代的战例，至多也是汉代或三国时期的战争，属冷兵器时代战例。后来则渐渐援引抗日战争、解放战争，乃至一战二战，现在则喜欢引用高技术局部战争了。他们这么做，实用性很强，目的在于学习打仗乃至教人打仗，赢得战争。至于效果如何，人家是否在打仗的时候想起你的教诲，那就是另外一回事了。

至于器械，文人多考据，言其材料、形制、制作，视同文物，与农具、舟船无别，并紧密结合当时的经济发展和科学技术水平。武人则结合古代战争形态和作战特点，论其实战作用。

就研究成果言，大别在"整理国故"与"联系现实"。看文人的东西，如同参观历史博物馆，听文人讲孙子，如同欣赏古董，鉴定文物，领略中华远古文明，深感其博大精深。这种情况应该算是好的，因为它合乎学术正道。但是，也有某些不学无术型，为了别开生面，便玩些奇思妙想，把孙子的军事思想用于社会生活的其他领域，比如商业、体育之类，这或许还能勉强接受，可是有的用于恋爱、家庭，讲述夫妇之间如何运用孙子兵法，便是天方夜谭了。

看武人的研究成果，如同看战争片，领略战争艺术和用兵谋略，感受战争的残酷和恐怖。听武人讲孙子，如同教你怎样指挥战争（当然不能保证打胜仗，因为很可能会变成赵括，不是学以致用，而是学以致庸）。

还有一种特别常见的情况，就是听武人讲述孙子的军事思想如同听形势报告，因为里面有过多的现代内容，诸如现代军事变革、当代国际关系、冷战后的世界战略格局、伊拉克战争、中美贸易摩擦、台湾海峡两岸局势等等，都扯了进来。这时候，你会感到，他们的"从孙子兵法谈起……"的标题，实际上是挂羊头卖狗肉，孙子只是临时贴上去的一张皮。他们实际上常常是借孙子的某个思想试图提出自己对现代战争和当今国际问题的新思路、新观点、新理论。

武人研究孙子最极端的毛病在于一知半解便夸夸其谈，有些人仅仅知道一些孙子的名言警句，便可以大加发挥，标榜自己是个孙子兵法研究专家。或者从孙子兵法中抽出一句话便大谈特谈，实际上他们仅仅是借孙子的某句话做引子（如同药引子），再把自己对现代战争或是国际问题的研究心得端出来。

总之，文人与武人的大别在"整理国故"与"联系实际"，或者说是"审视传统"与"理论创新"。

还想补充一点，《孙子》这部书有很多人在读，在当前还要看到国人读《孙子》和洋人读《孙子》的区别。而且区别很大，但这里只想简略说几句。

洋人读《孙子》，相对突出的特点有两个：第一个就是从《孙子》中找到现代战略思想。还有一点，也是我们中国人不太注意之处，就是，他们不但研究《孙子》，更研究中国思想界，尤其是中国军事理论界如何从《孙子》中汲取营养，由此来关注中国军事理论界的变化和发展情况。比如，对于"不战而屈人之兵"，国内学界以前曾经批评其中有唯心成分，但后来又说强大的一方可以不战而胜，甚至是弱小一方也存在这种可能。我们的学术界反复强调这一点，也会为美国人所注意。他们可能认为这是在认可美国此前曾提出的核战略和核威慑理论等。

美国军界和政界也非常注意从《孙子》中汲取营养，一个典型的例子就是"衢地"。他们会把它提升到地缘战略的高度，认为孙子很早就提出了地缘战略思想。外国人读《孙子》，研究中国的学问，因为视角不同，总会有新发现，这种努力值得我们关注和重视。

剑平大概在二十年前随我攻读硕士学位，由古代军事思想而及孙吴兵法,由老子而及儒家经典,且于《孙子兵法》用力甚勤,兼顾传统治学路径与现代学术研究方法。此后他负笈北上,在著名军事史专家黄朴民先生指导下完成了他的这篇博士论文。论文以银雀山出土文献作为切入点,也是试图以新视角而求新发现,这种努力同样值得关注和肯定。论文能够获得国家社科基金后期资助项目,并在中华书局出版,证明他的努力和辛苦没有白费。如今书稿付梓在即,他约我作序,便拉拉杂杂地写了上面这些话。在我看来,剑平的研究,兼具文人读孙子与武人读孙子之优长,显得难能可贵。他又多次走上央视讲坛,以通俗的语言和观众交流研究心得,分享兵圣智慧,也引起孙子学界的瞩目。希望他在今后继续努力,争取更大的成绩。

2021年7月20日于南京

第一章　绪论

银雀山竹简出土已有五十年。五十年间,有关这批竹简的研究工作,经历了一个从艰难起步到逐渐发展和缓慢升温的过程。简本《孙子》①的研究力度要远强于同时出土的其他典籍,但也远未达到理想境地。竹简出土时,正值特殊岁月。特定的历史背景,使得包括简本《孙子》在内的竹简研究工作,在起步阶段便面临各种困难。"文革"结束后有关研究虽略有起色,但从总体上打量,尤其是将其与其他出土文献进行对比时,便可立即看出差距和不足。可以说,加强对包括《孙子》在内的银雀山竹简的研究和整理,已经显得刻不容缓。

一、简本《孙子》的发现

在山东省临沂市南郊有两座小山岗,其一为金雀山,另一为银雀山。1972年的重大考古发现,出现在银雀山。当时,临沂卫生部门正在进行基建施工,意外发现了一些写有斑斓字迹的残破竹简,便立即报告上级机关。考古专家吴九龙等人随即赶到现场,确定该施工工地为西汉古墓葬。随后又有考古专家陆续赶到临沂。经过一段时间的发掘和整理,一大批珍贵的竹简,连同近百件漆器、陶器、铜器等随葬品,先后重现人间。

竹简主要出土于一号墓,而且基本都是兵书。从中可以看出,古墓的主人很可能是一位精通兵学的西汉贵族。根据出土《简报》,竹简的长度一般为27.6厘米,长简宽0.5—0.9厘米,厚0.1—0.2厘米。②三十年后,银雀山汉简博物馆发表的纪念文章称,一号汉墓中除上述长简之外,尚有一些18

---

① 《孙子》又名《孙子兵法》,为求简洁,除引文和参考文献之外,皆称《孙子》。所引文字,除特别说明外,均采自杨丙安校理《十一家注孙子校理》,中华书局,1999年。
② 山东省博物馆、临沂文物组:《山东临沂西汉墓发现〈孙子兵法〉和〈孙膑兵法〉等竹简的简报》,载《文物》,1974年第2期。

厘米短简，大多宽约0.5厘米。[1]竹简上的文字都由毛笔蘸墨书写，有的端正，有的潦草，似乎不是出自一人之手。至于书写字体，据山东省博物馆、临沂文物组提供的《简报》称："全部为隶书。"[2]而且，都是不完全成熟的隶书。不管是端正，还是潦草，都夹杂着明显的篆书风格，体现出由篆书向隶书过渡的特征。所以，它们应该属于西汉早期文字，考古专家推断为"文、景至武帝初期这段时间内抄写成"[3]，这一研究结论是可信的。

由多名专家组成的银雀山汉墓竹简整理小组，担负着艰苦而又紧张的发掘和整理工作。在他们的努力下，有关这批竹简的整理成果陆续得以发布。文物出版社于1975年出版了线装影印本，1976年出版了简体排印本，1985年又出版了精装修订本，出版内容主要集中于《孙子兵法》和《孙膑兵法》。与此同时，《文物》杂志也于1974年第2期刊布了一个《简报》，并在同年第12期先期刊布了几篇《孙子》佚文。

银雀山汉墓为我们出土了多部著名的古代典籍，其中尤以《孙子兵法》和《孙膑兵法》引人瞩目。[4]传本《孙子》十三篇中，除《地形篇》外，其余十二篇在竹简中均有或多或少的文字留存，《形篇》还有甲、乙两种写本。竹简有大量的文字脱落。经与传本对照，简本《孙子》只有三分之一左右的文字留存。即便如此，这些残破的竹简也为我们提供了大量有关古本《孙子》的重要信息，至少向我们展示了《孙子》在西汉初期的流传面貌。与《孙子》十三篇一起出土的，还有一块写有十三篇篇题的木牍，虽然残缺严重，但也向我们传递了不少珍贵信息。从中可以看出，简本《孙子》大多数篇名都与传本近似，这让我们相信，《孙子》在西汉初期正是十三篇的规模和体制，与传本并无二致。

《孙膑兵法》则是在消失千年之后，重新回到人们的视线之中。由于《孙膑兵法》早早亡佚，曾有不少人非常怀疑《史记》的有关记载，并对历史上有无孙武其人表示怀疑。甚至也有不少学者将《孙子》十三篇划定为孙膑的作品。因为有了银雀山竹简文献，这些一度流行的学术观点，如今看来都难以

---

[1] 银雀山汉简博物馆：《银雀山汉简兵书出土30年回眸与展望》，载《军事历史》，2002年第1期。
[2] 山东省博物馆、临沂文物组：《山东临沂西汉墓发现〈孙子兵法〉和〈孙膑兵法〉等竹简的简报》，载《文物》，1974年第2期。
[3] 银雀山汉墓竹简整理小组：《银雀山汉墓竹简（一）》，文物出版社，1985年，第5页。
[4] 其他重要典籍还有《六韬》《尉缭子》《晏子》《管子》等。参见《山东临沂西汉墓发现〈孙子兵法〉和〈孙膑兵法〉等竹简的简报》，载《文物》，1974年第2期。

成立。《史记·孙子吴起列传》中记载的两个孙氏军事家,也即两个孙子,原来确实是各有兵法传世。

除此之外,银雀山汉墓中还有数篇与《孙子》有关的佚文出土。《文物》杂志当年的刊布共有6篇,分别为:《吴问》《四变》《黄帝伐赤帝》《程兵》《地形二》和《孙武传》。1976年文物出版社出版简体本《孙子兵法》时,专家们又进行了若干调整。只有寥寥数字的《程兵》已被删除,而《孙武传》则被重新命名为《见吴王》。1985年版的《银雀山汉墓竹简(一)》,则继续保持调整之后的面貌不变。

有关银雀山竹简的整理出版工作至今尚未结束,尚有不少简文有待进一步披露。在《银雀山汉墓竹简(一)》出版发行二十五年之后,文物出版社于2010年出版发行了《银雀山汉墓竹简(二)》,其中主要内容仍然是论政论兵。据《后记》,该书其实早在1981年就已定稿,却由于种种原因迟迟无法出版。1974年曾被当成《孙子》佚文的《程兵》,被收录于这一辑中。根据该书的《编辑说明》,银雀山竹简还有第3辑尚待出版。银雀山出土文献还会给我们提供哪些重要信息,仍值得期待和关注。

二、简本《孙子》的研究概况

1972年的重大考古发现,让银雀山乃至山东临沂,忽然成为举世瞩目的焦点。虽然正值特殊年代,但有关银雀山竹简的研究和整理工作,还是在筚路蓝缕中获得艰难起步。学术界围绕简本《孙子》,初步取得了一些重要研究成果。在银雀山竹简《孙子》问世差不多十年之前,也即1961年,中华书局上海编辑所影印出版了宋本《十一家注孙子》,使得这部原本深藏秘府的宝典自此进入寻常百姓家。可惜的是,受到当时政治气候影响,学术界对这个重要版本的研究力度非常薄弱。相比之下,银雀山汉简本《孙子》的问世还是引起了学术界的关注,多少也为当时的《孙子》研究注入一些生机和活力。这个时期诞生的重要研究论文有:许获《略谈临沂银雀山汉墓出土的古代兵书残简》[①]、罗福颐《临沂汉简概述》[②]、詹立波《略谈临沂汉墓竹简〈孙

①《文物》,1974年第2期。
②《文物》,1974年第2期。

子兵法〉》①、遵信《〈孙子兵法〉的作者及其时代——谈谈临沂银雀山一号汉墓〈孙子兵法〉竹简的出土》②、吴树平《从临沂汉墓竹简〈吴问〉看孙武的法家思想》③、常弘《读临沂汉简中〈孙武传〉》④。这些论文纷纷论定孙武和孙膑各有兵法传世，十三篇即孙武亲著，《史记·孙子吴起列传》的有关记载可信。司马迁关于《孙子》的记载，曾受到宋代以降学者的持续怀疑，但到了此时已得到学界几乎一致的肯定。

由于受到特殊政治气候的影响，有关研究不免会受到"评法批儒"等政治运动的严重干扰——这仅从以上所列吴树平的论文题目就可看出痕迹。正是由于不逢其时，包括《孙子》在内的整个银雀山竹简文献的整理和研究工作，从总体上来看都显得举步维艰，难如人意。且不说出土竹简的整理出版工作进展缓慢，但就简本《孙子》的基础性研究工作来说，也显得缺乏力度，明显地不够深入。幸运的是，"文革"结束了，有关研究工作终于获得重新起步的机会。

"文革"后的《孙子》研究迅速向前迈进，取得了不少进展。围绕银雀山出土文献的《孙子》研究，也渐渐步入正轨。银雀山竹简为我们研究《孙子》的作者和成书时代等问题提供了新材料。在银雀山竹简出土之后，不少学者认为《史记·孙子吴起列传》的有关记载可以得到确认，因为银雀山竹简为我们提供了《孙子兵法》和《孙膑兵法》各一部，而且也有类似《吴问》《见吴王》这样的《孙子》佚文支持司马迁的有关记载。与此有关的重要论文有：曾宪通《试谈银雀山汉墓竹书〈孙子兵法〉》⑤、金景芳《〈孙子〉十三篇略说》⑥、蓝永蔚《〈孙子兵法〉时代特征考辨》⑦、何炳棣《中国现存最古的私家著述〈孙子兵法〉》⑧、吴如嵩、魏鸿《汉简两〈孙子〉与〈孙子兵法〉研究》⑨、黄朴民《孙子的著述及其释疑》⑩等。

---

①《文物》，1974年第12期。
②《文物》，1974年第12期。
③《文物》，1975年第4期。
④《考古》，1975年第4期。
⑤《中山大学学报（社会科学版）》，1978年第5期。
⑥《社会科学战线》，1982年第3期。
⑦《中国社会科学》，1987年第3期。
⑧《历史研究》，1999年第5期。
⑨《军事历史》，2002年第1期。
⑩《北京图书馆学刊》，1994年第Z2期。

　　考察这段时间的研究论著可以发现,"《孙子》作者为春秋末期的孙武"一度成为学术界占据主流的说法,这和银雀山竹简出土之初,也即"文革"期间产生的主流研究观点可谓一以贯之。但此时的研究更具广度和深度,有关论证也更加具体和严密。

　　当然,也有学者对近乎形成定论的"春秋末期成书说"提出反对意见。齐思和、李零等学者基于银雀山竹简,得出与上述诸家完全不同的结论。齐思和在编撰论文集①时,用汉简本"燕之兴也,苏秦在齐"一句,为自己早年的"战国成书说"作证。李零则撰文《关于银雀山简本〈孙子〉研究的商榷——〈孙子〉著作时代和作者的重议》②,继续坚持"战国成书说",支持齐思和的观点。如此看来,有关《孙子》十三篇的作者及成书时代问题,似有继续讨论下去的必要,尚未到盖棺定论之时。

　　简本《孙子》出土之后,对这种新出版本的文本考察,也引起研究专家的极大兴趣。文物出版社1985年出版的《银雀山汉墓竹简(一)》在竹简的释文之后,又附有大量异文比较,为我们探讨简本与传本之间的差异、合理利用竹简本的校勘学和文献学价值等,提供了不少帮助。这期间诞生的重要论文主要有:吴九龙《简本与传本〈孙子兵法〉比较研究》③、李零《〈孙子〉篇题木牍初论》④、李零《银雀山简本〈孙子〉校读举例》⑤、马数鸣《〈孙子〉校注的几点补正》⑥、钮国平与王福成《〈孙子〉校解举例》⑦、白于蓝《银雀山汉简校释》⑧等。在这期间还诞生了几部《孙子》校勘专著,都或多或少地利用和吸收了简本《孙子》所提供的信息。首先要数吴九龙主持编写,杨炳安、吴如嵩、穆志超、黄朴民参与编写的《孙子校释》⑨。该书总结和吸收了历代《孙子》校勘的成绩,同时注意参考银雀山竹简本所提供的信息,对《孙子》进行了多方校理,有不少重要发现。该书还附有英、日、法、俄、德、阿拉伯等六

①《中国史探研》,中华书局,1981年。
②《文史》第七辑,中华书局,1979年。
③《孙子新探——中外学者论孙子》,解放军出版社,1990年。
④《文史》第十七辑,中华书局,1983年。
⑤《中华文史论丛》,1981年第4期。
⑥《学术界》,1992年第6期。
⑦《西北师大学报(社会科学版)》,1991年第4期。
⑧《考古》,2010年12期。
⑨军事科学出版社,1990年。

种翻译文本，对《孙子》的传播起到了很大的促进作用。此外，王正向《〈孙子十三篇〉竹简本校理》①也是一部值得关注的著作。作者通过多方努力补齐银雀山竹简的缺字，对于考察《孙子》古本的面貌具有一定参考价值。吴九龙的《银雀山汉简释文》②按照原简顺序，向我们提供了银雀山一号和二号汉墓出土简牍的文字信息，为我们进一步深入研究简本《孙子》提供了很好的帮助。

还有一些著作或多或少地对银雀山竹简有所涉及。主要有陈伟武的《简帛兵学文献探论》③、骈宇骞的《二十世纪出土简帛综述》④（与段书安合著）和《简帛文献纲要》⑤、陈丽桂的《近四十年出土简帛文献思想研究》⑥、李学勤的《简帛佚籍与学术史》⑦、李均明的《当代中国简帛学研究》（与刘国忠、刘光胜、邬文玲合著）⑧、沈颂金的《二十世纪简帛学研究》⑨等。

探讨和研究简本文献价值的专题论文也陆续涌现，如黄朴民的《银雀山汉墓竹简〈孙子兵法〉之文献学价值刍议》⑩、徐勇的《当前〈孙子〉研究中的若干问题释疑》⑪和《〈孙膑兵法〉及其军事思想考论》⑫、宋会群的《论临沂汉简〈黄帝伐赤帝〉的著成时代》⑬、陈伟武的《简帛兵学文献内容概说》⑭和《兵书新注商兑》⑮、关桐的《银雀山汉墓竹简〈吴问〉的几点考证》⑯、张震泽的《先秦兵法书之发展与〈孙膑兵法〉之注释》⑰、赵逵夫的《〈孙膑兵法〉校补》⑱

---

①军事科学出版社，2009年。

②文物出版社，1985年。

③中山大学出版社，1999年。

④文物出版社，2006年。

⑤北京大学出版社，2015年。

⑥中华书局，2015年。

⑦江西教育出版社，2001年。

⑧中国社会科学出版社，2011年。

⑨学苑出版社，2003年。

⑩《清华大学学报（哲学社会科学版）》，2013年第2期。

⑪《历史教学》，1997年第3期。

⑫《烟台师范学院学报（哲学社会科学版）》，1996年第4期。

⑬《河南大学学报（社会科学版）》，1992年第4期。

⑭《古籍整理研究学刊》，1995年C1期。

⑮《古汉语研究》，1995年第2期。

⑯《孙子学刊》，1992年第4期。

⑰《社会科学辑刊》，1992年第3期。

⑱《简牍学研究》，2002年。

和《〈银雀山汉墓竹简〉原列〈孙膑兵法·下编〉十五篇校补》①、周生春的《简本〈孙子兵法〉的篇题与"天""地"含义考》②、田旭东的《〈孙子兵法〉善本考》③和《先秦齐国兵学成就略论》④、宫玉振的《〈孙子兵法〉"九变"考》⑤、王中兴的《竹简本与传世本〈孙子兵法〉的比较研究》⑥、明茂修与张显成的《四十年来银雀山汉墓竹简整理研究综述——研究的分期、学科分布与展望》⑦、郭克勤的《"汉简孙子十三篇"的文献学价值》⑧、程浩的《银雀山汉墓一号木牍重审》⑨、宋开霞的《银雀山汉简的文化价值》⑩和《从〈擒庞涓〉看孙膑与孙武的师承关系》(与邵斌合作)⑪、王晓雪的《〈孙膑兵法〉的流传、失传及研究价值初探》⑫、陆继鹏的《简本〈孙膑兵法〉兵阴阳思想探析》⑬等。

更为可喜的是,有不少硕博论文关注到银雀山竹简,如苏成爱的《〈孙子〉文献学研究》⑭、张海波的《银雀山汉简兵书类文献校释》⑮、耿雪敏的《先秦兵阴阳家研究》⑯等、刘小文的《〈银雀山汉墓竹简(壹)〉军事用语研究》⑰、吴春生的《〈孙子兵法〉疑难词句辨析》⑱、赵强的《银雀山汉简〈六韬〉词汇研究》⑲、李丰娟的《〈银雀山汉墓竹简[壹]〉形声字研究》⑳、汝鸣的《银雀山汉墓竹简异文研究》㉑、刘冬的《银雀山汉简校读丛札》等。㉒虽说有些论文的

①《简牍学研究》,1998年。
②《文史》第三十八辑,中华书局,1994年。
③《滨州学院学报》,2005年第5期。
④《中国史研究》,1997年第3期。
⑤《滨州学院学报》,2007年第5期。
⑥《孙子研究》,2016年第2期。
⑦《临沂大学学报》,2014年第3期。
⑧《孙子研究》,2015年第5期。
⑨《上海大学学报(社会科学版)》,2011年第5期。
⑩《滨州学院学报》,2005年第5期。
⑪《军事历史》,2002年第4期。
⑫《管子学刊》,2008年第3期。
⑬《军事历史》,2012年第2期。
⑭安徽大学,博士论文,2012年。
⑮吉林大学,博士论文,2015年。
⑯南开大学,博士论文,2014年。
⑰四川大学,博士论文,2007年。
⑱上海大学,博士论文,2013年。
⑲西南大学,硕士论文,2010年。
⑳西南大学,硕士论文,2007年。
㉑华东师范大学,硕士论文,2006年。
㉒南京师范大学,硕士论文,2004年。

研究主题大多集中于语言学范畴，但也多少能说明学术界对银雀山竹简的重视程度和研究力度正在逐渐加强，相信这对简本《孙子》研究一定会起到促进作用。

简本《孙子》出土之后，也立即引起了台湾地区孙子研究专家的高度关注。台湾地区著名孙子研究专家魏汝霖、钮先钟等，及时关注到银雀山竹简文献。魏汝霖《山东汉墓出土孙子兵法残简释文之研究》①，利用银雀山竹简所提供的信息考察《孙子》的成书时代，对《孙子》佚文和十三篇的关系等问题，也都提出了自己的观点。钮先钟的著作《孙子三论》②，也大量吸收简本《孙子》信息，对包括成书年代等一些具有争议的问题提出了自己的看法。

银雀山出土竹简也引起了海外学者的关注。在得知山东临沂银雀山汉墓出土竹简本《孙子》之后，日本学界便马上给予了高度关注。1975年，文物出版社整理出版简本《孙子兵法》数月之后，日本龙溪书舍随即影印出版该书。日本著名孙子研究专家服部千春的《孙子兵法校解》③，大量利用了简本《孙子》。大庭脩的《汉简研究》④也有专门章节讨论"临沂竹简兵书与兵家"，对《孙子》多有涉及。马来西亚籍华裔学者郑良树也对银雀山竹简高度关注。他还利用《吴问》等出土文献，对《孙子》的写作时代等问题进行了考察，认为《孙子》完成于"孙武卒后四十余年间"⑤。这篇论文，连同他的《论银雀山出土〈孙子〉佚文》，都收入《竹简帛书论文集》⑥。此外，由于安乐哲的努力，简本《孙子兵法》于1993年在美国得到翻译出版，使得西方人对其有了更多了解。

三、选题依据和研究方法

银雀山竹简的发现正值十年动乱期间，有关出版和研究力度均难如人意。"文革"结束之后，学术界对这批竹简的研究并始逐渐升温，对涉及孙子

①《东方杂志》9卷3期，1975年9月。
②广西师范大学出版社，2003年。
③军事科学出版社，1987年。
④广西师范大学出版社，2001年。
⑤郑良树：《竹简帛书论文集》，中华书局，1982年，第72页。
⑥中华书局，1982年。

学的一些重要论题,比如作者和成书、著录和流传、版本和校勘等,都有一些研究论文、专著诞生。但是从总体上打量,有关研究力度仍显不够。特别是在与其他典籍,尤其是儒家经典进行对比时,可以明显看出差距。

首先是研究力度尚嫌薄弱。这其中存在着一定的客观原因,比如竹简的出土正值"文革"时期,有关整理、发掘及研究工作不免会受到一些干扰。此外,也与竹简的性质和学术界的研究兴趣等,有着很大的关系。仅就竹简的整理和出版工作来看,进展非常缓慢。有关竹简的出版物,第二本与第一本的印行时间竟然相差三十年之久。2010年,《银雀山汉墓竹简(二)》总算出版了,《银雀山汉墓竹简(一)》却已是一书难求。出版工作的滞后无疑也折射出该研究领域的冷清。就已出版的相关著作来说,研究工作的跟进也显得不够。举例来说,四十年前,银雀山汉墓就已经为我们提供了诸如《四变》等非常明显的注释体文字,但学术界至今尚有很多人仍在因袭旧说,继续认定曹操就是第一个为《孙子》作注的人,或曹注本就是最早的《孙子》注释文本。

其次,重大疑点和难点问题有待突破。比如就《孙子》作者和成书年代问题,不少学者曾认为银雀山出土文献,尤其是《吴问》《见吴王》等篇章,已足以帮我们坐实《史记·孙子吴起列传》的有关记载,但坚持"战国成书说"的学者则认为《吴问》是一部伪托之作。既然如此,《孙子》成书问题并未得到彻底解决。总体来看,围绕孙子其人其书,还有一些根本问题尚且无法得到定论。

再次,少数学者对待简本的态度和取舍等,尚有值得商榷之处。银雀山简本《孙子》固然可贵,给我们展示了有关古本《孙子》的大量信息,但众所周知的是,简本《孙子》同时也存在着残破严重、缺字太多之类的遗憾。在银雀山汉简本《孙子》出土之后,有的学者置竹简残破现状于不顾,唯简本是从,对传本则显得过于轻视,甚至认为"传本《孙子》中多有文字、义理等方面的严重错误存在"[1],这无疑值得商榷。也有学者对简本《孙子》的文献学价值没有引起足够关注,甚至视简本为"断烂朝报",过于轻视。其实,简本当中较为完整、通顺的文字,经与传本进行比较之后便可发现,二者之间实则互有优劣。很显然,如何正确认识简本,充分利用和发挥其校勘学和文献

---

[1]王正向:《〈孙子十三篇〉竹简本校理》,军事科学出版社,2009年,第26页。

学价值等,是一个非常严肃的课题。虽说仁者见仁,智者见智,但如果我们简单地褒贬,对《孙子》研究并没有什么益处。

学术界对包括简本《孙子》在内的银雀山竹简的研究力度不够,除了一些客观原因之外,和银雀山竹简出土文献的自身性质不无关系。这批竹简文献主要是兵书,理所当然地和军队联系更紧密,可是当下的情形却是,部队的同志大多喜欢关注现实问题,或是有着更为急迫的任务去完成,没有多余的力气顾及这一研究领域。即使有少数同志怀有研究热情,却又受到一些专业门槛的限制,便很自然地导致有关研究处于相对滞后的局面。如果与郭店竹简、马王堆帛书进行比较的话,则会发现这种差距更为明显。① 《孙子》研究较诸其他重要典籍,本来已显薄弱。在不多的研究人员当中,很多人热衷于那些见效快、出手容易的译注类作品,对钻研银雀山竹简、探究《孙子》其人其书、版本和校勘之类基础性研究,则不愿多花力气,至于那些具有研究难度的疑难问题,则更是投入不多。所以,加强对包括《孙子》在内的银雀山竹简的研究,是一个非常急迫的课题。银雀山竹简是被许多人漠视或忽视的积淀丰厚的宝藏。

正是基于以上认识,笔者决心选择将简本《孙子》作为研究对象,力图借助银雀山竹简所提供的信息,对简本和传本进行综合比较和分析,就包括文献和思想等论题进行一番考察和研究。在对出土文献和传世文献进行全面细致的分析和比较之外,力图通过对比研究,找出《孙子》各重要传本之间的内在关系,分析异文情况,对《孙子》的内在结构进行解析,试图为深入研究《孙子》兵学思想找到新的切入点。

---

①据说1973年出土的马王堆帛书,在很大程度上转移了学术界的视线。不管事实是否果真如此,这种局面的出现,说到底还是与研究兴趣和研究能力等有着直接的关联。

第二章 《孙子》成书再考察

被誉为"百代谈兵之祖"①的《孙子》,一直顶着绚丽的光环,但同时也留下重重谜团。在这些谜团之中,成书问题堪称"谜中之谜",学界始终很难达成统一认识。1972年,山东临沂银雀山出土竹简大批文献之后,"春秋成书说"一度成为主流观点,不少学者甚至认为《史记·孙子吴起列传》有关记载可以得到确认,《孙子》成书问题能够就此盖棺定论。当然,也有学者根据银雀山竹简对"春秋成书说"提出强烈的反对意见。在他们看来,这些沉睡千年的竹简反倒更能证明《孙子》为战国时成书。很显然,这一问题还有继续讨论的必要。

第一节 竹简为司马迁举证

《孙子》成书问题持久形成争论,焦点主要集中在对《史记·孙子吴起列传》的信或不信上。银雀山竹简的出土,无疑可以让我们增加对《史记》的信任程度。因为这些竹简文献提供了不少有关孙子其人其书的重要信息,而且可以和司马迁的记载相互印证,有力地反驳了宋代以降怀疑《史记》的推论。

(一)《史记》中的孙子

记载《孙子》十三篇作者及成书的历史文献,我们今天所能看到的最早,最为清晰,乃至最具权威的,都要数《史记》。西汉时期的司马迁在《史记》中曾为孙武立传,并将其与孙膑、吴起并列,合为《孙子吴起列传》。所以,列传所称"孙子",实则既可指孙武,也可指孙膑。②在这篇三人合传中,司马迁将有关孙武的文字排在最前。这应当是出自有意安排,因为孙武所处

---

① [明]胡应麟:《少室山房笔丛·九流绪论》。
② 以下所称《孙子列传》,皆为《史记·孙子吴起列传》中的孙武本传,不再出注说明。

时代较后二者为早。就篇幅而言，孙武的传记所占文字最少，只有区区三百余字。在这不多的文字之中，更多的笔墨都用于记录孙武和吴王阖闾间的对话。司马迁通过这些对话和不多的几笔淡墨，为我们提供了一些有关孙子其人其书的基本信息，主要有：

第一，孙子名武，齐国人，是十三篇兵法的作者。

第二，孙武曾用这十三篇的兵法作为敲门砖呈于吴王阖闾，目的是为了求得拜将和施展才华的机会。

第三，吴王阖闾在看到孙子十三篇之后，愿意给孙武提供机会，结果就有了"吴宫教战"。通过"吴宫教战"，孙武展示了才华，却一度因为斩杀吴王爱姬而惹得阖闾不悦，但最终还是得偿所愿，受到吴王重用。此后他设计并参与了吴国伐楚的战争，也为吴国称霸诸侯做出了重要贡献。

值得注意的是，司马迁在《孙子吴起列传》的结尾处，再次提及"十三篇"。在写完三位著名军事家的传记之后，司马迁发出这样的感叹："世俗所称师旅，皆道《孙子》十三篇、吴起兵法。"这段话中，因为后面的"吴起"是人名，所以我们可以将"孙子"二字也当作人名，而不是书名，可以不加书名号。当然，如果加上书名号，应该也不能算错，《孙子》作为书名已沿用至今，只是今人更习惯将其称为《孙子兵法》。从《史记·孙子吴起列传》中我们也可看出，司马迁非常明确地把《孙子》十三篇的著作权划归孙武。

由《史记》出发，我们怀疑司马迁曾亲眼见过十三篇的《孙子》。司马迁在描写战争场面时，已经折射出"世俗所称师旅，皆道《孙子》十三篇"的一般情形。在《史记》中，也有直接引用《孙子》字句的例证。据《史记·平津侯主父列传》，主父偃初见汉武帝时曾有这样一段对话："故《兵法》曰：兴师十万，日费千金。"这里的"兴师十万，日费千金"，当引自《孙子》。《孙子·用间篇》有云："凡兴师十万，出征千里，百姓之费，公家之奉，日费千金。"只此我们也该有足够理由相信，在司马迁的时代，或者是司马迁的眼中，《孙子》十三篇和孙武之间的关系是非常明确的，司马迁很可能阅读过这部兵书，遂有选择性的摘引。

（二）对司马迁的质疑

从汉到唐，世人论及孙子其人其书，所本多为《史记》，而且很少有人对司马迁的记载提出过疑问。这种情形一直到了疑古风气甚浓的宋代才发生改变。

北宋仁宗时期,欧阳修在为梅尧臣《孙子注》作序时,称《孙子》为"战国相倾之说"①。在他看来,孙子兵学思想与三代"王者之师"的用兵理念有着很大的差异:"三代王者之师,司马九伐之法,武不及也。"②按照司马迁的记载,孙子是春秋末期人。此时虽是礼崩乐坏,但毕竟还是周王封建时期,"三代"之末期。欧阳修将孙武的学说与儒家所艳称的"三代"划清界限,其实就是不相信司马迁的有关记载。他的这番言论,当时较少有响应,但已徐徐拉开怀疑司马迁的大幕。

到了南宋,欧阳修的怀疑之说赢得了更多响应。当时的学者如叶适、陈振孙等,都纷纷站出来反驳司马迁。他们的证据主要有:第一,《左传》中并不能见到孙子的事迹;第二,孙武立说反映出战国时代的特征;第三,《史记》所载"吴宫教战",更像是在说故事,非常奇险,不足为信。据此,叶适断定《孙子》为"春秋末、战国初山林处士所为"③,陈振孙则称孙子"未知其果何时人"④。

宋代所开启的怀疑之风,到了清代仍有延续。姚鼐同样认为《孙子》其书反映出非常明显的战国时代的特征。他说:"春秋大国用兵,不过数百乘,未有兴师十万者也,况在阖闾乎!田齐三晋既立为侯,臣乃称君曰主,主在春秋时大夫称也。"⑤姚鼐还指出,《孙子》所总结的用兵之法,其实正是秦国人虏使民众之法,而且"吴容有孙武者,而十三篇非所著"⑥。

清代学者姚际恒则将《孙子》列为"有未足定其著书之人者"⑦。其说见诸《古今伪书考》:"此书凡有二疑:一则名之不见《左传》……一则篇数之不侔也。"⑧姚际恒对篇目数提出怀疑并不奇怪。遵照传统或主流说法,学界一直将《汉书·艺文志》中的《吴孙子兵法》八十二篇当成《孙子》十三篇,这二者之间篇目数差距很大,本该成为疑点。而他"名之不见《左传》"之说,

①《欧阳修全集》卷四十二,《孙子后序》。
②《欧阳修全集》卷四十二,《孙子后序》。
③《习学记言序目》卷四十六。
④《直斋书录解题》卷十二。
⑤《惜抱轩文集五·读孙子》。
⑥《惜抱轩文集五·读孙子》。
⑦黄云眉:《古今伪书考补证》,齐鲁书社,1980年,第6页。
⑧黄云眉:《古今伪书考补证》,齐鲁书社,1980年,第310页。

当受到叶适的启示。清代另一学者全祖望同样也推测"其书其事皆纵横家之所伪为",并极力称赞叶适的推论,认为叶适之说"可以补《七略》之遗,破千古之惑"。①

到了近代,怀疑《史记·孙子吴起列传》的仍然不乏其人。梁启超在谈到史籍辨伪时,就曾对《孙子》发出疑虑:"吾侪据其书之文体及其内容,确不能信其为春秋时书。虽然,若谓出自秦、汉以后,则文体及其内容亦都不类。《汉书·艺文志》兵家本有《吴孙子》《齐孙子》之两种,'吴孙子'则春秋时之孙武,'齐孙子'则战国时之孙膑也。此书若指为孙武作,则可决其伪,若指为孙膑作,亦可谓之真。"②梁启超对《孙子》是否为伪书树立了一个判断标准:是否与春秋末期的孙武划清界限。如果划清,则为真作;如果混淆,则为伪书。梁启超所看重的是《孙子》的写作文体以及其书所体现出的时代特征,认为其作者应为战国时期的孙膑。

与梁启超相比,钱穆则更进一步。他认为《史记》中所记载的孙子其人其书都不可信,"盖皆出后人伪托"。③在钱穆看来:"《孙子》十三篇,洵非春秋时书。其人则自齐之孙膑而误。"④钱穆虽然承认历史上既有齐孙子又有吴孙子之事,但他认为齐孙子和吴孙子的很多事迹都被后人混淆,有关吴孙子的传说都是从齐孙子而来。钱穆推测认为,孙武、孙膑可能本来就是同一个人,孙膑的"膑"字,是"膑脚"之意,本不是人名,而"武"才是人名。而且,"后人说兵法者,递相附益,均托之孙子。或曰吴,或曰齐,世遂莫能辨,而史公亦误分以为二人矣"。⑤

齐思和则是在叶适等人的研究基础上,再向前一步。他也是将怀疑的矛头直接指向司马迁,对《史记》所载孙武事迹的可信度提出挑战。齐思和指出:"孙子之行事,不惟不见于《左传》,且不见于一切先秦古籍。"⑥据他总结,《孙子》所反映的战争规模、战术思想、军制特点,包括该书的写作体例等,都明显地显露出战国时代的特点,所以他推断认为,"所谓孙武者既未必

---

①《鲒埼亭集》卷二十九。
②梁启超:《中国历史研究法》,上海古籍出版社,1998年,第94—95页。
③钱穆:《先秦诸子系年》,中华书局,1985年,第12页。
④钱穆:《先秦诸子系年》,中华书局,1985年,第13页。
⑤钱穆:《先秦诸子系年》,中华书局,1985年,第263页。
⑥齐思和:《中国史探研》,中华书局,1981年,第221页。

有其真人",其书则"为战国中后期之著作"。①

(三)"春秋成书说"的坚守

自从宋代学者推测《孙子》为"战国相倾之说"②后,历代都有响应,而且举证越来越多。当然,细究起来,最有力的证据似乎有这两条:第一,战争规模较大,是明显的战国时代特征;第二,五行思想大量渗入,也体现出战国时代特点。只是这两条证据也嫌薄弱,"春秋成书说"似乎仍有坚守的理由。

考察十三篇,孙子论战争两次言及"十万",并将战争模式设定为"兴师十万,出征千里"③这一规模。孙子还对相应规模战争的财政支出和物资消耗等进行了论述,使用了"百姓之费,公家之奉,日费千金"和"内外之费,宾客之用"及"驰车千驷,革车千乘""胶漆之材,车甲之奉"等词语。这便令不少学者心生惊愕,认为所论当为战国时期的战争。其实,"十万"本为虚指,而且有关论述实则为司令部想定作业④的一种,目的在于使得推算更加具备可操作性。考察"庙算"的设计和要求,更可看出其中体现了想定作业模式的特点。⑤有学者指出,"十万"也许只是一种估算。⑥因此,从"十万"这种作战规模,并不能推定《孙子》写作年代为战国时期。

不仅如此,在春秋时期,诸如晋国、楚国这样的大国,其军队已有相当庞大之规模,"十万"并非遥不可及的数字。比如,吴国伐楚之役,吴国动用军队三万,楚国则达二十万,故《新序》等书称"孙武以三万破楚二十万者"。春秋时期,各国军队主要由"国人"编制而成。国人皆有纳军赋的义务,壮丁必须充当甲士,遇到战争即由"授甲"或"授兵"而应征入伍。⑦这种情况下,军队员额具有相当大的弹性。就管仲时期的齐国而言,如果是"率九家一兵",即可"得甲十万"⑧。春秋早期的齐国既然能达到如此之规模,春秋晚期的晋国和楚国等,达到"十万"规模也并非难事。

① 齐思和:《中国史探研》,中华书局,1981年,第225页。
② 欧阳修:《孙子后序》,《欧阳修全集》卷四十二。
③ 《孙子·用间篇》。
④ 想定作业为参谋业务和指挥人才的训练方式之一,但也强调实战性。
⑤ 熊剑平、储道立:《孙子的战略情报分析理论》,载《滨州学院学报》,2011年第1期。
⑥ 江声皖:《〈作战〉既非"备战"也非"野战"》,载《安徽广播电视大学学报》,2012年第2期。
⑦ 杨宽:《西周史》,上海人民出版社,2016年,第435页。
⑧ 陈傅良:《历代兵制》卷一。

在《形篇》《势篇》和《虚实篇》等处,孙子大量借用五行方式论兵。如《形篇》曰:"兵法:一曰度,二曰量,三曰数,四曰称,五曰胜。地生度,度生量,量生数,数生称,称生胜。"《势篇》曰:"声不过五,五声之变,不可胜听也。色不过五,五色之变,不可胜观也。味不过五,五味之变,不可胜尝也。"《虚实篇》曰:"故五行无常胜,四时无常位。"这一现象的出现,被不少学者当作战国时期成书的理由,因为他们认为"五行"思想的流行当为战国时期。

其实,上述驳论也较为薄弱。阴阳五行思想的起源,不少学者推定为西周末期。①《国语·郑语》载史伯语曰:"故先王以土与金、木、水、火杂,以成百物。是以和五味以调口,刚四支以卫体……"因为有前期积累,到了春秋时期,已经流行五行方位图式。②从《左传》中,我们也不难看到这种"五行"模式的语言痕迹。《左传·昭公二十五年》载子产语曰:"则天之明,因地之性,生其六气,用其五行。气为五味,发为五色,章为五声,淫则昏乱,民失其性。是故为礼以奉之:为六畜、五牲、三牺,以奉五味;为九文、六采、五章,以奉五色;为九歌、八风、七音、六律,以奉五声。"《左传·昭公二十九年》:"故有五行之官,是谓五官。"其中,"五胜""五色""五味"等词语,也在《左传》中数次出现。如《左传·桓公二年》曰:"五色比象,昭其物也。"《左传·僖公二十四年》曰:"耳不听五声之和为聋,目不别五色之章为昧。"《左传·昭公元年》曰:"天有六气,降生五味,发为五色,征为五声,淫生六疾。"有学者推定,五行不仅在春秋时期出现,而且已经和干支时日结合,形成了复杂的体系。③既然如此,《孙子》出现大量体现五行思想的文字,并不是什么奇怪的事情。

两条战国成书的证据缺乏说服力,十三篇中不见骑兵则是"春秋成书说"的力证。《孙子》虽提及战马,如《行军篇》曰"粟马肉食",《九地篇》曰"方马埋轮",却没有出现"骑兵",更不见骑兵与其他兵种的合成战术。《孙子》较多论及车战,也符合春秋时期作战特点。对比《六韬》等兵书,更能明显看出这一特点。骑兵的出现,一般考证为战国初期。④孔颖达《春秋左传正

---

①杨宽:《西周史》,上海人民出版社,2016年,第734页。
②金春峰:《先秦思想史论》,东方出版社,2015年,第281页。
③金春峰:《先秦思想史论》,东方出版社,2015年,第284页。
④刘全志:《先秦诸子文献的形成》,中华书局,2016年,第172页。

义》曰:"古者服牛乘马,马以驾车,不单骑也。至六国之时,始有单骑。"①
《墨子·号令》曰:"守室下高楼,候者望见乘车若骑卒道外来者,及城中非常
者,辄言之守。"由于此处出现"骑卒",有学者怀疑其时已经出现成建制的
骑兵。②对此,顾炎武也有考订。《日知录》曰:"春秋之世,戎翟之杂居于中
夏者,大抵皆在山谷之间,兵车之所不至。齐桓、晋文仅攘而却之,不能深入
其地者,用车故也……势不得不变而为骑,骑射所以便山谷也,胡服所以便
骑射也。是以公子成之徒,谏胡服而不谏骑射,意骑射之法必有先武灵而用
之者矣。"③总之,"用骑"是战国时期的作战特点,而非春秋末期,更符合孙
膑生活时期的历史语境,而非孙武。④由是否"用骑"出发,可推定十三篇成
于春秋末期。

其他如从"将军"和"军将"等个别词语差别形成的结论,不如上述三点
重要,而且大可怀疑为流传抄写致误,并已有方家辨明⑤,此处不赘。

(四)竹简的举证

自宋代开始,学者对《史记·孙子吴起列传》展开前赴后继的怀疑和反
驳,从《孙子》其书的著作年代,到其人其书的关系,再到孙子其人的真实
性,可谓步步紧逼,而且已取得相当大的成果,司马迁有关《孙子》其人其书
的记载,眼看就要遭到全盘否定。然而,1972年发掘出土的银雀山汉墓竹
简,向世人展示了不少有利于《史记》记载的证据,帮助司马迁绝地反击。

第一个有力证据是,银雀山汉墓竹简中有一些竹简文献记载了与孙武
有关的事迹,其中主要集中在《吴问》《见吴王》。这两篇简文的主要内容都
是孙武和吴王阖闾的问答。在《吴问》中,孙武借分析晋国的田制和税制,分
析和预测了范氏、中行氏等六大家族的命运。孙武准确地预言了范氏、中行
氏和智氏的灭亡顺序,但他预言晋国将归赵氏则完全说错。这样的一对一
错,让一些专家将《吴问》的写作时间定在春秋末期,甚至锁定在智氏灭亡到
韩、赵、魏三家自立为侯的五十年内,⑥有学者甚至将《吴问》当成是孙武与

---

①《春秋左传正义》卷五十一,昭公二十四年。
②苏成爱:《〈孙子〉文献学研究》,安徽大学,博士论文,2012年,第26页。
③《日知录》卷二十九。
④刘全志:《先秦诸子文献的形成》,中华书局,2016年,第173页。
⑤黄朴民:《孙子兵法解读》,国家图书馆出版社,2017年,第178页。
⑥吴树平:《从临沂汉墓竹简〈吴问〉看孙武的法家思想》,载《文物》,1975年第4期。

吴王真实发生的问答之辞，可以作为真实史料。①

　　另一篇简文《见吴王》虽有严重残缺，但还是可以看出其中不少内容与《史记·孙子吴起列传》颇为相似，主要描写的是"吴宫教战"之事。银雀山汉墓竹简整理小组一度将其命名为《孙武传》，②一年之后又改而命名为《见吴王》。③有研究专家指出，《见吴王》中的情节描写要比《孙子吴起列传》更为详尽，当是《史记·孙子吴起列传》的一种古本。至于《史记》或《吴越春秋》，"可以看作是依据古本取其大要"④。也有专家认为，银雀山汉墓出土的这些《孙子》佚文，正是司马迁当初写作《孙子吴起列传》的原材料。⑤

　　司马迁是不是阅读这批竹简材料写作《孙子吴起列传》，怕是未必能够如此肯定，后面拟对此进行专门讨论。不论如何，这批竹简为我们提供了不少比《史记》更早、更翔实的有关孙武的史料。

　　银雀山竹简有利于《史记·孙子吴起列传》的第二个证据是，它们向世人提供了大量有关《孙子》其书的早期信息，而这些大都能和《孙子吴起列传》的记载求得互证。这批竹简曾两次提到了"十三扁（篇）"⑥，和《孙子吴起列传》中两称"十三篇"形成呼应之势。更为重要的是，银雀山竹简为我们提供了比"武经本"或"十一家注本"等宋本《孙子》更为古老的另外一种版本。在银雀山出土的这个《孙子》古本，其篇目数也为"十三"。这不仅有一块尚可识读部分文字的篇题木牍证明，更有十三篇中尚未被时光和尘土磨灭的大量文字作为注脚。传本的现有篇目中，除《地形篇》不见出土之外，其余十二篇均有不同程度的文字留存，《形篇》甚至还有甲、乙两种抄本出土。因此，我们有充足的理由相信，银雀山出土的简本《孙子》篇目数应该是"十三"。简本《孙子》的版本价值弥足珍贵，其史料价值同样不可估量。这些出土竹简除了告诉我们，在历史上一直有着广泛影响的"曹操删削《孙子》篇目"的说法不可信之外，更告诉我们司马迁有关《孙子》其书的记载是由来有自，宋代以降学者的怀疑或否定，可能有"疑古过猛"之嫌，应该重新审视和反思。

---

① 关桐：《银雀山汉墓竹简〈吴问〉的几点考证》，载《孙子学刊》，1992年第4期。
② 银雀山汉墓竹简整理小组：《银雀山汉墓出土〈孙子兵法〉残简释文》，载《文物》，1974年第12期。
③ 银雀山汉墓竹简整理小组：《孙子兵法》，文物出版社，1976年。
④ 常弘：《读临沂汉简中〈孙武传〉》，载《考古》，1975年第4期。
⑤ 于汝波主编：《孙子兵法研究史》，军事科学出版社，2001年，第46、65页。
⑥ 参见银雀山汉墓竹简整理小组：《孙子兵法》，文物出版社，1976年，第108页。

银雀山竹简提供的第三个证据便是《孙膑兵法》的出土。如前所述,当人们对司马迁的怀疑愈演愈烈之时,孙武和孙膑之间何种关系,是否本为一人,都曾有过热烈讨论。梁启超和钱穆的学术观点,都迎来不少附和。①之所以会有这种情况发生,主要原因就在于《孙膑兵法》的中道失传。当竹简《孙子兵法》和《孙膑兵法》同时在银雀山汉墓出土之后,有关《孙子》的著作权之争,以及孙武孙、膑是否同为一人等疑问,都很自然地涣然冰释。在银雀山竹简中,《吴问》的篇首0233简写有"吴王问孙子曰……",《威王问》的篇首0108简写有"齐威王问用兵孙子曰……"②,简文显然可以和《史记》中有关孙武和孙膑的记载形成呼应和互证。据此,人们应该更有理由相信,司马迁为先秦两位孙氏军事家所作的传记应该是各有依据,并非胡乱编造。而且孙武和孙膑本来就是各有兵法传世,孙武本不应当被错认为是孙膑,《孙子》十三篇也不应被错认为是孙膑所著。

第二节　《见吴王》与《孙子吴起列传》的比较研究③

银雀山出土简文中有很多直接支持《史记》的证据。其中,《见吴王》不仅篇幅长,也与司马迁的记载相对接近,很有必要对这篇简文专门进行分析。由于《见吴王》原有篇题脱落,银雀山竹简整理小组只得重新命名。他们曾命名为《孙武传》,连同有关释文发布于1974年第12期的《文物》,一年后整理小组又更名为《见吴王》,由文物出版社正式出版。④《见吴王》脱落文字较多,记录的多为孙武拜见吴王的场景,占主要篇幅的则是"吴宫教战",也即司马迁所谓"小试勒兵"⑤。我们知道,《史记》用于记载孙武生平的笔墨并不多,除《伍子胥列传》《吴太伯世家》稍微有所提及之外,主要笔墨集中在《孙子吴起列传》。《孙子吴起列传》的主要精力都是在描写"吴宫教战",这便很容易让人对《见吴王》和《孙子吴起列传》二者之间的关系产

---

①日本学者武内义雄认为孙武和孙膑为同一人,"膑"是绰号,观点与钱穆仿佛,可能也是受到梁启超的影响。参见武内义雄:《孙子十三篇之作者》,载江侠庵编译《先秦经籍考》(中册),1931年版,第377页。

②吴九龙:《银雀山汉简释文》,文物出版社,1985年,第14页。

③这部分文字作为前期成果曾刊登在《中国人民大学学报》2012年第6期,收入本书时作了若干修改。

④银雀山汉墓整理小组:《孙子兵法》,文物出版社,1976年。1985年,文物出版社在出版精装本《银雀山汉墓竹简(一)》时,仍旧命名该篇简文为《见吴王》。

⑤《史记·孙子吴起列传》。

生联想。根据考古专家的推断,竹简文字比司马迁所处的时代要早,[1]既然如此,司马迁是不是阅读过这批竹简材料,也成为一个有趣的论题。

(一)异同比较

总体来看,《见吴王》与《孙子吴起列传》二者之间既存有一定共性,又有若干差异。比较二者之间的异同,至少可以引发我们对包括《见吴王》在内的出土文献的重新思考,对竹简文献的史料价值的重新评估,同时也可获得一个考察《孙子》成书问题的新视角。

从简文《见吴王》结尾所附模糊字迹判断,该文原有字数可能为1000有余,但竹简现存仅为500余字,脱落文字达一半以上。《史记·孙子吴起列传》除开头"孙子武者,齐人也"和结尾"西破强楚,入郢,北威齐晋,显名诸侯,孙子与有力焉"之外,其余都是描写"吴宫教战"故事,字数约为350。《见吴王》的主题与之大体相同,但所费笔墨是《史记》有关内容的三倍以上。这二者之间的差别是显而易见的。下面将二者之间的区别列表如下:

区别项	《孙子吴起列传》	《见吴王》
见面之后讨论主题	商谈可否"小试勒兵"	讨论战争问题,并商谈可否"小试勒兵"。
吴王提供勒兵对象	直接选定"妇人"作为训练对象	孙武先是提供多种选择:"唯君王之所欲",包括贵者、贱者、妇人等。吴王只对训练妇人感兴趣。
孙子训练妇人之态度	爽快地答应:"可。"	请求更换:"妇人多所不忍。"
勒兵前准备工作	任命队长	任命队长,商谈训练时间和地点等
二人对话所见孙子治军思想	"将在军,君命有所不受。"	引而员(圆)之,员(圆)中规;引而方之,方中巨(矩)。
勒兵结果	吴王很不高兴:"将军罢休就舍,寡人不愿下观。"	吴王经过了六天的不开心日子:"(阖)庐六日不自□□□□□。"[1]
字数	约350	不详,至少为1015

①银雀山出土的这些竹简文字,据考古专家研究推定,"是文、景至武帝初期这段时间内抄写成的"。详参:《银雀山汉墓竹简(一)》,文物出版社,1985年,第5页。

　　从上表可以看出,《孙子吴起列传》和《见吴王》之间,基本情节保持一致,但也存在差别。在简文《见吴王》中,孙武和吴王见面后首先交流的是对战争问题的认识。针对吴王标榜"好兵"之行为,孙武毫不隐晦地表达了不满,也亮出自己的态度:"兵,利也,非好也。兵,□〔也〕,非戏也。"孙武并不愿意迁就阖闾,反而是对好战的吴王积极予以规劝,这应当是孙武的个性体现,所体现的慎战思想则和《孙子》十三篇保持一致。吴王阖闾本想用共同爱好来与孙武这个远道而来的客人套近乎,却遭到一番训诫,内心自然不满,可能由此而进一步提出"小试勒兵"的要求。《见吴王》中,孙武曾就训练对象提供了多个选择项,比如贱者、贵者、妇人等,吴王则只是对"试阵于妇人"感到好奇,最终决定挑选妇人提供孙武作训练之用。孙武一度产生悔意,也以"妇人多不忍"作为借口,请求吴王更换训练对象,但遭到断然拒绝。就训练过程而言,在《见吴王》中孙武的准备工作显然更加充分,充分体现出其对"勒兵"之重视。至于最终训练结果,二者虽大体相同,但吴王所表现的态度存有很大的差别。《见吴王》中,吴王出于盛怒,很多天都不想见孙武,经过很长时间的思想转折之后才任命孙武为将。而《史记》所载吴王的思想转折来得稍微有点突兀。

　　就篇幅来说,《孙子吴起列传》与《见吴王》也有很大差异。相同一件事,《孙子吴起列传》中所见之情节,其完整其生动其曲折等,较诸《见吴王》都有很大区别。由于很多情节都被省减,在《孙子吴起列传》中我们所见已为非常突兀之故事,也即叶适所谓"奇险"不复存在。由"奇险"出发,叶适对司马迁的记载产生怀疑,引领了宋代以降学者对《史记·孙子吴起列传》的怀疑之风。

　　简文存在大量脱落,即便记载"勒兵"这一情节,二者之间也有很大差别。兹录该段文字以供比较、参照:

①简文中不能辨识的文字,用"□"表示;超过五字或无法确定时,用"……"表示;根据上下文补出的缺字用"【 】"表示;假借字和古体字都随文注释,并加"（ ）"表示。简文及凡例均与文物出版社1985年版《银雀山汉墓竹简（一）》保持一致,下同。

《孙子吴起列传》	《见吴王》
……令之曰："汝知而心与左右手、背乎？"妇人曰："知之。"孙子曰："前，则视心；左，视左手；右，视右手；后，即视背。"妇人曰："诺。"	……□妇人而告之曰："知女（汝）右手？""……之。""知女（汝）心？"曰："知之。""知女（汝）北（背）？"曰："知之。"

通过对比可以发现，《见吴王》和《孙子吴起列传》虽有一定共性，但差异更加明显。我们有必要进行深入探讨，判断二者之间的关系。

（二）关系探析

基于以上对比，我们判断认为，《见吴王》未必是司马迁写作《孙子吴起列传》所依据的原材料。在有些学者看来，既然《见吴王》主体内容和《孙子吴起列传》大同小异，均以"吴宫教战"为主题，那么二者之间必定存在着密切联系，甚至将《见吴王》判定为司马迁写作《孙子吴起列传》所依据的原始史料。在我们看来，这种观点稍欠稳妥。银雀山竹简文献和《孙子吴起列传》固然有部分内容相似，但未必是前后继承的关系。它们很有可能各有来历，而非一脉相承。

银雀山出土的《孙子》佚文中，《见吴王》与《四变》原有篇题均已漫漶莫辨，现有篇题系竹简整理小组依据竹简文字所增添。《见吴王》的命名也许受《史记·孙子吴起列传》影响，起初被命名为《孙武传》，[1]不久之后，专家可能意识到其中不妥，便在出版《孙子兵法》简体本时进行了修改，易名为《见吴王》。十年后是书再版时，《见吴王》的命名得以维持不变。[2]整理小组的改动想必经过专家组的反复讨论和仔细斟酌，这一处改动也颇为在理。如果只是因为《史记》有一篇主题相近的列传，便将简文命名为《孙武传》的话，还是略显唐突。

常弘显然是根据1974年发布的释文写成他的论文《读临沂汉简中〈孙武传〉》[3]，这一点仅从论文题目就可以得出判断。在经过比较研究之后，常弘认为简文《孙武传》正是司马迁写作《史记·孙子吴起列传》时所采用的古本。当然，他也注意到二者之间的差别："竹简中对这个训练经过，有些地方

---

[1]详见《文物》，1974年第12期。
[2]分别参见文物出版社1976年简装本《孙子兵法》和1985年精装本《银雀山汉墓竹简（一）》。
[3]载《考古》，1975年第4期。

还详细些。"①此外他还指出："古本的一些提法,是今本所没有,或不如此明确。"②在注意到差别的同时,常弘也尝试找出该篇简文和《史记》《吴越春秋》的共性,于是大胆地判断："后二者可以看作是依据古本而取其大要。"③常弘的推论显然并不严密,所得结论也颇值得商榷,不知道立论是否受到整理小组命名的影响。

于汝波主编《孙子兵法研究史》时,银雀山竹简出土已有二十年。当初整理小组命名《孙武传》又改名《见吴王》的经过,不知他是否知晓。而且,也不知道其研究工作是否受到一些干扰。于汝波同样认为《见吴王》和《孙子吴起列传》存在着密切联系:"《见吴王》的内容与司马迁所记孙武吴宫教战之事大致相同,当是司马迁写孙子本传所据史料之一。这些足证司马迁对这些材料进行过研究。研究过这些杂篇,而在写孙子本传中又将其排除在孙子亲著之外,这就只有一种解释:他认为只有'十三篇'才是孙武所著,其余则非出自孙武之手。为防二者混淆,故两言'十三篇'以强调之。"④愚见以为,两言"十三篇"也许不一定是出于强调,很有可能是因为他当时所能见到的其实只是十三篇的《孙子》。所谓八十二篇的《吴孙子兵法》,当时大概还没有问世,或者尚未与孙武建立联系。另外,于汝波判断司马迁曾看过银雀山竹简材料并曾有过研究,这多少也显得有些武断,因为缺少直接证据。如前所述,《见吴王》与《孙子吴起列传》之间既有相同点,也存在着差异,我们其实不能只看重共性而完全忽略差异。

从前列表格可以看到,《见吴王》所描写的情节更加具体,也更具真实性。《见吴王》中,孙武拜见吴王后的第一件事,是和吴王一起讨论对战争的认识,这似乎比司马迁《孙子吴起列传》所描写的情节更具合理性。就"吴宫教战"情节设计而言,简文《见吴王》的过渡也显得更为自然和合理。比如,孙武曾为吴王提供多个选项,贵者、贱者、妇人都在其中,吴王最终选择了妇人。无论是出于私心还是公心,无论是出于刁难还是好奇,这个过程都较为合乎逻辑。相比之下,司马迁在《孙子吴起列传》的描写则明显给人"奇险"的感觉,无怪乎宋代叶适等学者会对其发出"不足为信"之类疑问。如果司

---

① 常弘:《读临沂汉简中〈孙武传〉》,载《考古》,1975年第4期。
② 常弘:《读临沂汉简中〈孙武传〉》,载《考古》,1975年第4期。
③ 常弘:《读临沂汉简中〈孙武传〉》,载《考古》,1975年第4期。
④ 于汝波主编:《孙子兵法研究史》,军事科学出版社,2001年,第65页。类似意见还可见该书第46页。

马迁见过这些竹简材料并进行过研究，那么他应该不会放弃其中相对合理的成分而片面追求奇险之说，直至令人失去信任。

司马迁写作《史记》，非常注意广征博引，即便是写作《孙子吴起列传》也未必只采集某一种材料。即便真如常、于等人所说，司马迁曾见过这批竹简材料，那么他在写作"吴宫教战"时所作取舍，很让人产生疑惑。那些被叶适等人看成"奇险"而"不足为信"的材料，被司马迁所吸收，类于小说家言的材料被收录改编，反倒是更具史料价值和更能显出孙武远见卓识的材料被一一舍弃，这显然很令人产生疑惑。而且，在司马迁眼中，孙武之地位无疑比吴起和孙膑更加重要，但他写作《孙子吴起列传》时，就孙武着墨最少，而吴起和孙膑落墨更多，二者篇幅极不相称，这显然是材料的多寡所致。换句话说，司马迁看到的有关孙武的史料未必如银雀山竹简这般丰富。故此我们认为，银雀山竹简文献，司马迁未必亲见或研读。

钮先钟就曾就司马迁写作两孙子所费笔墨的比重发出疑问。他说，孙武与孙膑虽同在《史记》中有所记述，但二孙之间有很大差异。《史记》虽将孙武列为《孙子吴起列传》中的首位，但对其记载则非常简略，甚至于也不可信。对比言之，孙膑在《孙子吴起列传》中虽仅居附录地位，但司马迁对于孙膑一生事业的记载则远较孙武为详细。作为我国首席史学家的司马迁，其著作态度实在令人颇难理解。[1]显然，钮先钟的疑问极具代表性。他由此出发进而怀疑司马迁的著作态度，也自有道理。在我们看来，司马迁著作精神及态度等，不应受到怀疑。他有关孙武传记之所以会只留下区区三百余字，应该只是因为所见材料极少。作为一位态度严谨的历史学家，面对材料不足之时，司马迁当然不能向壁虚构，因此才会留下《孙子吴起列传》中三位军事家着墨比例极不相称的现象。这也正好说明司马迁并没有看到银雀山竹简这批竹简材料。这批大量记载有关孙武重要信息的材料，如果被他看到，那么《史记》中的孙武传记就一定不会只是这寥寥的数百字。

（三）价值重估

学术界对简文《见吴王》并未引起足够重视。相比马王堆帛书和郭店楚简等出土文献，银雀山竹简所受关注程度要远为逊色，这可能与这批竹简的

---

[1]钮先钟：《中国古代战略思想新论》，安徽教育出版社，2005年，第119页。

内容和性质有着直接联系。众所周知,银雀山出土的竹简文献多为兵书。这是较少受到人们关注的领域,所以竹简文献受到学界冷落也不足为奇。在这些文献中,《见吴王》似乎更少受到关注,有关研究论文寥寥无几,[①]简文所蕴含的史料价值明显地被忽视,不免令人遗憾。

通过比较和分析,我们判断司马迁写作《史记》时,不一定看到银雀山竹简材料,更没有可能依据这些竹简文献写作《孙子吴起列传》。他所看到的应该是另外一批可以和竹简文献求得呼应的重要文献。这些文献的内容大同小异,成为《孙子吴起列传》《见吴王》体现共性的直接原因。就先秦时期文献流传来看,很多重要典籍都受地域、文化和政治环境等干扰,致使同一文本在流传过程中会出现文本书写、篇名差异等情况。文本在传抄过程中,也自然会出现篇卷、句读等细节方面的差别,从而纷乱歧出。有的长,有的短;有的完整,有的支离;有的颠倒,有的端正。有关孙武基本文献的流传,也可能会出现这种情况,所以才会出现《孙子吴起列传》和《见吴王》之间的诸多差异。但是,有关孙武的基本史实却不会因此而发生重大偏差。司马迁即便未曾看到银雀山竹简文献,但他也有机会看到其他类似文献,因而才有条件写成《孙子吴起列传》。《见吴王》和《孙子吴起列传》所本材料,也是各有出处。这些不同地域流传的文献,并不一定如常、于等人所说是一脉相承,却可以彼此互证。也就是说,银雀山竹简文献虽说和《史记·孙子吴起列传》差异甚多,却仍然可以互相印证。

银雀山出土竹简对《史记》有关孙子其人其书的记载,起到了重要的证明作用。宋代欧阳修、叶适等学者之所以会对《史记》持续提出异议,主要依据有三:第一,《左传》中不曾见到孙子事迹;第二,《孙子吴起列传》所载"吴宫教战"更像是说故事,"奇险"而不足为信;第三,《孙子》透露出战国时代特征。在叶适将《孙子》断定为"春秋末、战国初山林处士所为"[②]之后,学者们纷纷跟进,不仅怀疑司马迁的《史记》,也将《孙子》写作年代推断为战国。[③]推敲他们立论的第一条依据,言下之意是《孙子吴起列传》只是孤证,

---

① 据学术期刊网,可以检索到的研究论文共有两篇:其一为常弘《读临沂汉简中〈孙武传〉》,载《考古》,1975年第4期;其二为高友谦《汉简〈见吴王〉校补》,载《滨州学院学报》,2010年第4期。

② 叶适:《习学记言序目》卷四十六。

③ 比如姚际恒、梁启超、钱穆、齐思和等,有关立论参见《古今伪书考》《中国历史研究法》《先秦诸子系年》和《孙子兵法著作时代考》等。

故而不足为信。因此，《见吴王》的出现，在很大程度上对他们进行了反驳。银雀山竹简的出土，直接为司马迁举证，《见吴王》更是对《孙子吴起列传》起到直接证明的作用。司马迁的这些记载并非出自他的杜撰，而是其来有自，值得信任。

　　叶适等人批评《孙子吴起列传》所载"吴宫教战"因"奇险"而不足为信，简文《见吴王》对此也可起到反驳作用。《见吴王》情节完整而又生动，令我们对孙武事迹有更完整的了解。孙子在觐见吴王之后，确有用妇人"小试勒兵"之事发生，但这也是在孙武和阖闾讨价还价之后才出现的。总体来看，"吴宫教战"并非虚构的"小说家言"。司马迁在《史记》中的记载之所以会显出"奇险"，只是因为他没有看到《见吴王》。与《孙子吴起列传》主题类似且并不奇险的材料，或是被早早埋在地下，司马迁无缘得见，也就无法采集进入《史记》。

　　既然如此，我们似有必要对《见吴王》等简文的史料价值予以重估。如果将它们连同银雀山竹简视为司马迁写作《孙子吴起列传》直接引用的材料，不仅缺少证据，也会就此削弱竹简的史料价值。就目前学界研究而言，银雀山出土简文《见吴王》的史料价值，实则被我们严重低估。这份和《孙子吴起列传》既有共性、更具差异的竹简文献，不仅让我们对司马迁《史记》中的有关记载增添信任，也为世人提供了更多有关孙子其人其书乃至其所处时代的更多信息。所以，我们对《见吴王》在内的竹简文献的研究力度，理应进一步加强。

第三节　竹简所见《孙子》成书线索再探

　　银雀山汉墓中不仅出土了简本《孙子》等兵书，还有简文两次提到"十三扁（篇）"[1]，这和《史记·孙子吴起列传》两称"十三篇"形成呼应，有力地支持了司马迁的有关记载。此外，竹简还提供了不少其他信息，这对我们思考《孙子》的成书时代非常有益。那么，究竟应该如何看待这些信息，他们对思考《孙子》成书问题究竟有哪些帮助呢，我们不妨就此再进行一番探讨。

---

[1]参见银雀山汉墓竹简整理小组：《孙子兵法》，文物出版社，1976年，第108页。

(一)《孙子》佚文再探

前面我们重点讨论了如何正确认识和挖掘简文《见吴王》的史料价值，如果按常弘和于汝波等学者的看法，将银雀山竹简文献与《史记》建立起密切联系，并将《见吴王》(《孙武传》)当成司马迁当初撰写《孙子吴起列传》的依据，那么银雀山出土文献的史料价值无疑会因此而降低。在我们看来，司马迁可能没有条件看到银雀山竹简材料，否则他就不会在撰写《孙子吴起列传》时只留下区区三百余字。当然，司马迁一定看过主题与内容相似的材料，因此才会在《史记》中载有内容精彩的"吴宫教战"等故事。如果不急于将银雀山出土文献和《孙子吴起列传》建立起必然联系，简文的史料价值反而可以得到增强。

另外一篇简文《吴问》也应引起我们重视。与《见吴王》相比，《吴问》所受到关注的程度稍高，学术界有两种截然不同的意见，似有必要再进行一番讨论。

《吴问》是篇问答体简文，以考察春秋末期晋国六大家族的兴衰为切入点，通过吴王与孙子的一问一答，提出田制与税制是决定政权兴衰关键的论断。由于田制和税制在一定程度上左右着民心向背，而民心向背则在很大程度上决定着王室的命运。所以，孙武的逻辑自有其合理成分。

当然，在这篇简文中，孙子预测晋国六家族命运，有的说对，有的说错。其中，范氏、中行氏、智氏的灭亡次序完全被猜对，但他预测晋国将归赵氏的预言则完全说错。吴树平根据这一对一错撰文认为，《吴问》当为智氏灭亡到赵、韩、魏三家自立为侯的五十年之内所撰写。[①]

吴树平的研究结论一度产生了很大影响，甚至也被银雀山竹简整理小组所吸收。文物出版社1976年整理出版的竹简本《孙子兵法》，就收录了吴树平上述论文。而且，郑良树也基于吴树平的推论，将《孙子》十三篇的写作时代进一步推断为"春秋末年、战国早期，也就是大约孙武卒后的四十余年间"[②]。

吴树平虽将《吴问》写作时间推定为春秋末期，但也同时认为其只是后

---

① 吴树平：《从临沂汉墓竹简〈吴问〉看孙武的法家思想》，载《文物》，1975年第4期。
② 郑良树：《论〈孙子〉的作成时代》，载《竹简帛书论文集》，中华书局，1982年。

人追记而成。何炳棣则将《吴问》写作时间考订为与《孙子》同时:"都是撰成于吴王阖闾召见孙武之年——公元前512年。"①关桐同样认为《吴问》正是孙武和吴王的真实对话记录,完全可以当成真实的史料。他指出:"《吴问》是孙武与吴王阖闾或夫差的问答之辞(后者的可能性更大),决不是兵家者流假托吴王与孙武的问答之辞。如果是'兵家者流'的'假托',理应是讲战争、论兵法,不可能是政治议论。不是兵家的学者而伪托孙武与吴王讨论政治问题,是不可能的。所以这也增加了《吴问》作为真实史料的可信度。"②除上述诸位之外,还有一些学者相信《吴问》为真实史料,甚至还会根据该篇简文进一步推断出孙武入吴的具体时间。③

也有一些学者对《吴问》的真实性提出怀疑。李零认为《吴问》根本不能被作为真实史料,其写作年代当为战国中晚期。他说:把《吴问》的撰写时间定在春秋末期,还不如把它定在战国中后期更为妥当……《吴问》篇恐怕并不像某些同志所说的那样,是孙武言行的可靠记录。它写成的年代大概要比十三篇为晚。④王晖也指出,《吴问》中反映出儒家思想特征,其中的"王道"思想只能是战国中期之后才会出现,《吴问》中的一些术语也体现了鲜明的战国中晚期的时代特征。因此,他推断:"《吴问》的成文时代可定在战国中晚期。"⑤再如,郝进军也认为,《吴问》不是孙武言行的真实记录,它甚至是战国末期才产生的赝品。⑥

很显然,两种观点虽明显对立,但都可以各自找出若干依据。相信有关《吴问》写作年代和真伪讨论,一定还会继续深入下去。希望通过研究和探讨,最终能够得出一个相对合理和科学的结论。

值得注意的是,上述参与讨论的学者中,部分人已将《吴问》真伪与《史记·孙子吴起列传》的真伪直接联系起来。这显然已经走入另外一个误区。即便《吴问》确系后人伪托之作,我们却不能据此而断定《孙子吴起列传》的有关记载全为虚妄。没有证据表明司马迁是看着《吴问》这些竹简材料撰写

①何炳棣:《中国现存最古的私家著述〈孙子兵法〉》,载《历史研究》,1999年第5期。
②关桐:《银雀山汉墓竹简〈吴问〉的几点考证》,载《孙子学刊》,1992年第4期。
③陆允昌:《从竹简〈吴问〉考孙武入吴时间》,载《苏州教育学院学报》,1999年第Z1期。
④李零:《关于银雀山简本〈孙子〉研究的商榷——〈孙子〉著作时代和作者的重议》,载《文史》第七辑,中华书局,1979年。
⑤王晖:《试论〈吴问〉的成文年代及其相关问题》,载《东南文化》,1993年第2期。
⑥郝进军:《银雀山竹简〈吴问〉考辨》,载《四川文物》,2010年第1期。

《孙子吴起列传》的,《史记》中也没有孙武预测晋归于赵之类的记载。将《吴问》视为孙子和吴王真实对话记录,甚至据此推断孙武入吴具体时间的做法,固然过于乐观,但如果因为推测《吴问》是伪作,便将《孙子》写作年代也推定为战国,甚至是战国中晚期,同样显得过于保守。而且,如果认定《吴问》为战国中后期作品,便轻易抹杀《吴问》的史料价值,也是不可取的。我们认为,即便《吴问》果真如李零等所云,是一篇战国中晚期才产生的作品,它仍然具有不可忽视的史料价值。《吴问》的真伪和《孙子吴起列传》的真伪,其实是两个不同的问题,不应当被搅和在一起。

在愚见看来,《吴问》实则为一种“问答”体的注解文字,也许是孙子后学模拟先祖事迹而写成的一段对话,我们大可不必太过追究其真伪。《吴问》很可能和《通典》、何氏注、张预注中的诸多孙、吴问对一样,是孙子后学学习《孙子》十三篇所留下的注解文字。其写成年代未必如吴树平等人所说的那么早,但应该诞生于十三篇著成之后。如果我们根据《吴问》是政治议论而将其与兵家剥离开来,也许欠妥。兵家讨论政治问题,写作政论文字,并不奇怪。孙子会论及“修道保法”,也将“道”视为影响战争胜负的第一要素。虽然兵家在主体思想上和儒家、法家等有很大差别,但他们关心政治和参与治国的热情,丝毫不亚于其他学派。[1]孙子在《计篇》《形篇》和《火攻篇》有关“道”和“安国全军”的讨论等,都是很好的政论文字。也许正是这个缘故,孙子后学才会有诸如《吴问》这样的政论作品产生。关桐等人认为《吴问》“决不是兵家者流假托吴王与孙武的问答之辞”[2]的判断,其实也值得商榷。

我们还应当注意到,银雀山出土孙子佚文风格明显不一,这应该可以证明其写作经历时间之长。郑良树认为:“《兵家遗简》的作成时代似乎是颇为参差的:作成时代早的一部分,极有可能就紧跟在《孙子》之后;作成时代晚的,可能要到汉代初年了。”[3]这些简文是不是果然如郑良树所言竟有作品迟至汉代才产生,也许是个未知数,需要再加以探讨,但郑良树“颇为参差”的判断还是基本可信的。由于这些竹简文字的存在,我们似乎不能将《孙

---

[1]详参黄朴民:《中国古代兵家经国治军思想概论》,载《军事历史》,2010年第4期。
[2]关桐:《银雀山汉墓竹简〈吴问〉的几点考证》,载《孙子学刊》,1992年第4期。
[3]郑良树:《论〈孙子〉的作成时代》,载《竹简帛书论文集》,中华书局,1982年。

子》的写作年代推断得过晚。有些学者视该书为战国中后期作品，甚至秦汉时期才定型，不免显得过于保守。①

总之，银雀山出土的《吴问》等简文，虽则各自作者和写成年代尚待进一步研究，但已经为我们思考《孙子》成书年代提供了非常富有价值的线索。我们必须充分重视其中的史料价值，而不是低估或无视。

（二）出土兵书：另一种线索

有关孙子其人其书的信息，先秦典籍中也可以发现一些，比如《尉缭子》《鹖冠子》等书曾明引或暗引《孙子》词句。《尉缭子·将理篇》曰："兵法曰：十万之师出，费日千金。"此语实则从《孙子》的《作战篇》或《用间篇》化出。《作战篇》曰"凡用兵之法，驰车千驷，革车千乘，带甲十万，千里馈粮，则内外之费，宾客之用，胶漆之材，车甲之奉，日费千金，然后十万之师举矣"；《用间篇》云"凡兴师十万，出征千里，百姓之费，公家之奉，日费千金……"，都表达了类似意思。《鹖冠子·天则篇》曰："故法者，曲制、官备、主用也。"此语实则源自《孙子·计篇》。这些引用虽只是零星片段，但也多少为我们提供了一些有关《孙子》的基本线索。

银雀山出土竹简则为我们提供了更多类似信息，而且也可以和传世典籍形成呼应。在银雀山出土的兵书中，包含有曾被怀疑为伪书的《尉缭子》。这一方面可证明该书并非伪书，另一方面也为我们提供了更多先秦兵书征引《孙子》的信息。何法周根据竹简文献研究指出，《尉缭子》的写作年代应该在魏惠王的时代。②郑良树则基于这一时间，对该书明引、暗引《孙子》情况进行了系统考察，从而将《孙子》成书时间推断为《尉缭子》成书之前。③在传本《尉缭子》中，我们也可看到作者曾盛赞孙子的用兵之术："有提三万之众而天下莫当者，谁？曰武子也。"④很显然，如果《尉缭子》成书时间果真可以提前，那么《孙子》的成书时间自然也可以相应前移。

与《尉缭子》相比，银雀山出土的另一部兵书《孙膑兵法》，其中征引《孙

---

① 前面说过，齐思和就是将《孙子》的著作年代定为战国中晚期。此外，杨丙安等人甚至认为《孙子》晚至秦汉才定型。参杨炳安、陈彭：《孙子兵学源流述略》，载《文史》第二十七辑，中华书局，1986年。
② 何法周：《〈尉缭子〉初探》，载《文物》，1977年第2期。
③ 郑良树：《论〈孙子〉的作成时代》，载《竹简帛书论文集》，中华书局，1982年。
④《尉缭子·制谈》。

子》情况理应引起我们加倍重视。此书曾长期失传,意外重见天日,加之作者孙膑与孙武之间存在着特殊关系,自然会引起格外关注。郑良树曾考察《孙膑兵法》明引、暗引及发挥《孙子》的各种情况,将《孙子》成书时间推断为《孙膑兵法》成书之前。[①]如果细究起来,郑良树所举例证尚有瑕疵。他所列举的暗引例证,并不具备什么说服力。因为军事家的兵学思想难免会存在某种趋同性,遇到这种情况,如果简单归于暗引则殊为不当。至于明引《孙子》十三篇,其实也可以找到更好的例证,比如《威王问》中"攻其无备,出其不意"和"必攻不守"及《势备》"昼多旗,夜多鼓"等。"攻其无备,出其不意"出自《孙子·计篇》,"必攻不守"则出自《孙子·虚实篇》"攻而必取者,攻其所不守也","昼多旗,夜多鼓"则可在《孙子·军争篇》找到相应源头。这些例证也许比郑良树文中所举例证更具说服力。郑氏所举例证中,有一条出自《十问》,但该篇后来被调整出《孙膑兵法》。[②]

古代文献互相征引的情况非常复杂。如果成书年代相差无多,应该很难判断究竟是此书引用彼书,还是彼书引用此书,依靠考察征引情况推断成书时代自然存在着明显缺陷。但是,就《孙子》而言,这种方法却不可偏废。这一方面是因为有关《孙子》其人其书的记载已有《史记》这种权威史书作较为可靠之依据,另一方面则因为银雀山又出土大量可资互证的重要文献。这些选出的证明材料,再加上古兵书的大量征引情况,令我们可以对《史记》的有关记载增添一重信任。这些地下新出土文献,正好可以"据以补正纸上之材料"[③],王国维所倡导的"二重证据法",依靠银雀山竹简正可以对孙子研究,尤其是其人其书研究,起到积极作用。

所以,银雀山新出土的其他兵书,其实也为考察《孙子》成书提供了新线索。它们不仅和《史记》形成互证,也可在古兵书之间求得互证。《孙子》十三篇和《孙膑兵法》《尉缭子》等兵书一样,是先秦时期诞生的兵学著作,而且其写作年代要早于后二者。

---

① 郑良树:《论〈孙子〉的作成时代》,载《竹简帛书论文集》,中华书局,1982年,第47—48页。
② 如果细究起来,郑文中还有一些瑕疵。比如他把《七录》和《七略别录》混淆,再如孙武卒年本不可考,他却将《孙子》成书断为孙武卒后的四十年余年间。这些瑕疵似乎都在一定程度上影响到他的写作思路和立论。而且,按照郑氏的观点,既然是孙武卒后的四十年余年间写成,它就应该不是孙武的作品,他却又认定《孙子兵法》是春秋末年吴国名将孙武的作品(《诸子著作年代考》,北京图书馆出版社,2001年),这不免让人感觉一头雾水。
③ 王国维:《古史新证》,清华大学出版社,1994年,第2页。

(三)回到《史记》

围绕《孙子》成书所发生的争议其实可以集中到一点,就是对《史记·孙子吴起列传》的信或不信。银雀山竹简是和《史记·孙子吴起列传》可以互证的材料。简文《吴问》篇首(0233简)"吴王问孙子曰……"的字样,以及《威王问》篇首(0108简)"齐威王问用兵孙子曰……"等,[①]显然可以和《史记》有关孙武和孙膑的记载形成互证。至于《孙膑兵法》的出土,则更对《史记》中两孙子各有著述等记载提供了力证。简文曾两次提及"十三扁(篇)"[②],和《孙子吴起列传》两称"十三篇"也形成呼应之势。传本十三篇中,除了《地形篇》之外,其余十二篇均有或多或少的文字出土,也可证司马迁所记载的有关《孙子》的信息大致可信。这些竹简被埋地下两千多年,终于得见天日,有力地证明了两千多年前的史学家司马迁的著述并非向壁虚造,围绕孙子其人其书的争论,也应据此重新再作一番审视。

从司马迁的著述精神考察,我们也应当对《孙子吴起列传》更多一重信任。对那些时代久远而无法确定之事,司马迁都会保持"阙疑"态度,所谓"闻疑传疑"[③]。比如他在为老子和墨子立传时,都用到"或"和"盖"这样表示存疑和推测的词语。在《史记·老庄申韩列传》中,司马迁这样写道:"或曰:老莱子亦楚人也,著书十五篇,言道家之用,与孔子同时云。"在《史记·孟轲荀卿列传》中附录一段有关墨子的记载:"盖墨翟,宋之大夫,善守御,为节用。或曰并孔子时,或曰在其后。"在《史记·孙子吴起列传》中,除去"吴宫教战"之外,司马迁有关孙子生平的记载就只剩下开头——"孙子武者,齐人也",和结尾——"西破强楚,入郢,北威齐晋,显名诸侯,孙子与有力焉"。笔墨固然非常简略,却没有使用"或""盖"这种推测之辞。这种现象或许能够说明,在太史公眼里,孙子其人其书等基本信息都是可以确定的。

既然如此,我们在探讨《孙子》成书问题时,不妨还是回到《史记》。在没有更新更全的出土文献的情况下,还应以司马迁的记载为准。这不仅因为

---

①吴九龙:《银雀山汉简释文》,文物出版社,1985年,第14页。
②银雀山汉墓竹简整理小组:《孙子兵法》,文物出版社,1976年,第108页。
③《三家注史记》卷五十一。

有关孙子其人其书的记载,数司马迁的记录为最早,更因为银雀山出土文献在相当程度上支持了他。

就《孙子》书中所体现的战国时代特征等问题,宋人掀起的争论一直延至今天,终于因为有齐思和、蓝永蔚等学者的参与①,而使得研讨水准上升到一个新台阶。我们期待并且相信,因为有银雀山竹简的出土,这种争论会变得更加激烈,水平也会上升到更高层次。希望随着银雀山竹简的研究逐渐受到重视,有关悬案终究会迎来破解的一天。但就目前状况而言,回到《史记》,固守《史记·孙子吴起列传》,不失为一个相对明智的选择。原因很简单,因为有了众多银雀山出土文献作为证明,司马迁的著述变得更加可信了。

---

① 详细内容参见齐思和《孙子著作时代考》(《燕京学报》,总第26期)和蓝永蔚《〈孙子兵法〉时代特征考辨》(《中国社会科学》,1987年第3期)。

第三章 孙子学派和《孙子》早期注解

战国时期,《孙子》已产生很大的影响,这从《孙膑兵法》等兵书中就能看到痕迹。考察银雀山出土文献可以发现,曾有孙子学派投入《孙子》研究,并留下大量有关《孙子》的注解文字。学术界曾长期视曹操为注释《孙子》第一人,但这也许只是一场误会。出土文献证明,更早的《孙子》注解文字在西汉乃至先秦时期就已经出现。

第一节 《孙子》早期注解

在不少人眼中,曹操是第一个注释《孙子》之人,其中尤以清代学者孙星衍为代表。他在《孙子十家注·序》中写下这样一段话:"秦汉已来,用兵皆用其法,而或秘其书,不肯注以传世。魏武始为之法,云'撰为略解'……"①孙星衍的观点在银雀山出土竹简之后,便很难再站住脚。在银雀山汉墓中,连同《孙子》十三篇一同出土的,还有一批不见于现存史籍的重要佚文。李零曾撰文认为是注释体例的文字:《四变》《黄帝伐赤帝》《地形二》都是解释发挥十三篇的文字,应作《孙子》后学的注解看待。②专家论定这些竹简的写成年代为西汉前期。③李零的判断如果准确无误,那么孙星衍的观点显然不攻自破。当然,李零虽对《孙子》佚文的性质有所察觉,但在著述时仍不免受到主流学术观点的干扰。比如2006年,李零著作《兵以诈立——我读〈孙子〉》时就转而和孙星衍持论相同,认为"第一个给《孙子》作注的,也是

---

①《孙子十家注》,《诸子集成》(六),中华书局,1996年,第1页。

②详参李零:《关于银雀山简本〈孙子〉研究的商榷——〈孙子〉著作时代和作者的重议》,载《文史》第七辑,中华书局,1979年。十几年后李零又说:像银雀山简本佚篇《四变》,就是用来解释《九变》。他还说:这些佚文,在很大程度上应作笔记、注释、学案、传状来看待。见李零《孙子古本研究》(北京大学出版社,1995年)和李零《〈孙子〉十三篇综合研究》(中华书局,2006年)。

③银雀山出土的这些竹简文字,据考古专家研究推定,"是文、景至武帝初期这段时间内抄写成的"。详参:《银雀山汉墓竹简(一)》,文物出版社,1985年,第5页。

曹操"①。这一现象让人感到疑惑,却能一定程度说明学术界的主流态度。既然如此,我们似乎更有必要对这些出土竹简再进行一番认真解读。

(一)竹简所见注解文字

银雀山出土的《孙子》佚文经专家整理为五篇,曾作为"十三篇"的"下编"一同出版。②它们被分别命名为:《吴问》《四变》《黄帝伐赤帝》《地形二》《见吴王》。其中,《吴问》《黄帝伐赤帝》和《地形二》的篇名系竹简原有,《四变》和《见吴王》的篇名则是由整理小组根据竹简文字内容拟定。这几篇简文风格多样,体例不一。《地形二》和《黄帝伐赤帝》似与传本《孙子》十三篇写作体例稍微接近,《黄帝伐赤帝》篇首还有"孙子曰"三字,也与传本《孙子》著述体例一致。《吴问》和《见吴王》则是问答体,《四变》则为非常明显的注解文字,总之写作风格都与十三篇兵法迥异。

五篇佚文中,以《四变》写作风格最为独特。无论是与传本《孙子》十三篇相比,还是与其他出土佚文相比,都有较大差别。我们先看第一段文字:

　　……【徐(途)有所不由,军有所不击】,城有所不攻,地有所不争,君令有【所不行】。

这段文字明显系从传本《孙子·九变篇》中来,与传本只有微小差异。在这之后的文字,则更需要关注,兹录如下:

　　徐(途)之所不由者,曰:浅入则前事不信,深入则后利不椄(接)。动则不利,立则囚。如此者,弗由也。

　　军之所不敷(击)者,曰:两军交和而舍,计吾力足以破其军,獾其将。远计之,有奇埶(势)巧权于它,而军……□将,如此者,军唯(虽)可敷(击),弗敷(击)也。

　　城之所不攻者,曰:计吾力足以拔之,拔之而不及利于前,得之而后弗能守。若力【不】足,城必不取。及于前,利得而城自降,利不得而不为害于后。若此者,城唯(虽)可攻,弗攻也。

　　地之所不争者,曰:山谷水□无能生者,□□□而□□……虚。如

<hr/>

①李零:《兵以诈立——我读〈孙子〉》,中华书局,2006年,第16页。
②文物出版社先在1976年以《孙子兵法》为名出版了简装本,后于1985年以《银雀山汉墓竹简(一)》为名再次整理出版精装本。

此者,弗争也。

　　君令有所不行者,君令有反此四变者,则弗行也。□□□□□□□□□行也。事……变者,则智(知)用兵矣。

这几段文字的首句都可以在《九变篇》找到源头,其中都用到"……者……曰"这类用于注解的句式,很明显是对《九变篇》有关文字的注解。就《四变》之性质,詹立波曾经撰文指出:《四变》那一部分文字,是在解释《孙子》的《九变篇》。①从这些残留的简文可以看出,《四变》试图完成对《九变篇》的逐句解释。遗憾的是,银雀山出土竹简中,这类注解文字只存此篇。而且,和其他佚文一样,这篇简文的作者也已无从考证。如果对这篇简文认真考察便不难发现,这位没留下姓名的注者,实则深谙孙子兵学之三昧。他的注解文字要言不烦,非常准确地把握住了《九变篇》的精髓,令人击节赞叹。

举例来说,该注者对"徐(途)有所不由"一句所作注语为:"浅入则前事不信,深入则后利不楼(接)。动则不利,立则因。"虽然落墨不多,却对"途有所不由"的原因进行了细致分析:有一种地方,不管是"深入"还是"浅入",都可能会对己方造成危害;在这种道路上,无论是前进或是驻留,都会存在着危险。既然如此,对于这一地带,指挥员就只能选择避开,这便是"有所不由"。

再如,对"城有所不攻"所作解释,也很见水平。注者其实综合运用了《孙子》的兵学理论,反映出他对十三篇的兵学思想有着独到的理解。其中,"计吾力足以拔之"的精神,很显然是和孙子由"五事"到"七计"的庙算理论②完全对接,而"利得而城自降,利不得而不为害于后"则和孙子"杂于利害"③的精神完全吻合。所以,我们一方面觉得这是注者在对"城有所不攻"加以解释,另一方面也相信它其实正是《孙子·九变篇》兵学思想的发展和延伸。

我们怀疑《地形二》和《黄帝伐赤帝》也是注解文字,先看残缺不全的《地形二》。

　　地刑(形)二

―――――――――――――――――

①詹立波:《略谈临沂汉墓竹简〈孙子兵法〉》,载《文物》,1974年第12期。
②详参《孙子·计篇》。
③《孙子·九变篇》。

　　凡地刑（形）东方为左，西方为【右】……

　　……首，地平用左，军……

　　……地也。交□水□……

　　……者，死地也。产草者□……

　　……地刚者，毋□□□也□……

　　……【天】离、天井、天宛□……

　　……是胃（谓）重利。前之，是胃（谓）猷猚守。右之，是胃（谓）天国。左之，是胃（谓）……

　　……所居高曰建堂，□曰□……

　　[□]□遂，左水曰利，右水曰积……

　　……□五月度□地，七月□……

　　……三军出陈（阵），不问朝夕，右负丘陵，左前水泽，顺者……

　　……九地之法，人请（情）之里（理），不可不□……

　　仅从大量出现的省略号便可以想象《地形二》的残缺程度，竹简整理小组指出，《地形二》疑为《孙子》中《地形篇》以外另一篇论地形的文字。此篇各残简据书体及内容编入，因残断情况严重，先后次序已不可知。[①]我们从残缺不齐的文字中，可以看到大量的"……者……也"句式和"……是谓……"及"……曰……"句式，这种句式同样常见于注释文体。据此我们可以推测该篇佚文的性质。从《地形二》中，我们还可看到许多和地形地貌有关的地理名词，比如"死地""天井""天宛"等。由此我们怀疑这篇佚文可能是传本《地形篇》的注解文字。

　　至于《黄帝伐赤帝》，也应当是一篇注解文字，是对《孙子·行军篇》中"黄帝之所以胜四帝也"一句所作诠释。詹立波曾经撰文指出，《黄帝伐赤帝》那一部分，有一些文字是在解释《孙子·行军篇》中的"黄帝之所以胜四帝也"。[②]这个结论是可信的。兹将该段简文抄录如下：

　　孙子曰：【黄帝南伐】赤帝，【至于□□】，战于反山之原，右阴，顺术，倍（背）冲，大灭有之。【□年】休民，熟谷，赦罪。东伐□帝，至于襄平，战

---

①银雀山汉墓竹简整理小组：《孙子兵法》，文物出版社，1976年，第34页。

②詹立波：《略谈临沂汉墓竹简〈孙子兵法〉》，载《文物》，1974年第12期。

于平□，【右】阴，顺术，倍（背）冲，大灭【有之。□】年休民，熟谷，赦罪。北伐黑帝，至于武隧，战于□□，右阴，顺术，【倍冲，大灭有之。□年休民，熟谷，赦罪】。西伐白帝，至于武刚，战于【□□，右阴，顺术，倍冲，大灭有】之。已胜四帝，大有天下，暴者……以利天下，天下四面归之。汤之伐桀也，【至于□□】，战于薄田，右阴，顺术，倍（背）冲，大灭有之。武王之伐纣，至于菣遂，战牧之野，右阴，顺术，【倍冲，大灭】有之。一帝二王皆得天之道、□之□、民之请（情），故……

《黄帝伐赤帝》内容较为繁复芜杂，从"右阴，顺术，倍（背）冲"等文字不难看出该篇所透露的浓重的兵阴阳家色彩。汉人总结兵阴阳为"兵四家"之一，系先秦兵学的重要流派，其理论可从先秦典籍《尉缭子》《管子》《六韬》中窥见一斑，在秦以后也可以找到长久流传的痕迹。唐代李筌《太白阴经》等，对此也有大量论述。《汉书·艺文志》总结兵阴阳家的特点为："阴阳者，顺时而发，推刑德，随斗击，因五胜，假鬼神而为助者也。"可以说，"鬼神观"在相当程度上影响到古代军事家的战争决策。通观十三篇兵法，孙子坚决主张"不可取于鬼神"和"必取于人"①，全书充满唯物精神，并没有文字论及兵阴阳。孙子之理念与"假鬼神而为助"的兵阴阳家背道而驰，这正是他的伟大之处。先秦时期"经说体"流行，这种以口说形式解释经典，一般不掺杂功利，却可能掺入了口说者的想象，②《黄帝伐赤帝》明显存在了多余的掺入。该篇简文虽在形式上与传本十三篇更加接近，却与孙子的唯物精神完全相悖，反倒与大量探讨兵阴阳的《孙膑兵法》更为接近。这是非常有趣而且值得深入探讨的现象。或许此篇当为《孙膑兵法》的内容，简文中的"孙子"为"孙膑"。

孙子在《行军篇》讨论了如何占据"四军之利"，并对"处军之法"进行了细致探讨。孙子的"处军之法"大别有四："处山之军""处水上之军""处斥泽之军""处平陆之军"。孙子根据不同的战争实际，研究总结出军队的驻扎方法和原则。这些都是孙子根据以往的战争经验认真总结而得来，具有一定的运用价值。孙子也许是受春秋战国托古之风的影响，认为"处军之法"是"黄帝之所以胜四帝"的原因之一，没想到就此给了热衷于兵阴

①《孙子·用间篇》。
②侯文华：《先秦诸子散文文体及其文化渊源》，中华书局，2017年，第98—99页。

阳的后人以注解和发挥的机会，进而令这篇竹简佚文展现出鲜明的兵阴阳家面貌。

(二)问答体解经文字

五篇出土佚文中，《吴问》和《见吴王》为独立成篇的问答体文字，篇末都有字数标识。由于体例接近，我们放在一起考察。

《吴问》结尾有字数标识"二百八十四"，该篇简文今存只有255字，有部分文字脱落。该篇简文的中心主题是探讨"爱民之道"，可以和《孙子·计篇》所论之"道"求得对应，并形成补充。在《计篇》中，孙子认为获得战争胜利的关键因素在于"五事"和"七计"，其中"道"处于非常重要的地位，被列为"五事"之首。孙子认为，统治者要努力做到"上下同欲"，这是决定战争胜负的最主要因素之一。所谓"主孰有道"和"令民与上同意"，都是强调民心向背，努力做到同心戮力。简文《吴问》通篇探讨的正是这个主题，作者以春秋末期晋国几大家族的兴衰作为切入点，通过孙武之口道出税收轻重是决定王室兴衰关键的论断。几大家族中，赵氏最被孙武看好，是因为其"公无税焉"，而范氏、中行氏和智氏则都不被看好，因为其课税较重。通过吴王和孙武的一问一答，简文《吴问》提出了"厚爱其民"的主张。这其实是借助问答这种特殊方式对《孙子·计篇》的"主孰有道"完成了注解。换句话说，《计篇》有关"道"的论述，在这篇简文中得到了继承和延伸。

《见吴王》的篇幅稍长，该篇结尾则标识字数为"千□十五"，该篇简文字数多达千字以上，在1015—1915之间。但今存五百余字，缺失已超半数。残缺不齐的《见吴王》，在我们看来也是注解《孙子》的文字。

《见吴王》虽然残缺严重，但是我们仍可以立即看出，其思想内容与《史记·孙子吴起列传》大致相似。这在前面一章已经有所论及。和《孙子吴起列传》相似，《见吴王》主要通过"吴宫教战"讨论了治军问题，对将君关系进行了探讨。就这类主题而言，"吴宫教战"这个案例堪称经典，故而也经常被后人提起。孙武用"怒斩美姬"这一行为，揭示了"施无法之赏，悬无政之令"[1]以及"君命有所不受"[2]的道理。这些其实也是《九地篇》和《九变篇》所

---

[1]《孙子·九地篇》。
[2]《孙子·九变篇》。

讨论的重要内容。相比之下,"君命有所不受"这句话似乎更为人们所熟知,也是在古代社会曾产生巨大影响并一度引发热议的论题。《见吴王》则通过对话的方式,更为深入地讨论这一论题。所以从本质上来看,它也是对《孙子》兵学思想的阐释,同样可以算作注解文字。

以"问答"方式为主体的文字,或称"问对体",不知起源于何时。有学者考证,其起源于古代的"咨议制度"。①孔子师生的问答,大量记载于《论语》,可知这种文体早已存在。师生之间的问对也渐成教材,对学派的思想传承起到了重要作用,并于战国中后期进入"黄金时期",秦汉时期一度衰落。②从银雀山竹简可以看出,这种文体也曾运用于兵家著述。而且,通过设计"问答"方式来注解《孙子》兵学思想的做法,并非只见于银雀山竹简。类似文字还见诸《太平御览》《通典》以及《十一家注孙子》中的何氏注和张预注。《通典》中的文字和《十一家注》间或出现差异,但总体比较接近。我们不妨从张预注中找出一段对话进行探讨。

> 吴王问孙武曰:"吾入围地,前有强敌,后有险难,敌绝我粮道,利我走势,敌鼓噪不进,以观吾能,则如之何?"武曰:"围地之宜,必塞其阙,示无所往,则以军为家,万人同心,三军齐力,并炊数日,无见火烟,故为毁乱寡弱之形。敌人见我,备之必轻。则告励士卒,令其奋怒,陈伏良卒,左右险阻,击鼓而出。敌人若当,疾击务突,我则前斗后拓,左右掎角也。"③

以上引文也是一段君臣问对。不难看出,它其实是注解"围地"的文字。何氏和张预的注解文字所出现的问答体佚文,不知从何处引来,但它们的性质大体相同,都是借助于问答的形式注解《孙子》兵学思想,从本质上看都是注解文字,是传承孙子兵学思想的一种重要途径。

《十一家注孙子》中,何注引"问答"凡9条,张注也有9条,均见诸《九地篇》,二人所引并无重复之处。从时间上看,张预可能要较何氏为晚出。可能在张预看来,这些"问答"就是一种很好的注解,故每当看到何氏有遗漏之处,便一一予以补齐。

银雀山出土的两篇"问答"与见诸《十一家注孙子》等处的"问答",是不

①侯文华:《先秦诸子散文文体及其文化渊源》,中华书局,2017年,第59页。
②侯文华:《先秦诸子散文文体及其文化渊源》,中华书局,2017年,第79页。
③杨丙安:《十一家注孙子校理》,中华书局,1999年,第238—239页。

是同一时期产生，互相之间是何种关系，都有待进一步研究。郑良树将诸如《通典》中的《孙子》佚文统统称为《吴问》，将二者视为同类性质的文字。[①]笔者认为，这些"问答"不仅在性质上一致，而且本质上都是注释体文字。[②]苏成爱认为，这些出土简文是"现存《孙子》最早的传文版本"，故称作"佚传"更合适。[③]无论是"传"还是"注"，都可对这数篇简文进行更为准确的定性，能窥探《孙子》早期"传注之学"的大致情况。

(三)《四变》命名商榷

我们认为，标题缺失的《四变》是非常明显的注释体文字，竹简整理小组将其命名为《四变》显得过于简单而且略嫌随意。就这篇珍贵的简文，似乎可以找到更好的命名。

我国先秦时期就产生过类似《四变》这样的注释体文字。比如《墨子》中就有《经说》上、下，《管子》中则有《管子解》多篇，《韩非子》中也有《解老》《喻老》这样的文字。从《管子》《墨子》等书可以看出，"解"和"说"应该是当时对注释体例文字的习惯性称呼。既然如此，银雀山出土的该篇简文也可以参考《管子解》等，依据当时之惯例，命名为《四变解》或《四变说》。如果担心《四变》并非足本，可能会有关于《九变》的逐句注解的文字，那就可将这篇简文命名为《九变解》并注明残缺。

《四变》其实是对五个含有"不"字的语句所作注解，即徐（途）有所不由，军有所不击，城有所不攻，地有所不争，君令有所不行。这也能让人产生联想，所谓"九变"是不是正如有些学者所指出的那样，原本就是"五变"？关于《九变篇》，前人曾有沸沸扬扬的争议（后面将进一步讨论），其中有一种意见认为《九变》原本就是《五变》。曹操也曾为我们留有一句校语，支持"五变之说"。从《十一家注孙子》中，我们可以看到，曹操曾就"治兵不知九变之术"留下校语："九变，一云五变。"[④]此外，《太平御览》引用此篇时也说

---

① 郑良树：《论银雀山出土〈孙子〉佚文》，载《竹简帛书论文集》，中华书局，1982年。
② 李零说："《四变》《黄帝伐赤帝》《地形二》都是解释发挥十三篇的文字，应作《孙子》后学的注解看待。"其中未提及《吴问》和《见吴王》。详参李零：《关于银雀山简本〈孙子〉研究的商榷——〈孙子〉著作时代和作者的重议》，载《文史》第七辑，中华书局，1979年。
③ 苏成爱：《〈孙子〉文献学研究》，安徽大学，博士论文，第6页，2012年。
④ 杨丙安：《十一家注孙子校理》，中华书局，1999年，第172页。经查，武经各本和曹注本无类似字句。另，曹操注语后有"○"，也怀疑此句为他人注语，注者不详。

"五变"①。贾林注语中也提及"五变"②。如果《九变》之"九"字果为"五"字之误，那么银雀山有关简文或可改而命名《五变解》。总之，现有命名很值得商榷。

(四)竹简注解文字的意义

银雀山出土简文为我们考察和研究《孙子》早期注解情况提供了很好的途径，对《孙子》研究和早期兵家研究等，同样具有重要意义。

第一，银雀山出土简文告诉我们，《孙子》注解年代之开启，并非我们习惯认为的"汉朝末年"，而是远比这个时段为早。

为强调《孙子》的重要地位，清代学者孙星衍说"秦汉已来，用兵皆用其法，而或秘其书"，这句话有一部分说对，也有一部分说错。《孙子》可能也有家法或师承，故而也有可能确如孙氏所说的那样，存在"秘其书"的情况，但是既然"秘其书"，"皆用其法"就很难成立，显为夸大其词。至于孙氏所说"不肯注以传世"和"魏武始为之法"，据银雀山出土文献来看则完全说错。诸如《四变》等注解文字，可以完全推翻孙氏上述判断。根据整理小组的研究结论，银雀山出土简文"是文、景至武帝初期这段时间内抄写成的"③。即便以西汉初年为限，《孙子》注解年代的下限也比孙氏所说"汉代末年"早数百年。

孙星衍无法得见银雀山出土文献，犯下错误尚可理解。在竹简出土数十年之后，如果仍让曹操继续虚领这"第一人"之美誉，似乎大可不必。如前所述，李零曾对简文的性质进行过研究和分析，对其定性比较准确，但没想到在随后出版的著作中，却转而指认曹操为注释《孙子》第一人，④多少令人感到意外。钮先钟也曾误将曹操当成注释《孙子》的第一人。他说：曹操是有史以来第一位批注《孙子》的人。⑤另一位研究专家杨丙安似乎也对此有所忽视，他对曹注给予高度赞扬，认为正是曹注使《孙子兵法》进入了注释的

---

①《太平御览》卷二百七十二。

②杨丙安：《十一家注孙子校理》，中华书局，1999年，第172页。

③《银雀山汉墓竹简(一)》，文物出版社，1985年，第5页。

④李零：《兵以诈立——我读〈孙子〉》，中华书局，2006年，第16页。

⑤钮先钟：《中国古代战略思想新论》，安徽教育出版社，2005年，第190页。

新时代，[1]似乎也误将曹操视为注解《孙子》第一人。此外，还有不少学者都纷纷认定曹注本为现今所能见到的最早注释文本，[2]都值得商榷。简文《四变》等，理所应当可以取代曹注，成为现今所能见到的最早的《孙子》注解文本。可见，正确认识《四变》等简文之性质，加强对包括五篇佚文在内的银雀山竹简的研究，仍然非常重要。

第二，五篇《孙子》佚文可以帮助我们进一步思考《孙子》成书年代等问题。

简文《吴问》《见吴王》部分验证了《史记》的有关记载，理应备受关注。《见吴王》残缺较多，但仍可看出其主要内容与《孙子吴起列传》所载"吴宫教战"有趋同之处。至于《吴问》，学术界一度将其写作年代推定为春秋末期，将其中孙、吴对话当成信史，并就此将《史记》所载孙武身世等一一坐实。当然，也有学者对此持反对意见。李零等认为《吴问》系战国中晚期所出赝品，并不能对《史记》起到任何证明作用。

我们认为，《吴问》是一种"问答"体注解文字，当为孙子后学模拟其前辈事迹而写成，似大可不必追究其真伪。如果《吴问》确系春秋末年写成，当然可以对《史记·孙子吴起列传》的有关记载起到证明作用。如果《吴问》确系赝品，我们不能立即就推翻司马迁的有关记载。前面我们已经进行过讨论，竹简文字并不一定就是司马迁当初写作《孙子吴起列传》的原材料，但更能从一个侧面支持司马迁的记载。

银雀山出土简文风格不一，这种多样性的文体似可证明，曾有孙子学派在战国时期成立，投入研究《孙子》，将十三篇兵法视为经文，而且绵延很长时间。既然如此，《孙子》写作年代就不可推断得过晚。有学者视《孙子》为战国中晚期作品，甚至到了秦汉时期才定型，不免显得保守。[3]

第三，五篇佚文启示我们重新思考传本《孙子》和《吴孙子兵法》的关系。

---

[1] 杨丙安：《十一家注孙子校理》，中华书局，1999年，第10页。论文《孙子兵学源流述略》中也持相似论点："曹操《略解》，注解《孙子》的开始。"参见杨炳安、陈彭《孙子兵学源流述略》，载《文史》第二十七辑，中华书局，1986年。

[2] 比如吴如嵩就认为曹操的《孙子注》，即《孙子略解》，是迄今所见最早的《孙子兵法》注释本。参见吴如嵩：《孙子兵法新说》，解放军出版社，2008年，第12页。当然，吴如嵩也曾推测认为，在曹操时代，社会上就已经流传着不同的《孙子》注释本，而注解《孙子》始于何朝何代则难于稽考。详参吴如嵩：《孙子兵法新论》，解放军出版社，1989年，第1页。

[3] 比如齐思和就认为《孙子》是战国中后期才产生的。参见齐思和：《中国史探研》，中华书局，1981年，第225页。此外，杨炳安也认为《孙子》晚至秦汉才定型。参杨炳安、陈彭：《孙子兵学源流述略》，载《文史》第二十七辑，中华书局，1986年。

著录于《汉书·艺文志·兵书略》的《吴孙子兵法》属于"兵权谋",这是班固为我们提供的信息。按照班固的记载,"兵权谋"特点是内容全面,无所不包:"以正守国,以奇用兵,先计而后战,兼形势,包阴阳,用技巧者也。"[①]传本《孙子》显然为坐而论道的论述战略战术的兵书,并且其中充满唯物精神,坚决反对"取于鬼神",所以《孙子》中无从得见兵阴阳理论,也不见所谓兵技巧内容。由此可知,《吴孙子兵法》和《孙子》十三篇,完全是两种书。

有学者认为《吴孙子兵法》系《孙子》十三篇增广而成,这种结论也值得商榷。银雀山出土的《孙子》篇题木牍告诉我们,《孙子》一直是以十三篇的规模流传。简本保持"十三篇"体制,即便再加上五篇佚文,也和《吴孙子兵法》"八十二篇"的规模相去甚远。将《孙子》十三篇和《吴孙子兵法》看成一种书,显然是个误会。篇目数相差太多,书名则完全不同,我们不能想当然地将它们画上等号。

第二节　从《孙膑兵法》看孙子兵学之流变

司马迁曾说"孙子膑脚而论兵法"[②],这里的"孙子"指的是孙膑,而非孙武。[③]《汉书·艺文志·兵书略》:"《齐孙子》八十九篇,图四卷。"这里的《齐孙子》,学术界一般认为系孙膑所著兵法,即《孙膑兵法》。该书大约在东汉末年忽然失传,后人无从窥其究竟。1972年,在山东银雀山出土的兵书中,人们发现一批孙膑论兵竹简,专家将其整理编纂为《孙膑兵法》,由文物出版社于1975年出版,共分上、下两编,各15篇。"上编"主要辑录孙膑的有关事迹和言论,与孙膑关系较为密切,至于下编是否属于孙膑论著,则较难确定。1985年版《银雀山汉墓竹简·孙膑兵法》将"下编"移出,补入"五教法"一篇,共16篇、294简,文字也有较多修正。[④]

借助于《孙膑兵法》的出土,我们不仅可以就此廓清"两孙子"之间聚讼

---

① 《汉书·艺文志·兵书略》。
② 《史记·太史公自序》。
③ 本书所云"孙子",除特别说明之外,皆专指孙武,而非孙膑。
④ 依据1985年文物出版社的《银雀山汉墓竹简(一)》,《孙膑兵法》凡16篇,其篇目依次为:《擒庞涓》《见威王》《威王问》《陈忌问垒》《篡卒》《月战》《八阵》《地葆》《势备》《兵情》《行篡》《杀士》《延气》《官一》《五教法》《强兵》。

千年的一桩公案，进一步判断《孙子》的成书年代，也可以较为清晰地看出孙子兵学在战国时期的发展流变。《孙膑兵法》有不少征引《孙子》的例证。比如《威王问》中的"攻其无备，出其不意"和"必攻不守"，《势备》中的"昼多旗，夜多鼓"等。①简文《见吴王》中，孙武在见到吴王之后曾谈到了自己对于战争问题的看法："兵，利也，非好也。"这句话与《火攻篇》中所体现的"慎战"思想几乎一致。《孙膑兵法·见威王》中也有"兵非所乐也，而胜非所利也"一句，和前引也有共性，可以清晰看出其中存在着继承关系，孙膑受到孙武影响的痕迹也清晰可见。②总体来看，《孙膑兵法》对《孙子》有不少忠实的继承，但也有"离经叛道"的一面。

（一）对于"力"的强调

在《孙膑兵法》中，有不少齐威王和孙膑的对话，反映出对于军事实力的强调。这一点与孙武颇有几分相似之处。

在《强兵》篇，齐威王与孙膑之间有一段对话，探讨的是"强兵之道"。从简文可以得知，曾有不少人教给齐威王以"强兵之道"，而且见解不一，正所谓"皆不同道"。对此，齐威王自己也进行了总结："【有】教寡人以正（政）教者，有教寡人以【□】敛者，有教寡人以散粮者，有教寡人以静者……"对于这些主张，孙膑都一一加以否定，认为它们"皆非强兵之急者也"。在齐威王所列举的这几条中，"【□】敛"一词，因为有缺损而不知其确切所指。对比前后简文，或许可以补足为"赋敛"。如果是主张"赋敛"，则是与民争利，从而失去民心，故不能视为"强兵之道"。《六韬》指出"赋敛如取己物。此爱民之道也"③，强调的也是这层意思。至于"正（政）教"，在孙膑看来，也许只能求得政治上的清明，对于强兵而言仍是于事无补。至于"散粮"，也许可以当成济民之道，同样无法实现"强兵"的目标。如果是清静而无为，则可能因为保守而失去发展的机遇。

---

① 其中，"攻其无备，出其不意"出自《孙子·计篇》，"必攻不守"则与《孙子·虚实篇》的"攻而必取者，攻其所不守也"意义相通，"昼多旗，夜多鼓"则可在《孙子·军争篇》找到相应出处。"攻其无备"，一作"功（攻）其无备"。

② 霍印章：《论〈孙膑兵法〉与〈孙子兵法〉的师承关系》，载《孙子新探——中外学者论孙子》，解放军出版社，1990年，第70页。

③ 《六韬·文韬·国务》。

　　那么,什么才是"强兵之急要"呢?孙膑指出,只有"富国"才是"强兵之道"。虽说简文《强兵》篇缺损严重,但是孙膑关于"强兵之道"的主张清晰可见。遗憾的是,孙膑也许对此还有深入论述,却都因为简文过于残缺而无法得知。不仅如此,在这之后,简文中还有"齐之所以大败燕""齐之所以大败楚人""齐之【所以】大败赵"等战例讨论,但同样都是缺损严重。提起这些战例,也许都是为了强调"富国"的作用,为了更好地说服齐威王。特地列举出齐国过往的辉煌历史,是希望他的思想主张更容易被齐威王所接受。

　　孙膑之所以提出如此主张,是看清了经济因素对军事实力的影响。这既是孙膑的科学推理,也与战国时期的时代特点密不可分。与春秋时期相比,战国时期更强调"以力胜人"。要想逐鹿中原,称霸天下,就必须拥有强大的军事力量和雄厚的经济基础。以李悝、商鞅等为代表的法家一派,对此有着深刻的认识。他们将重农与耕战统一起来,希望通过发展农业,不断增强国家的经济实力,刺激军事实力的提升,以期在诸侯争雄的局面中占得先机。由于重视"农战"[1]的思想立即收到实效,魏国和秦国在诸侯争霸的局面中占据了主动。既然如此,这一理念不能不受到田齐统治者的重视和采纳,也对身处齐国的兵家产生影响。比如,类似主张同样也为管仲学派所强调。在《管子》中,他们对法家富国和农战思想进行了吸收,对富国强兵理论有更详细的论述,认为"国贫兵弱,战则不胜,守则不固"[2]。孙膑认为"富国"是"强兵之急",想必也与这种现实背景密切相关,与其时齐国的孜孜追求有着直接联系。

　　《孙子》的"称胜理论",重视经济实力的提升,以此推动军事实力的增强。这一点,或许也可视为孙膑强调"富国"的理论源头。"称胜理论"集中在《形篇》末尾,主要是这一段话:"地生度,度生量,量生数,数生称,称生胜。故胜兵若以镒称铢,败兵若以铢称镒。"这段话集中强调了增强军事实力的重要性,并且从数量、质量的内在关系出发,由土地之广狭推导出物产之多少,再推导出力量之强弱。"度""量""数""称"等概念,可分别对应基本物产、基础国力、军事实力等。李德·哈特指出:"力量本身是一个魔圈,也许可视它是一个螺旋,所以对于它的控制,必须要有一种极审慎合理的计

---

[1]《商君书·农战》。
[2]《管子·形势解》。

算。"①孙子不仅看到了这一魔圈的存在，而且还找到了相对合理的计算方式。孙膑强调"富国"是"强兵"之本，虽说缺少了中间的部分环节，但在基本逻辑上与《孙子·形篇》保持一致。他们都认为，只有重视发展经济实力，才能带来军事力量的提升，才能为日后争霸打下良好的基础。

战国时期，正是韩非子所总结的"争于力"的时期。②出于对"力"的强调，在作战指导思想方面，孙膑继承了孙武的"以镒称铢"和"避实击虚"的战法。这一战法设计的核心，是基于实力，强调了"实力为本"。《孙膑兵法》指出："坚陈（阵）敦□，所以攻槥也。"③虽说表述方式与孙武有所不同，但思想主张非常相似。此句简文，"敦"后缺字，有学者认为，当为"旅"，而且"未成阵为旅"。④"槥"，有释为"尾"，指部队的后面的部分。⑤"攻槥"，意指攻击敌人后面的部队。保持己方的坚固阵势，却避开与敌方正面部队直接交锋，而是选择其尾部发起攻击，这其实正是《孙子》"避实击虚"的战法。在与齐威王问对中，孙膑强调"必攻不守"⑥，并将其视为"兵之急者也"，更加鲜明地强调了"避实击虚"。齐威王问孙膑，究竟有没有"以一攻十"的战法时，孙膑回答说"有"，但同时强调要以"功（攻）其无备"和"出其不意"作为条件。"功（攻）其无备，出其不意"，正是出自《孙子·计篇》，从中不仅可以看出孙膑对其祖孙武有忠实的继承，也可看出孙膑对实力的强调：既然需要"功（攻）其无备，出其不意"这一特殊条件，"以十攻一"才是努力争取达成的结果，因为这才是确保战争获胜的基本路径。

孙膑成名一战，在简文《禽（擒）庞涓》也有记载。这篇简文重点记载的是孙膑击败庞涓的著名历史事件，可与《史记》等史料互相印证。在这次战争中，孙膑同样展示了"避实击虚"的战法。他先是采用了"围魏救赵"的手段，充分调动敌军，同时又假装攻打重兵把守的平陵，给对手造成不懂用兵的假象，暗中则布置重兵对庞涓展开伏击。孙膑除了使用示形动敌等策略之外，更是通过"攻其必救"来调动对手，成功地避开了对手的实处，找到其

①[英]李德·哈特：《战略论：间接路线》，钮先钟译，上海人民出版社，2015年，第308页。
②《韩非子·八说》："古人亟于德，中世逐于智，当今争于力。"
③《孙膑兵法·官一》。
④张震泽：《孙膑兵法校理》，中华书局，1984年，第119页。
⑤骈宇骞、王建宇、牟虹、郝小刚译注：《孙子兵法·孙膑兵法》，中华书局，2006年，第200页。
⑥《孙膑兵法·威王问》。

虚弱之处,从而给了对方以致命一击。孙膑之所以赢得此役的胜利,是因为他继承了孙武的战争谋略并善于运用,同时也是因为他对"实力为本""避实击虚"等战争原则的坚持。

(二)对"义"的弘扬

与孙子同时代的著名思想家孔子、墨子等,都高度关注"义利"问题。春秋晚期,礼崩乐坏进一步加剧,思想家们不能不对此高度关注。孔子明确主张"君子喻于义,小人喻于利"[①],儒家由此而烙上"重义轻利"的印痕。也许是看到功利主义对于世风的影响,《墨子·天志》积极主张"兼相爱,交相利"。老子说"绝圣弃智,民利百倍;绝仁弃义,民复孝慈;绝巧弃利,盗贼无有"[②],也高度关注"义利之辨"。

与其他先哲相比,孙子显得更加贴近现实,十三篇中罕言"义"[③]。孔子"喻于义",墨子"交相利",老子"弃利",孙子不仅罕言"义",更积极主张"非利不动"。这既是特定的时代背景和历史环境使然,也与兵家需直面现实的行为特征直接相关。身为兵家,必须力避空谈,必须积极面对和解决各种复杂的政治、军事问题。孙子"以诈谋利"的一系列战略战术的形成,也与这种观念有关。

与《孙子》罕言"义"有所不同,《孙膑兵法》积极倡导"立义","义"字在书中出现次数也较《孙子》为多。[④]孙膑在与齐威王讨论军政问题时,数次强调"义"。

> 孙子见威王,曰:"夫兵者,非士恒埶(势)也。此先王之傅道也。战胜,则所以在亡国而继绝世也。战不胜,则所以削地而危社禝(稷)也。是故兵者不可不察。然夫乐兵者亡,而利胜者辱。兵非所乐也,而胜非所利也,事备而后动,故城小而守固者,有委也;卒寡而兵强者,有义也。夫守而无委,战而无义,天下无能以固且强者。"[⑤]

这段对话中,孙膑首先强调了战争的重要性,但同时也告诫人们切不可"乐

---

①《论语·里仁》。
②《老子·第十九章》。
③仅《用间篇》1见:"非仁义不能使间。"考察竹简本,"义"或为衍文。
④以文物出版社1975年版统计为8见,以文物出版社1985年版统计则为4见。
⑤《孙膑兵法·见威王》。

兵"。孙膑虽然承认战争为保卫国家之必备手段，但也反对穷兵黩武。这其实也是一种慎战态度，充分认识到了战争的危害性。这一点与《孙子》"非利不动，非得不用，非危不战"①等战争观完全一致。除此之外，孙膑更强调了"义"的重要性，甚至将"义"视为决定战争胜负的重要因素之一。因为"有义"，占据了正义高地，所以能够实现"卒寡而兵强"，这就像"城小而守固"是因为有了充足的粮草储备一样。在孙膑看来，"义"是帮助实现强兵、战胜强敌的重要手段。如果战争发起缺少正义，那就只能招致失败："夫守而无委，战而无义，天下无能以固且强者。"

还有一段对话，是孙膑和弟子的问对，见诸《威王问》。

> 孙子出而弟子问曰："威王、田忌，臣主之问何如？"孙子曰："威王问九，田忌问七，几知兵矣，而未达于道也。吾闻素信者昌，立义……用兵无备者伤，穷兵者亡。齐三枼（世）其忧矣。"

孙膑认为，齐威王和田忌虽在大体上懂得如何用兵，却仍没有真正领悟和把握战争规律，原因就在于他们还不懂得"素信者昌，立义……"的道理。"立义"二字之下残损不全，但仍可通过上下文看出作者是在强调"立义"之重要。孙膑认为，只有认识到"素信"和"立义"的重要性，并身体力行，才算是认识了战争本质，才能掌握战争之道。在这里，孙膑通过批评齐威王君臣阐发了"立义"的重要作用。

文物出版社1975年版《孙膑兵法》收录有《将义》②，重点讨论的是将帅的"立义"之道。作者既强调"义"——"将者，不可以不义"，又强调"仁"——"将者，不可以不仁"，甚至认为"义者，兵之首也"，对"义"给予特别强调。这种对"义"的重视态度，与《威王问》等篇观点一致。

作为兵家的孙膑，非常重视"义"，高度强调"义"的重要性，旗帜鲜明地张扬"义"的旗帜，表现出与《孙子》不同的意趣，某些观点已与儒家颇为接近。但孙膑毕竟是兵家，并没有完全倒向儒家。孙膑重视"义"，但并不将其视为唯一的和必备的手段。恰恰相反，孙膑向齐威王灌输的，更多是"战胜而强立，故天下服"③等主张，强调的是依靠实力战胜对手。孙膑主张"事备

---

① 《孙子·火攻篇》。
② 1985年再版时，该篇连同另外13篇被尽数删除。
③ 《孙膑兵法·见威王》。

而后动",即通过"富国"这种"强兵之急"①,将所有准备事项做好之后,才能进行战争谋划,力争通过强大的军事实力战胜强敌。这一点与主张"以德服人"和"以仁义制敌"的儒家,比如孟子等,存有明显不同,体现了孙膑的务实精神。

众所周知,孟子一方面主张"以善服人者,未有能服人者也"②,另一方面则宣称"仁之胜不仁也,犹水胜火"③。本于"仁义"的孟子,力倡仁政,反对杀人,相信"仁者无敌"④。故此,孟子认为只要有了"仁"就可获胜:"犹水胜火。"⑤在《见威王》篇,孙膑直言不讳地批评了那种片面追求"仁义"的做法。在孙膑看来,神农氏、黄帝、尧、舜、汤等人取得成功,包括武王伐纣的胜利等,并不只是"崇德尚义"的结果,而是因为遵循"战胜而强立"的原则。《孟子·梁惠王上》描绘"汤伐葛"等战例,赞扬商汤施行"仁义",并认为这是商汤获胜的关键因素。但孙膑并不认同这些。他不仅从史实上推翻孟子的主张,也与孟子所宣扬的"不嗜杀人者能一之"⑥等观点针锋相对。

由此出发,孙膑进一步拉开与儒家的距离。他指出,片面地强调"责(积)仁义"⑦,并不会收到很好的效果:

> 故曰,德不若五帝,而能不及三王,知(智)不若周公,曰:我将欲责(积)仁义,式礼乐,垂(垂)衣常(裳),以禁争扰(夺)。此尧舜非弗欲也。不可得,故举兵绳之。⑧

众所周知,兵家和法家一样,注重实用之学,容易贴近功利主义,因此才会诞生孙武这样主张诡道用兵的军事理论家。《孙子》最重要的主题是"争利"。十三篇中,"利"字52见。孙子提倡"仁",目的也是尽量降低战争成本,确保以最小代价换取最大胜利,也即以"小利"搏"大利"。黄朴民、高润浩曾指出:"'利'的思想,贯穿于整部《孙子兵法》。"⑨在笔者看来,"以诈谋利"是孙

---

①《孙膑兵法·强兵》。
②《孟子·离娄下》。
③《孟子·告子上》。
④《孟子·梁惠王上》。
⑤《孟子·告子上》。
⑥《孟子·梁惠王上》。
⑦《孙膑兵法·见威王》。
⑧《孙膑兵法·见威王》。
⑨黄朴民、高润浩:《〈孙子兵法〉新读》,长春出版社,2008年,第68页。

子兵学思想的核心内容①，总之"利"最为孙子所重。

　　到了战国之世，兵家的政治任务和行为特征等，并没有发生根本变化。孙膑对"利"所持态度仍然是积极争取，这和孙武并没有什么区别。在《孙膑兵法》中，"利"仍然是高频词，"争利"仍然是这部兵书的重要主题。如果以文物出版社1975年版统计，"利"字36见。如果以文物出版社1985年版统计，"利"字20见。频率之高，可以想见。孙膑认为，不能指望无所作为而获取利益，反对"素佚而至（致）利"②。孙膑坚决反对"乐兵"，也以是否得利来作为出发点进行考量："兵非所乐也，而胜非所利也。"③孙膑同样看到了人性"争利"的这一特点，所以主张使用"利"作为诱饵，来实现对部队的有效管理。他在和田忌讨论练兵之法时，积极主张使用"严而视（示）之利"来实现"令士忘死"的目标。④

　　从《孙膑兵法》对"利"的态度，可以非常明显地看出孙膑的义利观：倡导"立义"只是其表，积极"争利"才是其里。通过这种表里配合，在求得师出有名的同时，顺利赢得战争胜利。战国时期争霸战争的残酷现实，令孙膑不得不在张扬"仁义"的同时，更积极主张"战胜而强立"，通过争霸战争的获胜来谋求实际利益，在保存自己的同时，消灭各路竞争对手。因此，孙膑一方面积极主张"立义"，另一方面积极主张通过杀伐战争使得"天下服"。"义"与"利"貌似对立，"争利"和"立义"看似矛盾，却被孙膑完美统一了起来。韩非子总结齐桓公伐蔡，既要求得"为天子诛之名"，又要达成"有报仇之实"。⑤与此相似，孙膑力图通过自己的理论构建，不仅试图达成韩非子所说的"义于名而利于实"⑥的实际效果，同时也对《孙子》频言"利"、罕言"义"的做法进行了一定程度的修正，也反映出孙膑兵学思想的两面性。

---

①对此笔者还将专门讨论，详见第七章第三节。
②《孙膑兵法·见威王》。
③《孙膑兵法·见威王》。
④《孙膑兵法·威王问》。
⑤《韩非子·外储说左上》。
⑥《韩非子·外储说左上》。

（三）鬼神论的掺入

《汉书·艺文志·兵书略》所分四家之中，只有兵阴阳家受到较多诟病，且已遭今人彻底摒弃而不用。究其原因，无非是因为其与阴阳术数相出入，较多地表现出封建迷信色彩。

客观地说，在中国古代，兵阴阳家也曾借助于阴阳五行理论来丰富自己的学说体系，因此包括神鬼之类方术和巫法等，都不乏用武之地。通过研究兵阴阳理论来观察天候、地理等情况，在军事实践中也有不少运用。历代都不乏军事理论家前赴后继地对其进行研究。《草庐经略》等兵书则主张"假托鬼神"，建议采用"以阴鼓其锐气"和"信鬼神为可恃"①等方法来激励士气和鼓舞斗志。《投笔肤谈》虽坚决反对鬼神，但也主张以"方术""幻术"等手段来达成胜利："夫方术之术，实理也；幻妄之术，妖邪也。御方术者以机权，破幻妄者以刚正，则我有以胜敌，而敌无以胜我矣。"②这些都从一个侧面反映出兵阴阳对中国古代兵学所产生的重要影响。《四库全书总目》对古代兵书做出了"恒与术数相出入"③的评判，不失为公允之论。

作为一部战国时期诞生的兵书，《孙膑兵法》终究难逃窠臼，较多沾染神鬼色彩，就此表现出与《孙子》迥异的意趣，理论水准也因此而与《孙子》拉开了很长一段距离。众所周知，《孙子》十三篇不仅深入揭示战争规律，为人们提供了丰富的战略思想和战术理论，而且始终与鬼神论严格划清界限，故而能成为古代兵学史上一座巍峨的丰碑。

《孙子·用间篇》中有一段论述情报工作的文字："故明君贤将，所以动而胜人，成功出于众者，先知也。先知者，不可取于鬼神，不可象于事，不可验于度，必取于人，知敌之情者也。"这段话突出强调的是"先知"的重要性，同时也论述了"先知"的注意事项："不可取于鬼神，不可象于事，不可验于度"和"必取于人"。孙子将"先知"作为"先胜"的基本前提，其用间理论充满唯物精神，既反对形而上学，又反对经验主义，同时也强调发挥人的主观能动性，与术数和神鬼思想分道扬镳。其中，"不可取于鬼神"彻底地与兵阴阳理论，尤其是神鬼思想划清了界限；"必取于人"则充分强调发挥人的主观作

---

① 《草庐经略》卷三，《假托鬼神》。
② 《投笔肤谈·方术》。
③ 《四库全书总目·子部》。

用，与前者互为补充。孙武的这些精彩论断，虽说是就情报工作而提出，同时也对战略决策、战术设计等具有指导意义，并且充满唯物精神，至今仍具启发价值。

除《用间篇》之外，在其他各篇，孙子同样避谈鬼神。比如《九地篇》，孙子在探讨"为客之道"的战略奔袭之法时，同样告诫指挥官要注意"禁祥去疑"，严令禁止占卜之类封建迷信行为在军中流传，以免军中上下由此而产生疑惑心理，进而影响到部队的战斗力。

与孙武这种"不可取于鬼神"的鲜明态度相比，孙膑对兵阴阳理论的态度具有相当大的摇摆性。这一点在《孙膑兵法》中很容易看出，考察《见威王》及《月战》《地葆》等篇，可以清楚地看出这一特征。

《月战》的主题是探讨日月星辰与战争胜负的关系，兵阴阳理论体现得尤为明显。本篇的得名，多少也与古人的迷信心理有关。古人认为，月主阴，象征着刑杀，所以战争发起应该选择月盛之时。[①]如果单看篇首数语，一定会误以为本篇充满唯物精神。因为作者首先强调决定战争胜负的首要因素是"人"："间于天地之间，莫贵于人。"而且接下来，作者又进一步分析指出影响战争的三大要素：天时、地利、人和，而且"天时、地利、人和，三者不得，虽胜有央（殃）"。从这两句话可以看出，作者明确突出了"人"对于战争胜负的决定性作用。就这一点而言，其与《孙子·用间篇》"必取于人"的主张有着明显的继承关系。

然而《月战》接下来的文字却话锋一转，立即散发出浓厚的兵阴阳色彩。作者仿佛完全忘记前面所论，不再将决定战争胜负的主要因素归于"人"或"人和"，而是归于日月星辰的运转和不可知的神秘因素。作者写道："十战而六胜，以星也。十战而七胜，以日者也。十战而八胜，以月者也。十战而九胜，月有……【十战】而十胜，将善而生过者也。"在这里，作者以十次战争作为基本单元进行推算，认为其获胜概率完全取决于天象：十战六胜，是因为星辰相助；十战七胜，是因为获得太阳相助；十战八胜，是因为获得月亮相助……作者认为，如果不能占据天时、地利、人和等有利条件，就必须"攦

---

①陆继鹏：《简本〈孙膑兵法〉兵阴阳思想探析》，载《军事历史》，2012年第2期。古人从月亮的阴晴变化中，推究人事变化情况。《左传·成公十六年》杜预注曰："晦，月终，阴之尽，故兵家以为忌。"对此，孔颖达疏曰："日为阳精，月为阴精。兵尚杀害，阴之道也。行兵贵月盛之时。晦是月终，阴之尽也，故兵家以晦为忌，不用晦日陈兵也。"

（抚）时而战"，考察发起战争的时机是否符合"历数"。孙膑此论依据的是当时流行的阴阳五行等迷信思想，深深地陷入兵阴阳家的泥潭而无法自拔。

《地葆》同样掺杂着大量兵阴阳理论。该篇主要论述如何结合地理条件作战，这与《孙子》重视军事地理，并将地形条件视为"兵之助"[1]的思想一致。《地葆》提出"生山""死山""生水""死水"以及"表""里""纲""纪"等地理概念，并探讨了相应的战法，所论不乏精彩之处。但是《地葆》只是对孙子军事地理思想完成了部分继承而已，甚至已有明显背离孙子唯物精神之处。尤其是该篇的后半部分，作者在讨论地理条件时大量以"五"为单元进行论述，从而非常明显地留下了阴阳五行思想的痕迹。诸如"五地之胜""五草之胜""五壤之胜""五地之败"等，都是受五行思想直接影响的产物。在具体论述中，作者同样大量参照五行相生相克理论而展开。比如，其论"五地之胜"，认为其中存在无法逃避的既定规律："山胜陵，陵胜阜，阜胜陈丘，陈丘胜林平地。"其论"五壤之胜"，也认为胜负已是天注定："青胜黄，黄胜黑，黑胜赤，赤胜白，白胜青。"这些论述，要么是将战争各方的胜负关系神秘化，要么是将成败的因果关系绝对化，在今天看来多为无稽之谈。作者本想建立规模庞大的理论体系，却一不小心坠入玄虚缥缈的迷宫之中。总之，《地葆》有关军事地理的论述，和《月战》一样，都属于兵阴阳家的传统内容，不仅缺少科学依据，更无法付诸战场实践。

《汉书·艺文志》著录《齐孙子》为89篇，文物出版社出版的《孙膑兵法》经整理专家调整之后只剩下一半规模。若《齐孙子》果如专家所说是《孙膑兵法》的话，那么剩下那些未知的73篇会给兵阴阳何等篇幅，兵阴阳理论占据何种地位，我们都不敢想象。仅从这些发掘整理的不多篇幅考察，已可见《月战》《地葆》这两篇大量充斥荒诞不经的兵阴阳理论，这个比例并不算低。而这不能不令这本兵书的思想水准大打折扣，不仅与《孙子》不可同日而语，也与"假托鬼神"的《草庐经略》《投笔肤谈》等兵书存有较大差距。

值得一提的是，在对《孙膑兵法》这部出土兵书进行品评时，有学者完全忽视其中兵阴阳理论和封建迷信色彩，只看到其阐释"莫贵于人"的一面，就此将其与《孙子》等列齐观，甚至称赞其和《孙子》一样，"鲜明地站在唯物论

---

[1]《孙子·地形篇》。

立场上,反对天命"①,这显然值得商榷,至少未对二书思想内容进行认真而深入的对比。

(四)五行学说的附会

《孙膑兵法》与兵阴阳理论的媾和,还体现在"相胜"与五行理论的紧密附会上。这在《月战》中体现得尤为明显,《地葆》等篇也或多或少地留下痕迹。

"五行"理论起源于何时,学术界一直有不同观点。胡厚宣认为,"五行"观念早在殷代就已出现。②这一点受到不少学者的肯定和补证。③至于"相胜"与五行理论的附会,较早的线索可以找到《逸周书》,其中有这样一句话:"陈彼五行必有胜。"④此外,《左传》中也有"火胜金"⑤、"水胜火"⑥之类的记载。

考察春秋战国时期五行学说的发展历程,齐国始终不容忽视。田齐时期建立的稷下学宫始终是百家争鸣之地,可见先秦时期诸子争鸣的生动景象。阴阳五行学说在稷下学宫得到很大发展,《管子》书中留有大量的阴阳家学说,散见于《幼官》《四时》《水地》《地员》等篇。《四时》《五行》这种篇名的得来,更能充分证明其时阴阳五行学说已获得较高地位。阴阳家的代表人物邹衍,不仅是在齐国出生,也长期在稷下学宫与诸子辩论学术。孙膑作为兵家的代表人物,其学说也涉及五行学说。

五行学说对《孙子》也有影响和渗透,书中"五"这个数字频繁出现,共计27见。论述战略分析,孙子首先强调"经之以五事":"一曰道,二曰天,三曰地,四曰将,五曰法。"孙子论将,既强调"五德"——"智、信、仁、勇、严。"⑦又告诫"五危"——"必死,可杀也;必生,可虏也;忿速,可侮也;廉洁,可辱也;

---

①路印林:《〈孙子兵法〉和〈孙膑兵法〉的哲学思想》,《军事历史研究》,1987年第3期。
②胡厚宣:《论殷代五方观念及"中国"称谓之起源》,载《甲骨学商史论丛初集》,河北教育出版社,2002年,第277页。
③王小盾:《从"五官"看五行的起源》,载《中华文史论丛》,2008年第1期。
④《逸周书·周祝解》。
⑤《左传·昭公三十一年》。
⑥《左传·哀公九年》。
⑦《孙子·计篇》。

爱民,可烦也。"①总结火攻之法,孙子指出:"凡火攻有五:一曰火人,二曰火积,三曰火辎,四曰火库,五曰火队。"②总结用间之法,孙子认为:"故用间有五:有因间,有内间,有反间,有死间,有生间。"③总结"知胜之道",孙子也认为"知胜有五"④。这种大量出现的五分法,显然是仿照五声、五色、五味等,有时不免机械,甚至不合逻辑⑤,孙子却乐此不疲。

虽说深受五行学说浸染,但孙子仍与神鬼迷信思想保持着距离。《孙子》虽也提及"相胜",却没有依靠五行学说来简单推断胜负关系。孙武坚决反对把"相胜"关系绝对化,因此指出:"五行无常胜。"⑥《形篇》有一段名言,明显也是受到五行学说影响:"一曰度,二曰量,三曰数,四曰称,五曰胜。地生度,度生量,量生数,数生称,称生胜。"这段话,人们习惯称之为"称胜"理论,但并非以"相胜"理论来简单类推胜负关系,而是力图揭示衡量战争胜负的基本环节及其逻辑关系。

从主张"莫贵于人"到宣扬"五地之胜",孙膑对"人"和"天命鬼神"的态度出现了很大的摇摆。之所以出现这种情况,与战国阴阳五行理论的盛行不无关系。

邹衍被公认为战国时期阴阳家的代表人物。他不仅是齐国人,还和孙膑差不多同处一个时代。《史记·孟子荀卿列传》说:"邹衍之术,迂大而宏辩。"被齐人视为"谈天衍"的邹衍,非常善于谈天,《史记》称其"称引天地剖判以来,五德转移,治各有宜,而符应若兹"⑦,非常简略地总结出其学说特点。为迎合齐国统治者,邹衍大量混杂巫术,推动阴阳说与五行说的结合,又宣扬五行相生相胜理论,以求达成其特殊的政治目的。因为这种相生相克理论武装起来的五德终始说,可以调和出"奉天承运"的色彩,故能受到统治者推重。特殊的时代背景之下,齐国更容易发展成为阴阳五行学说的重镇,《孙膑兵法》难免会受到这种风气的影响。

---

①《孙子·九变篇》。
②《孙子·火攻篇》。
③《孙子·用间篇》。
④《孙子·谋攻篇》。
⑤孙子关于间谍的五分法并未采用单一标准,所以难免会造成各子项目内涵交叉的情况。详细讨论参看熊剑平、王敏:《〈孙子兵法〉导读》,当代中国出版社,2018年,第235页。
⑥《孙子·虚实篇》。
⑦《史记·孟子荀卿列传》。

如果用《孙膑兵法·地葆》的"五地之胜"等理论与《孙子·形篇》的称胜理论进行对比,不难看出二者思想水准之高下。后者只论"相生",关注的是各个战略要素和作战条件之间的逻辑关系和因果联系,除非其中某个环节出现畸变,否则大体都具有一定的科学性。而《地葆》中的"五地之胜""五壤之胜""五草之胜"等,并非影响战争胜败的决定性条件,各个要素之间的胜负也没有必然的因果联系,更多流于荒诞不经。孙武坚决反对把这种"相胜"关系绝对化,所谓"五行无常胜"①,但孙膑已完全忘记祖训,着力渲染的恰恰是"五行有常胜"。关于地形,孙武指出:"凡军好高而恶下,贵阳而贱阴,养生而处实,军无百疾,是谓必胜。丘陵堤防,必处其阳,而右背之。此兵之利,地之助也。"②他强调驻扎军队必须选择向阳之地,力避潮湿之地。这些论述可能会借用阴阳学术语,但并没有宣传推广迷信思想,而是积极依靠古代养生知识,充分阐发地形学中的合理成分。但《地葆》的"五地之胜""五壤之胜"等,都以五行学说和相胜理论简单附会,还不惜模仿五行学说构建了循环相胜的怪圈,不仅缺少科学依据,也无法令人信服。两相对比,则更显出《孙子》之可贵。

春秋战国之世,阳阳学说和五行学说大行其道,孙膑对兵阴阳的态度也会发生摇摆。先秦另一部重要兵典《六韬》,同样对兵阴阳持批判态度:"伪方异伎,巫蛊左道,不祥之言,幻惑良民,王者必止之。"③但该书同样沾染较多兵阴阳色彩,在《龙韬·五音》和《龙韬·兵征》中大量论及"望气"等迷信内容,这种摇摆态度也是特殊时代之产物。唯有《孙子》出淤泥不染,从而在兵学史上树立了一座丰碑。民国学者蒋方震等高度赞扬《孙子》的唯物精神:"孙子当日深恶用兵者之涉于迷信,所以为此言以力辟奇门遁甲、孤虚旺相、风云占验之种种谬妄,而以取于人心为先知之秘诀也。为此道者,非仁何由哉?"④

自从《孙膑兵法》出土之后,学界非常注意对这两部兵书进行比较研究,一般学者都可以看出其中的前后继承关系。尤其是当考察二书的战略战术思想时,很容易就注意到孙武对孙膑的影响。如霍印章指出:两个孙子是一

---

① 《孙子·虚实篇》。
② 《孙子·行军篇》。
③ 《六韬·文韬·上贤》。
④ 蒋方震、刘邦骥:《孙子浅说·用间篇》,1915年房西民抄本。

家之言,在理论体系上密不可分。[①]也有少数学者注意考察二书的不同,认为"《孙膑兵法》大量谈论兵阴阳,似乎就是二者之间的最大不同"[②]。笔者非常认可这一判断。大量兵阴阳理论的掺杂,直接导致《孙膑兵法》的思想水准直线下降。有学者曾对《孙膑兵法》中道失传的原因进行推测,既分析中国古代"重谋轻技"的文化传统,也解析中国传统思维和阅读倾向[③],但也要看到其书渐流于荒诞不经的因素。尤其是在汉末,当权者发觉政权的气数殆尽,便推诿于谶纬之学,皇帝下诏"科禁内学及兵书"[④],《孙膑兵法》可能也由此而受到冷落,渐而消散在历史长河之中。

第三节　孙子学派的创立和灭亡

春秋战国时期,"九家之术蜂出并作",而且"各引一端",[⑤]共同创造了一个多元而灿烂的学术高峰期。在学派层出、百家争鸣的诸子时代,是否存在"孙子学派",其组成和发展如何,对孙子兵学的传承起到哪些作用……这些论题在孙子研究中无法回避。银雀山出土竹简,尤其是《吴问》等数篇简文,为我们考察和了解孙子学派的组成及发展等情况,提供了难得的契机。

(一)"孙子学派"的命名与正名

由于史料阙如,学术界对于孙子学派的一些基本情况了解无多。虽说该学派的命名已有一段时间,但在数十年时间之内,学术界对于该学派的研究进展非常缓慢,有分量的研究成果更是难得一见。不仅如此,在"孙子学派"之外,学术界还有"孙氏派""孙子后学"和"孙武后学"之类称谓。不同命名的交替出现,多少折射出研究者对孙子兵学及流传面貌等,在认识上难以趋同。

"孙子学派"最早由李零提出,距今已有四十年。李零在讨论《孙子》成书问题时使用了这一称谓。他说:我们认为《孙子》一书作为"孙子学派"军

---

①霍印章:《论〈孙膑兵法〉与〈孙子兵法〉的师承关系》,载《孙子新探——中外学者论孙子》,解放军出版社,1990年,第70页。
②陆继鹏:《简本〈孙膑兵法〉兵阴阳思想探析》,载《军事历史》,2012年第2期。
③王晓雪:《〈孙膑兵法〉的流传、失传及研究价值初探》,载《管子学刊》,2008年第3期。
④《三国志·魏书·常林传》注引《魏略》。
⑤《汉书·艺文志》。

事思想的记录，其中某些内容可能在春秋末期就已经产生，但是它作为一部完整的书却是由战国时期的人整理完成的。①从中可以看出，李零不仅认为先秦时期存在着孙子学派，而且还是依靠他们的记录和整理，才有了《孙子》的诞生。李零一贯认为《孙子》成书于战国，这里也不例外。

军事科学院部分研究专家使用的是"孙子后学"这一称谓。比如，于汝波将《吴孙子兵法》八十二篇分为两部分，十三篇之外的篇目被视为杂篇，他们的作者就是"孙子后学"。于汝波说："《孙子兵法》十三篇写就于春秋末，可能曾经战国时人校理。其余杂篇，大约为战国时孙子后学所作，后来又有好事者修补。"②《中国军事史》编写组同样使用了这一称谓。在他们集体撰写的论著中有这样一段话："在竹简中除十三篇之外，还有几篇保存了下来，经研究，多系孙子后学所著。"③除了将银雀山出土的几篇《孙子》佚文视为"孙子后学"的作品之外，《中国军事史》编写组还认为，十三篇之外的篇章是孙武和他的学生们所为，是为了"补充和解释十三篇"。④在他们看来，孙武不仅有学生，还和他们一起做了阐释和补充十三篇的工作。

有意思的是，李零除率先使用"孙子学派"之外，还先后使用过"孙子后学"和"孙武后学"等概念。可能在他看来，这几个概念之间相差无多。李零认为《孙子》成书于战国，看到银雀山竹简材料时仍坚持己说，认为是战国时期在齐国整理成书。⑤李零同时认为，诸如《吴问》这样的文字，其作者该是孙子后学："此篇（指《吴问》）是孙子后学以托言形式写成。"⑥将前后文字进行对比可知，李零所说的"孙子后学"，正是"孙武后学"。

李桂生在谈及先秦兵学流派时，使用了"孙氏派"这样的命名。不仅如此，他还大致总结了"孙氏派"的学术特征，对其特点和流变进行了粗线条的总结："孙氏派是以孙武为宗，主要由齐地兵学文化孕育而成，并带有吴楚兵学文化特色，崇尚权谋与诈伪的兵家流派。"⑦需要指出的是，既是以孙武为

①李零：《关于银雀山竹简本〈孙子〉研究的商榷——〈孙子〉著作时代和作者的重议》，载《文史》第七辑，中华书局，1979年。
②于汝波主编：《孙子兵法研究史》，军事科学出版社，2001年，第47页。
③《中国军事史》编写组：《中国历代军事思想》，解放军出版社，2007年，第54页。
④《中国军事史》编写组：《中国历代军事思想》，解放军出版社，2007年，第54页。
⑤李零：《〈孙子〉十三篇综合研究》，中华书局，2006年，第351页。
⑥李零：《〈孙子〉十三篇综合研究》，中华书局，2006年，第93页。
⑦李桂生：《先秦兵家流派初探》，载《社会科学战线》，2005年第1期。

宗,那么他所说的"孙氏派",其实是和前面的"孙子后学""孙武后学",在内涵上是基本趋同的。

无论是"孙氏派",还是"孙子学派",抑或是"孙子后学"或"孙武后学",不同的称谓背后,也许有着专家们的不同考量,对孙子兵学的流传与影响等,也有不同的认识,甚至与《孙子》成书建立了联系。但相比之下,笔者更认同李零在20世纪70年代末所提出的"孙子学派"这一称谓。

有意思的是,李零曾对"学派"和"学科"进行过大致区分,不知是否由此而放弃了"孙子学派"这一称谓。李零认为:"学科是以职业为依托,来源比较单纯;而学派则带有'自由学术'的性质,与职业联系较弱,源流曲折多变。"正是基于这样的区别,李零认为,兵家和数术、方技之学,它们都不是学派而是学科。①不知道是否因为抱着这样的观念和认识,李零后来很少再提及"孙子学派"这一概念。在较晚推出的《〈孙子〉十三篇综合研究》一书中,李零论及《孙子》成书时,用"孙武后学"的称谓取代了"孙子学派":"估计是由孙武后学在齐国结集成书。"②但在笔者看来,李零"兵家都是学科"的判断,未必符合诸子争鸣的时代特点。兵家未尝不可以建立自己的学派。作为一种切于实用之学,兵家立学较容易获得关注或认可,在战争频仍的战国时期,兵家更是一支不容忽视的力量。汉人总结先秦重要学术流派,既有"六家"之说,也有"九流十家"之论,这其中都没有提及兵家,但这并不代表兵家在先秦时期没有学术传承。汉代刘歆于《七略·诸子略》集中讨论诸子,"九流十家"之论由此而起。为完成对兵学的总结,他还专门写有《兵书略》,③先秦兵学被分为兵权谋、兵形势、兵阴阳和兵技巧四派。④在诸子争鸣的时代背景之下,兵家也有自己的学术传承和学术派别,在《七略》中,兵书既然与诸子等列,其地位只会比儒、墨、道、法等为高。身处特殊时代,诸子都高度重视对军事问题的探讨,因此为后人留下了弥足珍贵的军事文化遗产。⑤兵家集中研究战争问题,更容易成为影响时局的重要学术派别,

---

① 李零:《〈孙子〉十三篇综合研究》,中华书局,2006年,第2页。
② 李零:《〈孙子〉十三篇综合研究》,中华书局,2006年,第7页。
③ 《汉书·艺文志》:"歆于是总群书而奏其《七略》,故有《辑略》,有《六艺略》,有《诸子略》,有《诗赋略》,有《兵书略》,有《术数略》,有《方技略》。"
④ 《汉书·艺文志·兵书略》。
⑤ 黄朴民:《先秦诸子军事思想异同初探》,载《历史研究》,1996年第5期。

战国兵学由此而形成齐鲁、秦晋、南方三大类型。各种地域性兵学流派都有着各自的鲜明特色：南方兵学尚谋略，齐国兵学重进取，秦晋兵学则强调法制权术。①

毫无疑问的是，兵学的发展同样需要学派发展所需"自由学术"之土壤。先秦时期，以齐国兵学最为发达。齐国这里还诞生了《孙膑兵法》《司马法》《六韬》等一大批兵学名著，这与齐国"重计尚谋的军事文化传统"②密不可分，更是齐国统治者一贯重视兵学，并给兵学研究提供良好发展空间，推行较为开明宽松的文化政策的结果。③在特殊的学术环境之下，"齐国兵学家们既相互论辩驳难，又相互交流提高"。④这种互相交流和互相促进的情形，与稷下学宫那种"不治而议论"⑤的风气遥相呼应，正是齐国"自由学术"的体现，为包括孙子学派在内的各种兵学流派的发展提供了温床。银雀山出土文献也已向我们展示了"孙氏之道"的生存和发展状况："明之吴越，言之于齐。"⑥从孙武到孙膑，再到孙膑后学，其中体现了明显的学术传承，也和"明之吴越，言之于齐"的情况基本吻合。在笔者看来，"孙子学派"这个称谓，很好地体现了孙武之学在齐国得到追思、再得到继承和发扬的这一特点。

因此，李零"孙子学派"的提出很有意义，显较"孙子后学""孙武后学"或"孙氏派"等更为科学。尽管它已被李零本人所放弃，但笔者更主张使用这一称谓，另有申辩理由如下：

第一，"孙子学派"的命名更符合学术界的习惯，而且更体现出"学"和"派"的特征。《辞海》对"学派"的解释为："一门学问中由于学说师承不同而形成的派别。"⑦学术繁盛的先秦时期存在着很多这样的学派，比如儒家学派、墨家学派等，汉人已将其总结为"九流十家"⑧。考察孙子兵学在先秦时期的流传，同样体现出"学"和"派"的特征，既有学术师承渊源，也表现出大

---

① 刘庆：《先秦南方兵学及其与齐国兵学之比较》，载《管子学刊》，1998年第3期。
② 黄朴民：《齐文化与先秦军事思想的发展》，载《学术月刊》，1997年第11期。
③ 黄朴民：《齐鲁兵学的文化特征与时代精神》，载《齐鲁文化研究》，2002年第1辑。
④ 刘庆：《先秦齐国兵学的产生与发展》，载《管子学刊》，1994年第3期。
⑤ 《史记·田敬仲完世家》。
⑥ 《孙膑兵法·陈忌问垒》。
⑦ 《辞海》，上海辞书出版社，1999年，第1934页。
⑧ 详见《汉书·艺文志》。

致相同的学术旨趣。结合出土文献更能明显看出这一特点。所谓学派,其发生和发展模式可能各式各样,但大抵都是后人对前人思想主张、学术传承的概括和总结。①"孙子学派"同样符合这一特征。第二,与"孙武后学"等概念相比,"孙子学派"这一称谓还可以包含战国著名军事家孙膑。因为他同样是被习惯称为"孙子"。事实上,孙膑与该学派的关系非常密切,对孙子兵学的传承起到了非常关键的作用。第三,"孙子学派"的命名实则也参照其他学派的做法,更关照小团体的学术宗旨和学术兴趣。虽说"孔、墨之后,儒分为八,墨离为三,其为说异矣"②,但大学派之下有小宗师,有相同的学术宗旨和兴趣。③以传述孙子兵学为宗旨的这一小团体,仍可视为一个单独的学派。"孙子学派"便可视为"兵权谋"之下的分支学派,其中突出体现的是该学派与孙武的关系。第四,"孙子学派"的称谓,更可看出《孙子》对先秦兵学的深刻影响。明代茅元仪总结说"先秦之言兵者六家",又认为《孙子》在其中起到了承前启后的作用,且无可替代,乃至于"前《孙子》者,《孙子》不遗,后《孙子》者,不能遗《孙子》"。也就是说,先秦时期其他几部重要兵书,都可视为《孙子》的注疏。④茅氏此语虽有夸张成分,但已点明《孙子》在先秦时期广泛流传的事实,也肯定了《孙子》对于先秦兵学的重要作用。第五,"孙子学派"已被少数学者所接受,例如骈宇骞指出:"他(指孙膑)所撰写的《孙膑兵法》在体系和风格上与《孙子兵法》一脉相承、互相辉映,是继《孙子兵法》之后'孙子学派'的又一部重要著作,在我国军事学说史上久负盛名,影响深远。"⑤从中可以看出,骈宇骞不仅接受"孙子学派"这一称谓,而且将《孙子兵法》,甚至《孙膑兵法》,都当成孙子学派的作品。

(二)两种可能创立时间的衡量

在笔者看来,李零所提出"孙子学派"这一称谓,还有另外两重意义:第一是为《孙子》成书贡献了新说;第二是对先秦时期最重要的兵学流派进行

---

① 梁涛:《郭店竹简与思孟学派》,中国人民大学出版社,2008年,第5页。
② 《文献通考》卷二百一十二,《经籍考》。
③ 李锐:《对出土简帛古书学派判定的思索》,载《人文杂志》,2012年第6期。
④ 《武备志·兵诀评》。有意思的是,茅氏所论仅及于先秦兵六家,但不少人掐头去尾,只留下中间一段——"前《孙子》者,《孙子》不遗,后《孙子》者,不能遗《孙子》",从而将《孙子》之地位推到无以复加的程度。
⑤ 骈宇骞、王建宇、牟虹、郝小刚译注:《孙子兵法·孙膑兵法》,中华书局,2006年,第9页。

了命名。在提出"孙子学派"的命名之后,李零同时也对孙子学派的生存状况进行了大致勾勒。他接着提出两个问题:"孙子学派的创始者究竟是不是《史记》中所讲到的那个孙武呢? 战国时期将《孙子》整理成书的人是不是包括孙膑在内呢?"①这两个问题都非常重要,不仅启示我们思考《孙子》的成书问题,也提示我们应进一步考察孙子学派的内部组成,尤其是对孙子学派的创立时间合理地加以衡量。

有意思的是,李零在提出第一个问题之后,就直接进入"历史上有无孙武其人"的探讨,并没有给我们有关孙子学派创始者的直接答案。

笔者只好就有关问题提出自己的浅见。在笔者看来,孙子学派的创始人未必是孙武。先秦时期的众多学派,虽然发生、发展模式各异,但其中多数都是后人对前人思想主张、学术传承的概括和总结。②孙子学派固然祖述孙武之学,但孙武本人很可能并不知道这一学派的诞生。从信史中,我们尚且无法找到孙武后半生的任何事迹。"明之吴越,言之于齐"的孙子学派,很可能正如战国时期影响力很大的管仲学派一样,完全是出于后人对于先祖的追慕、称颂和学习之需而产生。就田齐时期诞生的管仲学派而言,我们同样不能把创始人认作管仲。同样道理,主要活动经历都在吴国的孙武,也未必是孙子学派的创始者。换句话说,孙子学派的创立时间未必是在春秋末期。

郭化若认为孙武可能曾经有过一段讲学的经历:"当阖闾去世、伍子胥被伯嚭排斥时,孙武见机引退,总结过去的和亲身经历的战争经验,整理成较有系统的军事理论,从事讲学,经由许多门徒、学生和专门前来请教者们口传笔录,代代相传,从春秋末到战国初,逐渐形成一部丰富而比较完整的兵法。"③在这段文字中,郭化若对《孙子》成书也提出了自己的见解,同时也对孙武伐楚之后的生活轨迹进行了描绘,但客观地说,这其中也有不少推测之词。孙武是否在伐楚之后及时地从吴国政坛引退,是否隐居,隐居何处,是否又重新回到齐国,并开门收徒,讲授兵法,就现有史料来看,似乎都不能确定。

---

① 李零:《关于银雀山竹简本〈孙子〉研究的商榷——〈孙子〉著作时代和作者的重议》,载《文史》第七辑,中华书局,1979年。
② 梁涛:《郭店竹简与思孟学派》,中国人民大学出版社,2008年,第5页。
③ 郭化若:《孙子译注》,上海古籍出版社,1984年,第32页。

　　关于孙武的人生结局,学界还有一种推测之论:伍员被杀后不久,孙武可能也因忧国忧民和郁郁不得志而谢世了。[1]这种推测之论其实也很值得商榷。孙武本属齐国人,吴国固然是他建功立业之所,但未必会有如此强烈的家国认同感,竟然导致郁闷而谢世。需要注意的是,诸如《吴越春秋》等"小说家言",固然对孙武的后半生轨迹有一些勾勒和描绘,但大多不足取信。有部分研究人员在探究孙子生平事迹时,都或多或少采纳《吴越春秋》《东周列国志》等小说家言,虽则故事敷衍得更加精彩,却不能给予完全的信任。

　　事实上,关于孙武的结局,还有一种说法见诸《汉书·刑法志》。其中有这样一段记载:"至于末世,苟任诈力,以快贪残,争城杀人盈城,争地杀人满野。孙、吴、商、白之徒,皆身诛戮于前,而国灭亡于后。"这段话中的"孙",既然置于吴起之前,应当是孙武。从《汉书》这段记载来看,孙武未必是"小说家言"所描绘的那样"飘然隐去",而是和吴起等人一样,同样是有着兔死狗烹、卸磨杀驴的悲惨下场。如果《汉书》的有关记载属实,孙武自然更不可能参与到孙子学派的创立活动中去。孙子学派的创立任务便只能由后人来完成。而且,在《吴越春秋》《东周列国志》和《汉书》之间,我们宁肯选择相信《汉书》。因为《汉书》毕竟是一部严谨的史书,而前面两种则更像是"小说家言"。俗话说,一朝天子一朝臣,既然伍子胥能被夫差所杀,和伍子胥关系密切的孙武,也极有可能受到连累。

　　李零所提出的第二个问题——战国时期将《孙子》整理成书的人是不是包括孙膑在内,这既牵扯到《孙子》成书问题,同时也提示我们进一步探究孙子学派与孙膑之间的关系问题,还可对孙子学派的另一种创立时间进行衡量。在笔者看来,孙子学派也有可能系孙膑所创设。

　　从银雀山出土文献来看,孙膑在兵学思想上对孙武确有很多继承之处。银雀山竹简《见吴王》中,孙武在见到吴王之后曾谈到了自己对于战争问题的看法:"兵,利也,非好也。"《见吴王》的作者和写作年代都有待进一步考证,但这句话确是可以和《作战篇》中所体现的"慎战"思想及"利本"思想求得一致。《孙膑兵法·见威王》中也有"兵非所乐也,而胜非所利也"一句,和前引《见吴王》的内容虽说也有差异,但更多体现的是一种共性,可以看出二

───────────────

①杨善群:《孙子评传》,南京大学出版社,1995年,第109页。

者之间的承继关系。至少我们可以从中明显看到孙膑受孙武影响的痕迹。就有关论题，已经有很多学者进行过讨论。比如霍印章指出《孙膑兵法》与《孙子兵法》之间存在明显的师承关系，认为两个孙子是一家之言，在理论体系上密不可分。①李零同样认为："《孙膑兵法》（应称为《齐孙子》）与《孙子兵法》（应称为《吴孙子》）是前后相继的一家之学。"②既然师承关系如此密切，学术见解也有很多相似性，孙膑也有可能在创建孙子学派之外，同时借助学派力量而同时完成兵书的撰述。银雀山出土的《孙膑兵法》，学术界一般认为是由孙膑的门徒整理而成，其中也有部分内容是出于孙膑自著，但部分内容包含了其弟子增补编订的成分。③孙膑和他的门徒，是孙子学派的重要组成人员，并以祖述孙子之学为己任。我们甚至不排除孙膑因为研修之需而整理《孙子》，并在整理过程中出现改动文字的可能。有学者认为，《孙子·虚实篇》中"以吾度之，越人之兵虽多，亦奚益于胜哉"一语，可证明孙膑曾整理了《孙子》。④这其实是推测之论，但不排除孙子学派在整理过程中对个别字词进行过改动。

　　从出土文献可以看出，孙膑对孙子兵学思想的传承起到了重要作用。孙子学派的创始人未必是孙武，也未必是孙膑，但其中坚力量应当是孙膑。在齐国一度有着显赫地位的孙膑，应该是继承和祖述先祖之学，对孙子学派贡献最大的一位军事家。就《孙膑兵法》与《孙子兵法》的著述体例而言，二者之间有着非常明显的不同，前者明显存在门人后学整理加工的痕迹。《孙子》十三篇更像是经言，是所需祖述之学，因此文字较为稳定。这种情形有点类似于管仲学派或墨子学派。在《管子》书中有《牧民》《立政》这样被认为是管仲自著的经言，也有更多篇幅则是阐释和注解，多由管仲学派完成。在《墨子》中则既有《经上》《经下》，也有《经说上》《经说下》，后者显系前者的注解，为墨子后学所完成。由此可见，战国时期各种学派在学说的传承上也曾出现部分趋同性。我们不妨推测认为，《孙子》十三篇应该就是处于与《牧民》与《经上》《经下》这样相类似的地位。这种"由经到说"的过程，正像是郑

①霍印章：《论〈孙膑兵法〉与〈孙子兵法〉的师承关系》，载《孙子新探——中外学者论孙子》，解放军出版社，1990年，第70页。

②李零：《〈孙子〉十三篇综合研究》，中华书局，2006年，第13页。

③杨伯峻：《孙膑和〈孙膑兵法〉杂考》，载《文物》，1975年第3期。

④王家祥：《〈孙子·虚实〉篇"以吾度之"语解》，载《文献》，1999年第1期。

樵所说的那样:"有专门之书,则有专门之学;有专门之学,则有世守之能。"①
这种既有众多门徒,又有祖述之学的现象,也正是学派所应体现的最主要特
征。即便孙膑与孙武之间可能没有直接而清晰的师承关系,但也已基本完
成了学说的传承,这同样也可满足学派的基本条件。②

(三)基本学术主张及学派的发展

借助于银雀山竹简文献,我们已经廓清聚讼千年的关于"两孙子"的一
桩公案,还可以对孙子兵学在战国时期的发展流变情况有所考察。借助于
《孙膑兵法》的出土,依靠《吴问》《四变》等众多简文,也可对孙子学派的基
本学术特征及发展走向等,进行初步考察。包括《孙膑兵法》在内,不少简文
表现出注解和阐释《孙子》的基本倾向,对孙子兵学的主要思想,如实力原
则、重视谋略、以利为本、避实击虚等,都有所继承。

通过《孙膑兵法》,我们可以看到孙子兵学在齐国流传发展的一个侧面,
也可以看出孙子学派在祖述孙子之学时的基本情形。一方面,孙子的基本
学术主张得到了继承和发扬,另一方面也受到了时风浸染。在银雀山出土
竹简中,还有数篇《孙子》佚文。李零对这些文字的性质曾有判断:《四变》
《黄帝伐赤帝》《地形二》都是解释发挥十三篇的文字,应作《孙子》后学的注
解看待。③这几篇佚文写作体例有着很大差异,语言风格各有不同,考察各
篇文字内容,也可以看出作者的理论水准存在着高下之别。这种明显成于
众手的特点,让我们更加相信它们是出自孙子学派的分头创作。如果将来
没有更早和可靠的文献出土,这批竹简文字就可以判定为有关《孙子》的最
早期注释。④《孙子》十三篇未必成于孙子学派之手,但这些注释体例的简
文很有可能是出自孙子学派之手。包括《孙膑兵法》,也明显存在着成于众
手的特点,很有可能也系孙子学派创作。骈宇骞认为,《孙膑兵法》是"继

①《通志》卷七十一。
②徐刚:《论先秦诸子的分派问题》,载《北京大学学报(哲学社会科学版)》,2015年第5期。
③详参李零:《关于银雀山简本〈孙子〉研究的商榷——〈孙子〉著作时代和作者的重议》,载《文史》第七
辑,中华书局,1979年。十几年后,李零又说:像银雀山简本佚篇《四变》,就是用来解释《九变》,又说:
这些佚文,在很大程度上应作笔记、注释、学案、传状来看待。详见李零《孙子古本研究》(北京大学出
版社,1995年)和李零《〈孙子〉十三篇综合研究》(中华书局,2006年)。
④熊剑平:《从银雀山汉墓竹简看〈孙子〉的早期注释情况》,载《军事历史》,2011年第3期。

《孙子兵法》之后'孙子学派'的又一部重要著作"。[1]笔者对此观点部分接受,同样将《孙膑兵法》视为孙子学派的著作,但不认为《孙子兵法》也是孙子学派所为。通过银雀山出土简文和《孙膑兵法》,我们既可以看出孙子学派的基本学术主张,也可以对该学派内部的组成情况有所体察,进一步探寻孙子学派的发展概况。

《孙膑兵法》中有不少明引和暗引《孙子》的例证,如《威王问》篇中的"攻其无备,出其不意"和"必攻不守",《势备》篇的"昼多旗,夜多鼓"等,都可以在十三篇中找到出处。[2]简文《见吴王》中,孙武所表达的"兵,利也,非好也",与十三篇的"慎战"思想完全一致。《孙膑兵法》也主张"兵非所乐也,而胜非所利也"[3],受孙武影响的痕迹非常明显。总体来看,《孙膑兵法》对《孙子》有不少忠实的继承,但也有"离经叛道"的一面。通过考察《孙膑兵法》,我们可以窥见孙子兵学在战国时期的发展流变。《孙膑兵法》对"力"的强调,也与孙武颇有几分相似之处。在《强兵》篇中,孙膑指出,只有"富国"才是"强兵之道"。孙膑强调经济对军事实力的影响,这种理念与重视"耕战"的时代特点密不可分,也与《孙子》的"称胜理论",即重视以经济实力的提升推动军事实力的提高,保持着逻辑上的趋同性。《孙膑兵法》之外的简文同样具备这一特征。简文《四变》,明显是解释《孙子》的《九变篇》,[4]对《九变篇》文字有不少精彩的诠释和发挥。比如对"城有所不攻"所作解释,综合运用孙子兵学理论。"计吾力足以拔之"与庙算理论[5]对接,而"利得而城自降,利不得而不为害于后"则和孙子"杂于利害"[6]的精神完全吻合。《黄帝伐赤帝》是对《孙子·行军篇》中"黄帝之所以胜四帝也"一句所作诠释,但内容较为芜杂。《吴问》《见吴王》等简文的主题,也都可以在《孙子》十三篇中找到源头,同样可视为注解文字。

对"义"的强调,当为孙子学派结合时代特点所作的发展。在十三篇中,

①骈宇骞、王建宇、牟虹、郝小刚译注:《孙子兵法·孙膑兵法》,中华书局,2001年,第9页。
②"攻其无备,出其不意"出自《孙子·计篇》,"必攻不守"则与《孙子·虚实篇》的"攻而必取者,攻其所不守也"意义相通,"昼多旗,夜多鼓"则可在《孙子·军争篇》找到相应源头。
③《孙膑兵法·见威王》。
④詹立波:《略谈临沂汉墓竹简〈孙子兵法〉》,载《文物》,1974年第12期。
⑤详参《孙子·计篇》。
⑥《孙子·九变篇》。

孙武数次言及"仁"①，却罕言"义"，《孙膑兵法》则积极倡导"立义"，"义"的出现频率较《孙子》明显为多。②在与齐威王讨论军政问题时，孙膑曾数次强调"义"，认为"义"是实现强兵和战胜强敌的重要手段。③孙武曰"仁"，孙膑曰"义"，这与"孔曰成仁，孟曰取义"④的情形非常相似，应该是时代语境发生变化的结果。文物出版社1975年版《孙膑兵法》收有简文《将义》，重点讨论的是将帅的"立义"之道，对"义"的重视态度，与《威王问》等篇保持一致。当然，孙膑固然重视"义"，但更强调"战胜而强立"⑤，主张依靠实力战胜对手。这种务实精神，仍与孙武保持一致。倡导"立义"只是其表，积极"争利"才是其里。一面积极呼吁"立义"，另一面则通过杀伐战争使得"天下服"，这一点与韩非子言"义于名而利于实"⑥非常相似。

　　兵阴阳的抬头也值得关注。简文《黄帝伐赤帝》虽为注解《孙子》而作，但内容芜杂，"右阴，顺术，倍（背）冲"等文字透露出浓重的兵阴阳家色彩。与《黄帝伐赤帝》相似，《孙膑兵法》也较多沾染了神鬼色彩。孙子强调"不可取于鬼神"⑦，与术数和神鬼思想坚决划清界限，孙膑则表现出很大的摇摆性。《见威王》及《月战》《地葆》等篇，都可以清楚地看出这一特征。比如《月战》一方面强调决定战争胜负的首要因素是"人"："间于天地之间，莫贵于人。"另一方面却也相信当时流行的阴阳五行等迷信思想，同时看重日月星辰的运转，将战争胜负推诿给不可知的神秘因素。《地葆》则非常明显地留下阴阳五行思想的痕迹，大量论述"五地之胜""五草之胜""五壤之胜"及"五地之败"等，参照了五行相生相克理论，充斥着荒诞不经的兵阴阳理论。从主张"莫贵于人"到宣扬"五地之胜"，孙膑对"人"和"天命鬼神"的态度摇摆，与战国阴阳五行理论的盛行不无关系。齐国是阴阳五行学说流行的重镇，整个孙子学派都难免受到这种风气的影响，《孙膑兵法》则表现得更为突出，思想水准就此与《孙子》拉开距离。

────────────────

①分见《计篇》《用间篇》等。
②以文物出版社1975年版统计为8见，以文物出版社1985年版统计则为4见。
③《孙膑兵法·见威王》："卒寡而兵强者，有义也。夫守而无委，战而无义，天下无能以固且强者。"
④《日知录》卷七。
⑤《孙膑兵法·见威王》。
⑥《韩非子·外储说左上》。
⑦《孙子·用间篇》。

银雀山出土简文及《孙膑兵法》所体现的总体思想特征，与孙子学派的发展密不可分。在诸子学说"蜂出并作"①的时代背景之下，孙子学派首先要做的也是努力发展壮大，拓展自己的生存空间。《孙膑兵法·陈忌问垒》提及"孙氏之道"是"明之吴越，言之于齐"，其实已非常简明扼要地概括了孙子学派一段时期的发展轨迹。有学者指出，孙子的兵法，"自孙武以来，与其说是在吴地，不如说是在齐地被继承和发展了下来"。②作为孙武后人的孙膑，出于对其先祖孙武的追慕和向往，努力发扬光大孙子兵学思想，这才会出现"明之吴越，言之于齐"的情况。"明之吴越，言之于齐"一语，如果用于总结孙子学派，或竹简所谓"孙氏之道"的发展历程，同样非常恰当。黄朴民等认为，《孙子兵法》中体现出较为浓厚的吴文化特征，同时也表现出与传统齐兵学的深厚渊源，③这应该和孙武在齐地出生长大，又到吴国建功立业的经历有着直接联系。

从银雀山竹简还可以看出，孙子学派和其他学派一样，也存在着一个"从经到说"的过程，与先秦时期其他学术流派并无二致。《孙子》十三篇应该是他们所立之经，是所需祖述之学。而银雀山出土的一批注释文字，则是孙子后学为完成学派思想传承所撰写。尊奉孙武的孙子后学成立"孙子学派"，祖述孙子之学，恪守家法，进而与诸子一起，"以此驰说，取合诸侯"④，这才有了诸如《四变》等简文的出现。为了完成学术传承，学派内部可能会组织人手描绘先祖事迹，所谓"采其遗论，掇其行事，编以为书"⑤，于是便有了《见吴王》和《吴问》这种孙、吴问答体文字的出现。通过这种文体，一方面可以弘扬先祖事迹，另一方面也可以借以阐释先祖的兵学思想。这些注释文字所表现出的体例不一、风格各异的特点，正可以说明孙子学派曾前后绵延了很长时间，是一个富有生命力的学术流派。

至于学派的内部组成，可据银雀山竹简作大致推测：起初可能比较纯粹，但随着时间推移和成员渐增，其人员结构渐趋复杂。如此一来，水平便

---

①《汉书·艺文志》。
②[日]谷中信一：《先秦秦汉思想史研究》，孙佩霞译，上海古籍出版社，2018年，第365页。
③黄朴民、宋培基：《〈孙子兵法〉的吴文化特征》，载《光明日报》，2006年5月9日。
④《汉书·艺文志》。
⑤张舜徽：《广校雠略》，中华书局，1963年，第29页。

自然开始出现高下不一的情况,进而有了与孙子"不可取于鬼神"[①]精神完全相悖的《黄帝伐赤帝》出现。孙子既主张"禁祥去疑"[②],同时也反对"取于鬼神"[③]。归根结底,他是号召"必取于人",从而与"假鬼神而为助"[④]的兵阴阳家彻底划清了界限。这正是其思想伟大之处,是铸就不朽历史地位的一个重要原因。但是,随着时间推移,古代兵家"恒与术数相出入"[⑤]的习气,还是会为孙子学派中的某些成员所沾染。在《孙膑兵法》中,我们已经可以看到这一特点。较诸《孙子》十三篇,这无疑是一个巨大的退步。[⑥]兵阴阳家不知何时已在孙子学派中立足,学派内部开始变得不太纯洁,简文《黄帝伐赤帝》及《孙膑兵法》中《月战》等文字由此而诞生。

(四)灭亡时间推测及历史遗产

秦国实现统一天下的大业之后,孙子学派也和先秦其他众多学派一样,终究会迎来其灭亡的时刻。在笔者看来,孙子学派的灭亡,更大可能是在秦统一前后,在齐国遭到覆灭之际,至少不会绵延至汉代。就《黄帝伐赤帝》这篇简文,郑良树将其写作年代定为汉初,[⑦]可能值得商榷。秦朝用商韩之法,治术严酷,对百家异说极力打压。秦在完成统一之后,就立即"收天下兵,聚之咸阳,销以为钟鐻"[⑧]。为了禁止异端邪说,维护自身统治利益,秦统治者不会允许孙子学派这样的学派团体的出现和生存。《韩非子·五蠹》就曾谈到对于孙吴兵学著作泛滥的担忧:"境内皆言兵,藏孙吴之书者家有之……"这从一个侧面反映出《孙子》等兵书在战国末期广泛流传的情况,但是"家有之"的局面也令统治者感到担忧,韩非由此建议统治者及时予以制止,禁止兵书大面积流传。这些建议无疑会被秦始皇所接受和采纳,并逐步付诸实施。秦始皇下令"焚书坑儒","所不去者,医药卜筮种树之书"[⑨]。既然

---

①《孙子·用间篇》。
②《孙子·九地篇》。
③《孙子·用间篇》。
④《汉书·艺文志·兵书略》。
⑤《四库全书总目·子部》。
⑥霍印章:《孙膑兵法浅说》,解放军出版社,1986年,第25页。
⑦郑良树:《论〈孙子〉的作成时代》,载《竹简帛书论文集》,中华书局,1982年,第84页。
⑧《史记·秦始皇本纪》。
⑨《史记·秦始皇本纪》。

如此，兵书已属在劫难逃，诸如孙子学派这样的兵学流派不太可能会有生存空间，只能就此消散在历史的时空之中，而我们则只能从一些断简残编中找到他们的一丝踪迹。

孙子学派的历史虽然短暂，但也为后人留下了宝贵的历史遗产，也对中国古典兵学的发展做出了不可磨灭的贡献。就总体而言，孙子学派大多数成员都能够恪守祖训、薪火相传，很好地促进了孙子兵学思想的流传和继承。孙子学派前后绵延很长时间，不仅诞生了《孙膑兵法》，还留下不少体例不一、风格各异的注释体简文。这些论兵之作同样是孙子学派留给后人的宝贵遗产。遗憾的是，银雀山出土竹简残损严重，孙子学派的作品并没有得到完整的保留，为数更多的篇章久已散佚，并且可能永远无法得见。仅从现有论兵之作考察，其中所体现的学术总体特征与《孙子》保持着一定的延续性，这与孙子学派的努力密不可分。在齐地诞生的其他兵学著作，如《六韬》和《管子》中的论兵之作，多少也曾受到孙子或孙子学派的影响，故而才会在战争观、战争谋略等方面保持着一定程度的相似性。不仅如此，战国兵学之所以能够取得强劲发展，齐国兵学之所以能够取得重要成绩，孙子学派同样功不可没。

第四章 《孙子》在汉代的流传和著录

长期以来,人们都认定《汉书·艺文志·兵书略》中的"《吴孙子兵法》八十二篇"就是传本《孙子》十三篇的最早著录,至于"十三"和"八十二"之间所出现的篇目数之差,他们解释说是曹操曾对这八十二篇的《吴孙子兵法》进行过删减,从而恢复了十三篇的原貌。这种说法疑点很多,却很少有人产生怀疑。银雀山竹简文献的出土,让我们可以重新思考有关论题。《孙子》在汉代的流传和著录,以及曹操与《孙子》的关系等情况,都需要重新考察。

第一节 《孙子》在汉代的流传

《孙子》在汉代的流传面貌一直不为我们真正知晓。两千多年前的西汉王朝,银雀山汉墓的墓主出于对兵书的热爱,决定将包括《孙子》在内的一批兵书作为自己的殉葬品。五十年前,这批竹简得以重见天日。依靠这批出土竹简,我们多少可以获得一些有关《孙子》早期流传的重要信息。

(一)篇目增减之谜

《韩非子·五蠹》中说:"境内皆言兵,藏孙、吴之书者家有之……"韩非此语意在呼吁统治者加强对社会的管制,禁止兵书大面积流传,也从一个侧面反映出《孙子》等兵书在战国末期广泛流传的情况。也就是说,"家有之"的局面,令统治者不得不出手加以管控。汉朝初立,统治者非常注意兵书的整理和管控。只是效果可能不是很理想,至少银雀山汉墓的主人就成功地收藏了一批兵书,并将其作为随葬品。银雀山竹简兵书的出土,正好可以和韩非子所述"藏孙、吴之书者家有之"的现象,求得某种呼应。

"家有之"充分说明《孙子》流传之广,但该书的主体结构,包括篇目数等,可能并没有就此遭到破坏。银雀山竹简也为我们提供了有力证据。在银雀山出土的2494、1648简文中,曾先后两次出现"十三扁(篇)"的说法。①这些竹简既可以和《史记》求得互证,也为我们考察和了解《孙子》的早期面貌及早期流传情况提供了新的线索。根据考古专家们的研究,竹简的抄写时间约为文景至武帝初期这段时间。②这比《史记》要早数十年甚至上百年。所以,由银雀山竹简我们可以推断,"十三"应当是汉代初年,乃至先秦时期,《孙子》所固有的篇目数,而这也和《史记·孙子吴起列传》中的有关记载完全一致。由这些出土竹简,我们可以对司马迁的有关记载多一重信心。也就是说,《孙子》在写成时本为十三篇,而且这一规模一直维持到汉代并没有发生任何改变。

我们认为,到汉武帝年间,《孙子》应该仍然保持着"十三"的篇目数不变。汉武帝执政时期,曾经下令对兵书进行搜集和整理工作。据史籍记载:"军政杨仆捃摭遗逸,纪奏兵录。"③这里所谓的"捃摭",根据颜师古注,为"拾取"之意。既然是"拾取",我们相信杨仆对《孙子》应该没做什么大的手术,也不曾对《孙子》"删取"篇目。杨丙安等学者推测认为,在这个时期,《孙子》的体制"也是十三篇"④。汉成帝时,政府再次下令收集和整理兵书。《汉书·艺文志》记载:"至成帝时,以书颇散亡,使谒者陈农求遗书于天下,诏光禄大夫刘向校经传诸子诗赋,步兵校尉任宏校兵书,太史令尹咸校数术,侍医李柱国校方技。"这是汉代第三次收集整理兵书。这三次收集整理工作,是否给《孙子》带来重大变化,是否会造成篇目数大幅度增减,在笔者看来,可能性很小。

我们怀疑司马迁极有可能亲眼看到过维持着十三篇面貌的《孙子》。在《史记·孙子吴起列传》中,司马迁为我们留下这样一段话:"孙子武者,齐人也。以兵法见于吴王阖庐。阖庐曰:'子之十三篇,吾尽观之矣。'"还是同样一篇传记,他又说道:"世俗所称师旅,皆道《孙子》十三篇。"司马迁的著作中先后两次提及"十三"这个篇目数,令我们有理由相信,《孙子》在汉武帝时期仍然维持着"十三篇"的模样。《史记》的这段记载,正好可以和银雀山出土文献遥相呼应,更让我们坚信《孙子》的篇目数直至西汉末期,仍然维持在"十三"篇。

---

①吴九龙:《银雀山汉简释文》,文物出版社,1985年,第16页。

②《银雀山汉墓竹简(一)》,文物出版社,1985年,第5页。

③《汉书·艺文志》。

④杨炳安、陈彭:《孙子兵学源流述略》,载《文史》第二十七辑,中华书局,1986年。

　　另外一处出土文献也让我们相信,《孙子》在西汉末期仍维持着"十三篇"的规模在流传。1978年,考古工作者在青海大通县上孙家寨的一座墓葬中发掘出一批西汉晚期的木简。专家经过研究后认为,其中有一些竹简和《孙子》有着直接联系,有一枚木简赫然写着:"孙子曰:夫《十三篇》……"①这批木简和今本《孙子》十三篇到底是何种关系我们姑且不论,从远离中原的木简中,可以得出非常重要的信息:在西汉末期,《孙子》的篇目数,应当仍然维持在"十三"篇。

　　这批木简出土之地远在西域,既然西域之人都知道《孙子》为十三篇,中原士人更应当熟知此书篇目数。我们怀疑,写成于西汉末期的《七略》应当会对"《孙子》十三篇"有过著录,"《吴孙子兵法》八十二篇"不大可能会是从西域到中原都非常熟悉的那个"《孙子》十三篇"。即便西汉政府三次大规模组织整理兵书,作为家喻户晓的《孙子》十三篇也没有可能被随意增加篇目,更不会成倍数大规模地增加篇目。一旦出现这种情况,我们便只能认为,这已不是收集,而是再创作;也不是整理,而是一种破坏。

　　从东汉的传世文献中我们可以看出,《孙子》的篇目数在此时应该仍没有发生大的变化。东汉末年的高诱在给《吕氏春秋·上德篇》作注时,曾留下这样一句话:"孙武也,吴王阖闾之将也,兵法五千言是也。"②传本《孙子》中,武经本为五千多字。如果考虑到传抄过程中可能衍入文字的因素,高诱所说的"五千言",可以和今本《孙子》在字数上求得大致吻合。高诱注语告诉我们:在东汉末世,《孙子》应该仍然维持着"十三篇"的篇目数。

　　根据以上梳理,我们不难得出这样一个结论:从西汉初年到东汉末年,《孙子》其实一直维持着"十三篇"的规模在流传。虽则《孙子》流传甚广,甚至远及西域,但其篇目数相对固定。我们怀疑后人将《汉书·艺文志·兵书略》中著录的"《吴孙子兵法》八十二篇"当成是《孙子》十三篇,应该是一个极大的误会。

---

①详见《大通上孙家寨汉简释文》,载《文物》,1981年第2期。
②许维遹:《吕氏春秋集释》,中华书局,2009年,第517页。

（二）曹操与《孙子》

曹操与《孙子》，一个是著名军事家，另一则是著名兵书，他们之间发生联系并不奇怪。在不少人眼里，曹操曾经删改《吴孙子兵法》八十二篇，使之还原成为十三篇，也就是今本《孙子》。还有不少学者认为，曹操同时也是第一个为《孙子》作注的人。这些立论，影响甚广，应者亦夥，却都存有不小疑问。我们认为，曹操不仅不是第一个为《孙子》作注之人，更没有删减《孙子》篇目之事发生。

晚唐杜牧较早提出曹操删减篇目这一说法，他说："武所著书，凡数十万言，曹魏武帝削其繁剩，笔其精切，凡十三篇，成为一编。"[①]杜牧的这段话，语气相当肯定，但不一定就是事实，至少曾有学者对此提出过怀疑。清代学者毕以珣便是其中一位，他指出："《孙子》十三篇者，出于手定，《史记》两称之，而杜牧以为魏武笔削所成，误已。"[②]银雀山汉墓竹简出土后，学术界对杜牧"曹操删减篇目"的说法存在着两种截然不同的态度，一种是表示相信，以李零为代表；另一则是不信，以许荻和罗福颐等为代表。

李零相信《吴孙子兵法》八十二篇就是《孙子》十三篇，所以他认为《孙子》的流传过程是这样的：从西汉初到东汉末是经历了从十三篇到八十二篇，然后又由八十二篇到十三篇。[③]所以他相信曹操曾有过删减《孙子》篇目之事，还充分肯定曹操对于保存《孙子》原貌所作贡献：《孙子》一书得以保存和恢复原貌，恰好是出于曹操一手之烈。[④]许荻和罗福颐等学者观点与李零相左，他们否定曹操删减篇目之说。在银雀山竹简出土之后不久，许荻和罗福颐等撰文指出，曹操所谓删削《孙子》篇目之事完全不能成立。[⑤]吴九龙所持之论与上述两位专家相似：简本《孙子兵法》出土以后，杜牧的臆断不攻自破。[⑥]

---

①《樊川文集》卷十，《注孙子序》。
②《孙子叙录》，详参杨丙安：《十一家注孙子校理》，中华书局，1999年，第353页。
③李零：《〈孙子〉篇题木牍初论》，载《文史》第十七辑，中华书局，1983年。
④李零：《〈孙子〉篇题木牍初论》，载《文史》第十七辑，中华书局，1983年。
⑤详参许荻《略谈临沂银雀山汉墓出土的古代兵书残简》和罗福颐《临沂汉简概述》，均载《文物》，1974年第2期。
⑥吴九龙：《简本与传本〈孙子兵法〉比较研究》，载《孙子新探——中外学者论孙子》，解放军出版社，1990年。

上述两种截然对立的观点,笔者更认可后一种,对曹操删减《孙子》篇目之事持否定态度。

今本《孙子》十三篇,人们通常认为它是著录在《汉书·艺文志·兵书略》中的"《吴孙子兵法》八十二篇"。但是二者之间,篇目数相差甚大,书名则完全不同,"图九卷"之类,今本更是无从谈起,不能不让人对二者是否同为一种书产生疑问。如果说他们是一种书,那一定得找到充足的证据或合理的解释,遗憾的是目前还没有找到。

唐代张守节在《史记正义》中指出:"《七录》云'《孙子兵法》三卷'。案:十三篇为上卷,又有中下二卷。"这似乎是见诸古文献的最早的调和二书篇目矛盾的说法。这种调和之说,实则给我们带来更多疑惑。张守节立说依据是一部久已亡佚的《七录》,而《七录》作者阮孝绪只是说"十三篇为上卷","中下二卷"指的是什么,是不是八十二篇减去十三篇之后所剩下的那六十九篇,我们其实并不敢确定。不仅如此,《七录》所说三卷本之书是不是《汉书·艺文志·兵书略》的"《吴孙子兵法》八十二篇",乃至阮孝绪是不是亲眼看到过这三卷本,我们统统无从知晓。

中国古书篇、卷问题非常复杂,待到印刷术和造纸术发明后则变得更加复杂。很显然,《七录》和《史记正义》并不能为我们解开"八十二篇"和"十三篇"之间篇目数悬殊的谜团。

晚唐的杜牧也曾试图调和这种篇目数矛盾,他在《注孙子序》中写下的这段话影响很大。"曹魏武帝削其繁剩,笔其精切"[1]的说法,语气非常肯定,似受到张守节《史记正义》的影响。虽说语气异常肯定,却不能让人相信就是切中肯綮的定谳,反倒令人心生疑窦。对于二书之间篇目数差异,包括书名差异等,杜牧采取的是含混其词的回避态度。即便是武断地给出结论,仍是难以服众。清代学者毕以珣便根本不相信杜牧的说法,他认为"杜牧以为魏武笔削所成,误已"[2]。只是毕以珣的名气远较杜牧逊色,他的反对之声也较少引起关注。杜牧和毕以珣二人之间,只能有一个对的。我们认为,毕以珣的说法更接近事实真相。

由前所述,从西汉初期到东汉末世,《孙子》一直是保持着"十三篇"的篇

①《樊川文集》卷十,《注孙子序》。
②《孙子叙录》,详参杨丙安:《十一家注孙子校理》,中华书局,1999年,第353页。

目数在流传。至少传世文献和出土文献都告诉我们，《孙子》在汉代并没有所谓"增肥"和"瘦身"之事发生。作为一部"秦汉已来，用兵皆用其法"①的著名兵书，《孙子》在汉代不大可能会有篇目数的随意增减。并且，按照杜牧的说法，曹操既然都已经删了，张守节不知道从哪里见到"三卷本"的《孙子》，甚而清代的毕以珣对八十二篇的每一部分内容都还非常清楚。②所以，我们怀疑张守节、杜牧都没有看到过八十二篇《吴孙子兵法》的真实模样，否则曹操这位大军事家岂不是白劳动一场？而杜牧则很可能是自摆乌龙，他的曹操删减篇目之说，完全出于想象。

　　杜牧为什么会杜撰出这种事情，根本原因可能在于他误将《汉书·艺文志·兵书略》中八十二篇的《吴孙子兵法》认作是《孙子》。这其实是一个误会，而且误导很多人，从而将《孙子》十三篇的流传及真伪等问题都统统搅得一头雾水。

　　由于史料阙如，我们对《吴孙子兵法》所知甚少。在笔者看来，这既不见诸先秦古籍，同时又被《七略》著录的八十二篇《吴孙子兵法》，应该是早早就已亡佚的一部书。这部书，《隋书·经籍志》已经不见记载，有可能是先秦时期产生的一部古兵书，也有可能是西汉人将同类兵书合编而成的丛书。总之，它是完全不同于《孙子》十三篇的另一部兵书。这部书，其中未必是包含传本《孙子》和十三篇之外的六十多篇。总之，我们无法得知其详，但它一定不是《孙子》十三篇。书名不同，篇目数相差很大，甚至还有"图九卷"之类的差别，将他们胡乱联系起来并说成是一部书，多少有点生搬硬套的感觉。我们认为，诸如"《孙子》十三篇增加篇目而成为《吴孙子兵法》八十二篇""曹操删减八十二篇恢复成十三篇"等说法，都很难成立。

　　最后，我们不妨看看涉案当事人——曹操本人的说法。曹操在给《孙子》作注时，曾经发出这样的感慨："世人未之深亮训说，况文烦富，行于世者，失其旨要，故撰为略解焉。"③从这段话中，我们至少可以得到这样两个信息：第一，曹操肯定不是第一个注释《孙子》之人——我们此前曾经讨论

①《孙子十家注·序》，《诸子集成》本，中华书局，1996年。
②清代毕以珣在《孙子叙录》中更对《吴孙子兵法》八十二篇的构成进行了详细描述。按照他的介绍，这八十二篇中包括传本《孙子》十三篇、《问答》若干篇、《八阵图》以及《兵法杂占》等很多内容。详参杨丙安：《十一家注孙子校理》，中华书局，1999年，第351页。
③《魏武帝注孙子·序》，清平津馆刊顾千里摹本。

过,出自孙子学派的无名注家早就注解过《孙子》;第二,我们从中并不能看到曹操删减篇目之类信息。令曹操发出感慨的,只是那些"训说"《孙子》文辞的"烦富"和"失其旨要"。曹操没有批评《孙子》文辞"烦富",而是批评那些训说《孙子》的文辞烦富,这说明曹操手持之本和同时期高诱所持之本没多大差别。曹操用"略解"为自己的著作命名,显然明确针对那些烦富的"训说"。①曹操对《孙子》赞许如此之高,如果对其曾有删减之功,他不大可能只字不提。而且,如果《孙子》原文烦富,曹操就一定不会发出"孙武所著深矣"②之类的褒奖。曹操为《孙子》作"略解",目的本是针对烦富之训说,却不幸让人误以为曹操曾对《孙子》有过删减篇目之事。造成这个误会的原因,一方面是由于人们对曹操自序解读不够细致,另一方面则可能是受到《汉书·艺文志·兵书略》所著录"《吴孙子兵法》八十二篇"的干扰。

总之,曹操与《孙子》的关系,因为受文献限制而一直晦暗不明。但是,有关论题又是孙子学史的重要论题,同时也是帮助我们揭开《孙子》在汉代流传真相的关键所在,故我们不能不对此格外留意并进行认真考察。过去,有关曹操删减《孙子》篇目的说法长期流行,一度导致有人认为《孙子》十三篇就是曹操的著述。③如果删减篇目的说法可以成立,曹操无疑可以拥有十三篇的著作权,至少是部分著作权。曹操是著名军事家、政治家,行事著文都极有主见,如果删减篇目之说成立,那么经他删减之后的"十三篇"还是不是先秦时期的那"十三篇",不免要打上一个大大的问号。

(三)曹注之价值

愚见认为,曹操既不是注解《孙子》第一人,更没有对《孙子》做过删减篇目之类"贡献",但还是要看到曹操对于《孙子》流传所起到的作用,承认曹注的内在价值。

曹操用"略解"来为自己的著作命名,所针对的是那些烦富之"训说"。至于是哪些训说烦富,曹操并没有说明,是否与银雀山出土简文类似,我们也无从知晓。郑良树曾对曹注和《四变》进行过比较,发现二者注释方式存

①《魏武帝注孙子》尚有一题曰《孙子略解》。参见于汝波主编:《孙子学文献提要》,军事科学出版社,1994年,第10页。
②《魏武帝注孙子·序》,清平津馆刊顾千里摹本。
③朱伯隆:《〈孙子〉十三篇作者问题的商榷》,载《华东师大学报(人文社会科学版)》,1964年第2期。

在很大不同,因此认为曹操似乎没有读过《四变》这篇文章。[1]我们认为,郑良树所做比较很有意义,但这一推测之论尚嫌大胆。从曹操自序可以看出,曹操注解《孙子》时抱定主意要和前贤决裂,与那些烦富之训说告别,其注解文字怎么可能会与《四变》等文存在共同点?既然如此,判定曹操没有读过《四变》之类文字,证据尚嫌不足。

我们认为,简文《黄帝伐赤帝》是专就《孙子·行军篇》中"黄帝之所以胜四帝"一句所作注解,不仅文字烦富,而且带有浓厚的兵阴阳色彩,与主张"不可取于鬼神"和"必取于人"[2]的孙子在思想主张上背道而驰。这样的注解方式,一定也会被曹操所抛弃。曹操一定读过大量与银雀山竹简文字类似的烦富而不得要领的注解文字,因此决定改用另一种方式,也即"略解",来重新注解《孙子》。

与银雀山出土的注解文字相比,曹注"简略"的特点彰显无遗。"略"有"略"的优势,比如包容性强,同时也因文字较少而节省纸墨。在印刷术发明以前,书籍基本都是写本,依靠手抄实现流传。与那些篇卷山积而且气势宏大的著作相比,《略解》自然占有着抄写上的优势。在特定的历史时期,便可在书籍流传上占据独特优势。曹注得以广泛长久流传,除了自身文辞优美,和蕴含其多年御军经验,"对十三篇多有发挥"[3]等因素之外,简明质切也是其中关键。尤其重要的是,曹注中没有简文《黄帝伐赤帝》这样荒诞不经的兵阴阳思想,与兵阴阳家彻底划清了界限,这一点也与孙子一脉相承,难怪他能获得诸葛亮"用兵仿佛孙、吴"[4]之类的评价。

曹注《孙子》在历史上一直备受重视并流传至今,其价值是多方面的。

第一,曹注《孙子》具有重要的文献学价值。杨丙安曾经指出,在宋代以前《孙子》主要是靠曹注流传的。[5]李零也认为,我们现在所看到的《孙子》其实就是靠曹操传下来的本子。[6]曹操注语中也保存了一些古本信息。比如十一家注本《九变篇》有曹操按语:"九变,一云五变。"[7]这些文字为我们

[1]郑良树:《论银雀山出土〈孙子〉佚文》,载《竹简帛书论文集》,中华书局,1982年,第87—100页。
[2]《孙子·用间篇》。
[3]杨丙安:《十一家注孙子校理》,中华书局,1999年,第10页。
[4]《诸葛亮集·后出师表》。
[5]杨炳安、陈彭:《孙子兵学源流述略》,载《文史》第二十七辑,中华书局,1986年。
[6]李零:《兵以诈立——我读〈孙子〉》,中华书局,2006年,第16页。
[7]杨丙安:《十一家注孙子校理》,中华书局,1999年,第177页。经查,武经各本和曹注本(清平津馆刊顾千里摹本)都没有这一句。也怀疑此句系他人所为。

提供了古本《孙子》的情况,显得弥足珍贵。有人说,曹操所见本当是刘向当年组织编订的本子,[①]这样的说法似乎缺少证据支持。从前引曹操校语可以看出,其所见本并不单一。不管如何,曹操因为其特殊地位,比普通人更有条件看到一些珍贵版本,可以得到相当不错的传本,通过他注解之后的传本理应受到重视。

第二,曹注抛弃了那种烦富的注解方式,使得《孙子》的注解文字一举变得简洁明了。曹操一生戎马,喜读兵书,他见过和读过多少烦富的《孙子》注解文本,已经无从考证。我们所能知道的是,曹注既出,那些"烦富"和"失其旨要"的注本就此纷纷与世人告别。这也说明曹注影响之大,证明曹注是受到普遍欢迎的一种注本。

第三,曹注发凡起例,对后世注家起到了引导作用。曹操虽不是第一个为《孙子》作注之人,但他很可能是第一个系统注解《孙子》之人。后起之注家,有不少都是在为曹注作疏证。从《十一家注孙子》中,也可以看出这一情形。比如就《计篇》"亲而离之"一语,曹操注曰:"以间离之。"李筌则注曰:"破其行约,间其君臣,而后攻也……"王皙注曰:"敌相亲,当以计谋离间之。"从总体上来看,李、王等人的注解文字都可视为曹注之疏解。曹操注《孙子》时充分结合自己指挥作战的经验,要言不烦地把他统一北方的功业,通过注《孙子》的方式展现给后人,这些既是珍贵的史料,同时也开启了征引战例注解《孙子》的风气。

第四,曹注简古的注释语言,为我们搭建了一座与更加古朴的《孙子》之间沟通和对话的桥梁。就时间跨度而言,曹注毕竟要比唐宋以下注家去古更近,在很多时候都可以为我们理解《孙子》原意提供帮助。

总之,曹注的价值是多方面的,故而才会备受重视。在宋代,包括《孙子》在内的七种兵书被立为兵经,习称《武经七书》。这七书中,其他六书皆用白文,而《孙子》则留有曹注。由此可见,曹注《孙子》一度变相取得与兵经相等之地位。

当然,如果我们说曹注一定就是最好的一家,就需要展开进一步的讨论。事实上,历史上就有不少学者非常计较曹注"失之过简"的缺点。在

---

①吴九龙:《简本与传本〈孙子兵法〉比较研究》,载《孙子新探——中外学者论孙子》,解放军出版社,1990年。当然,从作者所用词语"当",也可以看出他也是推测之词。

《十一家注孙子》中，我们可以看到李筌、梅尧臣等后起注家纷纷指出曹注之缺失。由于曹注惜墨如金，过于简洁，有时不能起到注解作用。比如对《谋攻篇》"上兵伐谋，其次伐交"中"伐交"一词，曹操曰"交，将合也"，由于过于简略，人们对"伐交"一词终是不能理解，直接导致了李筌以下唐宋注家的误解。从李筌到杜牧再到孟氏，大多把"伐交"解释为"外交战"，其实是不对的。这种影响一直持续到今天，人们大多望文生义，把"交"解释为"外交"。其实，"交"的本意应该是"两军对峙示威"。[①]正是由于曹注过于简略，故而引起诸多歧义。此外，曹注虽用字极省，但还是有一些文字只是在《孙子》原话上套来套去，甚至不如《孙子》原文浅显明白，没有什么价值。比如他对《势篇》"以利动之"注曰"以利动敌"，这二者之间几乎没有差别，更像是做了一次文字游戏。

当然，与曹注所存缺陷相比，其积极意义更应受到重视。我们今天研读《孙子》时，曹注仍具有无可替代之作用。

第二节　《孙子》在《汉书》的著录[②]

历史上，包括今天的学界，大多认为《孙子》著录于《汉书·艺文志·兵书略》，也即《吴孙子兵法》八十二篇，图九卷"。但众所周知的是，传本《孙子》只有十三篇，不仅与八十二篇的规模差距太大，更没有九卷的图谱。《吴孙子兵法》和《孙子》是否果为一种书，不能不让人心生疑窦。从前面的分析可以得知，《孙子》一直是以十三篇的规模在流传，没有理由忽然出现一个八十二篇的《孙子》。因此，《孙子》在《汉书·艺文志》的著录情况也是一个亟待解开的谜团。

（一）误书的可能

汉代有两大著作为后人所推重，其一为司马迁的《史记》，其二则为刘歆

---

① 黄朴民：《〈孙子兵法〉解读》，中国人民大学出版社，2008年，第77页。
② 这部分文字曾先期发表，收入本书时有部分修改。参见拙文：《〈孙子〉著录考》，载《军事历史》，2010年第5期。

的《七略》。遗憾的是,《七略》这本书大约在唐末五代的乱世亡佚。[1]一般认为,《汉书·艺文志》基本保存了《七略》原貌。但说到底,班固毕竟还是对《七略》做过改动,具体到某书某典时,难免会出现差异。

我们怀疑《孙子》就存有著录问题。《史记》记载《孙子》为十三篇,而《汉书·艺文志·兵书略》中著录"《吴孙子兵法》八十二篇",与其相比,篇目数相差太大。同为良史,为什么两部书会在《孙子》篇目数的记载上出现如此之大的出入?"国之大事,在祀与戎"[2],汉代政府一向重视兵书,曾三次下令收集整理兵书,对于《孙子》这样一部重要的兵书,政府应当会谨慎保管,应该不会坐视《孙子》的篇目数随意增长,也就是说,《孙子》不大可能会从"十三篇"忽然膨胀为"八十二篇"。

汉成帝时曾下令收集整理兵书,这是汉代第三次大规模收集兵书。《汉书·艺文志》载:"至成帝时,以书颇散亡,使谒者陈农求遗书于天下,诏光禄大夫刘向校经传诸子诗赋,步兵校尉任宏校兵书,太史令尹咸校数术,侍医李柱国校方技。"从这段话可以看出,第一,政府所求只为"遗书",对那些散佚之书格外重视;第二,政府在访书的同时,也会对民间所献之书详加审查,因而会下令让任宏担任校理兵书的任务。《孙子》既然已是著名兵书,其篇目数当为世人所熟知,甚至也为远在西域人士所知悉,任宏既然被选定担任校书工作,一定也是兵学专家,不会不知道《孙子》既有篇目数,更不会随意做出改动。《孙子》十三篇在这期间,不应当忽然出现篇目数的大幅增加。

按照常理,作为一部受到高度关注的重要兵书,《孙子》十三篇在《七略》或《别录》中都应该会有著录。可是,按照旧有之习惯说法,我们却只能从中找到八十二篇的《吴孙子兵法》。《兵书略》中始终难以找到《孙子》十三篇的踪迹。那么,从汉初开始便一直言之凿凿的这十三篇兵法为何会忽然人间蒸发?要想回答这个问题,我们还是应该去《汉书·艺文志》中寻找答案,因为此书被认为大致保留了《七略》的原貌。

翻检《汉书·艺文志》,我们可以赫然看到《诸子略·道家》著录有"《孙子》十六篇",并且还有班固注语"六国时"。前人似乎对这条著录多有忽视,或是仅从班固"六国时"的注语出发,认为该书与《孙子》无关,或者是一

---

[1]《七略》在《隋书·经籍志》尚有记载,可知其时尚未亡佚。今天的学者多认为其亡佚时间当在唐末。详参姚振宗辑佚《七略别录佚文·七略佚文》邓骏捷序,上海古籍出版社,2008年。
[2]《左传·成公十三年》。

部久已亡佚之书。①殊不知这其实非常轻率。此处所录"《孙子》十六篇"不一定如他们所说果为亡佚之书，恰恰相反，它倒很有可能正是大家所熟知的《孙子》十三篇。我们都知道，《孙子》成书问题本来就聚讼不已，自南宋至当代，不断有学者怀疑《史记》的有关记载，进而认为《孙子》成书年代就是六国时。②如果按照他们的说法，《汉书·艺文志》所提供的"六国时"这一信息，本可提示人们更加注意"《孙子》十六篇"与传本"《孙子》十三篇"的密切关系。

　　历史上似乎只有宋代学者章如愚注意到这个"《孙子》十六篇"。在他看来，《汉书·艺文志·诸子略》所著录的"《孙子》""十六篇"正是孙武的著作。在所著《群书考索》中，章如愚留下这样一段话：孙子武，齐人也，以兵法见于吴王阖闾（《史记》），作《孙子》十六篇（《艺文志》）。③我们虽无从知晓章氏立论依据，但至少也能由此而重新思考《孙子》十三篇在《汉书·艺文志》中的著录问题，进而对"《吴孙子兵法》八十二篇"重新审视，也对"《吴孙子兵法》八十二篇""《孙子》十六篇"和"《孙子》十三篇"的关系重新估量。相比"八十二"，显然是"十六"这个数与"十三"更为接近，但它们之间毕竟还存有差异。那么，传本"《孙子》十三篇"为何忽然之间变成"《孙子》十六篇"呢？我们还应继续探寻下去。

　　过去的校勘学家经常会说到"形近而误例"，那么"三"和"六"之间有无这种形近致误的可能性呢？笔者认为，也存在。至少，在汉代隶书的写法中，"三"和"六"在字形上颇为接近，不排除发生形误的可能。

　　在殷商文字系统中，"三"已写作𝌀④，已经非常接近汉代隶书的写法，此后的字形演进过程中，一直变化不大。"六"早期写为𝌁，后来写成𝌂，又写成𝌃，有一个"增线条"⑤的过程，在转换为隶书的过程中，又经历了"拆开字头为点"⑥的变化。众所周知，在隶书的书写习惯中，点，尤其是每字起

---

① 详参张舜徽：《汉书艺文志通释》，湖北教育出版社，1990年，第146页。顾实说，班注云六国时，则非兵权谋家之吴、齐二孙子也，所以他比较肯定地说该书亡佚，可惜立论的基础就是班固的三个字，怕是不可靠（参见顾实《汉书艺文志讲疏》，上海古籍出版社，1987年，第125页）。

② 今人齐思和认为《孙子》是战国中晚期作品（详见齐思和：《中国史探研》，中华书局，1981年，第225页）。

③《群书考索》卷十。

④ 张素凤：《古汉字结构变化研究》，中华书局，2008年，第251页。

⑤ 张素凤：《古汉字结构变化研究》，中华书局，2008年，第302页。

⑥ 赵平安：《隶变研究》，河北大学出版社，2009年，第59页。

笔的点,书写时往往变为横,因此"六"习惯写为"",已和""非常形似。"六"的这种字形演变,也可从汉简或帛书中看出清晰的轨迹。银雀山汉简中,"六"也写作""或"",已经发生"拆开字头为点"的变化。马王堆帛书中,"六"写成""或"",更多地将点写为横。在碑刻中也有类似写法,如《安阳正直残石》等。①众所周知,隶书是汉代通行字体。隶书的横划在书写时有"蚕头燕尾"的特征。按照这种书写方法,如果行笔动作稍快,或者墨迹稍有漫漶,"三""六"之间就非常容易产生形近讹误。汉代书籍多书于简帛,"变点为横"的写法更为常见。"三"的最后一横如果稍有漫漶,则很容易会被错认为"六",那么"十三篇"实则很容易会被误写为"十六篇"。如果抄书之人面对排山倒海之书,则更容易发生误书情况,并且也会对此疏于校正。如此说来,《汉书·艺文志·诸子略》中所著录"《孙子》十六篇",则很有可能是由"《孙子》十三篇"形误而成。

为了进一步说明这种"形近而误例",我们不妨再举出余嘉锡在《古书通例》中两次引用《汉书·艺文志·兵书略》"《吴孙子兵法》八十二篇"所发生的笔误。其一是在《案著录》,误为"《吴孙子兵法》二十八篇",其二是在《论编次》,误为"《孙子兵法》八十三篇"。②"八十二"能误写为"二十八"或"八十三",余嘉锡这样的饱学之士仍是难免,似乎很能说明"形近而误例"很容易发生。余书所出错误本应得到纠正,否则后人面对是书一定又会心生疑窦,以为哪里又出现一种新版《孙子》,乃至在篇目数上又发生变化。

从以上分析可以看出,我们似不可将《汉书·艺文志·诸子略》所录"《孙子》十六篇"轻易与"《孙子》十三篇"划清界限。书名相同,"三"和"六"之间很容易发生形误,"《孙子》十三篇"在《汉书·艺文志》中无从找到踪迹,那么我们似乎只能认为,《诸子略》所录"《孙子》十六篇"本为"《孙子》十三篇",只是其间发生误书而已。虽说著录于《诸子略》,而非《兵书略》,虽被当成道家之书,而非兵家之书,但相比"八十二篇"和"图九卷"之类著录,这"《孙子》十六篇"无疑显得更为靠谱。

①刘学武主编:《隶书大字典》,商务印书馆,第2018年,457—458页。
②余嘉锡:《古书通例》,中华书局,2007年,分见第229、276页。笔者翻检1985年上海古籍出版社《古书通例》,发现有关错误和中华书局是一致的,分见是书第49页和106页。

(二)学派分类考察

《孙子》何以会被作为道家之书著录在《诸子略》，我们应当考察汉代学术分类的实际情形，包括刘氏父子"辨章学术"等举措。长期以来，我们似乎被他们所定条条框框束缚，习惯认《孙子》为兵书，先入为主地对《孙子》预先有所判断，故而才会习惯于在《汉书·艺文志·兵书略》中寻找《孙子》，这就只能找到《吴孙子兵法》八十二篇，反倒对著录于《诸子略》的"《孙子》十六篇"有所忽视。

先秦时期学术思想已显盛大气象，我们可从《汉书·艺文志》得窥端倪。根据《汉书·艺文志》的著录，先秦诸子凡79家，1243篇。在《荀子·非十二子》和《庄子·天下》中，我们可以看到荀子和庄子曾先后尝试对其中相近学术流派进行归类。到了汉代，司马谈父子和刘氏父子对先秦诸子又进行了如阴阳、儒、墨、名、法、道、纵横等"九流十家"的划分。因为有班固的沿袭，这"九流十家"渐渐成为学术界所习惯沿用的分类方法。但是这"九流十家"中，只有儒、墨才是先秦固有流派，其他诸家，包括称谓在内，都有若干争议。胡适就曾表示："我不承认古代有什么道家、法家、名家的名称。"[1]任继愈等学者也表达了类似观点。[2]显然，一面是盛赞其繁盛和博大，一面却又简单地对其进行条贯和归类，这本身就于逻辑不合，费力而不讨好。

当然，这只是就诸子而言。在刘氏父子所搭建的学术体系中，"诸子略"只是七略之一，"兵书略"则是与"诸子略"及"六艺略""诗赋略""数术略""方技略"和"辑略"等，一起构成"七略"。在这样的学术分类体系之中，兵学及兵书地位颇高，多少体现出汉代对于兵学的重视。当然，这种分类体系中，并不能完全避免交叉和重叠之弊。比如"六艺"是儒家经典，但又不能涵盖全部儒家著作，只能将很多儒家经典列入"诸子略"，在"诸子略"中再设"儒家类"。这显然是一种无奈之举，也显出交叉重叠的弊端。说到底，这毕

---

①《胡适学术文集》，中华书局，1992年，第5页。

②任继愈认为，先秦哲学无六家。详见任继愈：《先秦哲学无六家》，载《文汇报》，1963年5月21日。收在《任继愈自选集》，重庆出版社，2000年，第112页。胡适和任继愈的观点受到不少人欢迎，尤其是西方人的欢迎，如Kidder Smith。详见李零：《简帛古书与学术源流》，生活·读书·新知三联书店，2004年，第292页。受欢迎或许是因为，人们渐渐觉得"九流"或"十家"不一定能够对繁荣的先秦学术进行概括。李锐甚至认为，"九流"或"六家"的分类，是虚幻的历史构建，需要立即跳出。详见李锐：《九流：从创建的目录名称到虚幻的历史事实》，载《文史哲》，2004年第4期。

竟是人为地就古代学术进行条条框框的分类。

刘氏父子"辨章学术、考镜源流"可谓多劳多力，但他们的这些工作还是遭人质疑，更可惜的是，其著述先后亡佚。历史上，曾经有多位学人一直在尝试恢复《七略》及《七略别录》的原貌，也曾先后产生了多个辑本。比如洪颐煊《问经堂丛书》本、严可均《全汉文》本、马国翰《玉函山房辑佚书》本、姚振宗《师石山房丛书》本等。就辑得佚文数量而言，似以清代姚振宗辑本为佳，其他辑本均难望其项背。当然，就具体书目而言，辑佚家也会有认识不一之处，需要多加关注。比如"《孙子》十六篇"一条，马氏入道家，严氏列兵家，姚氏则从严氏列入兵家。[①]之所以会出现认识不一、难以取舍的矛盾，多少也是因为受到汉人学术分类的条条框框束缚。不管如何，"《孙子》十六篇"不能简单判定为亡佚之书。在汉代人眼里，既是一部道家之书，同时也是一部论兵之作，而且正是《兵书略》中苦寻而不得的那个《孙子》十三篇。

众所周知，今本《孙子》属坐而论道之作，其中的主要内容都是在讨论战略战术和诡道之法。就这一点而言，它和《老子》很可一比。《孙子》的主要思想和道家，比如《老子》等，有着千丝万缕的联系。作为道家之书的《老子》，在不少人眼里也是兵书。比如王真就说过："五千言(指《老子》)……未尝有一章不属意于兵也。"[②]《孙子》与《老子》究竟孰先孰后，学术界尚且没有定论，但二者之间存有很多共性，这一点已成为不少学者之共识。李泽厚就曾指出："《老子》确有多处直接讲兵，有些话好像是《孙子兵法》的直接延伸。"[③]

孙、老之间存有差别，一般公认《老子》是主张"柔弱胜刚强"，《孙子》则主张实力至上。但是，二书的相似性也在在皆是。比如就"以正治国，以奇用兵"认识而言，二者是完全一致的。再如对"水"的推崇，二者也有相似之处。孙子多次提及"水"，如"积水""激水"等，还以"兵形象水"论证兵势的无常和神秘莫测。[④]老子不仅认为"上善若水"[⑤]，还在论争胜谋略时以水为喻，赞扬水所具备的优势："天下莫柔弱于水，而攻坚强者莫之能胜。"[⑥]就战

---

①参见姚振宗辑佚，邓骏捷校理：《七略别录佚文》，上海古籍出版社，2008年，第74页。

②《道德真经论兵要义述·叙表》。

③李泽厚：《孙老韩合说》，收入所著《中国古代思想史论》，人民出版社，1985年。

④《孙子·虚实篇》。

⑤《老子·第八章》。

⑥《老子·第七十八章》。

争观而言,孙子主张"上兵伐谋"和"不战而屈人之兵"[①],老子则主张"善为士者不武,善战者不怒"[②],在思想方法上较为接近。如果将《孙子》和《老子》的部分章节进行对比,更可看出其中的相似性:

《孙子·计篇》	《老子·第三十六章》
利而诱之,乱而取之,	将欲歙之,必固张之;
实而备之,强而避之,	将欲弱之,必固强之;
怒而挠之,卑而骄之,	将欲废之,必固举之;
佚而劳之,亲而离之。	将欲取之,必固与之。

从上表不难看出二者在语言风格和主体思想上的一致性。孙子"诡道十二法"的核心要义是通过"能而示之不能"等达成"攻其无备,出其不意"的效果。老子的示弱处柔等思想方法,与其几无差别。

道家和兵家之间的密切关系,今人姜国柱曾著有数十万言的《道家与兵家》,论证颇详,兹不赘述。[③]认定《老子》较《孙子》早出的学者,同样注意到二者之间的共性。任继愈认为:《孙子》的很多思想,尤其是辩证法思想,是从《老子》处继承而来。[④]《孙子》虽为兵家,著录于道家,也并非没有可能。清代郑达和孙星衍等正是在"道藏"中找到宋本十一家注《孙子》。据杨丙安介绍,郑达是较早重视十一家注本《孙子》的清代学者,而郑氏所见本就是来自"淮阴道藏"。[⑤]此外,孙星衍也是从"道藏"中发现了《孙子》。他在《孙子兵法·序》中指出:"曩,予游关中,读华阴岳庙道藏,见有此书……"[⑥]从中可以看出,《孙子》在不少人眼中,本为一部道家之书。

在汉朝立国之初,统治者一度因重视黄老之学而恢复了经济,缓和了社会矛盾,并就此逐步走向强盛。因此,学术界和思想界同样重视黄老思想。从司马谈《论六家要指》中我们可以看出,他有推崇道家的倾向,并将他认为的美好事物都归于道家。这多少能反映出当时的学人试图与时俱进的情形。既然如此,《孙子》作为先秦时期产生的最重要兵书——所谓"前《孙子》

①《孙子·谋攻篇》。
②《老子·第六十八章》。
③西苑出版社,1998年。
④任继愈主编:《中国哲学史》,人民出版社,1963年,第132页。
⑤参见杨丙安:《十一家注孙子校理》,中华书局,1999年,第9页。
⑥《孙子十家注》,《诸子集成》(六),中华书局,1996年,第1页。

者,《孙子》不遗;后《孙子》者,不能遗《孙子》"①的重要著作,被他们著录为道家之书并不奇怪。这也多少能反映出当时的人们对于《孙子》的认识和态度。

与《孙子》有过类似境况的著作,还有《伊尹》《太公》《老子》《管子》等。《管子》在《汉书·艺文志》中被著录为道家,但在姚辑《七略》中被著录为兵书,②而这正和银雀山出土文献保持一致。黎翔凤指出,从1972年银雀山的汉墓出土文献可知,在汉代,《管子》曾与《孙子》《六韬》等一起被视为兵书,因而才会在临沂的同一处墓葬中出土。③可知兵书被著录为道家之书,在当时并非个案。《伊尹》《太公》和《管子》,都因为同样道理被同时著录于道家和兵家。

章学诚曾总结《汉书·艺文志》中存在"互著例"④,而且重复互著之书多达十例,尤以兵书为多。这种重复互著情况,既和特定的学术背景有关,也可以见出刘氏父子辨章学术时难以拿捏标准的矛盾。东汉时期的班固试图克服这一现象。据班固自注,他曾经"省《伊尹》《太公》《管子》《孙卿子》《鹖冠子》《苏子》《蒯通》《淮南王》二百五十九种,出《司马法》入礼"⑤,这其实就是努力消除重复著录之举。当然,班固所谓"省"法,同样有学术背景作祟。其时儒家已取得独尊之势,他才会做出如此调整和修改。而班固自注,成为姚振宗等人辑佚的主要根据。从班固自注和众多辑佚作品可以看出,在《七略》中道家和兵家确实存在"互著"情况。

从班固自注中我们还可以看到,"《孙子》十三篇"并不在其省删之列,这部书在《七略》中并没有著录于《兵书略》,而是另有他处。那么究竟在何处呢?笔者认为应著录于《诸子略》,正是一直被我们忽视的"《孙子》十六篇"。而这,正好有姚振宗辑佚本为我们作证。如前所述,在姚辑《七略别录》中,"《孙子》十六篇"被著录为兵书。班固在《汉书·艺文志·兵书略》中还提供这样一个信息:"省十家二百七十一篇,重。"我们由此可以推断,"《吴孙子兵法》八十二篇"和"《孙子》十三篇"显然为两种不同之书,"《孙

---

① [明]茅元仪:《武备志·兵诀评》。
② 详见姚振宗:《七略佚文》,上海古籍出版社,2008年,第166页。是书著录《管子》为《筦子》,八十六篇的篇目数则与传本《管子》一致。
③ 参见黎翔凤:《管子校注·序》,中华书局,2009年,第35页。
④ 《校雠通义·互著》。
⑤ 《汉书·艺文志·兵书略·兵权谋》。

子》十三篇"也不曾因为和他书重复而被删除。那么它更有可能是著录于《诸子略》的"《孙子》十六篇"。

如果对秦汉之际出现的《吕氏春秋》《淮南子》等书进行考察,我们就会发现,其时存在着一种学术思想在尖锐对峙与排斥中悄然走向整合与兼容的倾向。①当这种整合刚刚完成之际,恰好有汉人为总结前朝学术,强为之分,这就必然会出现令人无所适从的情况。从《七略》到《汉书·艺文志》,子书和兵书以及道家之书的著录,整体显出混杂局面。既然如此,"《孙子》十三篇"或"十六篇"虽是兵家,却被著录为道家,本该出现在《兵书略》,却出现在《诸子略》,也是情有可原。

(三)《孙子》与《吴孙子兵法》

根据以上分析我们认为,《汉书·艺文志》或《七略·诸子略》中的"《孙子》十六篇"不应被我们忽视,它很可能就是今本"《孙子》十三篇"。银雀山竹简为我们思考这个问题提供了新的线索。"《吴孙子兵法》八十二篇"是《孙子》早期著录的这一说法理应得到修正。"《孙子》十六篇"和"《孙子》十三篇"书名相同,篇目数略有差异,而且这种差异极有可能是传抄过程中因形近而致误,"十六篇"其实就是"十三篇"。

愚见认为,"《吴孙子兵法》八十二篇"和"《孙子》十三篇"是两种完全不同的书。《汉书·艺文志》中,《吴孙子兵法》著录于《兵书略》,被定格为"兵权谋家"一途。就"兵权谋"而言,《汉书·艺文志》定义为:"以正守国,以奇用兵,先计而后战,兼形势,包阴阳,用技巧者也。"按照这一定义,《吴孙子兵法》在思想内容上无所不包,对除兵权谋之外的其他三家,即兵形势、兵技巧、兵阴阳,均有涉及。然而,传本《孙子》并不符合这一定义。这十三篇兵法多为坐而论道,而且坚持"不可取于鬼神"和"必取于人"②,与"假鬼神而为助"③的兵阴阳家背道而驰。在今本《孙子》中,我们看不到兵阴阳和神鬼论,④同样也看不到"兵技巧",更不要说图谱之类。

---

①彭林、黄朴民:《中国思想史参考资料集·先秦至魏晋南北朝卷》,清华大学出版社,2005年,第133页。
②《孙子·用间篇》。
③《汉书·艺文志·兵书略》。
④李零认为,今本《孙子》只是"包含有若干兵阴阳家说的痕迹"。参见李零:《吴孙子发微》,中华书局,1997年,第15页。据李零的考察,这些痕迹就是存在于《行军》等篇的一些只言片语。参见李零:《读〈孙子〉札记》,载《孙子新探——中外学者论孙子》,解放军出版社,1990年。

有学者认为,《吴孙子兵法》系《孙子》十三篇增广而成。银雀山竹简,尤其是几篇《孙子》佚文的出土,令不少专家自信地推断,《孙子》十三篇确系《吴孙子兵法》八十二篇的一个组成部分。[①]在他们看来,类似《吴问》和《四变》这样的简文可能曾有很多,只是先后都已亡佚。这种解释貌似有理,但并非无懈可击。毕竟银雀山出土竹简只为我们提供了五篇佚文,与"八十二"这个篇目数字相比,还是显得太少。我们还可以到哪里去找到其余篇章呢?

银雀山竹简告诉我们,《孙子》十三篇早就作为定本在流传,在西汉中前期仍是保持十三篇的规模在流传,不应忽然出现八十二篇的《孙子》。有关《吴孙子兵法》,我们所知信息很少。它既不见诸先秦古籍,却又赶上《七略》的著录,而且早早亡佚,给我们的判断和认知带来了困难。这八十二篇的《吴孙子兵法》也有可能是汉人将一些托名孙子的兵书合并、杂凑而成。这种拼凑行为的发生,很可能和汉代几次整理兵书有着直接联系。孙子在齐地出生,但建功立业都在吴国,也正是这个原因,书中体现出较为浓厚的吴文化特征。[②]汉代人也许看到孙子与吴国的密切关系,故而将托名孙子的兵书进行归类和合并,这才有了八十二篇的《吴孙子兵法》。书中具体包含哪些内容,我们只能从班固寥寥数语中怀想。至于该书作者是谁,已经无从查考了。

总之,这八十二篇的《吴孙子兵法》是给我们造成巨大困惑的一部兵书。它和《孙子》十三篇可能确有某种联系,但也可能不是我们想象得那样密切。对于这部早早亡佚的兵书,人们存在着许多的误解,甚至误认为是《孙子》十三篇的祖本。

---

①这似乎是学术界比较通行的说法。参李零:《〈孙子〉篇题木牍初论》,载《文史》第十七辑,中华书局,1983年;吴如嵩、魏鸿:《汉简两〈孙子〉与〈孙子兵法〉研究》,载《军事历史》,2002年第1期。
②黄朴民、宋培基:《〈孙子兵法〉的吴文化特征》,载《光明日报》,2006年5月9日。

第五章　简本传本异文比较

简本《孙子》的主体内容与今本大致相同,但二者之间也存在着不少文字差异。根据吴九龙的考察,简本和传本在文字和文义方面的差异多达三百余处。①如何看待这些异文情况,它们究竟是如何产生的,如何通过异文来衡量简本的文献学价值,都是我们进行版本研究时无法回避的论题。因此,我们选取其中具有代表性的异文,进行初步的比较和分析。

第一节　传本优于简本举证

传本优于简本之处在在皆是,下面按照传本篇次,选取其中主要异文进行分析。所列词句,传本除特别出注说明之外均出自十一家注本,简称"传",简本则依据银雀山竹简整理小组的成果,简称"简"。

(一)脱衍

简本或存脱衍而不如传本,而且不在少数。

第一例出自《计篇》。

　　传:天者,阴阳、寒暑、时制也。

　　简:天者,阴阳寒暑时制也,顺逆,兵胜也。

与传本相比,简本多出"顺逆,兵胜也"一句。王正向认为这一句是和"民弗诡也"相对成文,因此"义胜于传本"②,这一结论其实值得商榷。"顺逆,兵胜也"句式与前一句类似,很像是对"顺逆"的注解。"顺逆"一词的出现,略显突兀,前后也无照应。仅从句式考察,也很难和"民弗诡也"相对成

---

① 吴九龙:《简本与传本〈孙子兵法〉比较研究》,载《孙子新探——中外学者论孙子》,解放军出版社,1990年。

② 王正向:《〈孙子十三篇〉竹简本校理》,军事科学出版社,2009年,第12页。

文。①究竟何为"顺逆"，服部千春解释道："大而言之，可释为战争的义与不义，小而言之，可释为合乎战争规律或不合乎战争规律。"②由此出发，他也判断该句与前后所言"天时地利"不合，疑为衍误。"顺逆"也像是兵阴阳家术语，这与孙子强调"不可取于鬼神"的精神相违背，与传本相比，简本谈不上"义胜"。笔者也认为，简本"顺逆"一句，疑为后人旁注文字衍入。旁注文字的作者，和简文《黄帝伐赤帝》的作者一样，喜爱兵阴阳理论。十一家注中，热衷于兵阴阳的李筌在其注文中写有"应天顺人，因时制敌"一句，③注语不知是针对"顺逆"，还是针对"天"。李筌由于对兵阴阳理论过于热爱，因而对孙子兵学思想有不少曲解。传本因为没有"顺逆"一句，文气更加连贯，较简本为优。

《作战篇》有一处异文，简本似较传本繁芜。

传：凡用兵之法，驰车千驷，革车千乘，带甲十万，千里馈粮，则内外之费，宾客之用，胶漆之材，车甲之奉，日费千金，然后十万之师举矣。

简：凡用兵之法，驰□千驷……【□□□】里而馈糧（粮），则外内……车甲之奉，日□□□内□……

从整理专家所提供释文中，我们看到省略号多次出现，可以想象简本已有不少文字漫漶不可识读。简本可识读文字，主题与传本大致相同，主要是讨论作战之前的物资筹备等。虽说主题相近，文字上仍有较大差别。整理小组指出："简本'内□'与下句'用战'之间空位将近二十字，文字较今本为繁。"④这空位中到底是哪二十个字，我们已经无从知晓。王正向从《用间篇》找出"内外骚动，怠于道路，不得操事者七十万家"一句，又删除其中"怠于道路"四字，以此补齐了所缺之字，巧则巧矣，但终究是缺少根据。而他据此指称传本存在着"文字及义理之误"⑤，也即传本此处有较多脱字，同样不能服人。针对这处异文，笔者相信竹简整理专家的意见——简本文字较今本为繁，只是简本到底衍入哪些文字，暂时无从知晓。

---

①褚良才也认为，仅从句式上看，这一句就不像是正文。参褚良才：《〈孙子〉辨证四则》，《〈孙子〉新论集粹》，长征出版社，1992年。
②［日］服部千春：《孙子兵法校解》，军事科学出版社，1987年，第69页。
③杨丙安：《十一家注孙子校理》，中华书局，1999年，第4页。
④《银雀山汉墓竹简（一）》，文物出版社，1985年，第5页。
⑤王正向：《〈孙子十三篇〉竹简本校理》，军事科学出版社，2009年，第93页。

《形篇》有两处异文,疑简本有脱误。

(一)

　　传:善守者,藏于九地之下;善攻者,动于九天之上。

　　简:昔善守者,臧(藏)九地之下,动九……(甲本)

　　两相对比,传本多出"善攻者"三字。但笔者认为,这并非传本衍,而是简本脱。联系上下文,作者一直从"攻""守"两方对比论述,以探求"因形而错胜"①之法:"不可胜者,守也;可胜者,攻也。守则不足,攻则有余。"虽说传本作"守则不足,攻则有余",简本作"守则有余,攻则不足",但都能保持对仗工整。战争一旦发起,必然存在一攻一守,孙子的"因形而错胜"之法也是从"攻""守"两方面着手。基于同样道理,《虚实篇》中有云:"故善攻者,敌不知其所守;善守者,敌不知其所攻。"故简本只提"善守者",未及"善攻者",疑有脱误。仅从句式考察,也不够完整。王正向认为传本"善攻者"三字系臆增,值得商榷。②吴九龙等认为,简本"疑脱'善攻者'三字",③结论相对可信。

(二)

　　传:不可胜者,守也;可胜者,攻也。

　　简:不可胜,守;可胜,攻也。(甲本)

　　传本保留有整齐的"者也"句式。这一句式,银雀山出土文献中经常使用,简本《孙子》也寻常看见,但《形篇》甲本中,对仗工整的句式受到破坏,只后一句保留一个"也"字。两相对比,以传本为佳。简本的抄写不无荒率之处。

　　《势篇》有一处异文该是简本有脱字。

　　传:激水之疾,至于漂石者,势也。

　　简:水之疾,至……

　　简本无"激"字。愚见以为,此字似不可少。有这个"激"字,才能准确形容水流之情态,能和"势"求得对应。简本少了"激"字,语气和文义均显不足。

---

① 《孙子·虚实篇》。

② 王正向:《〈孙子十三篇〉竹简本校理》,军事科学出版社,2009年,第67页。

③ 吴九龙主编:《孙子校释》,军事科学出版社,1990年,第57页。

《虚实篇》异文中，简本有脱误而较传本逊色。

　　传：守而必固者，守其所不攻也。

　　简：守而必固，守其所□【□□□□□】

简本比传本少"者"字，该为脱误。简本下文为"进而不可御者，冲其虚也"，同样是完整的"……者……也"句式，"守而必固"后也该有"者"字。

　　传：故我欲战，敌虽高垒深沟，不得不与我战者，攻其所必救也。

　　简：……适（敌）不得不【□□□】者，攻其所……

简本有残缺。竹简整理小组认为，疑简本少"虽高垒深沟"一句[1]，简本由此而缺少转折和递进，文气略显不足。两相对照，传本义长，简本疑有脱误。

　　传：故备前则后寡，备后则前寡，备左则右寡，备右则左寡，无所不备，则无所不寡。

　　简：备前……者右寡，无不备者无不寡。

简本比传本字数少。整理小组指出："中间缺五字左右。疑此段简文本作'备前者后寡，备左者右寡'，较十一家本少两句。"[2]传本中，前、后、左、右均有述及，而简本则只述及"前"和"左"（假如整理小组的意见准确无误的话）。两相对比，传本文气更足。"前、后、左、右"均有述及，才能说"无所不备，则无所不寡"或"无不备者无不寡"。故此处异文，简本疑有脱误。

　　传：故兵无常势，水无常形，能因敌变化而取胜者，谓之神。

　　简：兵无成埶（势），无恒刑（形），能与敌化之胃（谓）神。

前一句传本有"水"，简本无"水"，后一句意思相同但表述稍有不同。整理小组认为"此处下文云'能与敌化之谓神'，专就军事而言，'水'字似不当有"[3]，似可商榷。虽则十三篇专论军事，但并不妨碍此处有"水"字存在。《虚实篇》曾数次出现"水"字。所谓"兵形象水"，正是以"水"喻"兵"。简本中，孙子也是以"水"喻"兵"，并有精彩论述："水行辟（避）高而走下，兵胜辟

①《银雀山汉墓竹简(一)》，文物出版社，1985年，第13页。
②《银雀山汉墓竹简(一)》，文物出版社，1985年，第14页。
③《银雀山汉墓竹简(一)》，文物出版社，1985年，第15页。

(避)实击虚。故水因地而制行,兵因敌而制胜。兵无成埶(势)……"作者以"水""兵"对举,错综成文。此句简本忽然缺少"水"字,只剩"兵",疑为脱误。吴九龙和王正向均从简本而删掉"水"字①,值得商榷。

另外,简本《虚实篇》末尾有"神要"二字,传本没有。对此,整理小组指出:"简文此二字上有圆点,疑是本篇之别名。也有可能为读者所记,表示此篇重要。"②《孙子》可能存在同篇异名现象,"神要"二字可能是篇题,也有可能是读者旁记文字,也可能如整理小组所说,是表示此篇重要,或赞叹此篇思想之精深或论述之精妙。简本"神要"二字略显突兀,由于出现在特殊位置,不能排除其作为篇题的可能性。杨炳安认为:"'神要'二字,似觉复坠,且亦不类十三篇文体,或为读者所记。"③

《九变篇》一处异文疑简本有衍误。

> 传:杂于害,而患可解也。
>
> 简:杂于害,故忧患可……

简本和传本连接词不同,一为"而",另一为"故",相差不大。传本"患"字,简本作"忧患",略有差别。笔者认为,简本衍误,"忧"字纯属多余,不要为佳。联系上下文考察,这一句和前句"杂于利,故务可信"相对成文,"患"所对者为"务",如改成"忧患",则对仗失去工整。

《行军篇》有数处异文,显系简本有脱衍之误。

> 传:奔走而陈兵车者,期也。
>
> 简:奔走陈兵者,期也。

与传本相比,简本少连接词"而"。依照古汉语语法,此处应当有"而"字。参考简本上下文,此句群多次使用"而"字,如"辞强而毆(驱)者""杖而立者"等,故此句"而"字不当少。简本疑有脱误,系抄写荒率而致误。

> 传:失众也。
>
> 简:失其众者也。

---

① 分见吴九龙主编《孙子校释》(军事科学出版社,1990年)第103页和王正向《〈孙子十三篇〉竹简本校理》(军事科学出版社,2009年)第173页。
② 《银雀山汉墓竹简(一)》,文物出版社,1985年,第15页。
③ 杨炳安:《孙子会笺》,中州古籍出版社,1986年,第89页。

"其"字可有可无，"者"字需考察。对照简本上下文，该句群基本都用"也"字结尾，而非"者也"，故此处"者"字不当有，疑因抄写荒率而致误。

传：远而挑战者，欲人之进也。

简：敌远□……进者。

对照简本上下文，句群所列考察项皆为敌情，但都无"敌"字，此句忽多出"敌"字，疑为臆增。

传：军行有险阻、潢井、蒹葭、山林、翳荟者，必谨覆索之，此伏奸之所处也。

简：……□葦（苇）、小林、翳洽（荟），可伏匿者，谨复索之，奸之所处也。

简本比传本多出"可伏匿者"一句，疑为旁注文字衍入。此外，传本多一"必"字，语气有所加强，多一"此"字，上下文更加连贯。

传：见利而不进者，劳也。

简：……而不进者，劳拳也。

简本多一"拳"字。"拳"即"倦"，"劳"也有"倦"意。参考上下文"退也""谋也""进也"等，"拳"字应为衍误。

《九地篇》文字最长，异文最多，简本中同样存在不少脱衍情况。

传：其兵不修而戒，不求而得，不约而亲，不令而信。

简：不调而戒，不……

两相对照，简本无"其兵"二字，但前一句"兵士甚陷而不惧，无所往则固，深入则拘，不得已则斗"有"兵士"作为主语，简本少"其兵"二字疑为脱误。

传：投之亡地然后存。

简：芋之亡地然而后存。

"芋"，恐为"据"之借字。古书有"以双声叠韵字代本字例"[1]，故以"芋"代"据"。"据"可解释为"处于"，与"投"字义近。简本中"而"字当为衍字，整

---

①[清]俞樾：《古书疑义举例》卷三。

理小组对此有分析。①不要"而"字,文气更为连贯。

　　传:厉于廊庙之上。

　　简:厉于郎(廊)上。

　　与传本相比,简本缺少"庙之"二字。"郎"与"廊"通,"郎上"即"廊上",但与"庙上"尚且有所区别。《后汉书·申屠刚传》李贤注曰:"廊,殿下屋也;庙,太庙也。"故此,古书多以"廊庙"表示朝廷,"廊庙之计"则指国家大事。《国语·越语下》曰:"夫谋之廊庙,失之中原,其可乎? 王姑勿许也。"《后汉书·循吏列传》曰:"廊庙之宝,弃于沟渠。"《孙子》所看重的也是"庙算",所以此处"庙"字似不可少。简本缺此二字之后,对文义产生较大影响,当为脱误。

　　《用间篇》有一处异文,一般认为是简本有衍误。

　　传:昔殷之兴也,伊挚在夏;周之兴也,吕牙在殷。

　　简:……在夏。周之兴也,吕牙在□【□□□】□衛师比在陉。燕之兴也,苏秦在齐。

　　与传本相比,简本多出两句。这两句介绍了两个间谍,与《用间篇》的主题相吻合。苏秦是至今仍然家喻户晓的人物,但衞师比则史籍无考。由于苏秦所处时代已是战国中晚期,这句话的出现不由得不让人重新思考《孙子》成书年代。齐思和看到竹简此一句后,更坚信《孙子》成书于战国。晚年所编论文集中,他用"燕之兴也,苏秦在齐"一句,为自己早年的"战国成书说"作证。②整理小组认为:"苏秦时代远在孙武之后,简本此数语似可证《孙子》书出于孙武后学之手。或以为此数语当为后人所增,待考。"③这句话对考察《孙子》成书的意义,也为整理小组所察。但是,与这句话相比,数量更大的同期出土文献支持春秋成书说,也和司马迁的记载形成互证。目前学术界主流观点认为苏秦云云系衍文。④联系上下文考察,作者为强调用间重要性,连举四个例证,多少对文气造成伤害。笔者更认同后两句为旁

---

①《银雀山汉墓竹简(一)》,文物出版社,1985年,第25页。

②齐思和:《中国史探研》,中华书局,1981年,第227页。

③《银雀山汉墓竹简(一)》,文物出版社,1985年,第28页。

④详参吴九龙主编:《孙子校释》,军事科学出版社,1990年,第248页;杨炳安:《孙子会笺》,中州古籍出版社,1986年,第208页;李零:《兵以诈立——我读〈孙子〉》,中华书局,2006年,第380页。从李零行文可以看出,他认定该句为衍文的前提是,《孙子》作者就是孙武。而这似乎和他一贯的《孙子》成书于战国的观点形成抵牾。

记文字。也有观点认为,传本"昔殷之兴也,伊挚在夏;周之兴也,吕牙在殷"也是衍文,因为它与《孙子》十三篇舍事而言理的风格相悖。[①]

(二)误书

简本或因字词误书而不如传本,而且这样的例子不在少数。

《形篇》一处异文,疑简本有抄写之误。

  传:故其战胜不忒。

  简:故其胜不贷(忒)。(甲本)

"忒"的意思是"差错"。俞樾说:"古书'忒'字,或以'貳'为之。"[②]而'貳'字,传写过程中也可能会变成"貣",这尚且不会对认读造成困难。但简本用"貸",其简体字为"贷",与前者相比,上部多一个"亻",这当是抄写失误。简本因"贷"字出现,使得整句含义不明。

《势篇》有一处异文也应该是简本存在误书。

  传:以利动之,……

  简:以此动之,……

简本"此"字的指代对象似乎并不明确。王正向认为,"此"当指前面所述"予之""形之"二事,[③]固不无道理,但考虑到后一句有"卒"这样的实词,"此"字无法与之相对成文,而且文气稍欠。传本作"以利动之","利"可与"本"或"卒"对举,意思更为完整,且与孙子功利思想保持一致,故较简本为优。

《虚实篇》简本有数处抄写致误而导致文气欠佳。

  传:退而不可追者,速而不可及也。

  简:……不可止者,远……

简本有部分字迹漫漶,从残存文字来看,简本与传本差别较大。我们姑且对照前后句式将该句模拟为"退而不可止者,远而不可及也",但与上下文联系起来考察,则文义难通,故此处以传本为佳。

---

①黄朴民:《先秦两汉兵学文化研究》,中国人民大学出版社,2010年,第77页。

②[清]俞樾:《古书疑义举例》卷五。

③王正向:《〈孙子十三篇〉竹简本校理》,军事科学出版社,2009年,第54页。

传：能以众击寡者，则吾之所与战者约也。

简：我寡而适（敌）众，能以寡击□……

简本此处略显紊乱，至少"以寡击众"与上文"以十击一"发生矛盾。相比之下，传本显得完整而且连贯。

《行军篇》有一处异文当是简本误书。

传：令之以文，齐之以武。

简：合之以交，济之以……。

简本"齐"与"合"互文，比传本"令"字显然要好。但简本此处写成"交"字，当为误书。传本"文"与"武"互文，简本作"交"则非常费解。《淮南子·兵略训》有引文"是故合之以文"，可与传本求得对应。故简本作"交"，疑系形近致误。

《九地篇》简本也有数处传写之误。

传：率然者，常山之蛇也。

简：衛然者，恒山之……

简本"率"作"衛"，当是抄写之误。这一点，银雀山汉墓竹简整理小组已经指出，[①]可以参看。

传：能愚士卒之耳目，使之无知。

简：……之耳目，使无之。

简本前一句漫漶，从残留字迹来看，与传本相差无几。但后一句则与传本有较大差别。传本作"使之无知"，语义完整，简本作"使无之"则文义不通，且不能和下文耦语"使民无识"求得对应，当为抄写致误。

传：争地，吾将趋其后。

简：争地，吾将使不留。

简本有关"九地"的战法与传本有不少差别，比如传本"交地吾将谨其守"，简本作"交地也，吾将固其結"，传本作"衢地，吾将固其结"，汉简本作"瞿地也，吾将谨其恃"。"結"可能是"结"字的误写，"恃"可能是"守"字之借

① 《银雀山汉墓竹简（一）》，文物出版社，1985年，第23页。

用。简本和传本中，"交地"与"衢地"刚好互乙。有关"争地"，简本和传本完全不同。从曹操注文"利地在前，当速进其后也"一句可以看出，曹操所见本也作"趋其后"。简本"使不留"数字，传本及古籍引文从未见到。仅从字面意思理解，应为"勿使停留"之意，但如此一来则与"轻地"重复。故简本有关"争地"之论，宜从传本。此外，简本尚有一句"□地，吾将趣其后"，其中所缺之字，整理小组认为是"重"，[①]"趣"同"趋"，"趣其后"即"趋其后"，可知传本"趋其后"三字本为简本所固有。王正向曲折维护简本，认为此处系汉人改动[②]，恐难成立。

　　传：兵之情，围则御。

　　简：……侯之请（情），遝则御。

　　简本"侯"上一字已残，似从"言"，疑为"诸"字。"诸侯之情"与"兵之情"比较，显以后者更为简洁。简本"诸侯之情"恐为误写。"遝"，可训"及"。《方言》："遝，及也。"杨炳安说："如依汉简，'及则御'似不可解。"[③]《说文》："遝，合也。"如果按照"合"字解，稍稍接近"围"之意，但相比之下，仍以传本为佳。

　　《火攻篇》有两处异文，该是简本有误。

　　传：凡火攻有五。

　　简：凡攻火有五。

　　传本"火攻"，承后省略"之法"二字，意思是："火攻的方法一共有五种。"但简本作"攻火"，立即导致文气不通，该是抄写致误。

　　传：极其火力。

　　简：极其火央。

　　吴九龙主编《孙子校释》中指出："央，疑读为'殃'。"[④]据此改字则值得商榷。"殃"固然有"尽"之意，但该句前面已有"极"字，似无须在句末再用"央"字。故简本文义稍嫌不通，传本作"极其火力"，则简洁明快。

---

①《银雀山汉墓竹简（一）》，文物出版社，1985年，第24页。

②王正向：《〈孙子十三篇〉竹简本校理》，军事科学出版社，2009年，第249页。

③杨炳安：《孙子会笺》，中州古籍出版社，1986年，第177页。

④吴九龙主编：《孙子校释》，军事科学出版社，1990年，第226页。

（三）字句颠倒

简本中有字句颠倒之处，最明显的一例是出自《用间篇》。

　　传：故用间有五：有因间，有内间，有反间，有死间，有生间。五间俱起，莫知其道，是谓神纪，人君之宝也。乡间者，因其乡人而用之。内间者，因其官人而用之。反间者，因其敌间而用之。死间者，为诳事于外，令吾闻知之，而传于敌间也。生间者，反报也。

　　简：故用间有五：有□间，有内间，有反间，有死间，有生间。【□□□□□】知其【□□□】神纪，人君之葆（宝）也。生间者，反报……乡人而用者也。内间者，因【□□□□】□。反……

传本与简本前面都有"故用间有五"一句，几乎一模一样。传本"因间"，似可校正为"乡间"，①简本所缺之字，也理应为"乡"字。简本先列"五间"之名，次序与传本相同，但接下来论"五间"之含义，则与传本有较大差异，顺序也有不同。传本在列举"五间"后，又论间之重要性，再按"乡间、内间、反间、死间、生间"的顺序，依次展开，次序井然。简本有一些字迹漫漶，"五间"中有"两间"尚不知具体位置，但其余"三间"——生间、乡间和反间，可依稀辨认。从残存墨迹可以看出，简本介绍"五间"之次序，与此前一句对应不上，显得有些杂乱无章。两相对比，以传本为优，"简本当系传抄之误"②。

第二节　简本优于传本举证

经过千年流传之后，传本难免在传写和翻刻过程中出现误书误刻，脱衍等情况也是难免。也就是说，简本也有文字优于传本之处。兹列举其中具有代表性例证予以分析。

（一）脱衍

传本或因脱衍之误而不如简本，《计篇》有3例，《作战篇》有1例。

---

①樱田本、刘寅《孙武子直解》、赵本学《孙子书校解引类》及《戊笈谈兵·孙子》《武经七书合笺·孙子》等，"因"均作"乡"。从该篇上下文考察，"因"也当作"乡"。十一家注本作"因"，当系抄写之误。

②［日］服部千春：《孙子兵法校解》，军事科学出版社，1987年，第234页。

传:兵者,国之大事。

简:兵者,国之大事也。

简本"大事"后面有"也"字,樱田本亦然。传本当为脱误。这一句应该是一句非常简明的"……者……也"句式,传本脱"也"[1],似影响"大事"一词的主体性地位。

传:地者,远近、险易、广狭、死生也。

简:地者,高下广陕(狭)远近险易死生也。

简本不仅多出"高下"一词,"远近""险易"等词语的次序也和传本不同。对于"高下"一词,整理小组认为:"孙子于地形甚重高下,简本义长。"[2]这一见解无疑是正确的,因为孙子进行战术设计时确实重视高下之别。《势篇》说"转圆石于千仞之山",便是借高度造势。孙子认为,如果敌人已经占领高地,就不应派兵仰攻,这便是"高陵勿向"[3]。孙子重视"高下",但传本解释"地"时却完全忽略,疑为脱误。

还有一例,传世各本与简本不同。

传:故可以与之死,可以与之生,而民不畏危。(十一家注本)

　　可与之死,可与之生,而民不畏危也。(武经本)

简:故可与之死,可与之生,民弗诡也。

十一家注本两"可"下皆有"以"字,但武经本及其他各本皆无。简本两"可"下皆无"以"字,与武经本一致。从语法上考察,此"以"字似不必有。简本比十一家注本为优。

传:力屈、财殚,中原内虚于家。

简:屈力中原,内虚于家。

传本比简本多出"财殚"二字。简本出土之前,这二字究竟是与"力屈"连上读,还是与"中原"连下读,历来观点不一。对照简本可以看出,"财殚"更像衍文,疑为解释"力屈"之旁注文字衍入。裘锡圭认为"财殚"二字当

①[日]服部千春:《孙子兵法校解》,军事科学出版社,1987年,第20页。

②《银雀山汉墓竹简(一)》,文物出版社,1985年,第4页。

③《孙子·军争篇》。

删,①杨炳安认为应保留。②在杨炳安看来,"财殚"二字可与上文"屈力殚货"求得对应。如果"财""力"都是就备战而言,意思实则相通。"财"指财力,"屈力"应当可包含"财殚"之意。考察旧注,曹操注语有"财殚"二字,故此处疑传本有衍误,可能系后人"据注语于正文中臆加"③。

《谋攻篇》有一处异文,应该是传本有衍误。

> 传:攻城之法,为不得已。
>
> 简:【攻】城之法。

传本比简本多出"为不得已"四字。古代典籍中,有《艺文类聚》卷六三引文与简本合。从文气上判断,"为不得已"更像是一句旁注文字衍入。《孙子》虽为兵书,但对战争持慎战态度,故于《谋攻篇》大谈攻城之危害。选择攻城战法,一定是出于迫不得已。故"为不得已"一句,非常符合《谋攻篇》主旨,故而误衍正文。

《形篇》有一处异文当是传本既有脱误,又有衍误。

> 传:故善战者之胜也,无智名,无勇功。
>
> 简:故善者之战,无奇【□】,无智名,无勇功。(甲本)

前一句传本作"善战者之胜",简本作"善者之战",此外传本还多出一个"也"字,此"也"字可有可无。接下来,简本多出"无奇胜"。④甲本、乙本两个抄本均有此句,疑传本有脱误。简本因为有此三字而文气更足。

《形篇》还有两处异文,疑传本有衍误。

> 传:故能为胜败之政。
>
> 简:故能为胜败正。(甲本)

传本比简本多出虚词"之"字,看似无关紧要,其实不然。因为其中还牵扯到"正""政"之别,以及对全句文意的理解。这句话,简本甲本完好,乙本略有残缺,但句末"败正"二字尚可识读,可判断甲、乙两本于此处完全一

---

① 裘锡圭:《中国出土古文献十讲》,复旦大学出版社,2004年,第98页。

② 杨炳安:《孙子会笺》,中州古籍出版社,1986年,第27页。

③ [日]服部千春:《孙子兵法校解》,军事科学出版社,1987年,第80页。

④ 这需将简本《形篇》的甲、乙两个本子放在一起比较才能看出。甲本作"无奇□",乙本作"□奇胜",刚好各缺一字。放在一起则可判断所缺之字。

致，简本误抄可能性较小。"正"字有主宰之意，《老子》曰："清净为天下正。"①该"正"字也是此意。整理小组认为："疑后人误读'胜败正'之'正'为'政'，又于'政'上臆加'之'字。"②这个结论可信，传本疑有衍误。

> 传：兵法：一曰度，二曰量，三曰数，四曰称，五曰胜。
>
> 简：法：一曰度，二曰量，三曰数，四曰称，五曰胜。

简本甲、乙两个抄本完全一致，比传本少一个"兵"字。传本"兵"字疑为衍文。简本出土之前，学界一般认为"兵法"即古兵法，此处系作者引用古兵书。随着简本的出土，此说遭到怀疑。钮先钟认为，此语未尝不是孙子之创见。③而且此处所言之"法"，不必视为"兵法"，也可能是一度非常流行的"五行相生相胜之法"。④

《势篇》中，有一处异文可能是传本误书。

> 传：可使必受敌而无败者，奇正是也。
>
> 简：可使毕受适（敌）而无败，□正□。

在《势篇》，孙子首先就"奇正"提出以"无败"作为目标："三军之众，可使必受敌而无败者，奇正是也。"传本作"必受敌"，简本残缺，专家据残存墨迹推断为"毕受敌"。"毕"和"必"，含义不同。"毕"强调的是全体，"必"意为"必定"。从句式考察，作"必定"似与整句不协调。查《十一家注孙子》，王晳认为"'必'当作'毕'"。他究竟是从分析义理得出结论，还是依据可靠版本，我们不得而知。银雀山竹简本显然为王晳立说提供了证据。

《虚实篇》有两处异文疑为传本有脱误。

> 传：故敌佚能劳之，饱能饥之，安能动之，出其所不趋，趋其所不意。
>
> 简：……能劳之，饱能饥之者，出于其所必【□□】。

简本、传本差别较大，句式完全不同。简本中无"安能动之"一句，似以"□能劳之，饱能饥之"和"出于其所必□"共同构成"……者……也"句式。

---

①《老子·第四十五章》。

②《银雀山汉墓竹简（一）》，文物出版社，1985年，第9页。

③钮先钟：《孙子三论：从古兵法到新战略》，广西师范大学出版社，2003年，第44页。

④"五行"问题牵涉到《孙子》成书时代问题，有关讨论可参黄朴民：《五行问题与〈孙子兵法〉》，载《孙子新探——中外学者论孙子》，解放军出版社，1990年，第208页。

整理小组指出:"简文'必'字与下文'行千里'之间仅有三字地位,当无'趋其所不意'一句。"①联系上下文考察,简本"……者……也"句式,可形成前后呼应,相比传本并列句式为好。传本"安能动之"和"趋其所不意",都似衍文。吴九龙等删除后一句、保留前一句的做法,可能仍显保守,②而王正向将两句完全删除,反倒显出合理。③该句句首,王正向在墨迹漫漶之处找出一个"故"字,似受传本影响。联系上下文,考察排比句群可知,这个"故"字破坏了文气。此外,传本作"出其所不趋",简本从"必"字推测当作"出其所必趋",表面看意思完全相反,但于义都通。"出其所不趋"是说攻击敌人根本不及防守之处,或"无法救援之处",④这样则能完全打乱敌方部署,从而达到"佚能劳之、饱能饥之"的效果。如果理解为"攻击敌人不去的地方",则略显机械。笔者认为,传本"出其所不趋"较简本"出其所必趋"义长。《孙子》故本可能作"出其所不趋",这才引出后面"趋其所不意"这句衍文。

　　传:故策之而知得失之计,作之而知动静之理,形之而知死生之地,角之而知有余不足。

　　简:故绩之而知动□……死生之地,计之【□□】得失之□,□之【□□】余不足之□。

　　该句群简本损毁严重,但也能看出其与传本存在较大差异。既存在字词差异,句子顺序也有差别。我们单从简本最末一句可以看出一个"之"字,并且"之"后面还有缺字。由此可知,简本为非常整齐的排比句,而传本止于"不足"二字,其后并无其他文字,破坏了句群的整齐性,疑有脱误。

　　《军争篇》一处异文系传本衍误。

　　传:五十里而争利,则蹶上将军。

　　简:五十里而争利,则厥上将。

　　"厥"与"蹶"通,但传本比简本多出一个"军"字。《史记·孙子吴起列传》

①《银雀山汉墓竹简(一)》,文物出版社,1985年,第13页。
②吴九龙主编:《孙子校释》,军事科学出版社,1990年,第85页。
③王正向:《〈孙子十三篇〉竹简本校理》,军事科学出版社,2009年,第171页。
④黄朴民:《〈孙子兵法〉解读》,中国人民大学出版社,2008年,第135页。《虚实篇》后面一句"守其所不攻也",说的应该是同样的意思。"不攻"并不是说一定就无人进攻。

引文作"百里而趣利者蹶上将"，其中也无"军"字。此外张预注曰"蹶上将，谓前军先行也"，"将"后也无"军"字。传本作"将军"，疑为衍误。

《行军篇》还有一处异文，疑传本衍误。

　　传：半进半退者，诱也。

　　简：半进者，诱也。

传本多出"半退"二字。就战理而言，既然想诱敌深入，又作"半退"状，显然会暴露己方作战意图。故传本有衍误，"半退"二字不要为佳。王正向此处"简文义长"①的判断，较为可信。

由简本异文出发，可以考察武经本或十一家注本的脱衍情况。武经本或十一家注本，都有不如简本之处，二者之间文字也有差别，究竟孰优孰劣，正好可以借简本作评判。

其一来自《行军篇》。

　　传：粟马肉食，军无悬瓵，不返其舍者，穷寇也。（十一家注本）
　　　　杀马肉食者，军无粮也；悬缶不返其舍者，穷寇也。（武经本）

　　简：……瓿（甀）者不反（返）其舍者，穷寇也。

十一家注本和武经本的差别，在简本出土之后可以看得更加清楚。简本和十一家注本更能求得一致，武经本"军无粮也"四字或可判定为衍误，更像是"杀马肉食"一句的注解文字，被后人误抄进入正文。

其二来自《九地篇》。

　　传：帅与之深入诸侯之地，而发其机，焚舟破釜，若驱群羊。（十一家注本）
　　　　帅与之深入诸侯之地，而发其机，若驱群羊。（武经本）

　　简：……入诸侯之地，发其几（机），若毆（驱）群……

十一家注本比武经本多出"焚舟破釜"四字。这一战法，一般认为出自项羽，当它在先秦典籍《孙子》中出现，人们大多习惯判定其为衍文。其实早在春秋时期就有孟明"济河焚舟"之事发生，②"焚舟破釜"四字不能简单判定为项羽所为。简本无此四字，和武经本形成呼应。赵本学、王念孙等将其

①王正向：《〈孙子十三篇〉竹简本校理》，军事科学出版社，2009年，第129页。
②《左传·文公三年》。

判定为衍文,①这一结论在简本出土之后变得更加可信。

(二)误书

《孙子》作为流传千年的兵学经典,传抄刻写过程中难免会出现误笔。简本出土之后,我们有了参考依据,便可发现其中一些误书之例。

《作战篇》一处异文,当系传本抄误。

> 传:车杂而乘之,卒善而养之。
>
> 简:……卒共而养之。

简本有残缺。后面一句,传本"善",简本作"共"。应该看到,"共"可和前一句的"杂"正好是错综成文,显较"善"字为佳。

《虚实篇》中就可以看到两例。

> 传:敌所备者多,则吾所与战者,寡矣。
>
> 简:所备者多,则所战者寡矣。

简本比传本少三个字。传本有"敌""吾"二字,明确了谁是守方谁是攻方,但此二字去掉后,对文义并不构成影响。后一句中的"与"字,则更加可有可无。简本少此三字,显得更为简洁。

> 传:水之形,避高而趋下。
>
> 简:水行,辟(避)高而走下。

此句传本与简本有两处差异。传本"趋",简本作"走",皆通。但传本"形"字,简本作"行",意思有较大差别。无论是"辟(避)高而走下",还是"避高而趋下",都是描绘水的动态特征,即"行"之意。故就义理而言,此句当作"水之行"。传本作"水之形",应为传写之误。

《行军篇》有两处异文当是传本有误。

> 传:兵非益多也。
>
> 简:兵非多益毋。

按照整理小组的释文,该句"益"后还有一个"毋"字。②但此"毋"字更

---

①详参吴九龙主编:《孙子校释》,军事科学出版社,1990年,第203页。
②《银雀山汉墓竹简(一)》,文物出版社,1985年,第18页。

像连下读，而非连上读。而且"毋"字后面是何内容，已无从考察。简本作"兵非多益"，行文简洁，且意思明确。传本作"兵非益多也"，恐有传写之误，意思反而变得晦暗不明。武经本在"非"后又加一个"贵"字，成为"兵非贵益多也"，较诸简本也显冗繁。

《行军篇》有两处异文，当是传本出现误写。

　　　传：上雨，水沫至。

　　　简：上雨水，水流至。

简本比传本多出一个"水"字，但"水流"比"水沫"更佳，传本误写。整理小组认为"疑'沫'为'流'字之形误"[①]，结论可信。

　　　传：令之以文，齐之以武。

　　　简：合之以交，济之以……。

简本中，"齐"与"合"互文，相比传本，"合"字显然要好。《淮南子·兵略训》有引文"是故合之以文"，与简本对应。故传本作"令"，很可能是形近致误。

《九地篇》一处异文当是传本有误。

　　　传：四五者不知一，非霸王之兵也。

　　　简：四五者，一不智，非王霸之兵也。

简本"王霸"，传本作"霸王"。先秦古籍多作"王霸"，如《司马法·仁本》曰"王霸之所以治诸侯者六"，《尉缭子·制谈》曰"独出独入者，王霸之兵也"。"霸王"一词晚出，已有多重证明。多此二字，虽说于文气影响不大，但还是应当判作传本误书。故整理小组所作"胜于传本"[②]的判断可信。同篇还有一句情况与之相似，传本作"霸王"，简本作"王霸"，也以简本优长。

《火攻篇》有一处异文，当是传本出现误写。

　　　传：行火必有因，烟火必素具。

　　　简：……有因，因必素具。

传本"烟火"，简本作"因"，由于"因"字，上下文承接关系变得更加明确

①《银雀山汉墓竹简（一）》，文物出版社，1985年，第19页。
②《银雀山汉墓竹简（一）》，文物出版社，1985年，第24页。

而简洁。传本作"烟火",恐为误写。整理小组认为:"盖'因'字先讹作'烟',又讹作'烟火'。"①此说可信。

《用间篇》有一处异文,当以简本为佳。

　　　传:三军之事,莫亲于间。

　　　简:三军之亲,莫亲于间。

传本作"事",简本作"亲",从上下句式连贯性考察,当从简本。检索古籍,《通典》卷151、《太平御览》卷292、《长短经·五间》等,引文均作"亲",与简本合。

第三节　简本传本两可举证

简本传本异文很多,有的是简本优于传本,有的是传本优于简本,也有异文无法比较孰优孰劣,或可视为"两可"。

(一)繁简

有些异文虽简、传本句式有繁简不同,但文气皆通。其中差异部分,少则一字,多则数十字,但都不影响文气贯通。按理说,只能有一种与《孙子》故本吻合,但又因为无法查对而很难判断简本、传本孰优孰劣。

《计篇》共计有两例。

(一)

　　　传:利而诱之,乱而取之,实而备之,强而避之,怒而挠之,卑而骄之,佚而劳之,亲而离之。

　　　简:利而诱之,乱而取之,实【□】□之,强而□之,怒而譊(挠)之。

该句群传本共有八句,简本则只有五句,缺少"卑而骄之,佚而劳之,亲而离之"三句。《北堂书钞》《通典》及《太平御览》等古籍,则或缺一句,或缺三句、四句,而且还有个别字句差异,不知是各自所见本有别,还是传抄刻写之误。王正向指出,传本八句中,其他几句则皆以敌方为言,"卑而骄之"系以己方为言,因而显出传本逻辑上的不能一致,语义也大变,故此他认为:

---

① 《银雀山汉墓竹简(一)》,文物出版社,1985年,第25页。

"后三句为衍文之痕迹亦明显可见，疑其本系读者旁记之辞而传写误入正文。"①他的这种分析不无道理，但"卑而骄之"其实早在《北堂书钞》中就已存在，而且虽说"卑而骄之"一句以己方为言，与其他几句显出差异，但"佚而劳之，亲而离之"并非以己方为言。考察传本八句，文义其实并不算完全重复。既有"强而避之"，再有"卑而骄之"，一方面可求得对应，另一方面也正合乎孙子论兵之逻辑。因为孙子经常从"彼""己"双方出发对比考虑问题，比如"知彼知己""五事七计"等。清代孙星衍指出该句群中的韵读："诱与取为韵，备与避为韵，挠、骄与劳为韵。"②通过用韵方式来解读《孙子》，可谓别出心裁，也可知传本八句由来有自。可知简本未必胜过传本，《北堂书钞》《通典》及《太平御览》等，或缺一句，或缺三句、四句的现象，也很可能系脱误，只是程度不同而已。

（二）

> 传：故可以与之死，可以与之生，而民不畏危。
> 简：故可与之死，可与之生，而民弗诡也。

"不畏危"与"弗诡"虽有差异，但皆通。

《势篇》有一处异文当属两可之列。

> 传：奇正相生。
> 简：奇正环相生。

简本比传本多出一个"环"字。《史记·田单列传》引、《三国志·王昶传》注，皆有"还"字，故"《孙子》故书或本如此"。③传本疑为抄脱。当然，这个"环"字实则可有可无，简本传本两可。

《军争篇》也有一处异文，可说是两可，也可说是两不可。

> 传：《军政》曰："言不相闻，故为金鼓；视不相见，故为旌旗。"夫金鼓旌旗者，所以一人之耳目也；人既专一，则勇者不得独进，怯者不得独退，此用众之法也。故夜战多火鼓，昼战多旌旗，所以变人之耳目也。
> 简：是故军……鼓金；视不相见，故为旌旗。是故昼战多旌旗，夜战

---

①王正向：《〈孙子十三篇〉竹简本校理》，军事科学出版社，2009年，第17页。
②《孙子十家注·计篇》，诸子集成本。
③吴九龙主编：《孙子校释》，军事科学出版社，1990年，第74页。

多鼓金。【鼓金】旌旗者,所以壹民之耳目也。民澶(既)已槫(专)【□□】勇者不……

该处异文,简、传本可能都有衍文现象,只是衍入文字的位置稍有差别。从上下文气考察,无论是简本,还是传本,在去掉这两句之后,都变得更加顺畅。

《军争篇》另有一处异文,则属两可之列。

　　传:故用兵之法:高陵勿向,背丘勿逆,佯北勿从,锐卒勿攻,饵兵勿食,归师勿遏,围师必阙,穷寇勿迫。

　　简:……倍(背)丘勿迎,详(佯)北勿从,围师遗阙,归师勿谒(遏)……

简本无"佯北勿从,锐卒勿攻"一句,说明张贲等人凑齐"九变"之数的做法缺少依据。笔者认为,简本脱误和传本衍误,都存有可能。简本少此二句,传本多此二句,对于文气均不构成重大影响。

简本残缺严重,从残存文字来看,简、传本文字基本能求得对应。简本《九变篇》独立成篇,文字也和传本吻合,可反驳张贲、刘寅、赵本学的"错简说"。

《行军篇》有一处异文,可依据简本对十一家注本和武经本这两种传世本之间的优劣进行评判。

　　传:粟马肉食,军无悬瓴,不返其舍者,穷寇也。(十一家注本)
　　　　杀马肉食者,军无粮也;悬缶不返其舍者,穷寇也。(武经本)
　　简:……瓺(甄)者不反(返)其舍者,穷寇也。

《行军篇》所论"相敌法"共有三十余种,使用了三十多个"……者……也"句式。就上述引文而言,意思较为相近的内容,简本和十一家注本只是用一个"……者……也"句式,武经本则较为繁复,也由此而多出一条"相敌之法"。十一家注本比简本多出"粟马肉食,军无"六字,但简本在"瓺(甄)"字之前尚有部分残缺,不知所缺是否即此六字。不管如何,就这一处文字来说,简本和十一家注本似能求得一致,武经本"军无粮也"四字则更像是"杀马肉食"的注解文字衍入。

《行军篇》还有一处异文,也属两可。

传：奔走而陈兵车者。

简：奔走陈兵者。

古人多以"兵车"连用，如《论语·宪问》："桓公九合诸侯，不以兵车。"故此，传本虽多出"车"字，似不能确定其为衍误。

《行军篇》还有一处异文，需要多作一些分析。

传：军无百疾，是谓必胜。

简：……无百疾。

由于简本后面紧接着"陵丘堤□"一句，所以简本文字存有三种可能：第一种可能是，《孙子》故本有"是谓必胜"，是简本脱误；第二种可能是，《孙子》故本无此四字，是传本发生了衍误；第三种可能则是，简本原本为"是为必胜，军无百疾"——事实上，王正向正是这么校理的。①如果是前面两种情况，即简本有脱，或传本有衍，优劣都非常明显，不必再作分析。如果是第三种情况，那么这里只是词句发生颠倒，于文气影响不大，所以我们只能判定传本、简本难分优劣。

《九地篇》有一处异文，属于两可。

传：此谓巧能成事者也。

简：此胃（谓）巧事。

简、传本繁简不同，但于义皆通。

《九地篇》还有一处异文，情况不明，暂判为两可之列。

传：背固前隘者，围地也。无所往者，死地也。

简：倍（背）固前□【□□】地也；倍（背）固前适（敌）者，死地也；毋（无）所往者，穷地也。

这段文字，简本、传本差别较大。传本无"穷地"之名，字句较简本为少。简本原有三个缺字，整理小组依据传本补齐。整段文字补齐后为："背固前隘者，围地也；背固前敌者，死地也；毋所往者，穷地也。"②传本"死地"，简本作"穷地"，对于"死地"则另有注解。简、传本之间很难判定孰是

---

①王正向：《〈孙子十三篇〉竹简本校理》，军事科学出版社，2009年，第109页。
②《银雀山汉墓竹简（一）》，文物出版社，1985年，第24页。

孰非。

《火攻篇》有一处异文需要关注。

> 传：凡此四宿者，风起之日也。凡火攻，必因五火之变而应之。
> 简：……四者，风之起日也。

简本比传本简洁。整理小组认为："（简本）疑无'凡火攻必因五火之变而应之'一句。"[1]传本多出一句后，与前段文字能很好地衔接，并不影响文气。

《火攻篇》另外一处异文也只能如是判断。

> 传：合于利而动，不合于利而止。
> 简：合乎利而用，不合而止。

除去"乎""于"二字不同之外，简本比传本少了数字，但并不影响文气，于义皆通。

《用间篇》有一处异文，属于两可。

> 传：五间之事，主必知之。
> 简：五间之事，必知之。

简本比传本少一个"主"字，但于义亦通。

《用间篇》还有一处异文，可能是简本、传本均有衍误，毋宁说是两可，不如说是两不可。

> 传：必取于人，知敌之情者也。
> 简：必取于人知者。

"必取于人"句后，传本作"知敌之情者也"，简本作"知者"，"知"同"智"，均通。但细究起来，"知敌之情者也"和"知者"，都怀疑系旁注文字衍入。将它们去掉之后，文气变得更加通畅。

（二）互文

简、传本众多异文中，还有一种特殊情况。由于用词不同，导致字面意

---

[1]《银雀山汉墓竹简（一）》，文物出版社，1985年，第26页。

思完全相反，但结合上下文考察，却对解读孙子兵学思想不构成影响。

《形篇》一处异文需要提出特别讨论。

> 传：守则不足，攻则有余。
>
> 简：守则有余，攻则不足。

对于这一处异文，学术界一直认识不一，存在着两种截然相反的意见。一种以吴九龙等为代表，认为当从简本，[1]证据是《汉书·赵充国传》及《后汉书·冯异传》中有支持简本的引文。另一则以李零等为代表，认为传本更顺。[2]李零基于作战原理，找出了一些支持传本的证据，也将《汉书·赵充国传》及《后汉书·冯异传》中的引文，当作是支持传本的证据。《汉书·赵充国传》引文作"臣闻兵法，攻不足者守有余"，《后汉书·冯异传》引文作"攻者不足，守者有余"，仅从字面上看，似与简本更为相近。

支持传本的证据，其实还可以找到内证，《谋攻》有"少则能守之"一句，与"守则不足"求得对应。此外还可以举出曹注为证："吾所以守者，力不足也；所以攻者，力有余也。"从中可以看出，曹操所见本应该为"守则不足，攻则有余"。支持简本和支持传本的证据其实都相当有力，孰是孰非很难判定，出现上述截然相反的观点不足为奇。

还有一种观点，以于鬯为代表，主张依据《太平御览》而进行文字改动。于鬯认为，此处二句当和上面两句互易，应当改为"不可胜则守，可胜则攻"。[3]因为《太平御览》引文可以作证。只是这种改动缺少版本支持，在简本《孙子》出土之后，显得更不可信。

与前述观点不同，学术界还有一种观点认为简本、传本皆通，以黄朴民为代表。他对简本"守则有余，攻则不足"的解读是："在同等兵力的情况下，用于防御则兵力有余，用于进攻则感到兵力不足。"[4]这是从战法出发，对简本文字提出了合理而新颖的解读方式。

笔者也认为简本、传本当为两可。传本"守则不足，攻则有余"和简本"守则有余，攻则不足"，表面上看意思完全相反，但所表达的其实是一个意思,那就是,"充分合理地分配兵力"。这里运用了一种非常特殊的修辞格:互文。

　　所谓"互文",也叫"参互""耦语"等,是依靠相邻句子所用词语互相补充,才能表达完整意思。[①]比如《木兰诗》中有"开我东阁门,坐我西阁床"一句,如果表达完整应该是"开我东阁门,坐我东阁床;开我西阁门,坐我西阁床",但这样一来,文字就显得啰唆。诗中因为用了互文的修辞手法,显得更为简洁。

　　提醒我们用互文的修辞格来考察该句的,还有句中的"则"字。这一句中,两个"则"字连用,提示我们上下两句之间,可能存在一种隐而不显的对待关系。这是互文中常见的一种句式。比如"其言则若是,其行则若彼"一句,两个"则"字使得两个句子并列,看上去好像是二事对举,实际却表示前后相承关系。也就是说,前一个"则"字是"如果"之意,后一个"则"字则是"就会"(就要,就应当,就能够等)之意。类似例子,吕叔湘在《文言虚字》中举出了不少。[②]就《孙子》而言,传本"攻则不足,守则有余",或者简本"攻则有余,守则不足",当属此例。

　　如果找出这种互文修辞格,便可为我们正确理解简本、传本的异文提供帮助。传本的"守则不足,攻则有余"或简本的"守则有余,攻则不足",均可补足为:"守则不足,攻则有余;守则有余,攻则不足。"意思是,同等兵力的情况下,如果用在防守的兵力过多,则必然会影响到进攻时的兵力配置;如果用在进攻的兵力过多,则用来防守的兵力必然会出现匮乏。这就需要指挥员科学统筹,合理调度兵力,确保己方处于不败之地。

　　事实上,该句下文"善守者,藏于九地之下;善攻者,动于九天之上",同样使用了这种修辞手法。"动于九天之上"和"藏于九地之下"并非一个专指攻,一个专指守。即便是进攻,同样需要善"藏",如此才能做到突发性。同样道理,防守时如果不懂分合为变,不会机动兵力,一样行不通。一味防守,往往守不住,更无法求胜。所以,在防守时必须适时组织反攻,只有处理好攻守关系,才能真正立于不败之地。只有把攻与守的问题解决好,用于进攻

---

①俞樾说:"古人之文,有参互以见义者。"(《古书疑义举例》卷一)姚维锐补充俞樾之说,指出古人行文存在"耦语中异字同义例"(见《古书疑义增补》)。他们所说的这些,应该都是我们今天所说的"互文"的修辞格。

②吕叔湘:《文言虚字》,《吕叔湘全集》卷九,辽宁教育出版社,2002年,第194页。

和用于防守的兵力都能合理地加以分配，也就是"分合为变"，如此才能真正实现"自保而全胜"①。

《九地篇》一处异文很可能也是这种情形。

> 传：犯之以利，勿告以害。
>
> 简：……以害，勿告以利。

在笔者看来，这里仍是使用了"互文"的修辞格，只是其中表示对待关系的"则"字已被省略。这种省减之法，也在"互文"修辞格中经常出现。②此处异文，简、传本貌似截然对立，但所说意思则相通，那就是对部下选择性地告知。需要告诉他们"利"之时，就不要多说"害"，需要告诉"害"之时，就不要多说"利"。简、传本都符合孙子的用兵原则。如果说孙子有所谓愚兵之策，"勿告以利"和"勿告以害"都是愚兵之术。"告之以利"可以鼓舞士气，"告之以害"也可以激发战士的潜能。简、传本均可补足为："犯之以利，（则）勿告以害；犯之以害，（则）勿告以利。"而这，也正和孙子"杂于利害"的思想一致。

古人的行文之法，古人非常明白，所以抄写之时即便发生若干分歧，也不以为误。在他们看来，这一字之差，也许并不算是什么误写。但今人对这种文法已经不察，故此才会产生各种争议。笔者认为，上述异文实则可以作为两可之例，无须判定孰优孰劣。

《虚实篇》一处异文也都是在字义上完全相反，性质则与上述不同，但同样属于两可。

> 传：出其所不趋。
>
> 简：出于其所必【□□】。

上述异文，传、简本用字不同，意思甚或完全相反，虽说于义皆通，但尚且存有高下之别。"出其所不趋"的意思是说，要攻击敌人根本不及防守之处，或"无法救援之处"，③同样地，"守其所不攻"并不是说无人进攻，而是说进攻不力，或者因为组织了有效防守，将对方的进攻化为无形。如果理解为

---

①《孙子·形篇》。

②参见吕叔湘：《文言虚字》，《吕叔湘全集》卷九，辽宁教育出版社，2002年，第194页。

③黄朴民：《〈孙子兵法〉解读》，中国人民大学出版社，2008年，第135页。

"攻击敌人不去的地方",或者说"守备敌人不来进攻的地方",则略显机械。帮助我们理解作者这样用字的,还有《虚实篇》"攻其所不守"一句。该句同样用了"不"字,传、简本一致。所谓"不守",并不是说毫无力量防守,而是说守备松懈,形同虚设。《孙膑兵法·威王问》中的"必攻不守"一句,也是同样道理。既是对手"必攻"之所,那么对方作战决心、攻击规模、投入兵力等,均难以断定,如何能肯定"守而必固"? 由此可见,简本作"必"字并不合理。

(三)异字

简、传本的异文很多,其中不少只是一字之差,多属假借、异体或者古今字。其中也有一些系传写之误而产生,完全谈不上假借或异体,也不能算是古今字,但在意思上接近,并不妨碍阅读,也属两可之例。现按照十一家注本篇次,将其中具有代表性的异字收录如下。

出 处	传 本	简 本	说 明
计	经之以五事。	轻之以五。	简文借"轻"为"经"。古人有以双声叠韵字代本字例。① 简本、传本之间,此类借字很多,下面只简单称古通或音近而假。
计	赏罚孰明。	赏訓孰明。	"訓"为"罚"的异体字。
谋攻	屈人之兵而非战也。	诎人之兵而非战也。	"诎""屈"古通。
谋攻	知彼知己者,百战不殆。	知皮知己,百战不……	"皮""彼"古通。
形	形(篇题)	刑(篇题)	"形"为后起字,秦汉时人多以"刑"为"形"。②
形	先为不可胜,以待敌之可胜。	……胜,以侍适之可胜。	"侍"同"待","适"同"敌"。
形	胜可知,而不可为。	胜可智【□】不可为也。	"智""知"古通。
势	势(篇题)	埶(篇题)	"埶"为"势"之古字。

---

① [清]俞樾:《古书疑义举例》卷三。
② 《银雀山汉墓竹简(一)》,文物出版社,1985年,第8页。

续表

出　处	传　本	简　本	说　明
势	兵之所加,如以碬投卵者,虚实是也。	【□□□】如以段……	"碬",传本多作"碫",《太平御览》作"碬"。孙星衍认为,当作"碬"。① "碬""段"古通。
势	终而复始	冬而复始	"冬"为"终"的古字。
势	乱生于治,怯生于勇。	乱生于治,胁生于愚。	"胁""怯"音近而通,"愚"为"勇"之古字。《说文》:愚,古文从勇从心。
势	木石之性。	木石之生。	"生",古"性"字。清徐灝《说文解字注笺》:"生,古性字,书传往往互用。"
势	求之于势,不责于人。	求之于埶,弗责于……	"埶"为"势"之古字。"不""弗"义同。
虚实	虚实(篇题)	实虚(篇题)	虽有字词颠倒,意思相同。
虚实	退而不可追者,速而不可及也。	……不可止者,远……	"追"和"止",意思有区别,但文义皆通。"远"和"速"疑为形近误,但文义皆通。
虚实	先处战地而待敌者佚。	先处战地而侍敌战者失。	"侍"同"待"。"佚"通"失",都是"逸"的假借字。
虚实	乖其所之也。	膠其所之也。	《广雅·释诂》:"膠,欺也。"义与"乖"近。"膠"或为"谬"之假。
虚实	是以十攻其一也。	是以十击一也。	"攻""击"义同。
虚实	胜可为也。	胜可擅也。	"为""擅"意思不同,但皆通。
虚实	避高而趋下。	辟高而走下。	"辟"为"避"的古字,"趋"与"走"义近。
虚实	兵无常势,水无常形。	兵无成埶,无恒形。	"常""成"义同,"埶"同"势"。后面一句,"常""恒"义同,一般认为是避文帝讳所改。

---

① 简本的出土,证明孙星衍的推测之论不无道理。

续表

出　处	传　本	简　本	说　明
虚实	五行无常胜，四时无常位。	五行无恒胜,四时【□】常立。	"常""恒"义同。"立"是"位"的古字。
军争	军无辎重则亡。	军毋辎重……	"无"同"毋"。
军争	无委积则亡。	无委责则亡。	"责"为"积(積)"的古字。
军争	悬权而动。	县权而动。	"县"即古"悬"字。
军争	先知迂直之计者胜。	先知汙直之道者□。	"计"与"道"虽用字不同,均通。
军争	避其锐气	辟其兑气	"辟"同"避","兑"同"锐"。
军争	无邀正正之旗。	毋要癵癵之旗。	"无"同"毋"。"要""邀"古通。"癵",疑为"纛"之假。纛,大旗,指主力部队。
军争	佯北勿从。	详北勿从。	"详""佯"同音而假。
军争	归师勿遏。	归师勿谒	"谒""遏"同音而假。
行军	若交军于斥泽之中	……交军沂泽之中	整理小组认为:"'沂'疑为'沠'之误。'沠'可读为'斥'。"①
行军	后生前死	……死后生	简本、传本刚好颠倒,皆通。
行军	战隆无登。	战降毋登。	"无"同"毋","降"与"隆"古通。《左传正义·襄公二十六年》:"自上以下,降杀以两,礼也。"也是假"降"为"隆"。
行军	凡地有绝涧、天井、天牢、天罗、天陷、天隙。	……天井、天窖、天离、天魁、天都。	"离""罗"古通。"牢"即"窖"之俗体。②"隙""郤"古通。"魁"与"陷"是何种关系,则待考。
行军	丘陵堤防,必处其阳,而右背之。	陵丘堤□处其阳,而右倍之。	"丘陵""陵丘"皆通。"倍""背"音同而假。

①《银雀山汉墓竹简(一)》,文物出版社,1985年,第18页。
②参见张显成:《简帛文献学通论》,中华书局,2004年,第318页。

续表

出　处	传　本	简　本	说　明
行军	山林、蘙荟……	小林、翳澮……	"山"和"小"疑为形近致误。简本传本各有来历。虽说其中必有一处为误书，但此处异文可视为两可。"蘙荟""翳澮"古通。
行军	必谨覆索之。	谨复索之。	"覆""复"音同而假。
行军	辞卑而益备者。	□庳而备益者。	"庳""卑"古通。
行军	辞强而进驱者。	辞强而【□】敺者。	"敺""驱"古通。
行军	夜呼者，恐也。	夜嘑者，恐也。	简本"夜"下只剩"虖"，左边偏旁缺失，疑为"嘑"，"嘑"即"呼"。
行军	谆谆翕翕，徐与人言者，失众也	□□閜閜□言人者，失其众者也。	"閜"疑为"翕"的假借字。
九地	兵之情主速，乘人之不及。	兵之请主数也，乘人之不给也。	《尔雅·释诂》曰："数，疾也。"可知"数"通"速"。《国语·晋语》韦昭注："给，及也。"可见"给"与"及"通。
九地	运兵计谋，为不可测。	并……谋，为不可贼。	"贼"通"测"。
九地	投之无所往者，诸、沬之勇也。	投之无所往者，诸、岁之勇也。	简本作"岁"，"沬""列""岁"古韵皆入月部，可通假。
九地	九地之变，屈伸之利，人情之理。	……变，诎信之利，人请之理。	"屈"与"诎"通，"伸"与"信"通，"请"为"情"之借字。
九地	轻地，吾将使之属。	轻地，吾将使之偻。	属，连属。偻，迅疾。《公羊传·庄公二十四年》何休注："偻，疾。"参照"轻地则无止"一句，"属"和"偻"虽用字不同，于义皆通。
九地	四五者不知一。	四五者，一不智。	"智"同"知"。
九地	悬无政之令。	无正之令。	"政""正"同音而假。
九地	此谓巧能成事者也	此胃巧事。	"谓""胃"同音而假。
九地	敌人开合。	敌人开阖。	"阖""合"义近。

出　处	传　本	简　本	说　明
火攻	二曰火积。	二曰火渍。	"渍""积（積）"音近而假。
火攻	将不可以愠而致战	将不可以温战	"愠""温"音近而假。
火攻	主不可以怒而兴师。	主不可以怒兴军。	"军""师"义同。
用间	人君之宝。	人君之葆。	"宝""葆"音近而假。
用间	微哉微哉。	密戋密戋。	"密""微"义同音近。"哉"同"戋"。

以上异字可分四种情况：第一类是通假，数量最多，其中又可分音近而假和同音而假。前者如《用间篇》中的"宝"和"葆"等，后者如《九地篇》的"伸"与"信"等。第二类是古今字和异体字。如《军争篇》的"责"为"积（積）"、"县"和"悬"，《计篇》的"刭"和"罚"等。第三是用字完全不同，但意思接近，如《火攻篇》的"军"和"师"等。由避讳而产生的异字也属此类，如《虚实篇》的"常"和"恒"等。第四类则是因形近而借用，比如《虚实篇》的"侍"同"待"、《用间篇》的"哉"和"戋"等。这类字数量较少，与第一种无法等量齐观。

需要说明的是，古今字和异体字，包括通假字之间，也存在交叉现象，有些很难严格加以区分。这里只能按照一偏之见，进行一下大致区分，无法从文字学或语文学层面予以细究。其中固然有笔者的水平和能力等原因，同时也因本篇主旨不在于此。列举上表旨在说明，简、传本异字现象非常广泛，其中不少均应视为两可，无法判定其中优劣。这一现象不仅能说明简、传本之间的固有差异，同时也可以看出二者之间所具共性。

第四节　异文现象分析

简本《孙子》损毁严重，留存文字仅占三分之一左右。仅据这些残存文字与传本对比，已可发现二者之间存在三百余处异文。[①]如果是完整的简本，异文无疑更多。众多异文情况，需要我们展开进一步的分析和探讨。

---

① 吴九龙：《简本与传本〈孙子兵法〉比较研究》，载《孙子新探——中外学者论孙子》，解放军出版社，1990年。

(一)产生原因

简本和传本之间大量出现的异文现象，其产生原因主要有以下几种。

第一，手抄因素产生。这与古书依靠传抄流传的特点有直接关系。在雕版印刷术发明之前，书籍流传都是依赖手抄，这便很容易产生一些误写之例。异文现象也由此而生。对此，张舜徽曾有总结："雕版印刷术没有盛行以前，书系手写，更容易以讹传讹。举凡字体的缺谬，语句的脱落，乃至衍文增句，无所不有。"[①]银雀山出土的简本《孙子》，正是手抄本，故简本同样难免脱衍发生。传本流传千年，其间多经流转，其祖本同样出自手抄。各手抄本之间产生如此众多异文现象，不足为奇。

第二，出版因素造成。在雕版印刷发明之后，"鲁鱼亥豕"等刊刻错误仍不可避免。书商的眼光和编辑的水平等，都会影响到版本质量。我们今天所见武经本和十一家注本，都是在雕版印刷之后出现的。这两个系统的版本之间，同样存在异文情况。有时候，书商还可能会对书籍进行一些加工和整理。就十一家注本和武经本而言，其篇题就有很大不同。武经本这种看起来非常整齐的篇题，显然是出自有意整理，留下了人为加工的痕迹。有些目光短浅的书商，可能会为牟利而减少中间环节，加快出书速度，编辑质量自然会由此下降，校审水平也会大打折扣，大量刊刻错误也会由此而生，异文情况便不可避免。在明代，一度出现不少为配合武举考试而仓促出版的武经本，其中不少都存有这种问题。对此，杨炳安和陈彭曾有总结："由当时的书籍坊肆为赚钱而刊刻的，大多折中旧说，随文衍义，改头换面辗转抄袭，很难有学术价值。"[②]明代学者张贲、刘寅、赵本学等人认为传本《孙子》存在着错简，所以对版本进行了一些改动，而且动作越来越大。从《军争篇》到《九变篇》，又牵扯到《九地篇》。他们所做版本改动，一度受到不少追捧，此后有不少版本不注出处直接妄改，如《武学经传·孙子》(明嘉靖癸丑刊本)、《方山先生孙子说》(明嘉靖丙辰刊本)。这种行为在贻害后世的同时，也人为地造成异文现象的产生。

第三，收藏因素造成。异文现象的产生，与古代书籍收藏和保管的特点

①张舜徽：《中国古代史籍校读法》，云南人民出版社，2004年，第88页。
②杨炳安、陈彭：《孙子兵学源流述略》，载《文史》第二十七辑，中华书局，1986年。

有着密切联系。从先秦典籍可以看出,《孙子》在战国时期一度非常流行。韩非子就曾说过:"境内皆言兵,藏孙吴之书者家有之……"①"家有之"一语,生动勾勒出《孙子》在战国末期的流传面貌。在银雀山出土的包括《孙子》在内的大量竹简兵书,正好和韩非所云"家有之"互相印证。由于秦王朝禁毁诗书,兵书也在严禁传播之列。这种情形下的"家有之",显然已超出单纯收藏的意义。能够把大量兵书据为己有的,一定有着相当显赫的政治地位,或是有着特别的政治抱负。这种情形之下,如果遇到一些抄写之误,也很难得到及时纠正。长此以往,以讹传讹,自然会出现一些异文情况。

第四,政治因素干扰。统治者有时会授权对古籍进行篡改,这种现象在《孙子》身上同样难免,异文由此也会产生。孙子论"君将关系",主张"将能而君不御者胜"②,又说"君命有所不受"③。孙子这种言论,在古代社会极具震撼力。因此有人批评孙子有"扶将而弱君"的倾向。北宋学者苏轼就曾这样批评孙子:"天子之兵,莫大于御将……(将)立毫芒之功,以藉其口,而邀利于其上,如此而天下不亡者,特有所待耳。"④苏轼此语毫无疑问是站在最高当权者的立场,且道出了数千年封建社会发展的一个侧面:在古代社会,妥善处理"君将关系"一直关系重大,始终需要谨慎对待。在有些特殊时期,孙子这些措辞激烈的言论会被神经敏感的统治者授意删除。《四库全书》编纂者曾向皇帝报告:"增孙武子曰:将能而君不御者胜,又曰将在军,君命有所不受。"⑤由此可见,封建统治者出于自身利益需要,确实存在删减孙子原文的现象。

(二)脱衍揆度

简、传本异文中,脱衍占据很大部分。脱衍是古书流传过程中的常见现象,《孙子》同样不能避免。考察《孙子》脱衍情况,我们可以得出以下认识:

第一,脱衍是《孙子》各本所共有的一种现象,至少目前所见各本,都可或多或少地看到这一现象。两千多年前的简本也不能免,如《计篇》衍出"顺

---

①《韩非子·五蠹》。
②《孙子·谋攻篇》。
③《孙子·九变篇》。
④《苏轼文集·孙武论下》。
⑤《御定渊鉴类函》卷二百一十九。

逆,兵胜也"一句,《虚实篇》脱"备后则前寡"和"备右则左寡"两句。武经本和曹注本的篇题在整齐化过程中,也产生若干衍文,《行军篇》中也有"军无粮也"等衍文。十一家注本《九地篇》中则有"焚舟破釜"这样的衍文。

第二,脱衍情况非常复杂,即便有异文可资参考,也很难得出明确结论。简、传本异文较多,但很难据此准确判断孰脱孰衍。如果我们唯简本是从,看到简本有、传本无,就马上判定是传本脱,或看到简本无、传本有,就马上判定是传本衍,其实并不足取,多少也有佞古之嫌。王正向的校理本就多少存有这种倾向,他将传本《孙子》判定为"多有文字、义理等方面的严重错误存在",①显然值得商榷。

第三,需注意旁注文字的干扰。清末学者俞樾曾总结道,"以注说改正文"和"以旁记入正文"是古书流传中的一种常见现象,②这种情况在简本中已有出现。因文言修饰需要而产生的衍字,也不可避免地产生,但在总体上看,无法与旁注文字等量齐观。武经本在整齐篇题过程中增加了若干字数,但毕竟非常有限,《孙子》衍文更多是由旁注或旁记文字引起。

当然,并非所有类似旁注的文字都需作脱衍考察。根据杨树达的总结:"古人行文,中有自注。"③《孙子》也存在这种情况,如《九地篇》中"率然"一句,很可能正是作者自注文字。在《九地篇》中作者指出,善于指挥作战的将帅应努力保持队伍首尾呼应,就像是"率然"。他还指出,"率然"其实是一种蛇:"率然者,常山之蛇也。"笔者曾认为此句是非常明显的注解文字,应定性为衍文。当看到《戊笈谈兵·孙子·九地篇》没有此句时,④更加坚定了这一判断。但是检诸简本,可以看到《九地篇》有此一句,该句是否果为衍文,自然要打上问号。

总体而言,简本对于考察《孙子》脱衍情况有不少帮助,但作用不可无限放大,更不能将简本当成衡量传本的度量工具。这不仅是因为《孙子》的流传情况非常复杂,也是因为简本残缺严重,我们甚至连简本的具体字数都无法知晓。传本与其相比,究竟是多是少,多出多少或少出多少,我们都难以考证。

---

① 王正向:《〈孙子十三篇〉竹简本校理》,军事科学出版社,2009年,第26页。
② [清]俞樾:《古书疑义举例》卷五。
③ 杨树达:《古书疑义举例续补》卷二。
④ 《戊笈谈兵·孙子·九地》,清光绪二十一年刊本。

《孙子》书中脱衍现象的存在,无疑会对我们阅读该书产生一定影响,除了会在某些地方产生文气不畅的感觉,也会对我们判断该书的成书年代造成障碍。《孙子》中所体现的战国时代色彩,和这种脱衍现象的存在不无关系。①当然,其中主要还是衍文。简本虽为古本,但其中仍有衍文存在,同样对判断《孙子》成书年代造成一定的麻烦。齐思和在看到简本《用间篇》中"燕之兴也,苏秦在齐"一句之后,更坚信自己早年的"战国成书说"。②所以,对于脱衍现象,我们不能不加以关注和重视。

(三)关系分析

简、传本之间的共性,我们理应重视,但也要关注二者之间的差异。

简本和传本之间的异文,涉及文本的方方面面。仅就篇题而言,武经本、十一家注本和简本之间,都存在着若干差异。武经本篇题过于整齐,都由两字构成。就篇次而言,也有很大差别。简、传本之间的大量异文可以证明,传本的祖本和简本可能各有源头,而非一脉相承。它们不一定是由同一祖本流传而来。这二者究竟谁更接近《孙子》故书,也是难以判定。吴九龙认为"简本是传本的祖本","简本较传本更接近孙武手定原本"等说法,③可能值得商榷。简、传本之间大量存在的异文,无疑值得重视和关注,让我们在推断二者关系时必须多一份小心。从银雀山出土文献中我们很难找到证据来证明"简本是传本的祖本"。

《韩非子·五蠹》中"家有之"一语的实际情形,及古书早期流传的复杂特点等,都决定了《孙子》的早期流传一定非常复杂。《孙子》很可能在战国时期就已经形成多种传本,流传至今的各本,包括简本在内,都由各种形态的传本流传下来。所谓大浪淘沙,在历史长河中一直流传有绪的版本越发显出珍贵。

一般认为,传本是依靠曹注本才得以流传下来的。杨炳安就曾指出,宋代以前的《孙子》主要是靠曹注流传。④李零认为,我们现在所看到的《孙

---

①有关这方面内容,可参看黄朴民:《五行问题与〈孙子兵法〉》,载《孙子新探——中外学者论孙子》,解放军出版社,1990年。

②齐思和:《中国史探研》,中华书局,1981年,第227页。

③吴九龙:《简本与传本〈孙子兵法〉比较研究》,载《孙子新探——中外学者论孙子》,解放军出版社,1990年。

④杨炳安、陈彭:《孙子兵学源流述略》,载《文史》第二十七辑,中华书局,1986年。

子》,就是靠曹操传下来的本子。①这一说法,有几分道理,但也有疑点。由曹注本开始,后来才发展到众多的集注本,曹注本固应受到足够的重视。无论是武经本,还是十一家注本,都和曹注本有着密切联系,我们不应忽视曹注本的文献学价值。以曹操所处地位和特殊身份,他有条件广罗异本。包括曹注本在内的传本《孙子》或由来有自,或颇有来历。即便是古老的简本,未必能够占有绝对优势。

简本的出土,证明《孙子》故本不一定是曹操所见本。战国时期"家有之"的流传面貌,以及朝廷的有意打压等,都可能会对《孙子》的早期流传产生一定影响。这无疑更加会促使《孙子》早期传本产生差异。《孙子》在战国时期就已经形成多种形态的传本,在秦汉之世流传,汉末高诱和曹操都曾各自握有十三篇兵法并进行了深入研究。但是,曹注本是否更接近《孙子》故本,也是难以确定。同样道理,简本是否比传本更接近《孙子》故本,同样不能确定。随着简本的出土,曹注本地位也需再作重新思考,《孙子》故本面貌、早期流传情势等问题,都变得更加复杂。但在笔者看来,这种复杂化其实很有意义,至少能促使我们去做进一步的探索。这时候,如果简单判定"简本是传本的祖本",固是把复杂问题简单化处理,但也可能失之轻率,《孙子》故本的面貌会随着这种武断立论而更加晦暗不明,同时也会忽视或错过出土文献所提供的重要信息。

(四)优劣评判

通过对简、传本异文现象进行分析,我们可以得出结论:简本和传本各有优劣。对于简本,黄朴民曾评价说:"虽弥足珍贵,但终究并非完璧。"②这是一个比较客观和公正的评价。简本并不因贵为古本和去古稍近而更胜一筹,传本也不会因为经历沧桑而变得面目全非或严重走样。传本比简本的优长之处,反倒更多。

由出土《孙子》篇题木牍出发,我们可知十一家注本篇题更接近《孙子》故本,曹注本和武经本则有后人加工整理的痕迹。简本篇次安排则较为紊乱,传本显得更加井然有序,也在一定程度上体现出作者的巧思。李零等人

---

① 李零:《兵以诈立——我读〈孙子〉》,中华书局,2006年,第16页。
② 黄朴民:《〈孙子兵法〉解读》,中国人民大学出版社,2008年,第7页。

认为,传本的篇次都要比简本优长①,我们对于传本不能太过轻视。

就简本和传本的具体文字考察,也可发现二者其实互有优劣。简本虽然贵为古本,但它和传本一样,也存在脱衍。比如简本《计篇》"顺逆,兵胜也"一句,基本可判定为衍文。我们通过考察文言修饰词,可以发现简本有些地方缺少文言修饰词,属于人为抄脱。比如简本《行军篇》"奔走陈兵者,期也"一句,明显抄脱连接词"而"。故此我们认为,简本抄写不无荒率之处,似不能把添加文言修饰词和脱衍等问题简单归诸传本。传本也并不因为发生脱衍而失去简古之风。相比简本,其中不少语句反倒更符合古代文言语法。我们不能因为握有简本,就对传本过于轻视,认为其中充满了文言和句法的错误。

在简本出土之后,学术界有部分学者唯简本是从,对传本过于轻视,甚至认为"传本《孙子》多有文字、义理等方面的严重错误存在"②,这显然值得商榷。从王著《〈孙子十三篇〉竹简本校理》中,我们看到作者处理简、传本异文情况时,显是带着偏见。凡与简本不合之处,就认为是传本有误。这种处处替简本曲折维护的做法,对于整理和研究简本、充分发掘和利用简本文献价值而言,似颇不足取。吴九龙主持编写《孙子校释》时,有不少地方充分利用了简本的文献学价值,对于简本采取的是谨慎态度,无疑更加科学和理性。对于简本,我们的正确态度应该是:"可资参考,然不宜过于迷信。"③

随着出土文献的日益增多,有关研究也越来越热,但也有学者可能会由此步入误区。在他们眼中,刚刚从地下挖出来的,一定古老而真实,简本、帛书一定比传本更接近原著。这其实有失偏颇。道理很简单,一块埋在地下的朽木不一定比一棵参天古树更加年长。就《孙子》而言,简本不一定就比传本更接近作者原书。

异文现象和"异字而同义"④现象在古书中较为普遍。有一部分可能是由于特殊表达的需要而产生,但也有不少应该是由于传写致误。就简本和

---

① 李零:《〈孙子〉篇题木牍初论》,载《文史》第十七辑,中华书局,1983年。
② 王正向:《〈孙子十三篇〉竹简本校理》,军事科学出版社,2009年,第26页。我们也注意到王正向多方努力补齐简本的缺字,但他主要依靠的正是他所极为轻视的传本,这就很自然地使他陷入了一种自相矛盾的尴尬境地。
③ 黄朴民:《〈孙子兵法〉解读》,中国人民大学出版社,2008年,第7页。
④ [清]俞樾:《古书疑义举例》卷一。

传本所展现的异文来看，这两种情况都存在。简、传本虽存在众多异文，但还是存在相当大共性，"内容上差异不大，基本上是一致的"。[①]简本和传本之间尚有许多异文属于两可之例。高度重视这些共性，我们不必对史籍所载孙子其人其书的真实性以及对司马迁著述精神的评判等，过于悲观。充分重视二者差异，则有助于我们在进行文本研究时秉持客观和理性的态度。简本和传本之间大量出现的异文，需要我们认真考察和分析，进而充分发掘简本文献学价值，乃至文字学价值等，帮助我们进一步理清《孙子》的早期流传面貌和总体特征。

---

① 吴九龙：《简本与传本〈孙子兵法〉比较研究》，载《孙子新探——中外学者论孙子》，解放军出版社，1990年。

第六章 篇章结构考察

银雀山竹简的出土,除了帮助我们了解《孙子》早期流传情况之外,也为考察《孙子》的早期面貌提供了重要途径。从出土文献出发,我们可以对《孙子》篇题、篇次及脱衍等情况进行研究和分析,进而对《孙子》篇章结构获得更多认识,也可对简、传本各自优长进行比较,更加充分而合理地挖掘和利用竹简文献的价值。

第一节 《孙子》篇题考察[①]

银雀山汉墓除了出土一批竹简兵书之外,还有《孙子》篇题木牍面世。该木牍已经非常残破,在经过专家整理和拼合之后,勉强可以识读部分文字。对这些文字进行研究,既可获得有关《孙子》古本形态的直观认识,也可借此考察《孙子》早期流传情况,并为比较各本优劣情况提供新的视角。

(一)出土篇题木牍考察

《孙子》篇题木牍出土之时就已断裂为六块,整理小组对这些碎片进行拼接,努力为世人提供尽可能多的信息,却无法让木牍完全复原。经拼接之后,该木牍为三排五行,三排文字中已有一半以上无法识读。原为两字篇题的,如今只能勉强识读其中一字。可以完全识读的仅有《势》《九地》和《用间》。整理小组依靠残留一字猜测识读的则有《行军》《军争》《实虚》《地形》和《火攻》。此外,猜测为《行军》的篇题后缀有"□十五",木牍最末行有"七势三千□□"这种字数标识。[②]

整理小组对木牍所做识读及有关文字说明,经过集体研究和反复讨论,具有一定权威性,但也并非完美。比如木牍第三排最右一行有一"刑"字,整

① 这部分文字前期曾有发表,收入本书时已做部分修改。参见熊剑平:《〈孙子〉篇题考察——以银雀山〈孙子〉篇题木牍为中心》,载《孙子研究》,2017年第2期。
② 详见银雀山汉墓竹简整理小组:《孙子兵法》,文物出版社,1976年,第92—93页。

理小组认为是《地形》，可能值得商榷。武经本《孙子》已有《军形》这样的篇题，该"□刑"未尝不是《军形》。

木牍有关《火攻》的篇题值得进一步探究。就该篇题，木牍只"火"字清晰可辨，另外一字则已漫漶。整理小组认为"《火□》应相当于《火攻》"。①从上述措辞可以看出，整理小组并没有将《火□》坐实为《火攻》，语气中带有商讨成分。从正文简背可以清楚看到"火攻"二字，显为该篇篇题。因此整理小组在有关竹简出版物中，都使用传本《火攻》为篇题。但他们怀疑篇题木牍上"火□"并不像"火攻"，故认为木牍篇题像是"此篇异名"。②

李学勤对该木牍也有关注，认为第三排"火"字之下依稀可辨的墨迹应读为"阵"，也就是说，该篇题当解读为《火阵》。③李零认为，"火"下所缺之字更像是"队"。④整理小组摹写木牍残墨为𨸐。汉简"队"字，一般写为𨸐。对照残留墨迹，尤其是残缺之字右下方撇划，笔者认为它更像是"队（队）"。故李零的识读更加可信。传本《火攻》有"五曰火队"一句，以《火队（队）》为篇题不失为相对合理的选择。

总之，篇题木牍中的"火□"留给人们很多思考空间，所缺之字并不像"攻"，整理小组据传本解读为"火攻"，仍有可商之处。

篇题木牍最末行"七埶（势）"二字也需进一步讨论。整理小组认为，"七埶（势）"确切含义尚待进一步研究，或疑即七篇之意⑤。李零认为，"七"即"七篇"，"埶"则统括后面七篇具有"势"性质的篇章。⑥这种解释可备一说，但也有可商之处。篇题为《势》的这篇同样具备"势"的性质，而且关系与之更加密切，可该篇未被包含在七篇之中，是难以说通的。

吴九龙认为，"七埶（势）"其实是一个篇题：木牍的最后一个篇题是《七势》。⑦笔者认为，吴九龙的判断相对可信，"七埶（势）"更像是篇题，而非李零所说，是七个与"势"有关的篇目统括。启发李零如此判断的可能是"七埶

---

①详见银雀山汉墓竹简整理小组：《孙子兵法》，文物出版社，1976年，第93页。
②详见银雀山汉墓竹简整理小组：《孙子兵法》，文物出版社，1976年，第86页。
③李学勤：《简帛佚籍与学术史》，江西教育出版社，2001年，第335页。
④李零：《〈孙子〉篇题木牍初论》，载《文史》第十七辑，中华书局，1983年。
⑤详见银雀山汉墓竹简整理小组：《孙子兵法》，文物出版社，1976年，第93页。
⑥李零：《〈孙子〉篇题木牍初论》，载《文史》第十七辑，中华书局，1983年。
⑦吴九龙：《简本与传本〈孙子兵法〉比较研究》，载《孙子新探——中外学者论孙子》，解放军出版社，1990年。

（势）”后面的数字标识，其实“行□”后也可看到字数标识，但“行□”却并不统括任何内容。“七埶（势）”与之相似，不一定是表达统括什么。在笔者看来，“七埶（势）”更像简本最末篇之篇题，只是暂不知它能和传本哪一篇对应。

因为木牍有些篇题无法识读，整理小组只能依靠正文简背文字推测出若干篇名，如《作战》《实□》，也可依照此法释为《实虚》。木牍和正文简背文字完全一致的，实则只有《埶（势）》。至于其余篇题，几乎全靠推测得出。其中，《七埶（势）》到底和传本哪一篇对应，已经无从知晓。笔者怀疑它和《火攻》一样，也是同篇异名的产物。

李学勤认为，《火阵》和《七埶（势）》都不在十三篇之中：竹简本《孙子》不限于今传本的那十三篇。①他怀疑银雀山汉墓中可能还有与《孙子》篇题有关的木牍未被发现：包括《吴问》篇等，它们的篇题看来应该写在另外的木牍上面。②这种怀疑不无道理，在银雀山汉墓中还有两枚明确写有“十三扁（篇）”字样的竹简，分见于2494、1648号简文。③这足以说明简本《孙子》可明确为十三篇。有关篇题木牍只给了我们模糊信息，也因太过残破，无法识读而增添困惑。木牍三排五行，但未必是十五条有关篇题的信息。木牍上那些漫漶之处究竟有无文字，写了些什么内容，我们都已无从知晓。需要注意的是，该木牍除记有篇题之外，不知是否还写有书题。如果有，而且占据两篇题位置，则上述困惑也可迎刃而解。也就是说，木牍所记篇题为十三。

李零对木牍所记篇题数进行过研究，并提出了多种可能性。他先猜测认为，木牍应写有书题，④后来又否定了己说，认为首行该有一处记有全书篇数。⑤李零新说其实也带有猜测成分，不一定比前说更加合理。也许该木牍既有书题，又记全书篇数。篇题木牍三排五行的排列方式，便有迹可循。当然，这也只是一种猜想。

李零的态度之所以前后摇摆，主要原因是木牍太过残破，此外也许受余嘉锡“古书多无大题”⑥之类立论的影响。余嘉锡立论时用了“多”字，并不

①李学勤：《简帛佚籍与学术史》，江西教育出版社，2001年，第336页。
②李学勤：《简帛佚籍与学术史》，江西教育出版社，2001年，第336页。
③吴九龙：《银雀山汉简释文》，文物出版社，1985年，第16页。
④李零：《〈孙子〉篇题木牍初论》，载《文史》第十七辑，中华书局，1983年。
⑤李零：《〈孙子〉十三篇综合研究》，中华书局，2006年，第415页。
⑥余嘉锡：《古书通例》，中华书局，2007年，第213页。

是说"古书皆无大题"。从《史记》有关管子、韩非等人列传中可以看到古书以单篇别行之例，但在《孙子吴起列传》中，司马迁描述《孙子》是以十三篇作为定数。《孙子》和《管子》《韩非子》等书情况不同，如果只用"通例"来衡量，不一定合适。

(二)简本传本篇题比较

银雀山出土的残破木牍为我们提供了有关《孙子》古本的重要信息。我们不妨就篇题与传本进行一番比较。

传本《孙子》一般分作两大系统：武经七书本(简称武经本)和十一家注本。两种版本不仅字数上有差异，篇题也有区别。武经本篇题及篇次如下：①

一、《始计》；二、《作战》；三、《谋攻》；四、《军形》；五、《兵势》；六、《虚实》；七、《军争》；八、《九变》；九、《行军》；十、《地形》；十一、《九地》；十二、《火攻》；十三、《用间》。

十一家注本篇题及篇次如下：

一、《计》；二、《作战》；三、《谋攻》；四、《形》；五、《势》；六、《虚实》；七、《军争》；八、《九变》；九、《行军》；十、《地形》；十一、《九地》；十二、《火攻》；十三、《用间》。

两相对比，可以看到武经本篇题非常整齐，都由两字构成，十一家注本则有三篇为一字。

日本樱田本一度备受重视，被不少人当成唐以前古本，其篇题如下：

一、《计》；二、《战》；三、《攻》；四、《形》；五、《势》；六、《虚实》；七、《争》；八、《九变》；九、《行军》；十、《地形》；十一、《九地》；十二、《火》；十三、《间》。

相比十一家注本，樱田本中单字篇题更多，共为八篇，还以《地形》为界分上下、两卷。

简本中，《势》的篇题非常明确，篇题木牍和正文简背都作《势》，可知简

---

① 各本篇题或有缀"篇"字者，为了比较方便和行文简洁，除引文外，本节均省略。

也有单字篇题。就这一点而言,它和十一家注本及樱田本有一定的趋同性。不同之处也能找到,比如简本《实虚》,传本作《虚实》。还要注意的是,简本篇题木牍和正文也存在差别,比如正文简背写作《火攻》,但篇题木牍则为《火阵》或《火队》。该篇樱田本命名为《火》,武经本和十一家注本均为《火攻》。

从以上比较,至少可以得出两点认识:

第一,《孙子》古本篇题,或一字或两字,并非整齐如一。更早的古本有无篇题,何时出现篇题,目前无从知晓。有学者怀疑《孙子》起初并无篇题,所有篇题都是战国中期以后才加上的。[①]从银雀山竹简本可以看出,《孙子》至少在西汉前期或先秦时期,就已经有了篇题。这种并不整齐的篇题,一直流传到宋代,我们在十一家注本和樱田本中都可以看到这一情况。武经本中整齐划一的篇题,有明显的人为加工痕迹,是宋人系统整理的结果。影宋本《魏武帝注孙子》中,也存在这一现象。

第二,《孙子》在历史上可能存在,甚至是长期存在"同篇异名"现象。从银雀山出土文献可以看出,即便是在同一版本中也存在类似现象,比如《火攻》也作《火队》或《火阵》。这种情况的出现,可能是抄写荒率所致,也有可能为古本《孙子》的固有特征。简本《实虚》末尾写有"神要"二字,整理小组也怀疑是"别名",[②]可能正是"同篇异名"现象的存在,我们对篇题木牍中最后一个篇题——《七执(势)》,无法在传本中找到与之对应者。不同传本篇题存在一字和两字之别,可能也是"同篇异名"现象的遗留。

(三)通过篇题看版本

银雀山出土文献对探究《孙子》古本面貌不无助益,也可为我们比较传世宋本优长提供新的视角。就《孙子》版本研究而言,学术界多有忽视,只有不多的专家对此有所关注。不少学者格外推崇曹注本,但此本显然并非完璧。

郭化若认为,两大版本系统,"都是以曹注本为底本"[③]。杨炳安等学者

---

①褚良才:《〈孙子〉辨证四则》,载《〈孙子〉新论集粹》,长征出版社,1992年。

②《银雀山汉墓竹简(一)》,文物出版社,1985年,第15页。

③郭化若:《孙子译注》,上海古籍出版社,1984年,第27页。

也曾指出,宋代以前的《孙子》主要是靠曹注流传。[1]李零也认为,"我们现在看到的《孙子》,其实就是靠曹操传下来的本子",[2]"今本的最早来源,就是曹注本"。[3]因为这个缘故,李零对曹注《孙子》推崇有加。李零所看重的曹注本,实则就是影宋本《魏武帝注孙子》,在清孙星衍收藏的《平津馆丛书》卷一《孙吴司马法》内,也就是我们通常所说的顾千里摹本。这个本子的原本,据李零自己的推测,当是南宋孝宗刊本[4]。

郭化若、李零都看重曹注本对于《孙子》版本流传的意义,但是,我们今天所见本是不是一定从曹注本演变而来,仍需慎重考察。曹注本之外有无白文本流传,曹注本在流传过程中发生过哪些变化,今人所见曹注本是否为曹操当年亲手批阅和注解之本,类似这些问题,怕是都要稍加留心和重新思考。如果考察顾千里摹本便可发现,其篇题和武经本一样,都因加工整理而变得整齐划一。如果将此本定为十一家注本和武经本之母本,似嫌武断,缺少证据和说服力。我们今天常见十一家注本,也即中华书局1961年影印本,其篇题或两字或一字,并不像经过加工整理。据杨炳安考察,该本刊刻时间"当是孝宗时代"[5],与顾千里所摹曹注本相比,时间不相上下。既然不能在刊刻时间上占得优势,也就不能确定其果为武经本和十一家注本之底本,也可怀疑它是从集注本或武经本中抽出别行。

杨炳安和陈彭对曹注本曾有研判:"曹注也有单行本传世,但由于宋刊已不可见,所以这些单行本是否由《武经》或集注本中摘出者,则不敢肯定。"[6]他们既然判断宋刊本已不可寻,便不认可顾千里摹本为宋刊。杨炳安和陈彭认为,后来单行曹注本,也有可能是从"《武经》或集注本中摘出"。仅从曹注本篇题考察,持此怀疑之论并非没有依据。曹操注本也许在武经本或十一家注本之前就已经完成其传承文献的历史使命。由于已有集注本和武经本,曹注本很可能和李筌注本、杜牧注本等单注本一样,逐渐被岁月埋葬。杨炳安等学者认为,"在宋代以前,《孙子》主要靠曹注流传的",[7]"宋

①杨炳安、陈彭:《孙子兵学源流述略》,载《文史》第二十七辑,中华书局,1986年。
②李零:《兵以诈立——我读〈孙子〉》,中华书局,2006年,第16页。
③李零:《兵以诈立——我读〈孙子〉》,中华书局,2006年,第54页。
④李零:《现存宋代〈孙子〉版本的形成及其优劣》,《文史集林》第二辑,三秦出版社,1987年。
⑤杨丙安:《十一家注孙子校理》,中华书局,1999年,第4页。
⑥杨炳安、陈彭:《孙子兵学源流述略》,载《文史》第二十七辑,中华书局,1986年。
⑦杨炳安、陈彭:《孙子兵学源流述略》,载《文史》第二十七辑,中华书局,1986年。

代以前"这个界定非常重要。宋代以前和宋代以后,《孙子》流传发生了很大变化。由于宋代立兵经,《孙子》和其他六部兵书合称"武经七书",《孙子》被立为兵经之首,官方教科书由此形成。此后《孙子》流传主要依靠武经本。武经本和曹注本有着密切联系。李零认为,曹注本和武经本应该是一个系统。①到了清代后期,因为有孙星衍之力,十家注本或十一家注本重新受到重视。

虽说关系密切,并不代表他们之间就可以互相等同。其中差别必须尽可能厘清。认真考察二者之间的异文情况,对我们重新思考曹注本和十一家注本的关系很有帮助。

下面仅举《行军篇》若干异文进行讨论。

其一:

> **十一家注本**:凡军好高而恶下,贵阳而贱阴,养生而处实。
>
> **曹注本**:凡军好高而恶下,贵阳而贱阴,养生处实。

曹注本"养生处实"一句,比十一家注本少一个"而"字。该处为明显的排比句式,由于前两句都有"而"字,故"养生处实"一句不当少"而"字,曹注本疑有脱误。

其二:

> **十一家注本**:敌近而静者,恃其险也;远而挑战者,欲人之进也。
>
> **曹注本**:近而静者,恃其险也;远而挑战者,欲人之进也。

曹注本两句均无"敌"字,十一家注本则是前一句有,后一句无。此处"敌"字似不可少,否则宾主关系不明。考察简本,两句皆有"敌"字。疑十一家注本已抄脱一"敌",到曹注本时再次抄脱一"敌"字,致使全句失去主语。

其三:

> **十一家注本**:粟马肉食,军无悬瓿,不返其舍者,穷寇也。
>
> **曹注本**:杀马肉食者,军无粮也;悬缶不返其舍者,穷寇也。

曹注本比十一家注本多出一个"相敌之法"。与简本对比,十一家注本

---

① 李零:《兵以诈立——我读〈孙子〉》,中华书局,2006年,第23页。

多出"粟马肉食,军无"六字,但简本在"厎(甀)"字之前尚有部分字迹漫漶,所缺或许正为这六字,简本和十一家注本更能求得一致,曹注本则多出"军无粮也"四字。这四字仅从内容上看,更像是"杀马肉食"的注解文字。由于此句衍入正文,才使得曹注本比十一家注本和简本多出一条"相敌之法"。

其四:

　　十一家注本:兵非益多也。

　　曹注本:兵非贵益多。

考察简本,该句作"兵非多益",行文简洁,语意明确。十一家注本作"兵非益多也","益"和"多"二字颠倒,恐为传写之误,致使句意转向晦涩。曹注本在"非"字后面又加上一个"贵"字,使之成为"兵非贵益多",而这较诸简本或十一家注本都显冗繁。

仅就上述几处异文来看,曹注本脱误和衍误现象并存。相比十一家注本,曹注本非但不能立即见出优长,反倒更像是后出。考察篇题情况,所得结论与其一致。既然敢于在篇题上作出改动,未尝不会对正文作出臆改。故今天所见曹注本,可能不是曹操当年所见之本。而且曹注本,包括武经本,与宋本十一家注本的关系及版本价值和优劣等问题,也都需要重新估量。

由银雀山竹简我们也可对樱田本的价值重新认识和衡量。樱田本刚在日本出现时曾引起不小轰动,一度号称唐以前的古本,故而很快也被我国学者熟知。对此,有人相信,也有人怀疑。杨守敬便认为该本系伪撰,只是举证稍显贫弱。杨氏第一条证据,樱田本"非《汉书·艺文志》所载之本"就缺乏说服力。[1]《孙子》在《汉书·艺文志》的著录,本为难解之谜,八十二篇的《吴孙子兵法》令人们对《孙子》在汉代的流传产生误会,乃至相信曹操删减篇目。杨守敬第二条证据,即"篇分上下,于古亦无征"[2],也被银雀山出土驳倒。从篇题木牍来看,简本《孙子》以圆点为界,也分上、下两个部分。[3]这样说来,樱田本分上、下篇的做法,不仅不是"于古无征",反倒有非常古

---

①详参苏桂亮:《杨守敬评日本樱田本〈古文孙子〉》,载《军事历史研究》,2004年第1期。

②详参苏桂亮:《杨守敬评日本樱田本〈古文孙子〉》,载《军事历史研究》,2004年第1期。

③详见银雀山汉墓竹简整理小组:《孙子兵法》,文物出版社,1976年,第92页。

老之源头。两卷本《孙子》和《七录》所载三卷本《孙子》[①]有无关系,是何种关系,都因"文献不足征"而无法详考。

相比之下,穆志超对樱田本的判断较为可信。他认为该本源自唐本,但也经过传抄和校改,《军争篇》《九变篇》的改动就是证据。[②]樱田本的文献学价值不容忽视,除全书分上、下卷的做法可与简本求得对应之外,其篇题或一字或两字,和简本及十一家注本也是一致的。所以,加强对包括樱田本在内的文本研究,不仅可以进一步探测《孙子》故本形态,也可对《孙子》流传,包括在古代日本的流传情况等,都有所帮助。

第二节 《孙子》篇次考察

银雀山出土文献除了提供有关《孙子》古本篇题的重要信息之外,也向世人展示了古本的篇次情况。与传本相比,简本在篇次上也有很大不同。其中优劣如何,哪种编排更为合理,都值得关注和研究。

(一)简本篇次

从银雀山出土木牍的残存文字可以看出,简本篇次与传本存在较大出入。整理小组曾基于木牍就简本篇次情况发表过如下意见:

> 据此牍可知简本《孙子》十三篇篇次与今本有出入。今本《虚实》在《军争》之前,简本在《军争》之后。今本《行军》在《军争》《九变》之后,简本在《军争》之前。今本《火攻》在《用间》之前,简本在《用间》之后。由于木牍残缺,简本十三篇的篇次还不能完全确定,所以本书释文仍按今本篇次排列。[③]

这段话就木牍可释读部分篇题与传本进行了对照,并进行大致定位,发表于文物出版社1976年版简体横排本《孙子兵法》。1985年文物出版社再出精装本时原样收入。在以上两种出版物中,有关简本的释文也基本按照

---

① 张守节《史记正义》引。
② 穆志超:《樱田本〈孙子兵法〉补考》,载《〈孙子〉新论集粹》,长征出版社,1992年。樱田本中有关《军争篇》和《九变篇》的改动,明显是从张贲、刘寅等人的错简说而来。
③ 《银雀山汉墓竹简(一)》,文物出版社,1985年,第29页。

十一家注本的篇次排列，由此可见整理小组主张之坚定。对照出土木牍图片，整理小组的专家们已就木牍所能提供信息，进行了细致研究。他们所得出"不能完全确定"的结论，也是可信的。

虽说木牍已传递出与传本不同的篇次信息，但整理小组仍然勉强地试图简单处理，出版文献时趋同传本，这其实也是基于木牍的残损现状所作出的无奈之举，也体现出专家们的实事求是精神。不妄加推测，不妄下断语，"不能完全确定"的判断，也许会被某些人视为保守，但未尝不是对出土文献的一种尊重和保护。

也许是因为木牍残损过于严重，可利用信息较少，学术界对简本篇次的研究缺少兴趣，与之相关的论文难得一见。目前只有李零、吴九龙、王正向等少数学者曾对这一论题有所关注。

李零曾投入研究简本《孙子》，也对出土篇题木牍有深入研究，就简本篇题提出了独到见解。他认为，三排五行的篇题中，有八处可以释出或补释，有待确定的一共为五篇。李零也尝试对这五篇篇题的各自位置进行揣测，进而推断出简本篇次：

一、《〔计〕》；二、《〔作战〕》；三、《埶》；四、《〔刑〕》；五、《〔谋攻〕》；六、《行〔军〕》；七、《军□（争）》；八、《实□（虚）》；九、《〔九变〕》；十、《□（地）刑》；十一、《九地》；十二、《用间》；十三、《火□（队?）》。①

李零之所以作出这样的推测，其中含有一个重要前提，也即他认定的第一行是书题，最后一行的"七埶（势）"不是篇题，而是与"势"有关的后七篇的统称。这样一来，三排五行便一定是十三个篇题，这也可以和传本及《史记》等史籍的有关记载保持一致。李零后来又否定了自己木牍第一行为书题的说法，改而认为此处记有《孙子》篇数，②但他对于"七埶（势）"的认识没有发生变化，也即篇题木牍仍可视为包含了十三个篇题，故此他当初用来推测简本篇次的基本前提保持不变。可能正是这个原因，李零有关篇题木牍的论文虽经数次整理出版，但有关简本篇次的推测之论始终保持不变。

在笔者看来，李零推测简本篇次的过程非常精妙，但也并非尽善尽美，至少有两点被忽视：

①李零：《〈孙子〉篇题木牍初论》，载《文史》第十七辑，中华书局，1983年。
②李零：《〈孙子〉十三篇综合研究》，中华书局，2006年，第415页。

第一,"□刑"并不能完全坐实为《地形》,将二者简单等同,是没注意到武经本尚有《军形》这样的篇题,无形之中受到传本篇次的干扰。既然已知传本和简本在篇次上存在重大差异,就不能根据传本《九地》前是《地形》而将木牍中"□刑"坐实为《地形》。

第二,木牍中的"七执(势)"作为篇题的可能性尚不能完全排除,它可能并非如李零所说,为七个有关"势"的篇章之统称。如果确系统称,《势》却没被"统"进来,不免令人费解。如果"七执(势)"为篇题,那么它应该是简本的最后一篇,而非《火攻》或《火队》。

故李零有关简本篇次的推测,其中仍有可商之处,不能令人们完全信服。既然如此,我们不如回到当初,接受整理小组的判断和认识,不要急于判定简本十三篇的篇次。

(二)传本篇次

在考察了模糊难辨的简本篇次之后,我们不妨再看看传本的篇次。相对于简本,传本的篇次非常明确。无论是武经本,还是十一家注本,乃至日本樱田本,篇次大致相同,只是篇题名称稍有差别。

较早研究《孙子》篇次的,要数宋代注家张预。在注解《孙子》时,张预对每一篇的篇题都有留意,注解篇题时非常重视找出各篇之间的内在联系。我们不妨将这些文字汇集起来,也许可以从中见出张预对于十三篇内在逻辑的理解和把握。

对于《计》排第一,张预引用《管子》名言予以证明:"管子曰:'计先定于内,而后兵出境。'故用兵之道,以计为首也。"①《计》计算敌我双方优劣,经过周密计算之后,才能决定是否出兵。《计》排第一,属于天经地义。之所以将《作战》排第二,张预注曰:"计算已定,然后完车马、利器械、运粮草、约费用,以作战备,故次《计》。"《作战》主要讨论备战之法,篇次如此排列,非常合乎情理。从战争常理考察,备战主要是进行人力和物资准备,同样需要大量计算,与《计》一脉相承。对于《谋攻》篇题,张预注曰:"计议已定,战具已集,然后可以智谋攻,故次《作战》。"就战法的谋划而言,必须要等种种计算和准备工作完成之后才能进行,故此《谋攻》排在这之后。可能在张预看来,

---

① 以下引用张预注语均从十一家注本节录而来,不再出注。

"谋"就是谋攻守，"形"则因为攻守而显现，所以张预认为《形》排《谋攻》之后更合理："形因攻守而显，故次《谋攻》。"《势》与《形》关系密切，理应排在《形》之后，对此张预指出："兵势已成，然后任势以取胜，故次《形》。"在张预看来，《形》《势》与《虚实》同为一组，分别论述了攻守、奇正和虚实，故《虚实》排在《势》之后："《形篇》言攻守，《势篇》说奇正。善用兵者，先知攻守两齐之法，然后知奇正；先知奇正相变之术，然后知虚实。盖奇正自攻守而用，虚实由奇正而见，故次《势》。"就战争决策和战法设计的常理而言，必须先知虚实，然后才能争胜，故张预认为《军争》理应排在《虚实》之后："以'军争'为名者，谓两军相对而争利也。先知彼我之虚实，然后能与人争胜，故次《虚实》。"《军争》所论为常法，但用兵需既知常法也通变法，故《九变》列《军争》之后："变者，不拘常法，临事适变，从宜而行之之谓也。凡与人争利，必知九地之变，故次《军争》。"种种变术之中，包含了地理之变，为将者也需知晓，故《行军》《地形》排列其后。张预指出："知九地之变，然后可以择利而行军，故次《九变》。"又云："凡军有所行，先五十里内山川形势，使军士伺其伏兵，将乃自行视地之势，因而图之，知其险易。故行师越境，审地形而立胜。故次《行军》。"在张预看来，《九地》仍是探讨地理问题："用兵之地，其势有九。此论地势，故次《地形》。"在《九地》之后，还有《火攻》和《用间》，张预认为这种安排也合乎情理，火攻尤其需要派出奸细探知地理之远近，然后才能合理展开："以火攻敌，当使奸细潜行；地里之远近，途径之险易，先熟知之，乃可往。故次《九地》。"既然如此，《用间》也排列在《火攻》之后，是知敌之情的需要："欲素知敌情者，非间不可也。然用间之道，尤须微密，故次《火攻》也。"

　　张预对各篇篇题的注解，致力于发掘十三篇的前后逻辑关系，力图为传本《孙子》的篇次安排给出精妙解释。在他看来，十三篇本为浑然天成的整体，并且不可分割，各篇顺序安排都蕴含了作者巧思，并蕴含深意。张预对《孙子》篇次的解读获得不少好评。民国学者蒋方震等曾赞扬道：惟张预于每篇题目之下，间亦记其编次之意。[1]民国另一位注家支伟成也曾对《孙子》篇次安排给出注解，但大抵还是张说之翻版，并未跳出其藩篱。[2]

[1]蒋方震、刘邦骥：《孙子浅说·绪言》，1915年房西民抄本。
[2]详参《孙子兵法史证·孙子篇目述义》，1934年上海泰东图书局影印本。

　　虽然立说精巧,但张预所论并非完美无缺。比如,他对个别篇章主旨的理解未必合理,甚至存在失误。比如《形》,张预认为是讨论攻守问题,未必合理。孙子将篇题命曰"形",可知该篇是就如何"立形",即如何营造军事实力而展开。《行军》《地形》《九地》等篇论述军事地理,张预并未注意挖掘其中区别,包括《火攻》之所以会列在《九地》之后,张预的解释也较为牵强。

　　除张预之外,宋代郑友贤也研究过《孙子》篇次安排,并指出其中之精妙。郑友贤认为,《孙子》从《计篇》开始,到《用间篇》结束,其中自有深意。在他看来,《计篇》是说"故经之以五事,校之以计,而索其情",《用间篇》中所论正为"索其情",这就是所谓"计待情而后校,情因间而后知",故以《计》开始又以《用间》终结,这种安排是"从易而入难,先明而后幽,本末次序而导之,使不惑也"。①

　　郑友贤的解读虽只涉及一始一终,但着眼点是在十三篇之整体,关注的是其内在逻辑,故有关讨论已经很有深度。他的这一分析法可能也对日本学者产生了影响。日本学者在研究《孙子》时,非常重视《用间》,高度关注其中情报思想,认为《孙子》十三篇是以"知彼知己"这种情报思想贯彻于始终,至于以《用间》结尾,更是出于重视和强调。

　　日本学者中,首先提出这种认识的是山鹿素行。在《孙子谚义》中他认为,《孙子》是一个非常完美的整体,贯穿始终的正是"知彼知己"的情报思想。他的这一论点得到不少日本学者的认可和支持,佐藤坚司由此而称赞山鹿素行把握了《孙子》的真谛。②另外一位研究专家德田邕兴则完全袭用山鹿素行这一观点,认为十三篇以用间而终,结其要,意在用兵之时,察敌情为第一要务。③部分日本学者出于对情报的重视,认为十三篇从头至尾都是围绕情报展开,都是在讲用间,这其实很值得商榷。据佐藤坚司的介绍,山鹿素行从情报这一独特视角出发,对《孙子》各篇另有分析:《始计》《作战》和《谋攻》是讲"知己、知彼、知天、知地",《军形》《兵势》和《虚实》则是讲"知己",《军争》《九变》和《行军》是讲"知彼",《九地》和《地形》则是讲"知地",《火攻》则是讲"知天",最后的《用间》是再次回到"知彼、知己、知天、知

①[宋]郑友贤:《十家注孙子遗说并序》。参杨丙安:《十一家注孙子校理》,中华书局,1999年,第328页。
②[日]佐藤坚司:《孙子研究在日本》,军事科学出版社,1993年,第31页。
③[日]德田邕兴:《孙子事活抄》,转引自佐藤坚司:《孙子研究在日本》,军事科学出版社,1993年,第105页。

地"。①用这种方法分析《孙子》的结构,视角固然独特,但其实也是对十三篇的严重误读。《孙子》固然高度重视情报,并突出强调了用间的作用,但绝不会通篇围绕情报或用间而展开。通观十三篇,情报只是孙子兵学理论的部分内容。

与日本学者不同,民国学者蒋方震承接郑友贤上述思路,对《孙子》篇次安排给出了另一种解读。如前所述,蒋方震等曾对张预的解读大加赞扬,但同时他也曾批评张预之失:"不能曲尽其妙。"故此,他们对《孙子》又提一种新的解读方式:"十三篇结构缜密,次序井然,固有不能增减一字,不能颠倒一篇者。《计篇》第一,总论军政平时当循正道,临阵当用诡道,而以庙算为主,实军政与主德之关系也。第二篇至第六篇论百世不易之战略也。第七篇至第十三篇论万变不穷之战术也。"②在他们看来,《孙子》以《计》为始,以《用间》为终,反映出作者重视"庙算"的理念。③在《孙子浅说》中,蒋方震对《计篇》也有解读:"此篇论治兵之道在于庙算,而以主孰有道一句为全篇之要旨。"由此出发,我们更可确立"以庙算始,以庙算终"的理念。"庙算"是孙子的决策思想,也是十三篇的灵魂,以"庙算"贯穿十三篇终始完全存在可能。日本学者所论"用间",则只是孙子"庙算"理论的一部分而已。庙算的主体内容是"五事七计",由此我们可以得知孙子重视情报和用间的理念,但我们不能只抓住"用间"而不及其余。

考察传本篇次,可以看出有多个线索贯穿其中,比如"知论",也即前述郑友贤等人的发现。再如"利本"思想、"慎战"理念、"诡道用兵"主张等,也都是十三篇的重要主线。而且,孙子在大循环之中又设计有小循环,逻辑上层层推进,并能互相照应。例如,就"知论"而言,孙子在《计篇》总论"知彼知己"和"知天知地",到了《谋攻篇》则集中推出"知彼知己",到了《地形篇》则又论及"知地",就此再次强调"知彼知己"和"知天知地"。再就治军思想而言,孙子于《行军篇》提出治军总原则是"令之以文,齐之以武"④,在《地形篇》中强调的是"视卒如婴儿"或"视卒如爱子",突出的是"文"的一面,但到了《九地篇》则强调对士卒就应该"若驱群羊,驱而往,驱而来",突出的是

---

① [日]佐藤坚司:《孙子研究在日本》,军事科学出版社,1993年,第31—32页。
② 蒋方震、刘邦骥:《孙子浅说·绪言》,1915年房西民抄本。
③ 蒋方震、刘邦骥:《孙子浅说·绪言》,1915年房西民抄本。
④ 简本作"合之以交(文),济(齐)之以……"。

"武"的一面。可以看出这前后三篇在"治军论"上互相照应,写作思路不可不谓精妙。从《计篇》到《作战篇》再到《谋攻篇》,孙子另有"计算"这一条线索贯穿其中,除计算军用物资之外,更计算实力对比。在这一基础之上,孙子又以《形篇》《势篇》加深对力量的强调,随后的《虚实篇》等则重点探讨力量的运用等。总之,十三篇兵法结构设计非常巧妙。作者的种种巧思,我们都可以从传本中细细加以体会。

(三)差异比较

通过前面对简、传本篇次所作考察,可以得出这样两个印象:第一,由出土篇题木牍出发,我们并不能明确推断出简本篇次,或者说简本篇次较难排定。第二,传本篇次经过精心设计,而且首尾保持呼应,具有一定的逻辑性,也较为合理。

出土篇题木牍中"七執(势)"字迹清晰可辨,但不能从篇题中排除,并不一定是与"势"有关篇章的统称,"□刑"也不能如某些学者分析的那样完全坐实为《地形》。既然如此,对简本篇次所进行的各种排列,都只能是猜测进行,也较难彻底说服别人。李零所推定篇次,固然具有一定的合理成分,但并非无懈可击。李零在排列篇次时,无形之中怕是也受到了传本影响,比如他会根据"先计后战"这一逻辑关系而将《计》排第一,并将《作战》排在第二,进而由此逐步展开。这其中显然带有先入为主的成分,也一定会在某种程度上影响他的推理。相比之下,竹简整理小组放弃任何努力,倒显得立论谨慎。篇题木牍那些漫漶之处,究竟写没写文字,写了什么,我们都已无从知晓。目前根据出土木牍来推测简本篇次的努力,可能都是徒劳之举。

李零推测简本篇次时,也看到了其中存在的多种可能性,但他只提交了在他看来可能性最大的一种排列。令人感到意外的是,王正向校勘简本时,明显是唯简本是从,竟用李零推测而来的简本篇次和传本进行比较,由此而得出传本"篇次颠倒"及"严重破坏了有关篇目之间的内在逻辑关系"之类的结论。[1]这显然是沙上筑室,经不起推敲。王正向由李零推测之论出发,进一步指出,简本以《火攻》结尾,体现了作者"重战"和"慎战"之旨,故而以

---

[1]王正向:《〈孙子十三篇〉竹简本校理》,军事科学出版社,2009年,第5页。

"重战"始、以"慎战"终。①这种分析乍看很有道理,其实也难以成立。从出土木牍来看,虽说目前尚无法得知《七势》可以和传本中哪一篇求得对应,但也有学者认为这同样是篇题之一,而且更像是简本的最后一篇。②总之,由出土木牍出发,并不能确定《火攻》为简本的最后一篇。

王正向立论的依据,是李零所推测建立的简本篇次,但有意思的是,李零对简、传本篇次也进行过比较,观点则与王正向明显相左。李零认为:今本篇次更有条理。③李零立论与众多前贤的研究保持一致,相对王说更为可信。日本学者服部千春也认为传本篇次更佳:"无论在军事上,在逻辑上,较之木牍更胜一筹。"④

因为简本的篇次难以确定,贸然进行优劣比较似不足取,但简、传本篇次的差异已是世人共识。吴九龙认为,"传本《孙子兵法》的篇题,各篇的排列次序当是刘向、任宏排定的。"⑤作者所用"当"字,表明其为推测之论。只是这种推测之论,首先将孙武编订篇名和篇次的可能完全排除,同样值得怀疑。与之类似的,还有曹操编订篇题、篇次的说法。如果曹操果真删减过篇目,那么他必然也需要对篇次重新加以整理。但问题在于,曹操究竟有无删减篇目之举,本来也存疑问。

就差异产生之原因,李零也曾有推测。在他看来,传本篇次之所以更有条理,是因为经刘向、刘歆父子和曹操两次整理的结果⑥。但这种推测之论,同样值得商榷。在笔者看来,曹操和刘向、歆父子究竟有没有对《孙子》做过整理,做过什么样的整理,目前看来都很难知晓,故李零此论未能真正揭示差异发生之原因。

银雀山出土文献在总体上能与《史记》互证,让人对司马迁的有关记载增加了一份信任。《孙子》出自孙武本人之手的说法,重新得到更多人认可。也就是说,十三篇的篇次更有可能出自孙武本人,而非他人之手。传本篇次

---

①王正向:《〈孙子十三篇〉竹简本校理》,军事科学出版社,2009年,第5页。
②吴九龙:《简本与传本〈孙子兵法〉比较研究》,载《孙子新探——中外学者论孙子》,解放军出版社,1990年。
③李零:《〈孙子〉篇题木牍初论》,载《文史》第十七辑,中华书局,1983年。
④[日]服部千春:《孙子兵法校解》,军事科学出版社,1987年,第21页。
⑤吴九龙:《简本与传本〈孙子兵法〉比较研究》,载《孙子新探——中外学者论孙子》,解放军出版社,1990年。
⑥李零:《〈孙子〉篇题木牍初论》,载《文史》第十七辑,中华书局,1983年。

的精妙安排,如果不是出自孙武,也有可能出自孙子学派,而不一定轮到刘氏父子,或劳驾曹操。在笔者看来,《孙子》在两汉一直以十三篇的规模流传,并未在西汉末年出现膨胀,八十二篇的《吴孙子兵法》不是十三篇《孙子》的前身,曹操也没有做过删减篇目之举。也就是说,简、传本篇次之所以产生差异,和曹操等人无关。至于这种差异何时出现,由谁造成,也已成为难解之谜团。每一本古书在流传过程中,都曾有不断的辗转和传抄,也有好事者擅自加以改动,但他们的姓名已经无从知晓。

《孙子》的流传过程非常复杂,简、传本的篇次差异也可说明这一复杂情况。简本和传本到底是何种关系,简本是否为传本之前身,都难以确定。《孙子》各本之间出现差异的原因同样非常复杂,目前也许只能把空白交还给空白。

第三节　《九变篇》再考察①

《九变篇》是十三篇中字数最少的一篇,集中论述的是用兵的变法。全篇分三个层次:首先是解释篇名,其次是论述为将者需通晓九变之利、兼顾利害,最后再论述为将者不通权变的危害性。《九变篇》着墨无多,却主题集中,发人深省。用孙子自己的话说:"治兵不知九变之术,虽知五利,不能得人之用矣。"②所以,孙子特意列出这样一篇专论用兵之变术。在不多的文字中,产生了不少脍炙人口的名句。诸如"用兵之虑,必杂于利害""将有五危""君命有所不受"等,都为人们所耳熟能详。然而,虽题为"九变",但孙子自"圮地无舍"至"君命有所不受"一共列举了"十变",这便给人们带来一个很大的困惑:《九变篇》是否存在着内容或结构上的问题? 所谓"九变"到底是指哪九条变术呢? 这些问题,历史上已有不少学者进行过探讨。银雀山竹简出土之后,有关讨论显然可以继续深入。

(一)元明之前的探讨

元明之前已有不少学者开始怀疑《九变篇》所存在的问题,但是对于该

---

① 这部分文字曾先期发表,有部分修改。参见熊剑平:《〈孙子·九变〉再考察——兼与李零先生商榷》,载《军事历史》,2013年第3期。
② 《孙子·九变篇》。

篇篇题,只有曹操、王晳和张预留下注语。这三人中,只有王晳和张预的注解多少算是试图解释"九"字的来历。

曹操注语极其简略:"变其正,得其所用九也。"从中可以看出,曹操似乎并未纠缠在"九变"的具体数字之上,而是更加强调《九变篇》所要探讨的内容,那就是"变正为奇"的所谓用兵之变法。从十一家注本所提供信息也可以看出,所谓"九变",也可能是"五变"。因为曹操对"治兵不知九变之术"所作"校语"曰:"九变,一云五变。"①

另一位注家王晳对《九变篇》的篇名作出这样的注解:"晳谓九者数之极;用兵之法,当极其变耳。《逸诗》云:'九变复贯。'不知曹公谓何为九。或曰:九地之变也。"中国人一向以"九"称多,清人汪中曾有论述,②管仲助齐桓公"九合诸侯",并非只有九次,人们喜欢以"九"形容次数之多。③《楚辞》中有《九歌》,本为十一篇,其数也不止于九。所以,王晳的解释,为后来很多注释家所推崇④,是有关"九变"的非常重要的注语。而且,王晳还注意到曹操的注释并没有把话说完,所以发出"不知曹公谓何为九"的疑问。此外,他还为"九变"提供了另一个备选答案:"九地之变。"

没想到的是,王晳当初所提供的这个备选答案,后来竟受到张预的肯定。张预对《九变》篇题所作注语为:"变者,不拘常法,临事适变,从宜而行之之谓也。凡与人争利,必知九地之变,故次《军争》。"张注和曹注一样,抓住了《九变篇》的中心内容,即探讨用兵之变法,但张预此语已将"九变"和"九地之变"直接画上等号。张预曾对十三篇的编次问题有过探讨。他认为,"先知彼我之虚实,然后能与人争胜",⑤故《军争》次于《虚实》。从《军争篇》到《九变篇》,次序井然而且合理,因为《九变篇》是探讨"九地之变"和"用兵之变法"。

除曹、王、张三人之外,还有何氏注意到有关问题,其余注家则大多不约

①杨丙安:《十一家注孙子校理》,中华书局,1999年,第172页。该句前有〇,或许非曹操注语。经查,武经各本和曹注本(清平津馆刊顾千里摹本)都没有这一句。

②汪中《述学·释三九》曰:"凡一、二所不能尽者,则约之三,以见其多;三之所不能尽者,则约之九,以见其极多。"

③据《穀梁传·庄公二十七年》,齐国举办"衣裳之会"11次,"兵车之会"4次。黄朴民统计齐桓公参加的盟会有22次。详见黄朴民:《春秋军事史》,军事科学出版社,1998年,第178页。

④杨炳安:《孙子会笺》,中州古籍出版社,1986年,第107页。

⑤杨丙安:《十一家注孙子校理》,中华书局,1999年,第134页。

而同地选择性回避。何氏说"解者十有余家,皆不条其九变之目者",①所反映的正是这个情况。何氏是在注释"九变之利"时对这一论题进行了讨论。他认为,之所以会出现这一现象,是因为所谓"九变"实在难以在具体数字上坐实:"盖自'圮地无舍'而下,至'君命有所不受',其数十矣,使人不得不惑。"②何氏接着便尝试为此寻找答案:"愚熟观文意,上下止述其地之利害尔;且十事之中,'君命有所不受'且非地事,昭然不类矣。"③何氏同样认为"九变"就是"九地之变",因为"君命有所不受"并不能归于"九地之变"中,故可从"圮地无舍"等十事中撇开,这样便一一坐实了"九变"。

何氏这一观点得到金代施子美的支持。施子美著《武经七书讲义》时说:"九变者,自'圮地无舍'至于'地有所不争'。"④这实际上也是将"君命有所不受"一句从"九变"中剔除,完全继承了何氏的衣钵。应该承认,何氏的这番分析可谓煞费苦心,固不乏巧思,但与王皙相比,已经稍显拘泥。而且,"军有所不击"也并不能确指"地事",按照何氏之论,多少也有"昭然不类"之嫌。

(二)"错简说"的由来

由何氏等人所发现的"悬案",引发了元代张贲的进一步思考,在经他研究之后,变得更加扑朔迷离。张贲立说虽不能确定完全在理,却持续散发着影响力,反对者和支持者都有不少。直到今天我们在讨论《九变篇》时,张贲"错简说"仍无法回避。

张贲注解孙子的文本今已失传,但他有关《九变篇》的意见依靠明代刘寅的转述而得以保存下来。刘寅说:"其(张贲)本刊行于世,愚十八九岁时,遭元季抢攘,尝从先人授读,亡其书四十余年,今尚能记其大略。姑依其次序而直解于下,使学者易晓耳。"⑤根据刘寅的转述,我们可以得知张贲的意见是,《军争篇》从"高陵勿向"到"穷寇勿追"八句是错简,他们应当在《九变篇》"合军聚众"之下,合"绝地无留"一句而成"九变"。刘寅认为,《九变

---

①杨丙安:《十一家注孙子校理》,中华书局,1999年,第172页。
②同上书,第172页。
③同上书,第172页。
④《施氏七书讲义·九变篇》。
⑤《孙武子直解·九变篇》。

篇》的"简编错乱"现象，"唯张贲已能改而正之"，[①]所以印象非常深刻，故而在经历四十余年之后还能清楚地记得。

　　除了支持张贲挪动《军争篇》的句子凑成"九变"的主张之外，刘寅并且认为，《九变篇》中的"圮地无舍，衢地交合，围地则谋，死地则战"四句也是错简，它们本应属于《九地篇》。因为《九地篇》"九地之变"只论及"六地之变"，其中应有部分文字错简进入《九变篇》。

　　刘寅和张贲改动版本的主张，又得到明代另一位重要注家赵本学的支持。赵本学说："及获见刘寅《直解》，知有张贲之书，直以'圮地无舍、衢地合交、围地则谋、死地则战'四句为衍文。"[②]从这段文字我们可以得知，本来在刘寅看来是错简的"圮地无舍"四句，赵本学已将其定性为衍文。不仅如此，赵本学甚至认为《九变》开头一句——"将受命于君，合军聚众"，也属多余，"亦误因上篇之文而重出也"。[③]在赵本学看来，如果将《九变》"将受命于君合军聚众"九字归诸《军争》，其下四句归诸《九地》，则《孙子》全篇更为简洁，甚至"孙子之书无一言之不足，亦无一言之有余矣"[④]。

　　很显然，从张贲到刘寅，再到赵本学，他们的改动越来越大，对《孙子》所作的字句改动逐渐超出《九变》，由《军争》牵扯到《九地》，这应当是一个伤筋动骨的手术。他们的改动一度受到追捧，直至今天我们还能见到一些追随者所留下的改动版本。当然，其中尤以明代居多，清代已经鲜见，可知其影响力终究有限，至少是未能持久。本来，刘寅、赵本学注本的有关改动都一一注明原委，并附有原版孙子文句，但有些追随者的脚步逐渐变得凌乱。他们干脆不再注明出处，直接对版本进行改动，比如《武学经传·孙子》（明嘉靖癸丑刊本）、《方山先生孙子说》（明嘉靖丙辰刊本）。这种做法多少有些贻害后世。

　　当然，刘寅、赵本学尚且自称要将"九变"与"九地之变"区分开来。刘寅《孙武子直解》中曾这样说道："云'九变'即'九地之变'，此言诚误后学。盖'九变'者用兵之变法……两篇主意不同。"[⑤]这是一个很有意思的现象，说

①《孙武子直解·九变篇》。
②《孙子书校解引类·九变篇》。
③《孙子书校解引类·九变篇》。
④《孙子书校解引类·九变篇》。
⑤《孙武子直解·九变》。

明他们虽然在《军争》《九变》和《九地》中找出了一系列的错简和衍文,却仍然承认《九变》作为讨论"用兵之变法"的独立一篇自有其存在价值,而不是将《九变》视作《九地》的副产品,或割剩下的尾巴。

那么,张、刘、赵的改动就一定有道理吗?没有。不久之后,我们就看到了一些反对的意见出现。

(三)"错简说"之批评

对张贲"错简说"批驳最力的要数何守法。这个何守法不是前文所提及的那个何氏。前文所说的何氏,据晁公武《郡斋读书志》记载,是位"未详其名"的"近代人",且见到过梅尧臣的注本,因此可大致推测其为宋人。[①]何守法是明代人,大约生活于明嘉靖至万历年间,其生平和生卒时间均已不详,只有他校注《孙子》的文字一直流传至今。

何守法在校注《孙子》时,明确地对当时盛行的"错简说"提出了质疑:"刘寅《直解》谓'高陵勿向'八句曾见张贲注,云乃《九变篇》脱简。愚因可疑,特详正于后。"[②]接下来,何守法针锋相对地对"错简说"予以批驳:"九变者,用兵之变法有九,不专在地也。九地之变者,遇九地而处之有变法也,二篇意各不同。谓'九变'乃'九地之变'亦非也。"[③]

应该看到,何守法"用兵之变法有九,不专在地"这一解读,相对更加高明。认真解读《九变》不难看出,孙子讨论用兵变法时,确实并非只拘泥于"地"。"君命有所不受"讨论的是战场指挥权,"军有所不击"则是讨论用兵之方向。可能由于所处时代用兵作战受制于地理因素较大,孙子才对"地"多了一些探讨——《孙子》讨论"地"的篇幅不在少数。但很显然,《孙子》并非通篇论"地"。何守法将《九变篇》的"九变"同"九地之变",不管是《九变篇》,还是《九地篇》,都严格地区分开来,由此出发,他找到了反击"错简说"的锐利武器。

何守法坚决反对张、刘、赵等人割裂《孙子》原文而拼凑"九变"的做法。他说:"用上篇八句并'绝地'一句,固为九矣,恐难免移易割破之弊。"[④]在何

①杨丙安:《十一家注孙子校理》,中华书局,1999年,第14页。
②《校音点注孙子·军争篇》。
③《校音点注孙子·九变篇》。
④《校音点注孙子·九变篇》。

守法看来，东拼西凑固然可以凑足数目，却非善法，还会影响《孙子》十三篇的文气，给人以"移易割破"的感觉。

出生于万历年间的茅元仪对"九地"即"九地之变"的说法，也提出了反对意见。他认为，《九变》讨论的是用兵之变法："此论变，非论地也。"①针对刘寅等人的"错简说"和改动文本行为，茅元仪表示坚决反对。在写作《武备志·兵诀评》时，茅元仪坚持保留《孙子》传本的固有模样，还对《九变》的篇名提出了看法："'五地'及五'有所不'共'十变'也，大略举数曰九。"

不知是否因为何守法等人的反对意见起到了纠错效果，明代天启、崇祯年间所出《孙子》版本已基本不再追随张、刘、赵，并没有再出现类似妄改。比如《新镌武经七书·孙子》（明天启元年刊本，王阳明手批本）、王世贞《孙子评释》（明天启元年刊本）、黄榜《武书考注·孙子》（明运筹堂刊本）、《武备志·兵诀评·孙子》（明天启辛酉刊本）、《武经七书合笺·孙子》（沈际飞，明崇祯九年刊本）、《武经七书会通·孙子》（沈际飞，明崇祯九年刊本）、《孙子明解》（郑二阳，明崇祯辛未刊本）、《新镌武经七书类注·孙子》（明崇祯金阊吴氏刊本）等等。这种局面的出现，想必不是出自偶然。如果与嘉靖之前的情形相对比，我们尤其可以见出其中玄机。

反对张、刘、赵这种改动版本的风气，甚至一直延续到清代。清代康熙年间著名学者汪绂在评论《九变篇》时说："上篇言地利，而篇末已微露变通之意，此篇遂极言变通之道，盖恐人泥于地形而不知变通之道也，故略举九者而言之，以见其例，究之无处不通变而后为可不止于九者……"②针对张、刘、赵等人批评《九变》错简，汪绂非常明确地提出反对意见："旧解多误。"③在汪绂眼里，《九变》"通篇只一气起结"④，并不像张、刘、赵等人认为的那样杂乱。

黎观五《武经汇解·孙子》（清康熙己酉刊本）收集旧注甚夥，蔚为大观，却只字不提张贲等人的"错简说"，是未曾见到，还是一种漠视呢？答案显然是后者。因为该书曾经数次引用刘寅《直解》。众所周知，刘寅《直解》正是因为转述张贲有关《九变篇》的"错简说"而名噪一时，而黎观五等人对此只

---

① 《武备志·兵诀评·孙子·九变篇》。
② 《戊笈谈兵·孙子》。
③ 《戊笈谈兵·孙子》。
④ 《戊笈谈兵·孙子》。

字不提,一方面可能是因为"错简说"其时已不再时髦,另一方面,可能在他眼里此说太过幼稚,已不值一驳。

张贲、刘寅、赵本学等人"错简说"产生的根源,是在于他们太过拘泥于"九"这个数目字,又误将"九变"当成是"九地之变"。当他们看到其数难合的时候,便会勉强地从上下文找出那些带有"不"和"勿"字样的句子,勉强凑齐了事。这种研究貌似深入,其实已走进一条死胡同。比如,他们在凑齐"九"这个数字的时候,只看到"绝地无留",对"圮地无舍"等则视而不见,这种尴尬回避的行为,多少也能说明问题。这一现象正说明,他们立说本来就没有什么根基,故此才会遭到无情的批驳,逐渐被人们所放弃。

(四)抑或是"五变"

前面我们曾提到,从《十一家注孙子》中可以看到,曹操对"治兵不知九变之术"有一句校语,校语曰:"九变,一云五变。"①〇《太平御览》在引用有关字句时也曰"五变"。②此外,我们还可以看到贾林注语也提及"五变"一词。③既然如此,我们有必要对这一说法加以关注和分析。

银雀山出土的《四变》是对五个含有"不"字的句子所作注解,五句话都可以和传本《九变》一一对应,即:"徐(途)有所不由,军有所不击,城有所不攻,地有所不争,君令有所不行。"④由此出发,我们不能不产生遐想:所谓"九变"莫非正如某些学者所说,原本就是"五变"? 由于五行学说对《孙子》的影响,十三篇中"五"这个数字频繁出现,共计27见。孙子论述战略分析,强调"经之以五事"。孙子论将,既强调"五德",又告诫"五危"。总结火攻之法,孙子指出:"凡火攻有五。"总结用间之法,孙子认为"故用间有五"。总结"知胜之道",孙子也认为"知胜有五"。加上五声、五色、五味等,"五"字大量出现,此处也有可能为"五变"。

其实,前人有关《九变》的种种意见中有一种就是认为,《九变》本是《五变》的误写。清人王皙就持这种观点。与王皙的观点相似,近代学者陈华元也认为,"九变"应该是"五变"。陈华元并且指出,诸如"圮地无舍"五句,均

---

① 杨丙安:《十一家注孙子校理》,中华书局,1999年,第172页。
② 《太平御览》卷二百七十二。
③ 杨丙安:《十一家注孙子校理》,中华书局,1999年,第172页。
④ 前面已有讨论,整理小组将有关文字命名为《四变》,很值得商榷。

应删除，以求得与"五变"之数相合。①

王皙等人的观点，我们不妨简称为"五变说"，在今天仍能获得响应。比如宫玉振就曾对《九变》做过详细考证，所得结论和王皙一致：所谓"九变"应该是"五变"之误。②宫玉振立论依托了前述竹简《四变》，也提及曹操校语等证据。

那么，"五变说"是否可备一说呢，怕是不能。因为我们从《九变》中可以看到作者三次提起"九变"——既说"九变之利"，又论"九变之术"。如果说标题写成"九变"属于误书，那么正文中再三写成"九变"，仍然是误书吗，怕是不能，故"五变说"难以成立。

（五）基于竹简的考察

张贲等人"错简说"的提出，距今已经有六七百年了。在最初一段时间得到了某种程度的热捧，但不久之后便遭到了有力的反驳，并被逐渐打入冷宫，很少再有人提起。这个看来似乎有些过时的观点，20世纪50年代，曾一度获得杨炳安的肯定。他在撰写《孙子集校》时曾对张、刘、赵予以支持。③由此可见，"错简说"并没有完全被人忘记。

当然，杨炳安的《孙子集校》受到了李零的批评。李零曾这样评说杨炳安的这部作品：《集校》特别是对"十家注"系统之外"武经"系统诸版本以及张贲、刘寅、赵本学等人的意见做了较多吸收，对古书引文反而不大重视，认为这些引文节引、改易、增删，不尽可据。但银雀山简本发现之后，杨校本的许多缺点就暴露出来了。④杨炳安这部早期重要作品之所以受到如此评价，似乎原因就在于李零反对张、刘、赵的"错简说"。李零对张、刘、赵等人的校勘工作曾有这样的评价：张贲、刘寅、赵本学受理学影响，注重书的整体分析，反对"有一句解一句"，有其一定的合理性。但他们动称"错简"，妄改原书，则是不可取的。银雀山简本的发现已经证明，他们的改动很少有对的。⑤

---

①陈华元：《孙子新诠》，商务印书馆，1940年，第78页。
②详参宫玉振：《〈孙子兵法〉"九变"考》，载《滨州学院学报》，2007年第5期。
③杨炳安：《孙子集校》，中华书局，1959年。
④李零：《关于〈孙子兵法〉研究整理的新认识》，载《古籍整理与研究》，1987年第1期。
⑤李零：《关于〈孙子兵法〉研究整理的新认识》，载《古籍整理与研究》，1987年第1期。

　　李零注意到银雀山竹简所提供的信息,并根据这些信息批评了张贲等人的改动版本。但是,他表扬张、刘、赵"注重书的整体分析",是笔者不敢苟同的。愚见以为,张、刘、赵他们恰恰是没有注重书的整体分析,至少是没有从整体思想上对《九变》进行把握,眼睛只盯着"九"这个数字,从而深深地陷入泥潭而不能自拔,因此才找出了一系列非常奇怪的"错简"。

　　李零关于《九变》的另外一说,也是笔者不能苟同的。应该说,他根据银雀山竹简批评张贲等人"动称'错简',妄改原书",确是批评在关节之处。但是,他自己却动手对《孙子》版本做出另一种改动,而且比赵本学他们动作更大,这就颇值得商榷。李零对张贲等人妄改行为持激烈批评态度,但我们也看到他在最近几年出版的有关《孙子》类书籍中,《九变》都被整体搬到《九地》之后。①虽说他曾出注加以说明,但无可否认的是,这其实也是一种版本改动,是一台"大手术"。

　　李零之所以会作出如此改动,是因为在他眼中,这《九变》,"从题目到内容,都是一笔糊涂账",并且"从曹操起,一直说不清"。②针对这样一笔"糊涂账",李零提出结论认为:"《九地》是全书整理的尾巴,最后没有加工好,《九变》就是从《九地》割裂,用该篇草稿中的材料拼凑而成。"因此,在他眼中,"《九变》编辑太差,本身无法读通,只有联系《九地》篇,才能理解"。③

　　我们注意到,李零的有关研究结论其实在很早之前就已形成。在20世纪80年代的一篇论文中,李零留下这样一段话:《九变》和《九地》是《孙子》全书中编次加工最粗糙的两篇,并且它们之间存在着明显的章句割裂痕迹。《九变》开头五句,不仅有四句与《九地》重出,而且"绝地无留",根据银雀山简本,也是出自《九地篇》。所以,前人推测"九变"本来是指"九地之变",这点是正确的。我们虽然指出《九变》《九地》两篇各自然章句之间的联系及编次上的矛盾,但并不认为有对这种章句作排比的必要。④从中可以看出,李零有关《九变》的认识由来已久。他反对张贲等人改动版本,自己却做了动作更大的改动,而且貌似接受了前人"九变"即"九地之变"的观点,这多少

---

① 比如《兵以诈立——我读〈孙子〉》(中华书局,2006年)和《唯一的规则》(生活·读书·新知三联书店,
　　2010年)。
② 李零:《兵以诈立——我读〈孙子〉》,中华书局,2006年,第314页。
③ 李零:《兵以诈立——我读〈孙子〉》,中华书局,2006年,第315页。
④ 李零:《关于〈孙子兵法〉研究整理的新认识》,载《古籍整理与研究》,1987年第1期。

让人感到费解。此外，在《兵以诈立——我读〈孙子〉》一书中，李零提出观点认为，所谓"错简"，本应该叫作"章句割裂"①。那么，李零反对张贲等人的"错简说"，只是在反对一个称谓吗？李零难道是因为怀疑传本有"章句割裂"，进而对《孙子》进行篇章改动吗？这些不能不令人感到疑惑。

　　从李零的论述可以看出，启示他提出这种"章句割裂说"的有两个重要线索，其一是《九变》开头五句，"有四句与《九地》重出"，其二是"'绝地无留'，根据银雀山简本，也是出自《九地》篇"。据此他得出结论："前人推测'九变'本来是指'九地之变'，这点是正确的。"进一步地，他才会将《九变》判定为一些"编辑很差""无法读通"的下脚料。我们仔细查找简本《孙子·九地篇》，并没有发现"绝地无留"一句。至少从1976年和1985年文物出版社的有关出版物中，我们看不到这一句。即便从李零自己的《〈孙子〉古本研究》所录银雀山简本，我们也查找不出。直到我们看他另外一篇文章《银雀山简本〈孙子〉校读举例》才明白，李零原来是从银雀山简本《九地》中"去国越境而师者，绝地也"一句中抽"绝地"二字，再将"争地，吾将使之不留"一句中的"不留"二字改作"无留"，二者拼接，便可凑成"绝地无留"。②然而，"去国越境而师者，绝地也"一句，简本与传本基本相同，而"争地"一句，简本传本表述存有差异：简本作"争地，吾将使之不留"，传本作"争地，吾将趋其后"。且不论这种勉强拼凑字句的做法本不可取，简本中的两句话在传本中能各自落实，反倒说明传本之谨严，李零所说从《九地》到《九变》的"章句割裂"现象，仅从简本考察，本不存在。尤其是，从银雀山出土竹简中，我们可以看出《九变》和《九地》都各自成篇。《九变》虽说文字漫漶较多，但我们从零碎的竹简文字还是可以判断，其与传本具有一定共性。李零的"《九变》就是从《九地》割裂"这一说法，如果根据出土文献考察也很难成立。

　　此外，李零根据"重出"现象来判断是否"章句割裂"，也颇值得商榷。《孙子》十三篇中，"重出"现象并非个案。诸如"知彼知己""非利不动"等重要字句都有"重出"现象。至于"重出"原因则很简单，就是因为作者对有关问题更多重视，譬如老师上课，觉得是重点内容，一定要反复叮咛。倘若"重

---

① 李零：《兵以诈立——我读〈孙子〉》，中华书局，2006年，第320页。
② 详参李零：《银雀山简本〈孙子〉校读举例》，载《中华文史论丛》，1981年第4期。

出"便是"章句割裂",古书实在是难以卒读,因为"章句割裂"实在太严重。

(六)跳出数字的束缚

历史上围绕《九变篇》发生的争议非常之大,几乎都是围绕"九"这个数目字展开。[1]这种争议,表面上看是求得"数"的合与不合,其实质却是对《九变》乃至十三篇的解读方式的不同所致。

在我们看来,《九变篇》在结构上浑然一体,严谨而有序,并非那种"编辑很差"和"无法读通"而又随意凑合而成的下脚料。《九变》承接《军争》篇而来。《军争》讨论的是常法,《九变》讨论的则是变法。这一常一变的连贯非常自然而合理,自有其逻辑上的联系。《军争》和《九变》两篇的开头句式一样,都是由"凡用兵之法,将受命于君,合军聚众"起头,这已暗示两篇之间有着某种特殊的衔接和安排。细读《军争》,也可以看出该篇在讨论用兵之法时,有"常法"向"变法"过渡的伏笔,这就是"高陵勿向"等八句。有了这种过渡之后,《九变》便开始探讨用兵之变法。这一层意思,清代学者汪绂说得非常明确:"上篇(《军争》)言地利,而篇末已微露变通之意,此篇(《九变》)遂极言变通之道,盖恐人泥于地形而不知变通之道也,故略举九者而言之,以见其例,究之无处不通变而后为不止于九者。"[2]

把"九变"当成"九地之变"是一种误解,实际上也是受困于"九"这个数目字,同时也是被《孙子》多个篇幅谈"地"的安排所误导。前文说过,由于身处特殊的时代,孙子讨论"地"的笔墨会稍重,但这不代表通篇都是在谈"地",不代表"九变"就是"九地之变"。所以,何守法说"用兵之变法有九,不专在地也"是非常高明的解读。"军有所不击"和"君命有所不受",不是谈"地",但同样是军争之法中非常重要的变法。后者更为孙子所突出强调,被作为变法的"最后一变"。既然如此,将"九变"当成"九地之变",甚至将《九变》当成是《九地》加工剩下的一些下脚料,是很难让人信服的。简本中,《九变》和《九地》各自成篇,《九变》也能和传本求得大致对应。这些都是直

---

[1]清人于鬯认为,"变"即"便","九变"即"九便"。不仅如此,"分合为变"也即"分合为便","九地之变"也即"九地之便"。此说影响不大,未能引起较多关注,聊备一说。参见[清]于鬯:《香草续校书》(下),中华书局,1963年,第438—439页。

[2]《戊笈谈兵·孙子·九变》。这一层意思,赵本学自己也看得很清楚:"常之反为变,上篇所论军争之法是道其常,此篇皆以不必于争者为言,故曰变。"(赵本学《孙子书校解引类·九变》)

接的证据。

　　笔者认为,解读《九变》一定要跳出"九"这个数字的束缚。古人著述,"虚数不可实指"。[①]刘师培说:"古籍所谓九攻、九守、九变者,亦可以此例求之矣。"[②]如前所述,前人受"九"这个数字束缚,曾一度希望一一坐实其中所指的各条变法,遂逐步走入一条死胡同,今天的我们显然不应再走回头路。当然,不管如何,即便"九变"果真就是"五变",传本曾发生传写之误,本篇命名为《九变》也无伤大雅。因为这一篇名早已为人们所接受。即便篇名有误,也不会伤及十三篇的内在文气,不会对《孙子》的内在结构造成破坏。《九变》仍旧会作为兵学经典中熠熠生辉的一环,长久地流传下去。

①刘师培:《古书疑义举例补·虚数不可实指之例》。
②刘师培:《古书疑义举例补·虚数不可实指之例》。

第七章 思想体系解读

伴随着《孙子》的长久流传,历代都有学者对其兵学思想体系进行研究,而且视角各有不同,关注点各有侧重,因此众说纷纭,莫衷一是。在愚见看来,贯穿《孙子》十三篇的,一定存有多条主线。比如,就体系设计而言,是"先知而后战";就中心主题而言,则是"为客之道";就核心价值观而言,则为"利本思想",而且是"以智谋利"。

第一节 "先知后战":兵学体系的逻辑展开

千年以来,学界为解读孙子兵学思想体系建构进行了艰难探索,可谓新论迭出,各领风骚。①在今天,随着现代军事学术语的引进,有关解读呈现出越来越趋烦复的迹象。在部分论著中,我们可以看到各种花样的表解,密如蛛网,错综复杂,构思不可谓不巧,制作不可谓不精。这种情形正像"易说至繁"②,其中固然不乏真知灼见,但多少也会令人徒生望洋之叹。就其体系解读而言,如果抓住"知""战"二字,则可化繁为简,不仅对孙子设计兵学思想体系的基本理念产生较为明晰的认识,也可对其兵学思想的主体内容有大致了解。换言之,"知"和"战"是解读孙子兵学思想不可忽视的两个关键词。由探讨"知论"出发,孙子建立了严密的情报理论;由探讨"战论"出发,孙子研究探讨了丰富的战略战术。基于"先知后战"的逻辑,孙子对情报与战争的关系进行了深入探讨。

(一)先知而后战

《孙子》六千言中,"知"字出现79次,"战"出现75次,③均为高频词。二

---

① 参见赵海军:《孙子兵学体系研究的千年探索》,载《滨州学院学报》,2007年第5期。
② 《四库全书总目》:"易道广大,无所不包,旁及天文、地理、乐律、兵法、韵学、算术,以逮方外之炉火,皆可援易以为说,而好事者又援以为易,故易说至繁。"
③ 均据《十一家注孙子》统计。

字直接连用，即成"知战"。"知战"一词在十三篇中总计出现4次，主要集中在这段话中："故知战之地，知战之日，则可千里而会战。不知战地，不知战日，则左不能救右，右不能救左，前不能救后，后不能救前，而况远者数十里，近者数里乎？"①作者此处将"知""战"二字连用，强调了对作战地点和作战时间的把握，即"知战之地"和"知战之日"。在孙子眼中，"知"不仅为"战"之保障，更为前提，为先导。

十三篇中，"知"与"战"也经常在同一句中出现。孙子总结"知胜之道"共有五条，是否"知可以与战"被列在第一："故知胜有五：知可以战与不可以战者胜，识众寡之用者胜，上下同欲者胜，以虞待不虞者胜，将能而君不御者胜。此五者，知胜之道也。"②这五条"知胜之道"可从《计篇》看到影子，因为其基本都从"五事七计"提炼而出。"五事七计"是"庙算"所要计算的基本内容，也是孙子情报工作的重点。《计篇》所论"庙算"尤其重视"校之以计而索其情"，实则也暗含由"知"到"战"的内在逻辑，这也与"先计而后战"的战争逻辑吻合。"知"体现的是对情报工作的重视，"胜"则旗帜鲜明地表达出对打赢战争的追求。"知胜之道"从表面上看，是为了知悉胜利之道，实则是将情报与战法紧密联系起来。

孙子已经认识到"知"与"战"之间存在着必然联系。在他看来，因为"知"在层次上有不同，故能导致战争结果出现多种情况，包括"不殆""一胜一负"和"必殆"等。孙子指出："知彼知己者，百战不殆；不知彼而知己，一胜一负；不知彼不知己，每战必殆。"③这就是说，如果对敌我双方的基本情况都非常熟悉，发起战争就不会存在危险；如果只知道其中一方，那就会占有一半胜算；如果对双方基本情况都不清楚，那么每次战争都会充满危险。孙子试图在此将"知"和"战"之间的关系进行量化或概然性探讨，虽说仍显粗浅，但其中所包含的经验总结至今仍有启示意义。"知彼知己"一语突出强调了情报对战争的影响，早已为人们所熟知，也被古今中外的军事家们反复提起。

孙子认为，只要做好扎实细致的情报工作，胜利是可以探知的。善战之

①《孙子·虚实篇》。
②《孙子·谋攻篇》。
③《孙子·谋攻篇》。

将，一定会认真进行敌我对比。必须确有战胜对手的把握，才能发起战争。在此之前，一定要确保己方处于不败之地。故孙子指出："故善战者，能为不可胜，不能使敌之可胜。故曰：胜可知，而不可为。"①

在十三篇中，经常可见"知"与"胜"的连用，同样是"知"在前"胜"在后。而且，"胜"既然为"战"之目标，这其中其实也已暗含了一个"战"。从常理观之，"胜"正是"战"所要追求的结果，而且只有"战"，才能"胜"，所谓"不战而屈人之兵"毕竟不是战争的常态。故此，这样的例证在十三篇中俯拾即是。就"庙算"而言，孙子设计了敌我对比分析的基本模式，而且认为这是为将者所必知："凡此五者，将莫不闻，知之者胜，不知者不胜。"②不仅如此，高明的将领一定需要"知形"，并懂得因形错胜："因形而错胜于众，众不能知。"③不仅懂得己方制胜之形，也要懂得隐藏："人皆知我所以胜之形，而莫知吾所以制胜之形。故其战胜不复，而应形于无穷。"④与此同时，孙子也强调"知计"，尤其是"知迂直之计"，并认为这是军争制胜之法："先知迂直之计者胜，此军争之法也。"⑤

无论是由"知"到"战"，还是由"知"到"胜"，都可以看出"知"对于战争的重要性。孙子强调"知"在前，"知"也即"先知"。"先知"由此而成为概括孙子情报观的重要术语："明君贤将，所以动而胜人，成功出于众者，先知也。"⑥虽说"先知"在十三篇的最后一篇才有明确界定，但"先知"的理念贯穿于十三篇的终始。从《计篇》的"庙算"开始，到《用间篇》的"用间之术"结束，这一理念随处可见。

由此可知，"知""战"二字对于孙子兵学思想体系具有重要意义。在笔者看来，《孙子》虽未必是《汉书》所著录的"《吴孙子兵法》八十二篇"，但其主体内容和思想逻辑体现出《汉书·艺文志·兵书略》所总结的"兵权谋"一派最突出之特征，这就是"先计而后战"。"先计而后战"的兵权谋一派，也由此而成为中国古典兵学派别中的翘楚。《孙子》十三篇也因体现了这一战争设计理念，而受到世人瞩目。如果深入考察《计篇》，更能清楚地看出这一特

① 《孙子·形篇》。
② 《孙子·计篇》。
③ 《孙子·虚实篇》。
④ 《孙子·虚实篇》。
⑤ 《孙子·军争篇》。
⑥ 《孙子·用间篇》。

点。如果由此而将视线深入，可知贯穿十三篇的关键词"知"，实则为"计"。"先知而后战"，实则就是"先计而后战"。与"知论"紧密相连的，则为作战之法，简称为"战"，"知"和"战"构成了孙子兵学的主体。

黄朴民曾总结《孙子》有"二字箴言"，其一为"算"，其二为"骗"。①其中，"算"大约相当于"计"，"骗"则为战争之法，而且是算好了再骗，故二字箴言内在的逻辑关系实则是"先算而后骗"，这和"先计而后战"或"先知而后战"，不仅在逻辑上相似，在本质内容上也差不多。也就是说，林林总总的情报术和精彩纷呈的战争之法，是孙子兵学两个最重要和最基本的内容。

(二)"知论"：范围和层次

孙子由"知"出发，构建了以"知论"为核心的情报思想体系，不仅在"知"的范围上尽可能拓展，也在"知"的层次上逐渐深入。

"知彼知己"这句话在十三篇出现两次，在《谋攻篇》尚且只是"彼""己"连用，但在《地形篇》进一步拓展到"天""地"："知彼知己，胜乃不殆；知天知地，胜乃不穷。"由此可知，孙子的"知"，在范围上得到不断拓展。表面上看是"四知"，但也可以说是"全知"或"尽知"，力求对彼、己、天、地等各方面情况都有充分掌握。孙子认为，只有努力做到"四知"，才能对战争研判和决策起到先导作用，为打赢战争提供情报支撑。

孙子虽强调"四知"，但十三篇中明显更加重视"知彼"和"知地"，又以"知彼"最为突出。围绕"知彼"，孙子花费大量笔墨进行探讨。"庙算""形人之术""动敌之法""相敌之法""用间之法"等，都可视作对"知彼"进行的探索。这些内容贯穿于十三篇，是孙子兵学思想体系中尤为重要的组成部分。

"庙算"出自《计篇》，对战略情报分析模式进行了探讨，强调的是"校之以计而索其情"，这其中固然有"知己"的成分，但也需要依据敌情进行对比分析，故此同样强调"知彼"。"形人之术"见诸《虚实篇》，孙子提出"形人而我无形"，强调在探明敌方虚实的同时，也很好地守住己方机密，认为这是夺取战争主动权和争胜的基础。"动敌之法"同样出于《虚实篇》，主张通过"策之、作之、形之、角之"等手段获取敌情。"相敌之法"出自《行军篇》，或可称

---

①黄朴民：《大话孙子兵法》，齐鲁书社，2003年，第8页。

为"相敌三十二法"①,可以说是冷兵器时代的战场侦察之术。"用间之法"则贯穿于《用间篇》,讨论了间谍使用之法,对于间谍的作用和运用等都有或多或少的论述。孙子以"庙算"作为开篇,"用间"作为结尾,充分反映出其对情报工作的重视。

孙子对于"知己"的重视程度,虽说并不亚于"知彼",但论述较少。《计篇》所论"庙算"正是基于对己情的充分掌握,才能和敌情进行综合对比。在《形篇》中,孙子强调"不可胜在己",重视对己方情况的了解,这也是"知己"。此外,孙子的"知胜之道"也将"知胜"与"知己"建立联系,同样出于对"知己"的重视。孙子论"縻军"等危害,也是基于对"知己"的强调:"不知军之不可以进,而谓之进,不知军之不可以退,而谓之退,是为縻军。"②接下来,"知三军之事"和"知三军之权"③也是由"不知"之危害强调"知己"的重要性。当然,从总体上打量,十三篇中就如何做到"知己"并没有更多展开探讨。也许在孙子眼中,"知己"较之于"知彼"相对容易,会有部下随时提供,有随时了解之可能,故而不必多费唇舌。

在孙子看来,"天"和"地"也是非常重要的情报搜集内容。《计篇》论"庙算","天"和"地"都是"五事七计"的重要内容。当然,由于古代科技水平有限,人们对"天"的了解也受到很多限制。也许正是因为"知天"的能力不够,鬼神论由此而掺杂进来,对古典兵学产生了深刻影响。孙子力戒"兵阴阳",对"知天"有意无意地加以回避,除《火攻篇》结合天象探讨起风原因之外,再无过多探讨。但十三篇对"知地"留下了更多笔墨,比重明显与"知天"有所区别。出于对"知地"的重视,孙子在《地形篇》和《九地篇》,乃至《行军篇》《九变篇》都花费大量篇幅探讨,研究各种地形条件下的战法。孙子首先强调的是"知战地",对战争发起之地和可战之地有所掌握:"吾所与战之地不可知,不可知,则敌所备者多,敌所备者多,则吾所与战者,寡矣。"④"地"与战术设计和战术执行都有密切联系,因此对战争胜负产生重

---

①如果按照《武经七书》本则可称之为三十三法,因为"粟马肉食,军无悬缶,不返其舍者,穷寇也"一句,《武经》本作"杀马肉食者,军无粮也;悬缶不返其舍者,穷寇也",故此比十一家注本多出一个相敌之法。如果与汉简本比较,《武经》本可能存在误书。
②《孙子·谋攻篇》。
③《孙子·谋攻篇》。
④《孙子·虚实篇》。

要影响。孙子由此指出，"知此而用战者必胜，不知此而用战者必败"①，对于地形的重视不言而喻。

孙子的大情报观，对古今中外的军事理论界形成了深远影响，与那些将情报仅视为"知彼"的做法，也有着本质上的区别。

先秦典籍《管子》对军事将领提出了"遍知天下"的要求，这也是强调大情报观。《管子》将决定战争胜负的重要因素分列为八，并将"遍知天下"和"明于机数"作为保证战争获胜的最重要条件，②指出："遍知天下，审御机数，则独行而无敌矣。"③由此可以看出《管子》对于情报工作的重视以及对于情报的认识。孙子的情报观包括"彼、己、天、地"这些范畴，所强调的正是"遍知"。当然，这种大情报观还可以从《吴子》《唐太宗李卫公问对》等兵书中看到，已成为中国古代兵家的优良传统。

孙子的大情报观也可与西方实现对接。美国兰德公司在《战争中正在变化的情报角色》一文指出："关于己方部队的能力、局限和位置的准确情报的需要，和'知敌'同样重要。"④谢尔曼·肯特曾指出："在比较敌我双方的能力和可能采取的行动之后，指挥官通常会决定自己采取的行动方案。"⑤此外，美军对"知天"和"知地"同样重视，美《国际军事与防务百科全书》"军事情报"条目高度强调地理因素，与孙子保持一致。谢尔曼·肯特的"态势评估"，首先强调的就是战区环境方面的知识（地形、水文、天气等——大战略背景下，这些因素将包括政治、经济和社会的整体特征），其次是敌方力量的规模、战斗力量、敌军部署的知识（大战略背景下，这部分知识就是我提出的剥离了特定薄弱环节的战略地位），再次则是我方部队知识。⑥这一情报观可与孙子实现跨越时空的无缝对接。

孙子的"知论"不仅在知晓范围上做了大规模拓展，也在深度上渐次深入。按照现代军事理论，孙子的"知论"也可划分为战略、战役、战术三个层

---

①《孙子·地形篇》。
②这种四种因素其实可以概括为四个方面：一是国家的财力、经济状况，即"存乎聚财"；二是武器装备情况，即"存乎论工"和"存乎制器"；三是军队建设情况，包括兵员的选拔、军队的管理教育和军事训练等，也即"存乎选士""存乎政教"和"存乎服习"；四是对敌情的了解和掌握情况，以及把握对战机情况，即"存乎遍知天下"和"存乎明于机数"。详见《管子·七法》。
③《管子·七法》。
④张晓军：《〈武经七书〉军事情报思想研究》，军事科学出版社，2001年，第6页。
⑤[美]谢尔曼·肯特：《战略情报：为美国世界政策服务》，刘微、肖皓元译，金城出版社，2012年，第153页。
⑥[美]谢尔曼·肯特：《战略情报：为美国世界政策服务》，刘微、肖皓元译，金城出版社，2012年，第153页。

次。"五事七计"这些应属于战略情报层面,而"相敌之法"则更多属于战术情报层面。按照十三篇的逻辑,也可大致分为"形、能、道"三个层次。在《军争篇》中,孙子提出"知形"这一理念:"人皆知我所胜之形,而莫知吾所以制胜之形。"在《地形篇》中,孙子又提出"知能"的要求,因此批评将帅的"不知能":"将不知其能,曰崩。"在《用间篇》中,孙子又强调了"知道":"五间俱起,莫知其道,是谓神纪,人君之宝也。"通过对"知形""知能"和"知道"这三个概念进行对比,我们可以看出其对情报工作境界有着渐次深入的追求。简单说来,"知形"为较初级之要求,"知能"则是较高级要求,"知道"似为最高境界,要求情报工作人员努力掌握情报工作的内在规律,求得境界上的逐步提升。

孙子"知论"的层次区分,也对《管子》产生了重要影响。与孙子相似,《管子》也认为情报工作存在着从"知形"到"知能"再到"知意"逐级递进的境界追求,"知意"是终极追求:"知形不如知能,知能不如知意。"①《孙子》与《管子》很有可比性,孙子所论"知形"和"知能"与后者几无区别,"知道"则与"知意"稍有差别。《管子》论"知意",强调的是探知敌之意图和动向,而孙子论"知道"似强调对情报工作规律的掌握。

总之,十三篇将"知"作为一条主线,构建了较为系统的情报理论,占据了全书相当大篇幅,成为孙子兵学体系中举足轻重的重要内容。有不少学者甚至由此而将《孙子》视为情报学专著。

(三)"知论":"战论"之支撑

孙子建立体系严密的"知论",其终极目的是为了"知胜负":"知可以战与不可以战者。"②说到底,"知"是为了求"胜",或者说由"先知"求"先胜"。十三篇中数次提及"先知"这一概念。其一见诸《军争篇》:"先知迂直之计者胜,此军争之法也。"这里已经明确地将"先知"作为两军相争之法。另外两例见诸《用间篇》:"故明君贤将,所以动而胜人,成功出于众者,先知也。先知者,不可取于鬼神,不可象于事,不可验于度。必取于人,知敌之情者也。"在这里,孙子不仅强调了"先知"的重要性,同时也就做好"先知"的注

---

①《管子·地图》。
②《孙子·谋攻篇》。

意事项进行了总结，认为"三不可"是知敌之情的基础。

　　孙子之所以高度强调"先知"，无外乎是想求得"先胜"。与"知论"相应的是，十三篇总结探讨了丰富而又精彩的"战论"，对"诡道"进行了深入研究，由此出发阐发了系统而精彩的战略战术思想。这些战争之法，我们不妨称之为"战论"，与"知论"相携而来，是孙子兵学理论体系的另一主体内容，被更多人视为更重要之主题。"战论"与"知论"的紧密相连，恰如孙子兵学之两翼。

　　众所周知，战略战术是"战论"的核心主题，最终需要落实到具体的攻守或进退。在十三篇中，"知"与"进""退""攻""守"等具体战法经常连用，不妨视为"知论"对"战论"的支撑和先导。

　　首先必须要知道三军是否能够做到可进可退。孙子指出："不知军之不可以进，而谓之进，不知军之不可以退，而谓之退，是为縻军。"①这显然就是知晓进攻与撤退的关系，同样是基于情报而做出决断。其次则是知道如何执掌三军："不知三军之事，而同三军之政者，则军士惑矣；不知三军之权，而同三军之任，则军士疑矣。"②孙子从论述"不知"之危害，反面强调了"知"的重要性。这些内容不仅是"知己"的具体表现，还对将、君关系有所论列。无论是战场指挥权或军队领导权，孙子的基本要求是"知"。孙子指出，高明的将帅在实际军事指挥中可不受国君羁绊，但一定需要真正做到"知兵"。再次则是知道己方实力和地形情况。攻守的决策，都要看是否对敌情有充分之掌握，并且还要基于己方实力和地形情况等进行综合研究："知吾卒之可以击，而不知敌之不可击，胜之半也；知敌之可击，而不知吾卒之不可以击，胜之半也；知敌之可击，知吾卒之可以击，而不知地形之不可以战，胜之半也。故知兵者，动而不迷，举而不穷。"③包括对手的外交和结盟情况，可能获得的力量支援等，都在考虑之列："不知诸侯之谋者，不能豫交。"④而且，战场情况瞬息万变，为将者必须懂得驾驭并善于变化："故将通于九变之利者，知用兵矣；将不通于九变之利，虽知地形，不能得地之利矣；治兵不知

①《孙子·谋攻篇》。
②《孙子·谋攻篇》。
③《孙子·地形篇》。
④《孙子·军争篇》。

九变之术,虽知五利,不能得人之用矣。"①除了在《九变篇》集中论述了"九变之术",孙子还在《火攻篇》强调将帅需懂得"五火之变":"凡军必知有五火之变,以数守之。"

与此同时,孙子也强调做好保密工作,一面努力达成己方之"知",一面努力使得对手"不知"。这是从反情报的角度出发,论述的"知"的重要性。《虚实篇》中指出:"故善攻者,敌不知其所守;善守者,敌不知其所攻。"必要时,还需做好对己方的保密工作,不让士卒知悉军事机密:"驱而往,驱而来,莫知所之。"②在孙子看来,情报与反情报可以达成浑然一体,可以在做到"知敌"的同时,使得对手"无知",这便是"形人而我无形"③。"形人之术"为《虚实篇》的重要内容,也指出反情报工作的最高境界为"无形",强调的是"因形而错胜于众,众不能知",这正是就保护军事机密而言的。"因形而错胜"却并非停留在情报层面,同样也论述了就情报而进行战术机动。孙子指出,身为指挥员一定要善于根据战场形势的变化,灵活加以处置,努力做到"应形于无穷",令敌军无机可乘,确保己方立于不败之地。

出于对"知论"的重视,孙子以"知彼知己,胜乃不殆;知天知地,胜乃不穷"作为《地形篇》结尾,不仅突出强调了"知地"的地位,同时也与十三篇"由知到战"的兵学体系呼应。与《谋攻篇》对比,"知彼知己"一句后面文字,一用"战",另一用"胜",既可突出"知"之作用,也再次强调"由知到战"或"由知到胜"的战争逻辑。

总之,十三篇中的基本内容可分为两大块:其一为"知论",其二则为"战论"。以"知"为主线,孙子系统构建了情报理论;以"战"为主线,孙子详细探讨了战略战术和谋略思想。孙子主张"先胜而后求战",在战前要做充分的准备工作,尤其要做好后勤准备。战争一旦开始,就要通过"致人而不致于人"④等,努力夺取战争主动权,同时也通过"形人而我无形"⑤等,达成"我专而敌分"⑥的态势,先期夺取局部优势再努力夺取战争胜利。需要看到的是,孙子的"战论"强调"善战","善战"之基础则是"善知"。对此,孙子指

①《孙子·九变篇》。
②《孙子·九地篇》。
③《孙子·虚实篇》。
④《孙子·虚实篇》。
⑤《孙子·虚实篇》。
⑥《孙子·虚实篇》。

出："见胜不过众人之所知，非善之善者也；战胜而天下曰善，非善之善者也。"①在孙子眼中，"见胜不过众人之所知"已为难得，但仍然不是"善"。要想真正做到"知"，就一定需要超出"众人之所知"。只有这样的"善知"才可为"善战"打好基础，求得最大之战果。

有关孙子的"战论"，学界已有很多总结，吴如嵩著《孙子兵法新论》②对此阐发尤为精妙，此处不赘。

（四）偏执与误读

孙子基于"先知而后战"这一理念构建兵学思想体系，敏锐地抓住战争行为的核心问题，具有划时代意义。在这种设计中，"知"是发起战争的依据和先导，确立的是情报先行原则。这是摆脱古军礼束缚的具体表现，和孙子的诡道战术呼应，不仅受到军事家的重视和继承，也是我国古典兵学的重要特色之一。

不管是《汉书·艺文志》所总结的"先计而后战"，还是孙子于《计篇》所暗含的"先察而后为"，都可视为"先知而后战"模式的翻版。也就是说，"知"一定在前，"战"一定在后，次序不能颠倒。做到这一点，就是明代著名军事家戚继光所说的"算定战"③，是打有准备之战，反之则为"糊涂战"。所谓"糊涂战"，戚继光说："不知彼不知己是也。"④可知戚继光用孙子的理论，很好地诠释了"先知"的重要性。孙子的情报先行原则，体现的是一种唯物精神。这里的"知"，是对敌我双方实力进行客观和翔实的对比，容不得半点的主观臆断，必须要为战争决策提供可资参考的准确依据。

在孙子眼中，"知"与"战"同等重要，不可偏废。"知"与"战"，围绕战争获胜这一共同目标，正如孙子兵学之两翼，缺一不可。在孙子看来，战前的情报工作和战场的谋略用兵，是打赢战争不可或缺的两手。两手并重，才有获胜的本钱。既重视"庙算"，又重视"诡道"，重视"知"也重视"战"，同样体现出辩证思维的特征。"先知而后战"和"知战并重"，是古典兵学留给我们的一笔宝贵遗产。但是，对于这一点，历史上乃至于今天的不少学者都有认

①《孙子·形篇》。
②解放军出版社，1989年。
③《练兵实纪杂集》卷四，《登坛口授》。
④《练兵实纪杂集》卷四，《登坛口授》。

识不足之处。部分学者只抓住"知"，从而将《孙子》判定为情报学专著；部分学者则热衷于其中战略战术，对丰富的情报理论视而不见，缺少足够的研究热情。

相比之下，日本学者更加重视孙了的"知论"。在他们看来，十三篇不仅是以"知彼知己"这一情报思想贯彻始终，甚至通篇都在讲情报。比如山鹿素行认为，前三篇是探讨"知己、知彼、知天、知地"，接下来的三篇则为论"知己"，《军争》《九变》《行军》是论"知彼"，《九地》与《地形》则为"知地"，《火攻》则为"知天"，《用间》则重新回到"知彼、知己、知天、知地"。①在他眼中，《孙子》是完美之整体，而且专论情报。这一观点得到不少日本学者认可，佐藤坚司由此而称赞其"把握了《孙子》内在的真谛"②。德田邑兴完全沿袭其观点，认为："十三篇以用间而终，结其要，意在用兵之时，察敌情为第一要务，是始计也。"③

日本学者这一分析方法，其实受到了宋代学者郑友贤的启示。郑友贤也从十三篇兵法中找到了"知"这一主线，认为从《计》篇开始又以《用间篇》结束，是重视"索其情"的原因，而且体现了"从易而入难，先明而后幽"④的特点。这种分析法抓住了独特视角，找出孙子篇次安排的内在逻辑，不无可取之处，而且尚未剑走偏锋。没想到的是，山鹿素行等日本学者，由此出发而偏执于"知论"，并对十三篇的"战论"明显有所忽视，这是对《孙子》的误读。⑤孙子固然重视用间，而且花费不少笔墨讨论情报工作，却不曾全部围绕情报而展开。《孙子》是一部战争之法，而非情报学专著。

与日本学者过于强调"知论"形成鲜明对比，我国部分学者有意无意地对此有所忽略，在总结孙子兵学理论体系时，对情报或用间等，都有所忽视，至少是未将"知论"摆在应有高度。这一现象的出现，或许与我国古代长期受儒家思想影响有关。儒家以仁义品评人物的传统，多少会影响人们对于间谍和情报工作的看法。不少人都将间谍和情报工作视为阴谋诡计，因此而对孙子立足于诡道的情报理论多持批评态度。宋代王应麟、清代汪绂等

①［日］佐藤坚司：《孙子研究在日本》，军事科学出版社，1993年，第31—32页。
②［日］佐藤坚司：《孙子研究在日本》，军事科学出版社，1993年，第31页。
③［日］德田邑兴：《孙子事活抄》，转引自佐藤坚司：《孙子研究在日本》，军事科学出版社，1993年，第107页。
④［宋］郑友贤：《十家注孙子遗说并序》。参杨丙安：《十一家注孙子校理》，中华书局，1999年，第328页。
⑤熊剑平：《日本的〈孙子〉研究》，载《军事历史研究》，2011年第2期。

都认为,孙子将伊尹、吕尚说成间谍,是对"圣人"的诬陷①。著名兵书《唐太宗李卫公问对》也批评孙子的用间思想"最为下策"②。更多学者批评孙子"有余于权谋而不足于仁义"③和"背义而依诈"④。戴着有色眼镜研究《孙子》,批评孙子的用间理论,必然会对孙子的"知论"产生偏见。直至今天,仍有不少学者因为对间谍持鄙夷态度,进而也对研究孙子情报思想缺乏热情,对孙子兵学体系的逻辑展开顺序缺少认识。

　　革命领袖毛泽东非常看重孙子的"知论",并在其著作中数次引用"知彼知己,百战不殆"⑤。不仅如此,他还对这一句进行改编,成为"知己知彼,百战百胜",作为题词的内容。"知己"被放在"知彼"之前,对己情更加关注。进入当代,随着孙子研究和情报理论研究的逐渐深入,已有不少学者注意到孙子"知论"的重要性,并看到了《孙子》由"先知"到"后战"的兵学体系设计,并就孙子情报理论等论题进行了深入研究。比如,高金虎基于现代情报学理论总结并探讨了孙子的情报理论体系。⑥张晓军等指出:"'知'贯穿于《孙子兵法》的始终,这是孙子论兵的出发点,也是孙子论兵的归结点。"⑦邹永初也认为:《孙子兵法》论及最多的是知与战的关系问题。"⑧相信随着时间的推移,孙子的"知论",尤其是其"先知而后战"的体系设计及思想逻辑的展开特点,会受到学界更多重视,有关研究也会进一步迈向深入。

第二节　"为客之道"的中心论题

　　《孙子》十三篇以《九地篇》争议最多,而且历来褒贬不一。褒之者,誉其精彩迭出,不仅是全书的精华和高潮,更是论战略奔袭之名篇;贬之者,则斥之为"胡乱拼凑",不过是一堆下脚料。那么,究竟该如何看待《九地篇》,它

---

①在《困学纪闻》卷十中,王应麟这样写道:"(孙子所谓伊尹间谍云云)此战国辩士之诬圣贤也。"在《唐宋八大家文钞》中,茅坤说道:"三代之得天下,其所以异于后世者,惟不求而得之耳。世之论伊尹、太公,多以阴谋、奇计归之。"在《戊笈谈兵》卷七中,汪绂认为,孙子将伊尹说成是反间,本是"重诬圣人"。

②《唐太宗李卫公问对》卷中。

③《大学衍义补·治国平天下之要(下)》。

④《子略·孙子》。

⑤《毛泽东选集》第一卷,人民出版社,1991年,第182、313页。

⑥高金虎:《论孙子的情报思想体系》,载《滨州学院学报》,2008年第4期。

⑦张晓军、许嘉:《"知"与〈孙子兵法〉的理论体系》,载《济南大学学报》,2001年第1期。

⑧邹永初:《孙子"知战"思想探析》,载《滨州学院学报》,2012年第1期。

在孙子兵学思想体系中处于什么样的地位,是否存在胡乱拼凑等结构问题,笔者拟就这些问题提出讨论。

(一)孙武:伐楚之战的主导

在笔者看来,要想读懂《九地篇》,首先要知晓孙子写作十三篇的缘起,并了解吴楚争霸的时代背景,既尊重司马迁的历史记载,也看重出土文献所提供的新线索。

在《史记》中,司马迁为孙武写有一篇简短的传记。从中可以看出,在觐见吴王之前,孙武已经完成了十三篇的写作任务。因为这部兵书被吴王阖闾看到,孙武才得到吴王召见。《史记》中记载,阖闾对孙子说:"子之十三篇,吾尽观之矣。"[①]由此不难推测,吴王当是先读了十三篇兵法才决定召见孙子,并且被深深吸引,所以才会"尽观之"。此后,他又通过"吴宫教战"这场面试,对孙子的才能有了更进一步的认识,就此任命其为将军。孙子在接受任命之后,和伍子胥一起,协助吴王一举打败了强大的楚国。不少人将伐楚视为伍子胥的功劳,但在笔者看来,这场战争,就战争谋略设计而言,孙子起了更多的主导作用。

首先,不同的性格和人生际遇,造成二人对伐楚之战的不同认识和判断。

按照司马迁的记载,伍子胥性格刚烈,并且父亲和哥哥被楚王给杀害了,所以一直急着替父兄报仇。在吴王僚执政期间,伍子胥就已经在极力劝说吴王僚发兵攻打楚国。由于当时公子光只想着争夺王位,并不希望再继续用兵,尤其不希望由他来出头,所以劝说吴王僚"忍"字当先。公子光对吴王说:"彼伍胥父兄为戮于楚,而劝王伐楚者,欲以自报其仇耳。伐楚未可破也。"[②]伍子胥眼看自己的心思被识破,只能暂时放弃,不再坚持。

孙子的心态则完全不同。他非常清楚伐楚是一场大战,是系统而庞大的工程,需要大量前期准备工作和周密筹划。因此,孙子虽说对伐楚也积极赞同,但态度非常冷静。这与急于报仇的伍子胥有着天壤之别。从所著兵法也可看出,孙子对战争的思考一直都非常冷静而又客观,十分慎重。他告

---

①《史记·孙子吴起列传》。
②《史记·伍子胥列传》。

诚和提醒统治者："亡国不可以复存，死者不可以复生。故明君慎之，良将警之。"①一旦草率地发起战争，那就会带来不可预知的恶果。从性格上看，伍子胥稍显性急，孙武则相对谨慎。在基本战略形势的判断上，伍子胥会因为情感因素和性格原因等，容易发生偏差，孙子则头脑相对冷静，因此他的谋划和判断显得更为重要。

其次，《史记》明确记载孙武阻止吴王连续用兵，与伍子胥的积极态度形成鲜明对比。

阖闾自立为王的第三年，就和伍子胥、伯嚭发动军队攻打楚国，占领了舒地，抓住了吴国的两名叛将。胜利来得容易，阖闾想乘胜进兵郢都，结果遭到孙子的劝阻。孙子说："民劳，未可，且待之。"②吴王听从劝告，随即收兵。从这件事可以看出，阖闾对孙子已经非常信任，并不急于发起决战，这多少会让急于求战的伍子胥感到失望。从这一角度来看，伐楚的许多重要战略决策，也是孙子起到更大作用。孙子才更像是伐楚之战的主心骨。因为此战根本没有按照伍子胥那种心急火燎的态度去打，而是更多按照孙子的思路稳步推进，甚至是按照十三篇的战争逻辑而逐步展开。如果是按照伍子胥的思路，正是孙子所批评之"怒而兴师"③，早早地发起大规模决战，必定会打成另一番模样。幸亏吴王没有听从伍子胥，而是按照孙子的设计一步步展开。在《史记·伍子胥列传》中，伍子胥的名字一直排在孙子之前，有人或许会产生疑问，认为伐楚之战伍子胥起到更大作用。此说非是。名字排前，一方面因为此篇传主为伍子胥，此外也有资历等原因，并不能说明伐楚之役主要出自伍子胥的主导。④

再次，伐楚策略的制定，既有伍子胥的深度参与，更离不开孙武的精心设计。

吴军在孙子和伍子胥的谋划之下，开始围绕伐楚制定各种战争策略。二人都曾参与战争谋划，但主要谋略思想与十三篇兵法非常接近。伐楚谋略主要可以集中概括为两点："翦楚羽翼"和"疲敌误敌"。也就是说，一面

---

①《孙子·火攻篇》。
②《史记·伍子胥列传》。
③《孙子·火攻篇》。
④伐楚之战，司马迁在《伍子胥列传》中记载得更为详细，在《孙子吴起列传》中却只寥寥几笔，具体原因尚不得而知。

不停地骚扰楚军，一面耐心地等待决战时机。所谓"翦楚羽翼"，其实就是《孙子》"乱而取之"的谋略，趁着楚国无暇顾及之时，打击其盟国。所谓"疲敌误敌"，就是不停地骚扰对手，让楚国人不得安宁，进而寻找机会发出致命一击。这就是《孙子》中"用而示之不用"和"佚而劳之"等"诡道"之法的综合运用。《左传》中记载："楚自昭王即位，无岁不有吴师。"①这里真实记载了当时孙子等人组织实施伐楚之战的情况。经过几年试探，吴军逐渐摸清楚军虚实，决定将军事行动规模扩大，并施展种种外交策略，拉拢和分化楚国的盟国。公元前508年，吴国策动桐国(今安徽桐城北)背叛楚国，然后引诱楚军出击，对其发起突然攻击，采取孙武"攻其无备，出其不意"②的战法，在豫章(今安徽西部)一带大破楚军，并乘机攻克巢地，从而为日后破楚入郢的决战创造了条件。

(二)作为试金石的吴楚决战

吴楚决战是孙子战争谋略的试金石。吴军取得战争的最终胜利，恰好对《孙子》兵学思想的运用价值给出了最为生动的证明。

阖闾九年(前506)秋天，楚国出动大军围攻蔡国。蔡国急忙向吴国求援，唐国也因为不满楚国不停的敲诈和勒索，请求吴国出兵共同抗击楚国。唐、蔡两国虽然兵微将寡，但战略地位非常重要，一旦和吴国结盟，楚国就会失去一条重要的战略防线，吴军则可以通过实施迂回奔袭，对楚国腹地展开袭击。这年冬天，吴王阖闾根据孙武和伍子胥等人的提议，组织军队三万余人，御驾亲征。他委任孙武、伍子胥、伯嚭等人为将军，乘着楚国疲惫虚弱之际，发起距离深远的战略奔袭。战争伊始，吴军按照孙子"以迂为直"的策略，实施大规模的战略迂回。吴军沿着淮水浩浩荡荡地向西开进，在抵达安徽凤台附近后丢下战船，改以步兵推进。他们选出三千五百人作为前锋，在唐、蔡两国军队的配合和引导之下，兵不血刃地迅速通过楚国北部险要关隘，神不知鬼不觉地向前穿插，一直挺进到汉水东岸，就此占据了先机之利。这正如孙子所说，"由不虞之道，攻其所不戒也"③，进攻路线完全出乎楚军意料。

①《左传·定公四年》。
②《孙子·计篇》。
③《孙子·九地篇》。

　　楚军只得仓促应战，楚昭王派出令尹囊瓦、左司马沈尹戍等人，率领楚军昼夜兼程，奔赴至汉水西岸进行防御，两军遂隔着汉水形成对峙。没想到囊瓦因为贪功，擅自改变作战方针，冒险求战。阖闾、孙子立即指挥军队后撤。囊瓦以为吴军怯战，步步进逼，结果在大别山①一带遭到吴军伏击，随即在柏举地区②展开决战。楚军阵势大乱，吴军主力陆续投入战场，楚军则丧魂失魄，一路逃跑。此后，孙武等人指挥吴军全力进行追击，在柏举西南的清发水③赶上楚军。当时，楚军正在渡河，吴军抓住时机，乘势发起攻击，再次给楚军以沉重打击。此后吴军乘胜追击，阖闾和孙子挥师深入，势如破竹，五战五胜，长驱直入，很快就攻占郢都。伐楚之战，吴军取得了决定性的胜利。而且从头至尾始终占据主动，几乎是一场完胜。

　　按照一般人的思路，吴军人少且为客场作战，楚军人多且为主场作战，这两方孰优孰劣，一目了然，可孙子不这么想。在孙子眼里，客场作战也叫"死地"作战，吴军有机会获胜。关于"死地"，孙子有非常独到的认识。他认为，在这种地方作战，只有每个人都拼死奋战才可以存活下去，不然就会全军覆灭。正所谓"疾战则存，不疾战则亡"，也可叫"陷之死地然后生"④。这就是"死地"的作战特征。周围全是敌兵，想要在刀枪之下求生，那就只能拼尽力气，抱团死战。孙子睿智之处就在于，他敏锐地抓住了人性中"向死求生"的特点，果断地用于伐楚之战。他不仅认为伐楚可行，而且成功的可能性很大。

　　吴国伐楚之战是一次非常成功的战略奔袭，足以载入史册。相对弱小的吴国通过成功的战略谋划和战术设计，一举打败了强大的楚国，孙子的战争谋略得到淋漓尽致的施展，十三篇的战争谋略从此备受瞩目。伐楚之战的获胜，其成功之处首先在于给战争谋略以足够的伸展空间。伐楚是战争谋略的胜利，同时也是《孙子》的胜利。《孙子》作为战争谋略的集大成者，恰好有伐楚之战及时地为其正名。孙子"能而示之不能，用而示之不用"⑤等"诡道十二法"得到了很好的运用。楚国正是在这种多方位、多层次的欺骗

---

①今湖北境内大别山脉。
②即今天的湖北汉川北，一说今湖北麻城。
③即涢水，今湖北安陆西。
④《孙子·九地篇》。
⑤《孙子·计篇》。

之下,丢掉战争主动权,吞下失败的苦果。《孙子》十三篇的出现,不仅使得战争从遵循"古军礼"的模式下挣脱开来,也使得研究和使用战争谋略从此变得光明正大。以"诡道"为中心的战争谋略,正大光明地走上历史舞台。因此,敢于彻底抛弃上古战争观念的孙子,其胆识和谋略,都是伐楚取得胜利的关键因素。

不仅如此,在笔者看来,孙子为伐楚而展开的战争筹划,在《孙子》十三篇中有集中展示,至于伐楚谋略则大量集中于《九地篇》。甚至可以说,这十三篇兵法,尤其是《九地篇》,是专门围绕着伐楚而写。

如果从这一角度出发解读这本兵书,也可就此找到解开《孙子》成书之谜的一把钥匙。孙子其实已经在《九地篇》将伐楚的战略目标和作战决心等,写得非常清楚:"霸王之兵,伐大国。"他告诉吴王,要想称王称霸,在春秋末期的国际舞台上有所作为,那就要"伐大国"。谁是大国?楚国。就当时的情势来看,这一点不言自明。在《九地篇》中,孙子非常明确地确定了千里伐楚的作战目标。因此,我们不能小看"伐大国"这三个字,孙子著述十三篇兵法的初衷固是为了求职,但他"想定作业"的模式设计和目标选定,都是为了帮助吴王实现"伐大国"这一总体战略目标。孙子相信,如果组织合理、准备充分,就一定可以打败强楚,也即"其城可拔,其国可隳"[1]。这八个字也出现在《九地篇》,不仅是作战目标,同时也是在给吴王加油鼓劲,给吴军作战争动员。

(三)"为客之道"再审视

在笔者看来,《九地篇》不仅不是胡乱拼凑的下脚料,恰恰相反,它是《孙子》的精华和高潮。孙子著述这本兵书的根本目标"伐楚",包括其总体作战构想等,在这一篇都有较为集中的展示。《九地篇》是一篇讨论战略奔袭的不朽名篇,也是十三篇中最为出彩的华彩乐章。

《九地篇》顾名思义就是讲九种地理,包括散地、轻地、争地、交地、衢地、重地、圮地、围地和死地。"九地"并非普通地形,而是九种战略地理,其中最为重要的是最后一种:死地。这一篇在十三篇中最长,规模是《孙子》全书的五分之一。孙子写作时,已将此篇作为重点。所谓"死地",也即孙子所言

---

[1]《孙子·九地篇》。

"为客之道"，在敌方腹地作战，也即战略奔袭。吴国伐楚正是战略意义上的长途奔袭。《九地篇》讨论最多的核心内容，就是死地作战之法，其他八种都是铺垫。

那么，在《九地篇》中，孙武是怎么规划"死地"作战，怎么设计长途奔袭，为千里伐楚作筹划的呢？在笔者看来，主要有以下几点：

第一，做好外交准备。

首先是要做到"不争天下之交"，在外交战线有所为有所不为，必须要充分了解诸侯列国的战略意图。如果不了解别人，就不能急急忙忙地跑去和人家拉关系。其次就是要做到"不养天下之权"，不必刻意尊奉其他的诸侯，不用事事汇报，无比尊敬对方。最后还要注意"信己之私"①，适时伸展自己的抱负和主张，努力追求己方应得之利益，从而做到"威加于敌"，要把兵马之威施加到敌人头上，逼迫敌人屈服。

第二，秘密决策，悄无声息。

战略奔袭，一定要搞突然袭击，部队展开纵深突袭，要像尖刀一样直插敌人心脏。所以一定要秘密决策，巧妙伪装，不动声色，同时还要诱使敌人放松戒备，充分暴露弱点。还要注意隐蔽己方作战意图，也即"易其事，革其谋"。不仅如此，对于己方士卒，也要注意"犯之以利，勿告以害"②，对部下和士卒选择性地告知，选择性地欺骗。在需要告诉他们"利"时，就不要再说"害"，在需要告诉"害"时，就不要再说"利"。这其实也是一种高明的愚兵之术和必要的保密措施。

第三，选准时机和方向，集中兵力。

孙子指出，一旦发现敌人的弱点，有机可乘，就要立即以迅雷不及掩耳之势发起攻击，这就叫"敌人开阖，必亟入之"③。伐楚之战，吴国军队就是使用了这一攻击方式，如同神兵天降，打得楚军措手不及。孙子一向反对平均使用力量的战法，而是一直强调集中兵力，力争实现"并敌一向"。在十三篇的其他各篇，孙子也曾多次强调过这一理念，比如"以十攻一""以镒称铢""避实击虚"④等等。在实施战略突袭时，孙子更是主张集中优势兵力，

---

① 这里的"信"，同"伸"，"伸展"之意。参见杨丙安：《十一家注孙子校理》，中华书局，1999年，第260页。
② 《孙子·九地篇》。该句简本作"犯之以害，勿告以利"。
③ 《孙子·九地篇》。
④ 《孙子·虚实篇》："避实而击虚。"

以最快的速度打击敌方要害以及虚弱之处，大量杀伤敌人的有生力量，力争迅速解决战斗。因此，孙子一向强调"速决战"："兵贵胜，不贵久。"①

第四，变换战术，做好互相呼应。

就战术运用问题，孙武进行了认真而深入的探索，中心思想为"践墨随敌，以决战事"②，即根据敌情变化，灵活机动地决定战术运用。布列阵势要如同"常山之蛇"一般，必须做到灵活自如，反应敏捷，互相策应。各支作战队伍之间，一定要很好地呼应起来，尤其不能被楚军分割包围。孙子将能够做到良好呼应的部队比喻为"常山之蛇"："击其首则尾至，击其尾则首至，击其中则首尾俱至。"③只有处处争先，互相照应，才能避免被动。客场作战，尤其不能马虎大意。

第五，后勤准备，掠于饶野。

打仗就是打后勤。对于这场长途奔袭，孙子更重视后勤保障。除了做好必备的长途运输，从国内源源不断地运送之外，也强调"因粮于敌"④和"掠于饶野"⑤。一旦粮食不够吃，就应就地展开抢劫。细读《孙子》不难发现，这是其一贯主张，也是其非常得意的后勤补给之法，在《作战篇》《军争篇》都有论及，《九地篇》围绕战略奔袭，再次强调了"掠于饶野"。⑥

第六，置之死地，向死求生。

孙子对身处死地部队的心理状态进行了分析：一旦被围困，就会竭力抵抗；迫不得已，就会拼死决斗；身处危境，就会听从指挥。到了这时，士兵的作战能力一定会得到最大限度的发挥。因为他们只能向死求生，这正是"陷之死地然后生"⑦。部队的战斗力会被最大限度地激发出来，这样才能在绝境获得重生。

通过以上分析可知，《孙子》十三篇的许多重要内容都在《九地篇》得到重申，给部分读者以编辑杂乱的感觉，其实这只是表象。《九地篇》不仅不

---

① 《孙子·作战篇》。
② 《孙子·九地篇》。
③ 《孙子·九地篇》。
④ 《孙子·作战篇》。
⑤ 《孙子·九地篇》。
⑥ 从中可以看出，孙武的兵学思想并非都是合情合理。"因粮于敌"这种掠夺思想，其中所看到的只是短期效应，于政治层面的考虑，或者长期效应的考虑，都有欠周全。
⑦ 《孙子·九地篇》。

乱，恰恰相反，它是一篇结构严谨、论述透彻、主题集中的有关战略奔袭的专论。众多重要的战术原则集中于一处，就像是学生大考之前的总复习，老师要告诉学生哪些重点内容需掌握。每到此时，老师也会使尽浑身解数，对重点内容进行串讲，反复叮嘱，不惜给人啰唆的感觉。

因此，在别人看来写得很差的《九地篇》，在笔者看来却最为精彩。读懂了《九地篇》，才能真正理解孙子的兵法，才真正懂得那个时代孙子为何能凭借数万人马，千里奔袭，打败强大的楚国。其中奥秘，都写在《九地篇》。伐楚之战几乎按照《九地篇》的设计而展开。《孙子》十三篇最重要的战争谋略，正是这"绝境重生"和"向死求生"的谋略。"伐楚"才是这本兵书的中心论题。

从这一角度出发，《九地篇》也为我们揭开《孙子》成书之谜提供了线索。《孙子》确切写作时间无法考证，但它应该是在伐楚之前就已完成，在孙子拜见吴王之前就已经差不多写好。伐楚战争结束之后，孙子也许会对其进行适当的补充和修改，但主体内容应在这场大战之前已经完成。为了打动吴王，孙子在十三篇兵法中花费了不少心思，在《九地篇》更是费尽思量，就此为世人留下一篇不朽的战略名篇。

(四)"错简说"及驳议

《九地篇》重要而且精彩，《武经汇解·孙子·九地篇》曰："全篇主意不过'投之亡地然后存、陷之死地而后生'二语。"[①]这句话很好地概括了该篇的主题。但正是这一篇文字，曾引起广泛争议。

自从宋代注家张预怀疑"九变"即"九地之变"后，明代刘寅等人提出了《九变篇》和《九地篇》存在错简问题。他指出，《九变篇》"圮地无舍，衢地合交，围地则谋，死地则战"本应是《九地篇》文字，此论得到了赵本学的支持："及获见刘寅《直解》，知有张贲之书，直以'圮地无舍、衢地合交、围地则谋、死地则战'四句为衍文。"[②]赵本学指出，如将《九变篇》"将受命于君，合军聚众"其下四句归诸《九地篇》，则更加合理。[③]当然，他们虽然在《军争篇》《九变篇》和《九地篇》中找出了一系列的错简和衍文，却仍然承认《九变篇》独立成篇的价值，并没对《九地篇》发起猛烈批评。

---

①黎观五：《武经汇解》，清康熙乙酉刊本，齐鲁书社，1993年影印本。

②[明]赵本学：《孙子书校解引类·九变篇》。

③《孙子书校解引类·九变篇》。

近代学者也曾对《九地篇》进行过深入研究,并提出一些新观点。比如李浴日认为,《九地篇》是《地形篇》的"补遗"。[1]另外,"错简说"自从遭到汪绂[2]等学者反驳后,曾长期沉寂[3],此时又被重新提起,比如陈启天[4]。20世纪50年代,杨炳安撰写《孙子集校》时,也曾对张、刘、赵予以支持。[5]李零曾对此提出批评,[6]也批评张贲、刘寅、赵本学等人"动称'错简',妄改原书":"银雀山简本的发现已经证明,他们的改动很少有对的。"[7]

在《孙子》十三篇中,《九地篇》最长,规模是《九变篇》的五倍有余。一个最长一个最短,有人就此将二者联系起来,认为《九变篇》是《九地篇》割剩下的尾巴。除了明代学者,李零也将这两篇联系在一起,认为:"《九地》是全书整理的尾巴,最后没有加工好,《九变》就是从《九地》割裂,用该篇草稿中的材料拼凑而成。"[8]在李零看来,这两篇是《孙子》全书中编次加工最粗糙,存在着明显的"割裂"痕迹。[9]

对《九地篇》持猛烈批评态度的还有钮先钟。在有关著作中,他指出:"这一篇是十三篇中最长的一篇,也是内容最杂乱的一篇。其内容有很多都有疑问,甚至于可以断言是后人所伪造和篡改。"[10]

与上述批评之说截然相反,吴如嵩、黄朴民等学者对《九地篇》给予高度评价。吴如嵩指出,《九地篇》是从战略的高度宏观地论述了战略进攻作战的若干原则和方法。[11]黄朴民不仅称赞该篇思想精辟,说理透彻[12],还将其

①李浴日:《孙子新研究》,世界兵学社,1946年,第219页。
②汪绂非常明确地反对"错简说":"旧解多误。"《戊笈谈兵·孙子·九变篇》,齐鲁书社,1993年影印本。
③黎观五《武经汇解·孙子》(清康熙乙酉刊本)虽则收集旧注甚夥,甚至蔚为大观,却只字不提张贲等人的"错简说",便是一种漠视。因为该书曾经数次引用了刘寅《直解》。对于刘寅等人的"错简说"只字不提的态度,可能是因为"错简说"其时已不再时髦,也可能认为这个说法显得太过幼稚,不值一驳。
④陈启天:《孙子兵法校释》,国魂书店出版,1941年,第238页。
⑤杨炳安:《孙子集校》,中华书局,1959年。
⑥李零认为,《集校》特别是对十家注系之外武经系统诸版本以及张贲、刘寅、赵本学等人的意见做了较多吸收,对古书引文反而不大重视,认为这些引文节引、改易、增删,不尽可据。但银雀山简本发现之后,杨校本的许多缺点就暴露出来了。详见李零:《关于〈孙子兵法〉研究整理的新认识》,载《古籍整理与研究》,1987年第1期。
⑦李零:关于《〈孙子兵法〉研究整理的新认识》,载《古籍整理与研究》,1987年第1期。
⑧李零:《兵以诈立——我读〈孙子〉》,中华书局,2006年,第315页。
⑨李零:《关于〈孙子兵法〉研究整理的新认识》,载《古籍整理与研究》,1987年第1期。
⑩钮先钟:《孙子三论:从古兵法到新战略》,广西师范大学出版社,2003年,第95页。
⑪吴如嵩:《孙子兵法新说》,解放军出版社,2008年,第166页。
⑫黄朴民:《〈孙子兵法〉解读》,中国人民大学出版社,2008年,第238页。

与柯林斯的《大战略》进行对比。《大战略》一书主要作战原则归纳为十二条:目的、主动权、灵活性、集中、节约、机动、突然性、扩张战果、安全、简明、统一指挥、士气。"如果拿它们同《孙子兵法·九地篇》对照着解读,你会欣喜地看到这十二项作战原则之基本要素,在本篇中都已经或多或少的包含了,这说明孙子不愧为世界上深谙作战基本原理的第一人,《九地篇》也无疑是整个孙子兵学体系中的重要构成部分。"①

批评也好,赞扬也好,本属仁者见仁智者见智,但也可充分反映出各自对孙子兵学理论,尤其是《九地篇》的解读方法。就"错简说",笔者在讨论《九变篇》时曾有涉及。李零所谓"割裂",仅从简本考察,并不存在。由出土文献可知,《九变篇》和《九地篇》都各自成篇,"《九变》就是从《九地》割裂"的说法,仅从出土竹简考察,也无法成立。魏汝霖等学者同样坚决反对"错简说",认为《九地篇》并不存在错简,并深入讨论了容易被人忽略的"地略学"问题。②

《九地篇》是十三篇的高潮和精华,不仅所论内容非常精彩,而且写作手法非常精妙。《九地篇》所论,既有战术问题,也有战略问题。

孙子在《九地篇》系统论述了如何在"散地"等九种不同战略空间领兵作战的方法,同时就当时条件下如何展开战略奔袭进行重点阐述。这些大多属于战略层面,部分属于战术层面。该篇所论"九地",不能简单视为"地形"之"地"。在现代军事学中,属于战略地理。吴如嵩指出,《九地篇》主要论述的是战略进攻问题,是远程奔袭的为客之道,③一语点破该篇主旨。该篇所论"为客之道",是逐渐崛起的吴国与行将衰落的楚国进行的战略决战。两国之间的生死决战,一定属于战略决战。当然,《九地篇》所论内容甚广,具体战法设计中也不乏战术层面的内容。④

众多研究者都看到《孙子》成书的时代背景,那就是吴、楚、越争霸的战争实践。⑤楚国正是吴国力争打败的大国,即"王霸之兵伐大国"。从当时

---

① 黄朴民:《〈孙子兵法〉解读》,中国人民大学出版社,2008年,第261页。
② 魏汝霖:《孙子今注今译》,台湾商务印书馆,1972年,第199页。
③ 吴如嵩:《孙子兵法新说》,解放军出版社,2008年,第166页。
④ 吴如嵩指出,《九地篇》围绕为客之道主要讲了两个层面的内容,一是战术层面,一是战略层面。参见吴如嵩:《孙子兵法新说》,解放军出版社,2008年,第166页。
⑤ 详细讨论可参黄朴民、宋培基:《〈孙子兵法〉的吴文化特征》,载《光明日报》,2006年5月9日。

南方争霸的背景来看,吴国的战略目标主要是楚国,越国则是与其长期角力的竞争对手。即便主张"错简说"的赵本学也非常认同这一点,指出:"孙子以当时本国之事而断之以明,贵于料敌也。"①十三篇曾两次提及吴、越恩仇。其一见诸《虚实篇》:"以吾度之,越人之兵虽多,亦奚益于胜败哉?"②这里明确指出吴、越互为仇敌的基本史实;其二则见诸《九地篇》:"夫吴人与越人相恶也,当其同舟而济,遇风,其相救也如左右手。"孙子既描述吴、越彼此仇视的现实,但也认为他们会在必要时同舟共济以自救,而相互之间的救援就像人的左手和右手一样。这显然是特殊条件之下的友谊。既然做出伐楚的决定,吴国就必须时刻注意防止越国从背后发起偷袭,或不惜代价予以拉拢。

银雀山出土文献可与传世文献《史记》,包括《孙子·九地篇》互相呼应。从出土文献可以看出,孙子和吴王所处时代即为春秋末期,吴楚争霸是时代主题,吴国要做的头等大事就是伐楚。竹简文献很大程度支持了《史记》的记载。由出土文献可知,"孙子"本来就有两个,一个活动于春秋末期的吴国,另一则活动于战国时期的齐国,各有兵法传世。孙武写的叫《孙子兵法》,孙膑写的叫《孙膑兵法》。按照司马迁的记载,孙膑还是孙武的后人。通过新旧文献的对比,《孙子》成书背景逐渐明晰,令人们更有理由相信《史记》的有关记载。

出土文献和《九地篇》所论"为客之道",也与《通典》等收录的孙子佚文基本吻合。《通典》中收录文献,以《九地篇》佚文最多。毕以珣在《孙子序录》中不遗余力地予以收录,并总结道:"此皆释《九地篇》义,辞意甚详,故其篇帙不能不多也。"③就"死地",也收有一段问对。吴王问孙武"军于敌人之地"的求胜之法,孙武答曰:"深沟高垒,示为守备;安静勿动,以隐吾能;告令三军,示不得已;杀牛燔车,以飨吾士。烧尽粮食,填夷井灶,割发捐冠,绝去生虑,将无余谋,士有死志。于是砥甲砺刃,并气一力,或攻两旁,震鼓疾噪,敌人亦惧,莫知所当。锐卒分兵,疾攻其后,此是失道而求生。故曰:困而不谋者穷,穷而不战者亡。"④这段对话是对《九地篇》"为客之道"的

---

① 赵本学:《孙子书校解引类·九地篇》,齐鲁书社,1993年影印本。
② "以吾度之",或作"以吴度之"。张预曰:"'吾'字作'吴',字之误也。"
③ 杨丙安:《十一家注孙子校理》,中华书局,1999年,第342页。
④ 杨丙安:《十一家注孙子校理》,中华书局,1999年,第341页。

进一步解释,设计的基本战法大致相通。与死地作战有关的佚文,还可见诸张预注,收录于《十一家注孙子》中,着重强调的仍然是死地求生的战法,突出强调了"困而不谋者穷,穷而不战者亡"等作战原则,[①]同样是对《九地篇》主旨的申论。

由此可知,即便孙子佚文也多将《九地篇》作为重点。以前不少学者都纷纷怀疑司马迁有关孙武的记载,但我们可以从出土文献找到证据支持他的记载,也可从十三篇兵法中找到内证加以支持,尤其需要关注的是《九地篇》。出土文献和传世文献的互证,更可以帮我们对《九地篇》主题进行明确判断,论述战略奔袭的"为客之道",是《九地篇》乃至《孙子》最值得关注的主题。在伐楚这个时代背景之下,孙子的战略构想只能充分联系争霸战争实践,所论皆贴近实战,这才能诞生论述战略奔袭的这一不朽名篇。

第三节　"以利为本"的核心思想

在笔者看来,《军争篇》中"兵以诈立,以利动,以分合为变者也"一语,堪称解读孙子兵学思想的关键。尤其是"以诈立,以利动",可以帮助我们对孙子的核心思想获得较为准确的认知。宋代学者如郑友贤就曾注意到这句话。在将《孙子》与《司马法》进行对比时,郑友贤指出:"《司马法》以仁为本,孙武以诈立;《司马法》以义治之,孙武以利动;《司马法》以正不获意权则,孙武以分合为变。"[②]郑氏此语抓住了两部兵典的核心要义,并进行了言简意赅的对比。笔者由此而更相信孙子的核心价值观是"利",十三篇的核心内容则为"以诈谋利"或"以智谋利"。围绕这一核心,孙子设计和探讨了一整套"分合为变"的战法。这些气象万千的战法,构成了十三篇的主体内容。

(一)以争利为目标

"利"是十三篇中的高频词,武经本和十一家注本"利"字都为52见。汉简本因脱字太多,无法判断多寡 。为便于考察,现据传本将各篇出现次数统计如下:

---

①杨丙安:《十一家注孙子校理》,中华书局,1999年,第239页。
②[宋]郑友贤:《十家注孙子遗说并序》。

篇名	计	作战	谋攻	形	势	虚实	军争	九变	行军	地形	九地	火攻	用间
次数	3	3	1	0	1	1	11	7	5	7	7	3	1

从上表可以看出，除《形篇》之外，其余各篇都或多或少地对"利"字有所提及，《军争篇》多达11次。孙子重"利"，不言自明。由此可见，"利"为关键字："'利'的思想，贯穿于整部《孙子兵法》。"①而且是支撑孙子兵学思想的重要主线。

孙子所言之"利"，包罗万象，内涵非常丰富。首先可分为三个层次，即战略上的"胜"、政略上的"全"和思想境界的"善"。②为实现战略层次之"胜"，孙子主张"胜兵先胜而后求战"，高度重视战前的运筹和谋划，要求对"五事七计"等影响战争胜负的关键因素进行认真分析，并多方运用"形人之术"而达成有利于己的作战态势。政略上求"全"，则是强调以最小代价换取最大之利益，因此"全"也即"全利"。孙子在《谋攻篇》中强调"全国为上"，其次则分别为"全军""全旅""全卒""全伍"，可知"全"是孙子始终努力追求的目标。"全"和"胜"联系在一起，则是"全胜"。"全胜"虽难以达成，但也不妨视为一种境界追求。孙子的追求并未止步于此，而是进一步提出"善"的目标。这种"善"，可以理解为"善战"，同时也可视为孙子反对穷兵黩武、力求达成"不战而屈人之兵"，实现"安国全军之道"的美好愿望。孙子的功利思想由此而获得境界的提升。

孙子所言之利也可简单地分为大、中、小三个层次。《谋攻篇》力主"全国为上，破国次之"，所争为"全国"之利，这是属于战略层次的"最大之利"。《作战篇》强调"因粮于敌"，这既为争取战役行动之"中利"，也是孙子后勤补给的基本方略。除此之外，孙子也关注一时一地之"利"，更多作为谋略手段而运用，施用于战术或战斗层面，目的是为了赢得"大利"。孙子主张"迂其途而诱之以利"③，正是舍弃"小利"而博取"大利"，是以牺牲局部之利，来换取全局之利。

---

① 黄朴民、高润浩：《〈孙子兵法〉新读》，长春出版社，2008年，第68页。
② 至于更为详细的讨论，可参看黄朴民、高润浩：《〈孙子兵法〉新读》，长春出版社，2008年，第69页。
③《孙子·军争篇》。

　　此外,我们也可按照其他标准对"利"进行分类。比如,按照"利"之归属,可分"君主之利""军之利""兵之利""敌之利"等;按照"利"之性质,可分为长远之利、短期之利,全局之利、局部之利等。《九地篇》等探讨了"九变之利""屈伸之利"等,多就"地利"而展开。清人顾祖禹曾云:"论地利之妙,亦莫如《孙子》。"[①]从《行军篇》到《地形篇》,再到《九地篇》,孙子对如何占据"地利"有着详细论述。此外,孙子还就天候之利、阵法之利、火攻之利、用间之利等,都有不同程度论述。孙子对于"利"有着独到的解读方式,可谓包罗万"利"。

　　不可否认的是,孙子所言之"利",有一些作动词使用——所谓名词动用,如《计篇》的"利而诱之"等。但从语义学上看,"动用"也需有其本义支持。也就是说,孙子作动词使用的"利",其本义仍是利益之意。即便抛开这些动用之"利",十三篇中"利"字仍是颇为可观。

　　《计篇》的"计利以听",是十三篇中出现的第一个"利"字。从中可以看出,对国家有利与否,是孙子考虑军事问题的最重要出发点,也即所谓"非利不动"[②]。《谋攻篇》中说"兵不顿而利可全",努力可知保住"全利",追求利益的最大化,是孙子谋划战争和进行战略决策的终极目标。十三篇中以《军争篇》出现"利"字最频繁。军之所争,无外乎"利"。在孙子看来,发动战争与否,主要是看己方是否可以得利,或是否符合己方利益。这就是孙子反复强调的利益原则:"合于利而动,不合于利而止。"这句话简单明了地概括了孙子的用兵原则,《九地篇》和《火攻篇》中重复出现两次,这显然是出于强调和重视。

　　出土简文所反映的"争利"思想,和十三篇一致。在《见吴王》中,孙子和吴王的对话也鲜明表达出对于"利"的重视:

　　　　孙子曰:"兵,利也,非好也。兵,□【也】,非戏也。君王以好与戏问
　　　之,外臣不敢对。"

这段对话为《史记》所无,除了"兵,利也"体现出与十三篇类似的利本思想之外,"非好""非戏"的定性,也与十三篇的"慎战"思想一致,同时体现出"杂于利害"的辩证思维。无论是传世文本,还是出土文献,都可以看出孙子

[①]《读史方舆纪要·总叙二》。
[②]《孙子·火攻篇》。

的核心价值观为"利"。

吴如嵩曾将"全"作为《孙子》的核心,非常发人深省。他说:"《孙子兵法》中的'全',如同孔子哲学的核心'仁',老子哲学的核心'道'一样,是我们研究孙武军事思想的一条基本线索。十三篇中,提到'全'的地方有十处之多。"①在笔者看来,字词频率虽能部分反映作者心迹,但也非决定性因素,何况"全"字在十三篇中仅为10见。这与"利"字52见相比,差距甚远。而且,十三篇中"全"字多为形容词或副词,似乎只有《谋攻篇》"必以全争于天下"中的"全"作为名词使用。此处"全"之本义应为"全胜"或"全利"。故愚见认为,以"全"为十三篇核心思想或许值得商榷。

于汝波似乎对此并不认可,曾撰文指出《孙子》的核心为"胜"。②孙子确以"不战而屈人之兵"的"全胜"作为努力追求目标,主张"上兵伐谋",其实正为追求"全胜"。就"全胜"二字而言,吴如嵩抓住了前面的"全",而于汝波则瞅准后面的"胜"。如果认定"全胜"是十三篇的核心,宁肯要"胜",而非"全"。

《论语》和《老子》的核心内容,学界已有很多讨论。在笔者看来,"仁"和"道"在内涵上其实较难实现对等。前者似就价值观而言,后者似为本体论而设。孔子曰仁,孟子曰义,都反映了一种价值取向,这正像孙子之争利和重利。因此,与于汝波所指"胜"字相比,笔者更倾向于以"利"概括孙子思想之核心。如果与儒家之"仁"作对比,笔者更认同将"利"当成孙子的核心价值观。从词源学的角度来考察"胜""利"二字,孙子是把"胜"作为"利"的实现途径。③这二字之间,确实存在因果联系:只有战争获胜,才有战后获利。"胜",最终回到"利"。"利"既是战争发起之动因,又是影响和制约战争进程的深层根源。④何况十三篇中"利"字52见,是非常明显的高频词。

孙子极端重利,一切以"利"为本,"利本"思想昭然若揭。是否发动战争,以多大规模展开,都是以"是否得利"作为出发点。既然如此,十三篇兵法未尝不可以说是一部记载"争利之法"或"逐利之法"的著作。

---

① 吴如嵩:《孙子兵法浅说》,解放军出版社,1999年,第48页。
② 于汝波:《试论〈孙子兵法〉以'胜'为核心的战争理论体系》,载《南开学报(哲学社会科学版)》,1994年第6期。
③ 黄朴民、高润浩:《〈孙子兵法〉新读》,长春出版社,2008年,第69页。
④ 黄朴民、高润浩:《〈孙子兵法〉新读》,长春出版社,2008年,第69页。

(二)孙子争利之法的展开

既然《孙子》是一部记载争利之法之书,那么这争利之法的核心内容是什么呢? 笔者认为,是千变万化的谋略之术和诡诈之术。这是十三篇中最为出彩和最为重要的内容,也给后代军事家们以最多启迪。

十三篇高举诡诈之术。在第一篇,孙子在论述"五事七计"为主要内容的"庙算"之后,便旗帜鲜明地提出了"兵者,诡道"这一著名论断,进而推出"能而示之不能,用而示之不用"等"诡道十二法"。①在《计篇》之后,设计和探讨"诡道之法"成为各篇的重要主题。从《虚实篇》到《九变篇》,"示形""造势""虚实之术"和"用兵变法"等,几乎都是围绕这一主题而展开。《九地篇》"犯之以害,勿告以利"的"为客之道",《用间篇》论述"五间俱起"的用间之术等,同样都是诡诈之术的重要内容。

《军争篇》中"利"字出现最多,张口闭口皆为"利",重利思想于此达到极致。正是在该篇,孙子合乎逻辑地提出了"兵以诈立,以利动,以分合为变"的主张。其中,"兵以诈立"和《计篇》"兵者,诡道"很好地形成呼应,成为孙子重视诡诈之术的有力注脚。为实现争利目标,孙子研究和设计了一整套"分合为变"②和"因敌制胜"③的战法,其实大多是在设计和探讨诡诈之术。因此,争胜之法的具体内容虽多,但其中关键或可总结为二:其一为"变",其二是"因"。也可换一种说法:其一为"诡",其二曰"诈"。还可以换一种说法:其一为"智",其二为"谋"。这些词语,在内涵上或许存在微细差别,但用来总结孙子兵学思想,尤其是逐利之术,都不会发生太大偏差。

"因"在十三篇中凡16见,虽不如"利"频率高,但次数也不少。这些"因"字,有作"因此"或"原因"解,有作"依靠"或"因循"解,意思多变。在笔者看来,"因"字或可上升到哲学层面进行解释。《管子·心术上》中说:"因也者,舍己而以物为法者也。"孙子主张"因敌制胜",不妨也如此看待,"舍己而以物为法"同样是孙子的追求。由"因"字出发,孙子要求指挥员必须要客观全面地把握敌情,不能掺杂任何的主观偏见。孙子重视庙算和用间,关注

---

① 《孙子·计篇》。
② 《孙子·军争篇》。
③ 《孙子·虚实篇》曰:"兵因敌而制胜。"

敌情分析,强调由"先知"求"先胜",都是"因敌制胜"的需要,都是从打赢战争出发。这其实是一种实事求是的务实精神。

"变"也是孙子争利之法的关键。不仅如此,"变"还是实现诡诈之术,以求获取胜利的直接手段。正是由于善用变术,孙子兵学才显得气象万千。孙子固不废用兵之常法,但更重视用兵之变法。重视"以正合",更重视"以奇胜"。因此,作者在《军争篇》讨论了军争之常法,在《九变篇》中接着讨论用兵之变法。"九"是"极言其多","九变"是说明变化很多。在《九地篇》,孙子用了很多篇幅讨论"九地之变",关注的仍然是用兵之变法。在孙子看来,"治变"和"治气""治力"同等重要。"分合为变"由此而成为孙子兵学思想的重要内容。虽然只是兵力的分合,却是指挥员能否巧妙用兵的直接体现。孙子认为,"兵无常势,水无常形"[1],指挥员要想赢得战争胜利就必须要学会随机应变。在孙子看来,用兵的最高境界正是善于变化:"能因敌变化而取胜者,谓之神。"[2]

孙子的"变"和"因"紧密相连。有"因"才会有"变","变"必出于有"因"。由"因"到"变",孙子构建了一整套谋略之术和诡诈之术。这些谋略之术和诡诈之术,是孙子获利的最重要手段,同时也是孙子争利之法和兵学思想的最核心内容。正是因为有了"分合为变",善于机动灵活地运用兵力,孙子的"逐利之法"才能付诸实践。孙子将"诈""变"和"利"紧密联系在一起,对互相之间的关系有清醒认识。所谓"分合为变",也可叫"众寡分合"。因为"分合为变"首先要做到的便是"识众寡之用"。在《谋攻篇》中,孙子将"识众寡之用"当成"知胜之法"之一:"识众寡之用者胜。"

黄朴民指出,孙子是历史上第一个重视并系统阐述'众寡分合'作战原则的兵学大师。[3]可以说,孙子是扭转世风的重要兵家。"分合为变"所希望达到的效果,便是集中兵力,也即"并敌一向"[4]和"以镒称铢"[5]。孙子的"形人之术",力图实现"形人而我无形",以此达成"我专而敌分"。"我专",则我为实;"敌分",则敌为虚。如果运用巧妙,就能实现"以十攻其一"和"以众

---

[1]《孙子·虚实篇》。
[2]《孙子·虚实篇》。
[3]黄朴民:《先秦两汉兵学文化研究》,中国人民大学出版社,2010年,第100页。
[4]《孙子·九地篇》。
[5]《孙子·形篇》。

击寡"。这便是通过分合来达成虚实变化,实现"致人而不致于人"的目的,进而取得战争的胜利。

《孙子》十三篇中讨论"分合为变"的文字不在少数。如果我们认真考察便可发现,从《形篇》到《势篇》,再到《虚实篇》,作者是在经过一系列铺垫性论述之后,才在《军争篇》中顺而提出"分合为变"这一基本原则的。这样的安排既说明"分合为变"在作者心目中的地位,同时也在某种程度上体现了作者布局谋篇的巧妙构思。

笔者认为,用"诡"和"诈"二字概括孙子的逐利之法,同样不失为一种相对合理的选择。《韩非子·五蠹》中指出:"上古竞于道德,中古逐于智谋,当今争于气力。"此语是对上古军事史的简明概括。孙子看到"动之以仁义,行之以礼让"①之类的古军礼已经过时,便大胆地予以丢弃,转而致力于研究谋略,认真探讨诡诈之术,从而为我们留下了中古之世"逐于智谋"的印记。因为"逐于智谋",故此孙子论兵,充满着"诡"和"诈"。

十三篇中,"谋"字11见,多作"计谋"或"谋略"解,这或可视为其重视谋略胜人的明证。"诡"和"诈"虽然都只是1见,但都被用来对战争进行定性,而且都是关键句中的关键词。其一为"兵者,诡道",出现在《计篇》;其二为"兵以诈立",出现于《军争篇》。或许在孙子眼中,"诡"和"诈"才是对战争进行定性的更恰当词语。在今天已略显贬义的词语,却成为孙子眼中的宠儿,更受其偏爱。

在今天看来,鸣鼓而战、重视古军礼、重视堂堂之阵的战争模式,毕竟不是战争的常态,只能说是特定历史时期的产物。因此,孙子用"诡"和"诈"对战争现象进行定性,显然再为允当不过。《汉书·艺文志·兵书略》也说:"自春秋至于战国,出奇设伏,变诈之兵并作。"身处大变化大动荡的特殊历史时期,孙子重视谋略胜人,并不讳言诡诈,而是公然依靠诡诈之术争利逐利,正是历史的必然选择。此举彻底抛弃了那些不合时宜的古军礼的束缚,是战争指导观念的根本性进步。②所以,孙子用"诡、诈"二字对战争问题定性,既是历史的产物,同时也是深思熟虑的结果。既然如此,"诡、诈"二字同样可视为十三篇的核心要义,同时也是孙子争利之术的核心内容。如果

---

①《汉书·艺文志·兵书略》。
②黄朴民:《先秦两汉兵学文化研究》,中国人民大学出版社,2010年,第38页。

说孙子的核心价值观是"利",那么十三篇的核心内容则是"以诈争利"或
"以谋争利""以智谋利"。

(三)孙子"重利"之时代背景

孙子围绕"争利"而逐步展开的逐利之法,及其丰富的诡诈之术,出色的
谋略思想,都是十三篇的主体内容。这种重利、争利思想的形成,并非空穴
来风,而是有着特定的历史背景。

春秋末期,随着"礼崩乐坏"进一步加剧,战争观念和战争方式都发生了
根本性变化。无论是政治家还是军事家,都已逐渐摆脱军礼的束缚,使得战
争方法和战争模式都发生重大改变。这正是由量变到质变的必然结果。春
秋早期的齐桓公尚且"正而不谲",稍晚时期的晋文公就已经开始变得"谲而
不正"。春秋前期的管仲尚且能够用"尊王攘夷"等标榜道义之举,成功辅助
齐桓公称霸,但稍晚期的宋襄公反而因为尊奉"不擒二毛"等古军礼而在泓
水之战中遭遇一场惨败。到了春秋末期,这种变化情况更加明显,各种出奇
设伏等诡诈之法开始堂而皇之地登上历史舞台,吴、楚、越之间所发生的多
场战争就是大量运用诡诈之术。对此,战国末期的韩非子有着清醒的认识,
将这时的总体特点概括为"逐于智谋"。汉代学者也有简短而又精辟的论断
"出奇设伏,变诈之兵并作",①刘向也说:"兵革不休,诈伪并起。"可见,当时
战争观念和军事学术转变的特点,已经为众人所察。正是这些重大转变,为
《孙子》系统总结和探讨诡诈之术准备了条件,奠定了基础。

诡诈之术的诞生与功利思潮的泛起有着密切联系。"诈术"和"功利"之
间,其实互为因果,互为表里。汉代学者刘向曾对春秋战国时期有过精彩总
结:"贪饕无耻,竞进无厌,国异政教,各自制断,上无天子,下无方伯⋯⋯"②
刘向此语很好地概括了当时的社会风貌,同时也简明扼要地总结出其时功
利至上的时代特点。由于周天子日益式微,各路诸侯都看到称霸和逐利之
机,于是对道德和礼治越来越漠视,转而旗帜鲜明地争名夺利,诡诈之术和
谋略之术便应运而生,并逐渐成熟和发达。

春秋早期,管仲的用兵原则是"义于名而利于实"。公元前656年,齐桓

①《汉书·艺文志》。
②《战国策序》。

公因蔡姬而伐蔡，管仲极力加以劝阻："楚之菁茅不贡于天子三年矣，君不如举兵为天子伐楚……此义于名而利于实。"①在这次军事行动中，管仲为发动战争找到了一个巧妙的借口，使得出兵行动在合乎道义、获得舆论支持的同时，也朝着称霸的总体战略目标扎实地迈进，不可不谓高明。管仲这种"义于名而利于实"的争霸策略，落脚点显然是"利"，但他能够标榜"尊王攘夷"等道义，所以成为顺应潮流之举，受到各路诸侯支持。毫无疑问的是，其用兵原则直接引领了春秋兵学的功利主义，同时也直接影响了春秋晚期的孙子，并被其发展到极致。是故，十三篇兵法中已是处处言利，而且是"非利不动"②，功利思想溢于言表。管仲兵学虽带有功利色彩，争利之术不免带有诡诈，但更多结合仁义。

春秋晚期的孙子，虽争利之术也带有些许仁义色彩，但更多强调诡诈之术。"非利不动""合于利而动，不合于利而止"③等口号的提出，使得孙子几乎成为彻头彻尾的功利主义者。考察春秋晚期的兵家，也可看出"以利为上"的鲜明主张。吴王阖闾的弟弟夫概因为请求出兵迎敌遭到拒绝，于是强调了"利本"原则："王已属臣兵，兵以利为上，尚何待焉？"④

由于礼崩乐坏，社会大势已由诚信守礼变为道德崩坏，其时著名思想家纷纷开始关注"义利"问题。由此开始，"义利之辨"甚至逐渐成为长期争辩的重要论题之一。

孔子对此也提出了明确主张："君子喻于义，小人喻于利。"⑤这句话被很多人解读为：人生最该看重的应当是"义"，而非"利"，称赞孔子"重义轻利"，但这可能是对孔子的误解。⑥而且这种误解因孟子等人之力变得越来越深，儒家由此被烙上"重义轻利"的印记。不管如何，孔子一定是看到功利主义色彩对于世风的不良影响，遂提出这种"义利之辨"表示出对时风的担忧之情。针对当时大势，《墨子·天志》主张"兼相爱，交相利"。在墨子看

---

① 《韩非子·外储说左上》。
② 《孙子·火攻篇》。
③ 《孙子·九地篇》《孙子·火攻篇》。
④ 《史记·吴太伯世家》。
⑤ 《论语·里仁》。
⑥ 因为孔子眼中的君子、小人并非就德行而言。这里的君子当指贵族，因为他们物质资料丰富，无须考虑衣食住行问题，所以才需要教育他们"喻于义"，不违礼背仁。小人则指社会下层人物，因为他们的物质资料欠缺，所以更需要"喻于利"，多置产业。

来,一味逐利或过分功利化,就会不可避免地带来诸多负面效应,只有"交相利"才是纠偏之举。墨子此语存在一个潜台词,那就是首先承认了功利的价值和作用,也带着浓厚的功利底色,折射当时社会思潮的实际情形。老子则痛感世风大变,另外提出解决方法:"绝圣弃智,民利百倍;绝仁弃义,民复孝慈;绝巧弃利,盗贼无有。"[1]由于老子的思想态度一贯晦涩难懂,但从"绝巧弃利"之"弃"字来看,似与孔子有几分接近。当然,老子在主张"弃利"的同时,似乎并不主张"喻于义"。因为在老子看来,"大道废,有仁义"[2]。从这个角度来看,老子的义利观和孔子又有差别,同时也足可表明其时"言利"的氛围甚嚣尘上。

春秋战国时期是贵族社会向布衣社会的转型时期,伴随着这种社会转型,世卿世禄也向军功食利转变。在这个过程中,阶层的流动使得各种思想都非常活跃,"学术下移"也成为必然。由于功利思想能给个人带来直接利益,故而立即得到发展并受到重视。在当时的社会背景之下,诸侯首先想的是篡位夺权,取代周天子之地位。大夫首先想的是僭越,伺机夺取诸侯之位。平民阶层则希望通过军功来获得改变身份和命运的机会。这种情形下,很少有人再把仁义真正当成追求目标和人生信条。孙子重功利也与这种社会转型有着直接的联系。与孔子、墨子、老子等先哲不同,孙子是直言不讳地争"利"。具体地说,孔子是"喻于义",墨子是"交相利",老子是"弃利",孙子则是"非利不动",表现出与其他诸家迥异之面貌。但相比其他诸家,孙子无疑更贴近当时的社会思潮。

总之,特定的历史背景和特殊的历史环境,催生了孙子的"利本"思想,同时也催生了孙子"以诈谋利"等一系列战略战术。孙子旗帜鲜明地追逐"功利",既反映了特定历史时期的社会思想面貌,也是特定社会思潮在兵学发展层面的诉求。换言之,十三篇将"利"作为核心价值观,并非空穴来风,而是势所必然。

(四)"利本"思想的评判

孙子公然逐利,在当时可能是惊世骇俗,独标新意,但毕竟抓住了战争

---

[1]《老子·第十九章》。
[2]《老子·第十八章》。

的实质性问题,所以才能连同他的诡诈之术一起,都逐渐地为历史所接受,所以诡诈之术逐利逐渐成为军事家之共识。在西方,战争逐利的观点也有认同。比如,有学者认为,谋略本身可定义为"谋求自身利益的系统"。①18世纪的军事理论家约米尼曾指出:"一个政府为了下述的各种理由,才会加入战争:一、收回某种权利或是保卫某种权利。二、保护和维持国家的最大利益,例如商业、工业、农业等。"②从中可以看出,利益至上,以利为本,同样也是西方军事家的基本认识。约米尼的时代,相去孙子已经有两千年之久。两相对比,更令我们相信孙子"以利为本"和"非利不动",确是抓住了战争之本质,这才会收到来自西方的久远之回响。澳大利亚学者杰弗里·布莱内承认战争的原因有不少是因为"君主的野心",同时也承认对抗与憎恨等因素的影响。③这里所说的"君主的野心",其实也可视为是对利益的追求。美国学者理查德·内德·勒博刻意回避战争逐利的目标,认为利益是战争发生"频率最低的动机"④,但他又认为征服战争"无外乎是为了寻求利益、安全和声望"⑤,而且尝试在利益与安全之间建立某种联系。其实孙子所说的"非利不动,非得不用,非危不战"⑥,已经在二者之间建立了直接联系。国家安全与国家利益息息相关,须臾不可分离。

　　我们应当看到,兵家之学是一种需要付诸实际、具有很强操作性的学问,是一种务实之学,更需要讲究实际效应,必须追求最大利益。作为兵家,最要不得的就是空谈玄理和空谈仁义。而且,如果是对敌人大谈仁义,那一定是误国误民之举。从这个层面来看,孙子的功利思想不仅是顺应时代潮流,同时也抓住了战争现象的本质。《孙子》甫一诞生便受到普遍重视,并非出于偶然。上古时期那种"诛有罪"和"征不义"的战争,固然也曾在历史上出现,甚或长期存在,但也不能排除其中存在着利益纠葛。孔子所言"兴灭国,继绝世,举逸民"⑦等战争目标,也有相当大的合理成分存在其中,但争

①[以]马丁·范克勒维尔德:《战争的文化》,李阳译,生活·读书·新知三联书店,2016年,第67页。

②[瑞士]约米尼:《战争艺术》,钮先钟译,广西师范大学出版社,2003年,第2页。

③[澳]杰弗里·布莱内:《战争的原因》,时殷弘译,商务印书馆,2011年,第133—136页。

④[美]理查德·内德·勒博:《国家为何而战?:过去与未来的战争动机》,陈定定、段啸林、赵洋译,上海人民出版社,2016年,第147页。

⑤[美]理查德·内德·勒博:《国家为何而战?:过去与未来的战争动机》,陈定定、段啸林、赵洋译,上海人民出版社,2016年,第152页。

⑥《孙子·火攻篇》。

⑦《论语·尧曰》。

夺利益是战争行为更常见的目标追求。因此,我们需要承认孙子洞察战争并锥指根本的能力。

从兵学史的发展情况来看,孙子的重利,从根本上划清了同《司马法》为代表的旧军礼的界限,正确揭示了军事斗争的基本规律。[①]很显然,按照周礼传统指导下的战争模式一定是特定历史阶段的产物,不会是战争的常态和主流。战争发展到一定阶段之后,终究会回到保存自己、消灭敌人的这种模式。宋襄公正是没有认清这一发展变化,很不恰当地和自己的对手大谈仁义,结果被楚军打得大败。孙子的高明之处就在于,他看清了战争的本质,牢牢地把握住了历史发展脉络,所以才推出了一部富有实际应用价值的兵书,并受到广泛重视。值得一提的是,战国时期的法家同样抓住了这种功利的社会思潮,适时推出军功爵制,配合他们的农战思想,就此独步一时,受到普遍重视。秦国甚至因为军功爵制之力,最终实现统一中国的霸业。

因此,孙子张扬利本思想,以"利"为核心价值观,具有重要意义。古往今来,几乎所有战争,可以说都是因"利"而生,又因"利"而争。漫长的封建社会,儒家思想长期占据要津,以"利"为核心的价值观长期受到排挤和打压。儒家"重义轻利"的义利观,曾深刻影响和改造了国人的性格和思维。"君子固穷"式的义利观,一度受到追捧和赞颂。然而,这种义利观并非放之四海而皆准。将它用于改造民风固然有其用武之地,甚至在特定时期需要大力弘扬——尤其是当金钱至上、唯利是图的价值观占据主流之时,但如果是浸染和改造了兵学领域,很显然不合时宜,甚至会产生巨大危害,很可能会造成大量违背战争规律的笑话出现,类似宋襄公之类人物可能会层出不穷。这对于保家卫国和保全族种而言,无疑是巨大的灾难。从这一角度来看,《孙子》作为中国古典兵学的重要代表,其"利本"思想及"以诈谋利"之术,都尤其显得珍贵。因为它代表的既是一种务实精神,也是唯物精神,值得坚持和发扬。孙子因为能够摆脱虚名之束缚,追求实际效应,所以才能写出高明的兵法,并受到万世追捧。

除此之外,要想准确理解孙子"利本"思想,吸收和评判其思想价值,还需要把握以下几点:

第一,我们固然需要在军事行动中坚持"利本",但也需要考虑如何在这

---

①黄朴民、高润浩:《〈孙子兵法〉新读》,长春出版社,2008年,第69页。

一过程中既坚持"以利为本"，同时也关注到"名"，力争做到如管仲那样的"义于名而利于实"，实现"义"与"利"的统一。战争行动如果能占得道义上的先机，就会赢得更多支持，对于获胜当然会有所帮助。当今社会，战争问题往往牵扯到诸多复杂的国际因素，如果只是孜孜于利，丝毫不顾及道义，很可能会造成孤立无援甚至是被动挨打的局面。因此需同时兼顾"义""利"，以"义"为口号为手段，以"利"为目标为根本。六千言的《孙子》，"利"共52见，"义"仅1见，对比非常悬殊。可知孙子为了求胜，无暇顾及"义"，这也许可算作一个缺陷。钮先钟指出，孙子不认为战争在本质上有所谓善恶之分，他的思想中也无"义战"观念存在。①由于孙子过于重利，对战争性质的思考也自然会有较为欠缺的一面。"因粮于敌"②"掠乡分众"③等主张，于政治层面的考虑都有欠深入，也许正是这种功利思想使然。

第二，就争利之法来说，我们需要看到孙子既有重谋尚诈的一面，同时也有重视力量的一面。长期以来，很多人对于《孙子》，包括以《孙子》为代表的中国古典兵学，都留有一种"重谋轻力"的印象。这也许是因为十三篇中论述谋略的篇幅更多。我们说孙子"以诈谋利"或"以谋争利"，突出强调其尚谋尚诈的一面，但一定要看到其重力的特征。孙子的种种诈术最终要落实到战斗力的提升上来，《谋攻篇》"十围五攻"等战法，虽为诡诈之术，却是基于重视实力而提出。重视"以诈谋利"或"以谋争利"，也反对只看到其谋略之论，更反对将《孙子》与《三十六计》胡乱联系，并将《孙子》视为"空手套白狼"的谋略之书。在研究阐发孙子兵学思想时，既要重视其诡诈之术，也需弘扬其"实力原则"，坚持"以力胜人""以德服人"和"以智胜人"的完美结合，做到以实力谋取利益和以诈术谋取利益的完美结合。

第三，孙子在逐利的同时，并未忘记防害。"杂于利害"④也是孙子逐利之术的重要内容。在十三篇中，"利"常与"害""患""危"等相对出现，如"不尽知用兵之害者，则不能尽知用兵之利也"⑤、"犯之以利，勿告以害"⑥、"以

①钮先钟：《孙子三论：从古兵法到新战略》，广西师范大学出版社，2003年，第276页。
②《孙子·作战篇》。
③《孙子·军争篇》。
④《孙子·九变篇》。
⑤《孙子·作战篇》。
⑥《孙子·九地篇》。

患为利"①、"军争为利,军争为危"②等。正是由于孙子能够辩证看待复杂的战争问题,能够正确处理利害与得失,能够从整体上进行辩证思考,其逐利之术才显得更加高明和实用,才能受到历代兵家的重视。

第四,孙子所重之"利"和所争之"利"都非个人私利。利字当先,但他始终强调"安国全军",也将"进不求名,退不避罪,唯人是保"③放在首位。孙子争的是"集团之利",这才会将"不战而屈人之兵"作为最高战略目标。孙子始终强调"慎战",所体现的是社会责任感和历史使命感。在孙子看来,只有那些能够保全国家和人民利益的将领,才是"国家之宝"。从中也可看出,孙子所争之利,为国之大利。《地形篇》中说"利合于主","主"确为"君主"之意,但联系上文"唯民是保"和下文"国之宝也",不妨把"利合于主"理解为"利合于国",不可定性为愚忠。而且,孙子的利本思想虽为特定时代之产物,但在今天仍不过时。国家兴亡,匹夫有责。为国争利,义不容辞。孙子的利本思想启示我们,在今天的军事斗争准备过程中,一方面是要注意适时出击,不能错失良机,但也要防止因为个人私利或仅从小集团利益出发,绑架全体民众作出重大牺牲。进行战争决策,必须重视全体民众的利益,才能实现孙子所说"上下同欲"④,才能获得更加广泛的支持。

----

①《孙子·军争篇》。
②《孙子·军争篇》。
③《孙子·地形篇》。
④《孙子·谋攻篇》。

第八章　兵学论题辨析(上)

《孙子》是一部古兵书,历史上不断有人对其进行研究,孙子兵学思想研究由此而取得持续深入。尤其是到了近现代,随着出版技术的进步和西方现代军事理论的引进,各种研究论著层出不穷。在这种情况下,如果想就孙子兵学思想研究取得新意显然非常困难。好在银雀山竹简文献的出土,为我们提供了一些新视角。借助出土文献,尤其是简、传本的异文对照研究,既可以对若干兵学论题获得新认识,也可以纠正一些认识上的偏差。

第一节　论力谋统一

对于《孙子》及其为代表的古典兵学,人们长期留有"重谋略、轻实力"之类的印象。宋代学者郑友贤评价《孙子》说:"谋者见之谓之谋,巧者见之谓之巧。"[①]"谋"与"巧",确实是《孙子》留给我们的最突出印象。由此出发,不少人认为"谋"和"巧"就是孙子兵学的全部,甚至将《孙子》与《三十六计》联系起来,认为它们都属于"空手套白狼"的典型代表,这显然有失偏颇。

(一)力、谋并重

孙子所著十三篇兵法,中心目标是"廓地分利"[②],并宣扬"兵以诈立",其中充满谋略和智慧,故非常贴切"兵者,诡道"这一评语。由此出发,郑友贤作出"谋者见之谓之谋,巧者见之谓之巧"这类的评价。正是因为《孙子》大量论述了"谋"和"巧",才能从众多兵学著作中脱颖而出,赢得众多青睐。但《孙子》能在兵学史立足,成为不朽之经典,一定不是只靠这些内容。谋略思想堪称孙子兵学之核心内容,是其理论精髓。很多人由此而将其视为我国古典兵学"重谋略"的理论源头,但"谋略"也只是孙子兵学的论题之一。

---

① 《十家注孙子遗说并序》。
② 《孙子·军争篇》。

孙子在探讨谋略运用的同时,也非常看重实力,十三篇中有关培植实力和运用力量的论述在在皆是。

《计篇》是十三篇中的第一篇,主要论述了以"五事七计"为主要内容的"庙算"。孙子将"庙算"视为研判战争胜负的重要渠道,将双方实力对比视为预判战争结果的决定性因素。高度重视并孜孜以求的是"以力胜人",而非"以谋胜人",这正是孙子辩证看待战争,不以谋略定胜负之明证。

孙子所论"五事",分别为"道、天、地、将、法"。"道",一般视为政治,"天"和"地"则分别指自然环境和地理因素,"将"明显是指军队之统帅,"法"则为部队运行的保证,促进军队的高度统一,确保令行禁止。孙子对影响战争结果的主要因素进行了归纳和总结,似乎与西方军事理论家们所提倡的"总体战"或"大战略"暗合。比如李德·哈特指出:"大战略必须要计算到,并且还要设法发展国家的人力和经济资源,以来维持作战的力量。此外,精神上的资源也同样的重要。"[1]孙子找出五个重要因素并将其视为"谋"之基础,并注意将政治、经济、军事等因素叠加于一处考察,因而能对战争问题作出科学评估。孙子所看重的,显然也是综合实力,这一点与西方学者颇有相似之处。比如克劳塞维茨注重将战争各个要素做整体研究,认为它们"大多是错综复杂并紧密地结合在一起"。[2]美国学者罗伯特·克拉克认为,孙子所论"道、天、地、将、法",已找到影响战争实力的各关键要素,涉及社会环境、地理空间、组织领导等多方面因素。[3]罗伯特·克拉克显然受到孙子的影响,他所建立的以目标为中心的情报分析方法,非常注重分析双方的战斗力并进行全面评估。西方学者重视力量建设,将力量视为战争与和平问题的"症结"所在,[4]从而给予特别的重视。孙子将力量视为战法设计的根本,实则为古今中外军事家们的共识。

从《计篇》所论"七计"出发,我们也可看出孙子对于军事实力的重视。"七计"包括以下内容:"主孰有道?将孰有能?天地孰得?法令孰行?兵众孰强?士卒孰练?赏罚孰明?"[5]考察"七计"可知,这其实是孙子基于影响

①[英]李德·哈特:《战略论:间接路线》,钮先钟译,上海人民出版社,2015年,第277页。
②[德]克劳塞维茨:《战争论》(第1卷),中国人民解放军军事科学院译,商务印书馆,1978年,第185页。
③[美]罗伯特·克拉克:《情报分析:以目标为中心的方法》,马忠元译,金城出版社,2013年,第249页。
④[澳]杰弗里·布莱内:《战争的原因》,时殷弘译,商务印书馆,2011年,第101页。
⑤《孙子·计篇》。

战争胜负的各主要因素而提出的一种新的研判方式,其中同样牵涉到政治、军事、经济等各方面内容,既包含精神因素,又包含物质因素,既看到纸面上的实力,也重视内在潜力。这种分析方法,同样都是基于实力而展开。说到底,孙子研究战争问题主要基于双方综合实力进行考量,并非完全仰仗于以谋略胜人。

孙子由"庙算"出发,建立了一种较为科学和细致的情报分析模式,提醒战争决策者仔细分析和慎重比较各种有利因素,打有准备之仗,打有把握之仗。在《作战篇》则继续强调战前的后勤工作,就人、财、物等方面做好充分准备,尤其注意备足粮草,确保三军足食。这些内容其实是"庙算"的延续,同样是重视实力的具体表现。

不仅如此,《谋攻篇》研讨的"十围五攻"等战法,同样是基于实力而推出。孙子认为,一定要对双方兵力有充分掌握,如果能够对敌形成十倍或五倍的优势,就可以考虑对敌实施包围或攻击,并力争战而胜之:"十则围之,五则攻之。"①反之,如果兵力不如对方,那就一定要做好防御或选择逃避,尽量避免与对手展开正面交锋:"少则能逃之,不若则能避之。"②孙子随后总结出"知胜之道"共有五条:"知可以战与不可以战者胜,识众寡之用者胜,上下同欲者胜,以虞待不虞者胜,将能而君不御者胜。"③这些"知胜之道",同样建立在对战争实力的考量上。"知胜"和"庙算"紧密相连,而且都遵循"先计而后战"的逻辑,同样注重对实力的考察。

《形篇》除论证实力的营建之外,同样也将实力视为制胜之本。孙子指出:"胜兵若以镒称铢,败兵若以铢称镒。"④镒和铢是两种悬殊的重量单位,要想在战场上击败敌人,就一定要努力争取达成实力优势,就像"以镒称铢"。如果有了实力优势,取胜就在情理之中。反之便是"以铢称镒",只能遭到失败。孙子进而总结出"地生度,度生量,量生数,数生称,称生胜"⑤的称胜理论,这同样是基于对实力的重视,注意培植军事力量。英国战略学家李德·哈特指出:"力量本身是一个魔圈,也许可以视它是一个螺旋,所以对

①《孙子·谋攻篇》。
②《孙子·谋攻篇》。
③《孙子·谋攻篇》。
④《孙子·形篇》。
⑤《孙子·形篇》。

于它的控制,必须要有一种极审慎合理的计算。"①孙子也许是看到这一魔圈的存在,而且也在尝试找出某种审慎而合理的分析和计算方式。

在孙子看来,用兵的关键就在于如何"任势",这其实就是注重力量,强调力量运用并合理把握。关于"形",孙子说:"胜者之战民也,若决积水于千仞之溪者,形也。"②关于"势",孙子指出:"如转圆石于千仞之山者,势也。"③水和圆石都可以在运动中产生巨大的力量。如果放置在"千仞之山",产生的冲击力无疑更大。孙子不仅对那种引而不发的力量非常强调,同时也研究了力量与距离、高度的关系,强调"势险"和"节短"正是这一原因。就这其中道理,孙子总结指出:"激水之疾,至于漂石者,势也;鸷鸟之疾,至于毁折者,节也。是故善战者,其势险,其节短。势如彍弩,节如发机。"④这一"任势"理论要求指挥员除了善于积蓄力量之外,还要善于使用力量。在获得战机时,必须果断予以出击,从而将力量发挥到最大限度。

除此之外,《虚实篇》的虚实相生之术,也是基于实力而展开。孙子主张"以十攻其一""以众击寡"和"避实而击虚"⑤等,都是"以力胜人"思想的延续。直至《九地篇》论述"为客之道",在兵力不占优势之时,仍然要力争做到"并敌一向"和"齐勇若一",这也是出于对战争实力的重视。

孙子不仅重视实力,同样也重视谋略。而且"重谋"已成人们的共识,因为十三篇中有大量探讨谋略的内容。

在《计篇》,孙子旗帜鲜明地指出:"兵者,诡道也。"接着就推出了"诡道十二法"。这十二条用兵之法是孙子谋略思想的集中展现,历来受到青睐。在论述将帅素质时,"智"被孙子列在第一。在他看来,将帅的智慧和谋略能否胜敌一筹,也是影响战争成败的关键因素。孙子主张"上兵伐谋",希望高明的将帅会充分运用谋略胜人,并力争达成"不战而屈人之兵"⑥。

十三篇中对谋略思想的探讨和总结,俯拾皆是。比如《虚实篇》的"形人之术"和"虚实之法",《军争篇》总结的"军争之法",《九变篇》探讨的"九变

①[英]李德·哈特:《战略论:间接路线》,钮先钟译,上海人民出版社,2015年,第308页。
②《孙子·形篇》。
③《孙子·势篇》。
④《孙子·势篇》。
⑤《孙子·虚实篇》。
⑥《孙子·谋攻篇》。

之术",《九地篇》论述的"为客之道",乃至《火攻篇》中的"火攻之法"及《用间篇》总结的"用间之术"等。这些是十三篇兵法的主体内容。这些战争谋略一直备受重视,被军事家们奉为圭臬,历来都有众多学者投入地加以研究。由此出发,人们谈起孙子兵学,都会留下重谋略之类印象。《孙子》之所以成为论兵经典,与这些出色的战争谋略有着直接联系。

孙子既重力,也重谋,可以说是力与谋的有机统一。[①]我们解读《孙子》,必须注意把握这一总体特征。当然,十三篇中探讨谋略的篇幅相对更多,对于论"谋",孙子更有热情。因此,虽说孙子"力""谋"并重,但二者地位似乎并不对等。也许正是这个原因,人们对重"谋"的一面,印象相对深刻,甚至认为孙子不重"力"只重"谋",这其实是对孙子的误解。

(二)简文的考察

简文《见吴王》和《吴问》都是研究孙子军政思想的重要文献。《见吴王》被常弘等判为《史记·孙子吴起列传》之古本,[②]值得商榷。二者之间其实存在着一些差别。[③]至于《吴问》,更像是孙子后学追叙先祖事迹而写成,其中也许添加了部分修饰之辞,但史料价值不容忽视。

《吴问》中,孙子受吴王之邀,预测了晋国几大家族的兴衰。孙子将田制和税制视为王室兴衰之关键。其中所体现的兵学思想,与十三篇保持一致。晋国六大公卿都看到上升机会,遂展开激烈角逐,需要展示的正是一种综合实力,尤需运用政治智慧得人争地,夯实基础力量。孙子由田制和税制出发,考察各家族的强弱变化和发展走向,正是《形篇》"称胜理论"的生动例证,也与《计篇》所论"五事七计"在逻辑上保持一致。

在今天,政治实力也被作为争胜的重要因素,被当成不可忽视的力量,并已引起普遍重视。在定期统计军事实力时,也会对政治实力认真加以统计。孙子论"五事七计",基于综合实力进行考量,也非常看重政治实力。因此,孙子将"道"列为第一,将政治清明和民心向背等,视为考察的第一要素。不仅如此,孙子在《形篇》突出强调的是"修道而保法",这同样是对政治实力

---

①黄朴民、高润浩:《〈孙子兵法〉新读》,长春出版社,2008年,第19页。
②常弘:《读临沂汉简中〈孙武传〉》,载《考古》,1975年第4期。持类似意见的还有于汝波。参见于汝波主编:《孙子兵法研究史》,军事科学出版社,2001年,第46、65页。
③参看本书第二章的讨论。

的追求。田制和税制既然能够左右民心向背，便理所当然地受到孙子的重视。不只晋国公卿的命运与此关联，战争胜负也会因其而发生摇摆。

孙子虽为军事家，却并不认为战争是万能的，没有将战争行为当作决定命运的唯一途径。孙子对战争的巨大破坏性一直有着非常清醒的认识，故追求的是"不战而屈人之兵"和"上兵伐谋"，将"全胜"作为理想境界孜孜以求。不以杀戮为目标，这同时体现了孙子的民本思想。关心亩制和关心赋税，也都是这一思想使然。在简文中，孙子提出"厚爱其民"的主张，更是将这种诉求彰显无遗。从《吴问》可知孙子不仅是卓越的军事家，同时也是一位具有高远战略眼光的政治家。重视综合实力，也表明孙子是务实而清醒的军事家，对战争问题有着独到而深刻的认识，对战争和政治之关系，也有明晰的判断。针对简文《吴问》的意义，日本学者服部千春有一段很好的评论："《吴问》的意义在哪里呢？我以为就在从中可以看出孙武之所以是杰出的军事家，首先在于他是一位具有卓识的政治家。"[1]

简文《见吴王》也反映出孙子对于战争的认识和态度，其中主体内容"吴宫教战"已广为人知，体现出孙子严明的治军思想。其所反映的思想，其实也可和《形篇》的"修道而保法"，及《行军篇》"令文齐武"等，取得一致。在孙子看来，纪律严明的部队，一定会比那些纪律松弛的部队更有战斗力。《周易·师卦》强调"师出以律"，说的也是这个道理。古往今来的军事家都非常注重严抓部队的纪律和作风，不论是在平时，还是在战时，都非常注意整饬军纪，因为他们深知这是提升部队战斗力的首选。孙子高度重视"令文齐武"的治军思想，因为深知这始终和战斗力的生成息息相关。他的这一理念，历来备受重视。

在银雀山出土的《孙膑兵法》中也可见孙膑的富国强兵主张及以力胜人思想。齐威王希望有所作为，就必须要找到强兵之策，因而他向孙膑询问对策。孙膑回答说："强兵之急"是"富国"。[2]可见孙膑很好地继承了其先祖孙武的军事主张。出土兵书《孙膑兵法》所体现的富国强兵思想，体现了田齐统治者追求富国强兵的主张，同时也可视为对孙子兵学思想的注解。

由于主体思想和十三篇颇有契合，所以《吴问》等简文不能被简单孤立

---

①[日]服部千春：《孙子兵法校解》，军事科学出版社，1987年，第23页。
②《孙膑兵法·强兵》。

于十三篇之外。其中所体现的政治思想、治军思想等，都与《孙子》十三篇保持一致。

（三）千年误读

重力而不废谋，而且将实力视为施展谋略的基础，这是孙子兵学思想的可贵品质。遗憾的是，很多人往往只看见孙子重谋略的一面，完全忽视其重视实力的一面。这种解读方式，可谓"一叶障目，不见森林"。这种曲解，"属于歪嘴和尚念经，把经给念歪了"。[1]不少人判定我国古典兵学的总体特征为"重谋轻力"，多少也与这种误读有关。

追溯起来，这种误读行为至少要远及宋代。宋代学者郑友贤堪称其中代表，明代之后也不乏其人。郑友贤对《孙子》的解读，早已被很多人所熟知并受到激赏。在评价《孙子》时，他直陈孙子过于偏爱计谋："谋者见之谓之谋，巧者见之谓之巧。"[2]在比较《孙子》和《司马法》这两部著名兵书时，郑友贤特别关注《军争篇》中"以诈立，以利动"一句，对孙子的诡诈之术格外重视。他总结道："《司马法》以仁为本，孙武以诈立；《司马法》以义治之，孙武以利动；《司马法》以正不获意权则，孙武以分合为变。"[3]平心而论，这段话确是抓住了《孙子》的部分核心要义，却也忽视了其他内容。除了诡诈之术和谋略之术，孙子也非常关心实力营建，重视以力胜人，并对此留有大量论述，但这些内容很遗憾被郑友贤所忽视。

唐甄和高似孙等学者论及孙子兵学之缺陷，也表达过类似意见。唐甄说："昔者贤君之任将也，如己身有疾委之良医，必曰除疾易而体气无伤。《孙子》十三篇，智通微妙，然知除疾而未知养体也。"[4]高似孙则借引《纬略》批评孙子有"舍正而凿奇"的缺陷。此处所言之"正"，类于唐甄所说之"养体"。这种"凿奇"之论，显然是批评孙子对谋略过于倚重，且对实力有所忽视。

唐甄此论受到海峡对岸学者钮先钟的好评。在论著中，钮先钟曾有专章批评孙子的缺陷，"疏于实力"也成为他批判的靶子："对于平时应如何厚

---

① 黄朴民：《〈孙子兵法〉解读》，中国人民大学出版社，2008年，第108页。
② 《十家注孙子遗说并序》。
③ 《十家注孙子遗说并序》。
④ 《潜书·全学》。

植国力的问题在其书中是完全不曾加以讨论。比起其他先秦诸子实颇有逊色。"①从钮先钟所论可以看出，他明显受到唐甄的影响。钮先钟对唐甄曾有盛赞，称其为"第一位注意到孙子思想中有这样一个重大弱点的学者"。②唐甄和钮先钟的批评到底有无道理，显然需要探讨。在笔者看来，唐甄所倡导之"养体"，固然是对军事实力营建给予突出重视，也针对古典兵学"重谋轻力"倾向而发出的救偏之论，却也明显是对《孙子》的误读。既然追捧唐甄，钮先钟自然也会受到这一误读的干扰。

如果对孙子有公平对待之精神，那么就应该首先看到十三篇的性质：它本来就是一部兵书，大量讨论的主体内容皆为战争之法，而非治国之术。就常理而论，厚培国力这一论题，显然为政治家的分内事，已超出兵家的职责范围。先秦诸子大多都非常重视富国强兵，孔子曾论"足食，足兵"③，荀子则有系统的富国强兵理论，法家重视"农战"，注重粮食之积累，但他们所扮演的多为政治家的角色。与这些先贤相比，孙子在身份上尚有很大不同。孙子未尝不曾论政，也将政治之"道"提到特别高度，但如果将政治家应负职责全部交给他，则明显是苛求。兵家所要做的，就是带领军队冲锋陷阵，而不当全面插手政务。

何况孙子也非常重视实力，而非只论谋略。从"庙算"到"形胜"，再到"虚实"，孙子始终非常关注军事实力，故而会设计出"十围五攻"等战法。批评孙子重谋轻力，显然是误读。由这种误读开始，导致古典兵学重谋轻力成为传统，更是一种遗憾。军事实力是行军作战的支撑，也是战争获胜的保证。只有既重实力，又重谋略，将实力当作谋略之基础，才能确保立于不败之地。孙子兵学因为有此务实精神，才能成为不朽之经典。

第二节　论军政关系

孙子是举世公认的著名军事家，但他对政治问题也有着非常深入的思考，因此，他才能提出"安国全军""唯民是保"等主张。这些进步的民本思想，是孙子设计战略战术的基础，而这一点却遗憾地经常为人们，包括某些

---

①钮先钟：《孙子三论：从古兵法到新战略》，广西师范大学出版社，2003年，第272页。
②详参钮先钟：《孙子三论：从古兵法到新战略》，广西师范大学出版社，2003年，第273页。
③《论语·颜渊》。

著名研究专家,比如钮先钟等人所忽视。在总结孙子的缺失时,钮先钟说:"孙子思想体系未能对军政关系给予较多的注意,似乎是其第一项缺失。"①郭化若指出,孙子虽未明确将政治当成决定战争胜负的首要因素,但已经初步提出战争与政治的关系,并认为这是《孙子》的重要贡献。②在笔者看来,当以郭化若所论为是。孙子非但对军政关系有所关注,还对战争与政治之关系有着非常深刻的阐释。借助于银雀山出土文献,我们可以对孙子的政治思想,尤其是他的民本思想和政治情怀等产生更为深刻的认识。当然,孙子政治思想也存在着缺陷和不足,需要我们认真加以辨别。

(一)政治的决定性作用

在《孙子》十三篇的开篇,作者便站在一个很高的层面,揭示了战争与政治的关系问题。《计篇》中,孙子认为确保战争获胜的重要因素一共有五个:道、天、地、将、法,合称为"五事"。在今天看来,作者所言"五事",实则都是关系到战略层面的重大问题,都是决定战争胜负的全局性问题。在这五个重要因素中,"道"被列为首位。这种排序显然是出自作者的有意安排,反映出作者对于"道"的重视程度。至于"道"之含义,古今注家多作"政治"解。比如《十一家注孙子·计篇》中,曹操注曰:"谓道之以政令。"孟氏也说:"道,谓道之以政令,齐之以礼教,故能化服士民。"二者意思相仿佛。今天的注释家,比如郭化若③、吴如嵩④等,也多将"道"作"政治"解。其实,孙子本人也对"道"有所阐释。他说:"道者,令民与上同意也。"也就是说,作为一国之君,每做决定都要引导民众,重视民众的态度。必须要努力地赢得民众的拥护,使得民众能够在关键时候勇敢地为国君慷慨赴死,始终做到为君主而生,为君主而死,从不畏惧任何危险。很显然,这些都是在政治层面探讨战争的获胜之道,说明作者对战争与政治的关系问题有着深入思考,同时也反映了孙子高远的政治思想。

孙子继"五事"之后,再提出"七计"。所谓"七计",就是对敌我双方决定战争走势的七个主要因素进行比较,以此来预判战争的胜负,决定战或不

①钮先钟:《孙子三论:从古兵法到新战略》,广西师范大学出版社,2003年,第270页。
②郭化若:《孙子译注》,上海古籍出版社,1984年,第5页。
③郭化若:《孙子译注》,上海古籍出版社,1984年,第37页。
④吴如嵩:《〈孙子兵法〉十五讲》,中华书局,2010年,第13页。

战。其中第一条就是"主孰有道"，也就是说，要看哪一方的政治更为清明。在孙子看来，政治清明的一方会战胜政治昏暗的一方，也即"有道"胜"无道"。和"将帅的才能""天时""地利"等其他因素相比，"道"显得更为重要。应该说，孙子将"道"作为"五事"之首，再作为"七计"之首，很显然是出于重视，是一种自觉的、有意的安排。仅从作者这一安排便可看出，孙子其实已经非常明确地将政治作为决定战争胜败的首要因素。

继《计篇》提出"道"的概念之后，在《形篇》中，作者又提出"修道"的主张。所谓"修道"，也即"修明政治"之意。作者认为："善用兵者，修道而保法，故能为胜败之政。"也就是说，作为一国之君，如果能够很好地修明政治和健全法制，就一定能够掌握战争胜负的决定权和主导权。这里的"保法"，和"修道"一样，也属于政治范畴，同样是在探讨战争与政治的关系问题。而且，作者将"修道"和"保法"紧密地联系起来，所体现的也是对政治问题的关注，同时进一步地将战争胜负与政治因素紧密地联系在一起，表达了对于清明政治的诉求。

仁义思想也是孙子政治思想的重要内容。《计篇》中，孙子在讨论将帅素质时用到了一个"仁"字。孙子指出，为将者必须要具备"智、信、仁、勇、严"这五个基本素质。这其中，"仁"被列为第三位，固不如儒家重视程度之高，但也充分体现了作者的仁爱思想。与"仁"相对的"严"，则被列在最后。在孙子眼中，治理军队时，仁爱之情要比严酷手段显得更为重要、更加管用。可能正是因为有了这样的认识，孙子才会有"视卒如婴儿"和"视卒如爱子"[①]的治军主张。

《用间篇》中，孙子在探讨用间之术时也在无形之中透露出自己对于"仁"的理解。孙子认为，要想确保战争胜利，就一定要舍得花钱搞好间谍战，要舍得在间谍身上大笔花钱。如果在这时候显得小家子气，表现出吝啬之情，进而导致战争失利，那就是"不仁之至"。孙子虽然没有正面解释什么是"仁"，但他已经告诉了我们什么是"不仁"。由他所界定的"不仁"出发，我们可以顺而想见孙子心目中"仁"的含义。很显然，这种"仁"是着眼于保家卫国的大情怀，因而值得称颂。孙子建议在间谍战中大笔花钱，也是为了尽量降低战争成本，确保以最小的代价换取最大的胜利，这也体现了孙子的

---

① 《孙子·地形篇》。

政治思想和政治诉求。

孙子在谈到用间的条件时,将"仁义"作为间谍战的三个重要条件之一:"非圣智不能用间,非仁义不能使间,非微妙不能得间之实。"①在这里,"仁义"和"圣智""微妙"一起,构成了用间三要素。在孙子看来,只有那些仁义之将,才能赢得间谍的信赖和拥护,才会有间谍不惜冒着生命危险而拼死效忠,努力获取有价值的情报,帮助主帅赢得战争。由此可见,孙子并非不讲仁义,而是很重视仁义,甚而可以说是大仁大义。

孙子作为一名军事家,并不喜欢穷兵黩武,并不是一味求战,并不主张将一切都诉诸武力。孙子对战争所能造成的危害是非常清楚的。在《谋攻篇》中,孙子曾对攻城战争的危害性进行过具体的描述:"修橹轒辒,具器械,三月而后成,距闉,又三月而后已。将不胜其忿而蚁附之,杀士卒三分之一,而城不拔者,此攻之灾也。"正是因为看到战争具有如此之大的破坏力,所以孙子认为,善于用兵的将领,一定要能做到"兵不顿而利可全",所谓"屈人之兵而非战也,拔人之城而非攻也,毁人之国而非久也"。②以最小的代价来努力换取最大的胜利,这一主张体现的正是进步的民本思想和人文关怀。所以,孙子的"慎战"思想、"全胜"思想等,都可以说是孙子仁义思想的具体表现。因此,我们可以说:"《孙子兵法》的仁与孔子的仁基本含义是相通的。"③

在我们看来,孙子的政治思想其实是孙子设计战略战术、研究战争问题的基础。这一点,却遗憾地经常为人们所忽视。如前所述,台湾地区学者钮先钟认为,"孙子思想体系未能对军政关系给予较多的注意",这显然是不当的评价。

(二)"唯民是保"的诉求

孙子将"安国全军"和"唯民是保"作为战争的终极追求,所体现的也正是政治家的情怀,其目光显然较诸普通将帅更为深远。在孙子看来,真正懂得作战的将领,不仅影响着国家的危亡,同时也主宰着民众的生死。故此,

①《孙子·用间篇》。
②《孙子·谋攻篇》。
③于汝波:《略谈〈孙子兵法〉的仁诈辩证统一思想》,载《〈孙子〉新论集粹》,长征出版社,1992年,第291页。

作者在谈到他所认可的"知兵之将"时说道："知兵之将，生民之司命，国家安危之主也。"①孙子认为，战争问题事关重大，有着重要的现实意义，所以一定要慎重对待。正是这个缘故，我们可以看到，"慎战"思想贯穿着十三篇的终始，成为孙子兵学思想的重要内容之一。

《火攻篇》中的一段话显得更为精彩和深刻：

> 主不可以怒而兴师，将不可以愠而致战；合于利而动，不合于利而止。怒可以复喜，愠可以复悦，亡国不可以复存，死者不可以复生。故明君慎之，良将警之，此安国全军之道也。

这段话所体现的同样是"慎战"思想，其中既提及君，又谈到将，对领兵作战的将帅和君临天下的国君，都提出了相同的要求。无论是国君，还是将帅，都必须要对战争持谨慎态度，必须将是否对己方有利作为出发点来考虑战争决策问题。只有这样，才能实现所谓"安国全军之道"，否则就会出现"亡国不可以复存，死者不可以复生"的悲惨局面。

再看《地形篇》中的一段话：

> 故进不求名，退不避罪，唯人是保，而利合于主，国之宝也。

该句中的"人"，武经本、樱田本作"民"，孙校本也改为"民"。②《孙子》故本或作"民"，"唯人是保"即"唯民是保"。孙子认为，战争发起只求保全民众，而且要保证"利合于主"。只有这样的将帅才可算作是国家的宝贵财富。在这里，孙子未就"唯民是保"和"利合于主"是否发生矛盾，或者发生矛盾应该如何处理等问题，进行了更为深入的探讨。实际上，这种冲突经常可能发生。孙子或许是将天下民众都当成了国君私有财产的一部分，所以才会有"唯民是保，而利合于主"的说法。当然，即便孙子的终极目标是保全国君，但他已经有了保全民众的思想，已经将战争和民众的利益紧密地联系在一起，无疑可视为一种朴素的民本思想，体现了进步倾向。③

在笔者看来，孙子对"君、将关系"的深刻认识，是因为他对军政关系有着深刻认识，是其"唯民是保"的民本思想的体现。在《谋攻篇》中，作者就

① 《孙子·作战篇》。
② 参见杨丙安：《十一家注孙子校理》，中华书局，1999年，第232页。由"民"改为"人"，不知是否出于为唐太宗李世民避讳故。从"十一家注"中可以看出，李筌注本作"人"，后来各本作"人"者，似从李本出。
③ 黄朴民：《孙子兵学与春秋哲学政治思潮》，载《军事历史研究》，1993年第2期。

如何处理"君、将关系"进行了探讨,对于国君由不当的御将之术而引发的恶果进行了总结,认为其具体表现可分为三个方面:第一是"不知军之不可以进,而谓之进;不知军之不可以退,而谓之退",这叫"縻军";第二是"不知三军之事,而同三军之政",这会造成军士迷惑;第三是"不知三军之权,而同三军之任",这会使得军士产生疑虑。正是基于这些认识,孙子把"将能而君不御"作为五个"知胜之道"之一,予以特别重视,甚而在《九变篇》提出了"君命有所不受"的著名论断。"君命有所不受"这句话之所以能成为千古流传的名言,不仅是因为它所讨论的内容超越常理、惊世骇俗,更为根本的原因在于,其中所揭示的原理有着相当的合理性。也即是说,这句话是建立在对战争与政治关系的准确把握的基础之上提出来的。需要指出的是,"君命有所不受"显然是就战场指挥权来说的,并不是讨论军队的领导权问题。孙子从未对军队的领导权问题进行过讨论,而是反复强调"利合于主"。在他心目中,国君对军队的领导权不容讨论,"君命有所不受"一定是就战场指挥权而言的。这其实是非常务实的作风,既是源于孙子对军政关系有着深刻的认识,同时也是他"唯民是保"和"利合于主"的民本思想的体现。

孙子深入探讨了战争与经济的关系问题,对战争的破坏性有着非常清醒的认识,这同样体现了孙子高远的政治思想,更鲜明表达了其"唯民是保"和"利合于主"的政治主张。孙子的"庙算"思想,所注重的是从整体上筹划战争,对影响战争胜负的政治、经济等主要因素进行了认真细致的分析;孙子"不战而屈人之兵"[①]的全胜思想,坚持"速决战"的战略思想,都是为了追求战争的最大效益,同时最大限度地减少战争给国家和民众所带来的损害;孙子"以镒称铢"的胜战思想,也是建立在对国家经济实力进行综合分析的基础之上的,如"地生度,度生量,量生数,数生称,称生胜"[②]一类的论述,都充分体现了孙子高远的战略眼光和超越常人的政治才能。

由于《孙子》对军政关系有着深切关注和深刻论述,我们可以认为,这十三篇虽然是一部研讨战争之法的军事学著作,但其立意已经完全超越了军事领域,也是一部很好的政治学著作。

---

① 《孙子·谋攻篇》。
② 《孙子·形篇》。

(三)简文所见民本思想

简文《吴问》是以孙子和吴王的对话形式，讨论和预测了春秋末期晋国几大家族的兴衰存亡，认为田制和税制等才是决定王室兴衰的关键因素。

简文《吴问》记述了孙子和吴王的对话，这种"问答"体文字也透露出孙子对于军政关系的看法。春秋末期，社会急剧动荡，晋国由智氏、范氏等六大公卿把持朝政。孙子通过比较田制、税制的轻重，预言赵氏将会赢得最终胜利。虽说他的预测也有错误之处，但也可看出孙子对军政关系的认识，而且可知其政治思想之高明。主要包括两点：第一，孙子并不认为战争是万能的，战争也非决定王室命运的唯一因素。政治因素所起的作用往往更大。仅此可知，孙子并非纯粹意义上的兵家，而是一位具有远见卓识的杰出政治家。第二，孙子已有重视民本的思想，表现在他关心亩制和赋税，关注民生，并由此而判断王室兴衰。尤其可贵的是，从孙子口中道出了"厚爱其民"这一政治诉求。就战争与政治的关系，孙子有着深刻见解。《吴问》所反映的政治思想及对军政关系的探讨，和十三篇完全一致。孙子因为对战争的破坏性有着非常清醒的认识，故而才会追求"不战而屈人之兵"，并力主"上兵伐谋"。孙子主张"唯民是保"和"利合于主"，也与《吴问》中"厚爱其民"这一政治诉求相对应。由此我们更可确信，孙子不仅是一位军事家，更是一位具有远大战略眼光的政治家。

应当看到，《吴问》当中所反映的孙子的政治思想以及相关军政关系的讨论，其实可以和《孙子》十三篇求得某种对应。《孙子》虽然围绕"战胜之法"而展开，但同时也看到了战争对社会所造成的巨大破坏性，故此才有"不战而屈人之兵"以及"上兵伐谋"等一系列主张。所以，孙子并非将战争视为逐利的最佳选择，而是希望通过"伐谋"等手段，以达到"不战而屈人之兵"的最优效果。这种思想无疑和《吴问》保持一致。此外，如前所述，《孙子》十三篇中不乏"唯民是保"的民本思想。孙子认为，战争的目的就是要"谋利"，而这个"利"，就是要"唯民是保，而利合于主"。就这一点来说，它也可以与《吴问》中"厚爱其民"的政治诉求等求得某种对应。因此，我们认为，《吴问》一定不可被简单看成孤立在十三篇之外的独立成篇文字。在笔者看来，其中所反映的思想，实则源于《孙子兵法》十三篇，源于孙子本人的政治军事思想。故此，我们不妨将它看作对话体的注释文字。

《见吴王》也是一篇重要的出土简文。这篇文字的主体内容与《史记·孙子吴起列传》相似,主要讨论将、君关系和治军问题。《见吴王》中也体现了孙子对于军事和政治关系的认识,同样不容忽视。当孙子与吴王讨论战争问题时,孙子说:"兵,利也,非好也。兵,□【也】,非戏也。"其中,后一句残缺一字,仅从"非戏"二字判断,当是孙子奉劝吴王对战争问题要树立一种正确的态度,而不能视为儿戏。前面一句——"兵,利也,非好也",则充分反映了孙子的"利本"思想。即,是否发动战争,必须要看是否对己方有利,而不能仅凭一时的喜好和冲动。这其实也和《孙子兵法》所体现的"利本"思想完全一致。故此,《见吴王》同样未尝不可当成是《孙子兵法》的注释文字,因为其中所体现的孙子的政治思想,及其对军政关系的认识,也与《孙子》十三篇完全一致。

战争与政治的关系,本来就密不可分。孙子对战争问题进行深入思考的同时,也理所当然地会对政治问题有大量涉及,从而就军政关系留下精彩论述。遗憾的是,有不少研究专家将孙子仅仅视为单纯的军事家,完全忽视了其政治思想研究。比如钮先钟就认为,孙子没有较多讨论军政问题,[①]这显然是一种不实之词。

在笔者看来,政治思想不仅是《孙子》十三篇的重要内容,而且是孙子设计战争谋略的基础。比如,"安国全军"的民本思想其实是孙子设计战略战术的基础。孙子追求"不战而屈人之兵",重视"慎战"和"诡道",都是源于他对战争与政治问题的深入思考,对二者之间关系清醒而又深刻的认识。可以说,孙子的相关论述,是我国古典兵学思想、政治思想的重要内容,对我们今天思考国家战略层面的重大问题,尤其是战争与和平等问题,具有重要的参考价值。

(四)缺陷和不足

孙子虽则对政治思想有很多精彩论述,留下了大量富有启迪性的文字,但也存在着若干不足之处。

比如,孙子虽强调"唯人(民)是保",同时也要求"利合于主",但他并未就二者之间发生矛盾之时的处置方法进行更多论述。也就是说,孙子没有

---

① 钮先钟:《孙子三论:从古兵法到新战略》,广西师范大学出版社,2003年,第270页。

意识到,这二者之间容或会发生矛盾,更未能就此提出解决办法。或许在孙子眼中,这二者是统一的。在他的潜意识中,是将天下民众都当成是国君的私有财产,这才会有"唯人是保,而利合于主"[1]之类主张的提出。因此,孙子的民本思想的终极目标还是回到了国君的利益上来。

再如,在《作战篇》,作者在讨论后勤补给之法时,公然鼓吹"取用于国,因粮于敌",《军争篇》在探讨"军争之法"时,再次强调"掠乡分众",《九地篇》围绕"为客之道",也再次把"掠于饶野"作为重要的物资补充之法。孙子所鼓吹的这些行为,在今天看来其实都是公然的强盗行径,其中所看到的只是"三军足食"的短期效应,并没有看到长期或后期效应。这种"掠乡分众"的掠夺性战法,于政治层面的考虑显然有欠深入。在现代文明社会,尤其是有着国际公约和国际法约束的社会,不仅显示出其不够人道的一面,也显出其不合时宜的一面。

此外,孙子一味追求"速决战",太过强调"兵贵胜,不贵久"[2],这其中固然有着特定的历史背景,但终究是把复杂的战争问题简单化处理,忽视了战争与政治、经济等重要因素之间的复杂关系。西方学者认为,战争的长短可能会与经济实力有关。比如,"战争部分地被节俭的战术搞得旷日持久,而节俭的战术部分地是财政拮据的结果"。[3]受制于特殊的时代背景,"速决战"固然是一种见效较快、消耗较小的战法,但在有些时候却行不通。中国抗日战争之所以能够取得胜利,所依靠的正是持久作战。日本速战速决的梦想,在中国人民的顽强抵抗之下只能最终破灭。克劳塞维茨指出,"各个时代有各个时代的战争",也主张"每个时代仍然保留有自己的战争理论"。[4]需要看到的是,在现代社会,国际政治往往是制约战争的一个重要因素,甚至是至为关键的因素。战争与国际政治的关系已经非常复杂地勾连在一起。这个时候,我们再简单套用孙子的速决战法,多少会觉得他的主张稍显绝对。一味偏执于速决,有时候反而不能解决问题。

---

①《孙子·地形篇》。

②《孙子·作战篇》。

③[澳]杰弗里·布莱内:《战争的原因》,时殷弘译,商务印书馆,2011年,第173页。

④[德]克劳塞维茨:《战争论》(第3卷),中国人民解放军军事科学院译,商务印书馆,1978年,第877页。

第三节 论备战之法

《孙子》基于"慎战"的理念,既积极研究战法,又努力进行备战。而且思路非常简洁明了,就是"先计而后战"或"先知而后战"。孙子认为,身为统帅,必须精心筹划战争,就人、财、物及情报等方面做好准备工作。"备战"也是孙子兵学理论的重要内容之一,同样值得关注和研究。努力提升军事实力,认真做好备战工作,是每个军事家和政治家都无法回避的论题。

(一)《作战篇》题旨之辨

孙子在十三篇兵法中对如何"备战"进行了深入探讨,相对较为集中的论述出现在《作战篇》。关于《作战篇》,学界基本不会将篇题与现代军事术语中的"作战"一词简单等同,但对于该篇主旨一直有着不同认识。

前人研究《作战篇》,也注意从篇题出发,比如将篇题中的"作"字与"士气"联系在一起。明代何守法指出:"所谓'作'者,鼓之舞之也。盖战为危事,久暴于外,必有钝兵挫锐、屈力殚货之害,而以欲速胜以免害,非鼓舞士卒,使之乐于进战不能也。"①何守法同时指出:"或曰,作,制也,造也……必以作气速战而胜说为正。"②黄巩也认为:"作,振作也。一鼓作气。"③

从《十一家注孙子》可以看出,传统注家大多认为该篇主体内容是战争准备,主要是在战争发起之前计算军费及准备战争物资。比如曹操注曰:"欲战,必先算其费,务因粮于敌也。"李筌探究篇次顺序,认为该篇是探讨"修战具":"先定计,然后修战具,是以《战》次《计》之篇也。"王晳的关注点则是"具军费":"计以知胜,然后兴战,而具军费,犹不可以久也。"张预则是将战争准备的内容更加具体化:"计算已定,然后完车马、利器械、运粮草、约费用,以作战备,故次《计》。"④今天的学者大多认同传统注家,认为"作战"指的是"备战"。陈学凯指出,"'计算定',然后'以作战备'是战争活动的必然过程",认为这是"来自对《孙子兵法》十三篇逻辑结构和系统结构的

①《校音点注孙子·作战篇》。
②《校音点注孙子·作战篇》。
③《孙子集注·作战篇》。
④均见杨丙安:《十一家注孙子校理》,中华书局,1999年,第29页。

分析和认识"。①

从上述李筌注语——"是以《战》次《计》之篇也"，可知其所见本与其他诸本存在篇题上的差异。篇题曰《战》，可与日本"樱田本"求得对应。遗憾的是，银雀山出土的木牍篇题残损严重，找不到与之对应的篇题。既然篇题曰《战》，无疑提示我们该篇主题未尝不是探讨"作战之法"。也有人认为，《作战篇》实则是从战争和物资的关系出发，着重探讨了"速胜"的战争之法。②

另外，李零似乎受到《谋攻篇》所论"攻城"之法的启示，认为《作战篇》是论述"野战"之法，特地强调这是在旷野里打，③不仅将"作战"之内容更加具体化，也试图与现代军事术语"作战"拉近距离。但是考察《作战篇》，我们似乎较难找出在"旷野里打"的明证。对此，江声皖有专论予以辩驳。④孙子虽说反对攻城战，将其与"伐谋"等比较时，更视之为下策，但并不代表孙子不做攻城准备。孙子论战备，物资准备层面大多立足于攻城，格外强调攻城器械等准备。有意思的是，江声皖在否定李零之说的同时，也全盘否定了传统注家以及今天较为主流的"备战"说，称《作战篇》既不是论"备战"，也不是论"野战"，而是"制定战争法则"，认为孙子于此不仅确立了军事实力的计算和处置法则，也对基本国力及其处置法则等予以确立。⑤

在笔者看来，江声皖的新说力求"避免走前人老路"⑥，确实具有一定新意，颇值得关注，但也值得商榷。传统注家之"备战"说，可能更接近孙子本义。即便是"制定战争法则"，其主要内容仍为"备战"，是为战争发起进行准备和计算。这既是《作战篇》之主题，也是《孙子》全书的主题之一，在很多篇都有涉及。通观《作战篇》，满目所见皆为人、财、物。首先是各种物资：驰车、革车、甲、粮、胶漆之材、破车罢马、甲胄矢弩、戟楯蔽橹、丘牛大车、秸秆等；其次则是人员和兵力的准备：带甲十万、十万之师等；再次是大量论及钱财之筹备：内外之费、宾客之用、车甲之奉、日费千金等。除此之外，作者也对人、财、物的困乏局面进行了大致勾勒：百姓财竭、国用不足、

①陈学凯：《〈孙子〉"作战"解》，《中国史研究》，1995年第4期。

②中国人民解放军军事科学院战争理论研究部《孙子》注释小组：《孙子兵法新注》，中华书局，1977年，第13页。

③李零：《唯一的规则：〈孙子〉的斗争哲学》，生活·读书·新知三联书店，2010年，第57页。

④江声皖：《〈作战〉既非"备战"也非"野战"》，载《安徽广播电视大学学报》，2012年第2期。

⑤江声皖：《〈作战〉既非"备战"也非"野战"》，载《安徽广播电视大学学报》，2012年第2期。

⑥江声皖：《〈作战〉既非"备战"也非"野战"》，载《安徽广播电视大学学报》，2012年第2期。

屈力殚货等,并且探讨了解决办法:"役不再籍,粮不三载;取用于国,因粮于敌"和"取敌之利"等。当然,最有效的办法还是速决战。从这些内容我们可以对《作战篇》的主题大致加以判断:作者集中论述的,实则是物资和人力的保障,集中探讨的是"备战之法"。

从各种人、财、物的准备过程,可以大致计算出战争得失,孙子由此而力主速决战法。《诗·鲁颂传》曰:"作,始也。"但这个"开始",并非战争的初起阶段,而是战争发起之前的筹划和准备。探究《作战篇》的逻辑体系可以看出,作者其实是从军费的巨大消耗出发,进而推导出速决战这一主张。即便进入战争的初始阶段,战争准备仍然须臾不能放松。因为我们无法对整个战争进程做出准确预估。战争初始阶段所出现的各种面貌,也可以帮助敌我双方修改战争决策,进而就此影响战争进程。

(二)计算:备战的必选方式

《作战篇》承接《计篇》而来,二者之间想必存在某种内在联系。古代学者已对这两篇的关系进行过探讨,比如李筌说"先定计,然后修战具",张预认为"计算已定,然后完车马……"。[1]在他们看来,由《计篇》到《作战篇》(或《战篇》),非常合乎战争发展的逻辑顺序。《计篇》之"计",实为"计算"之意,而非"计谋"之意,这一点也已成为共识。其实我们也可将"计算"作为《计篇》之主线。以今日视角观之,《计篇》其实也是在探讨"备战之法",是战争发起之前的筹划和计算,同样是为战争做准备工作,研判战争能否发起,有多大胜算等。

《作战篇》所贯穿的,仍然是"计算"这条主线。孙子认为,要想做好备战工作,就必须进行大量的周密计算。也就是说,"计算"是备战时无法回避的基本环节。《作战篇》中心内容就是认真计算战争所要付出的成本,认真展开人、财、物等准备工作。英国战略学家李德·哈特认为战略要点之一就是计算:"一定要具有清楚的眼光,和冷静的计算。"[2]孙子在十三篇的最初几篇大量论述计算之法,正体现出他对战略要点的清楚掌握和高度重视。

孙子认为,在战争发起之前,第一要务是计算并完成必要的物资准备。

①均见杨丙安:《十一家注孙子校理》,中华书局,1999年,第29页。
②[英]李德·哈特:《战略论:间接路线》,钮先钟译,上海人民出版社,2015年,第290页。

按照用兵的惯常之法，需要计算出必备之"费"和必备之"材"等："驰车千驷，革车千乘，带甲十万，千里馈粮，则内外之费，宾客之用，胶漆之材，车甲之奉，日费千金，然后十万之师举矣。"①孙子此语点出了战争准备需要重点关注的项目。首先就是各种武器装备，包括驰车、革车、铠甲以及制作其他各种兵器所需器物。在春秋时代，战车是主要作战装备，通常会围绕战车完成基本的兵力配备。一辆战车可成一乘，由战车、驷马、甲士和步卒等共同构成一个基本作战单元。其中，甲士通常配备十名，"乘"由此而成为兵力的计算单位，"千乘之国""万乘之国"可用来描述一国之兵力。②

孙子言及"十万之师"，不少学者据此推想其时作战规模，并由此而认定《孙子》并非春秋成书，而是战国成书③。也有学者指出，这种"十万之师"可视为孙子在特定计算模式下所产生的数字，不一定是当时的实际现状。④从春秋时期军事斗争实践来看，楚国、晋国等大国，军队规模其实已达十万之众。吴国伐楚时，军队也达数万，楚军则有二十万。⑤

在确定基本的军队员额之后，就需要计算粮草和各种军费开支。俗话说，兵马未动，粮草先行。这句话道出了战备的实质性内容。即便是战事未发，人也要吃饭，马也要吃草，以粮草为代表的后勤补给在平时已成治军之基本保障。到了战时，这些基本消耗仍然存在，所以后勤补给对于战争而言始终具有至为关键的作用。打仗就是打后勤、拼补给，这已成古往今来的军事家们之共识。如果是边境作战或越境作战，就必然需要面对长途运输问题，孙子谓之"远输"，或"千里馈粮"⑥，是备战的重要内容。

除粮草之外，还必须考虑三军的日常开销问题。孙子对这些经费开销进行了大致分类，主要为"内外之费""宾客之用""胶漆之材""车甲之奉"等数项。所谓"内外之费"，王晳注曰"内，谓国中，外，谓军所"，很好地诠释了孙子的本义。"国中"或可称之为后方基地，"军所"则可视为前线部队。很显然，无论是前方后方，都需消耗大量的军费，可总称之为"内外之费"。"宾

---

①《孙子·作战篇》。

②《孙子》描述的基本是车战，围绕车战而展开，这是西周到春秋时期的作战面貌。

③其中尤以齐思和等学者为代表，详细讨论参看齐思和：《中国史探研》，中华书局，1981年，第221页。

④江声皖：《〈作战〉既非"备战"也非"野战"》，载《安徽广播电视大学学报》，2012年第2期。

⑤从《国语》所载吴越争霸的战争规模，可以推想当时军队员额已经非常庞大。依据汉人《新序》等书，吴国以三万之众打败楚军二十万，孙子说"十万之师"也有依据。

⑥《孙子·作战篇》。

客之用”则是指招待诸侯使节和游士的费用。两军交战,不斩来使。即便是敌方所派使者,也不可轻易斩杀,反倒需要认真招待。包括其他诸侯所派调解之使,也要善加款待。至于“胶漆之材”,是指制作和维修弓矢等作战武器的开支,“车甲之奉”指战车和铠甲在维修、补给中所产生的费用,都是不可忽视的费用。

除上述军费之外,还有一项隐性开支也需关注,这就是“千里馈粮”所产生的费用。孙子指出:“国之贫于师者远输,远输则百姓贫。”①孙子所言之“贫”,既指国家,也指百姓。至于造成贫困之原因,基本物资的损耗是一方面,长途运输另外所产生费用也不可忽视。孙子论地形,认为“通形”便于运输粮草,因此需要抢先占领:“通形者,先居高阳,利粮道,以战则利。”②孙子重视“通形”,也是基于降低军费的考虑。如果占据“通形”,不仅可以提高运输效率,也可以降低运输成本,从而更好地为战争提供物资保障。“远输”之成败,也在一定程度上决定了战争之成败。总之,战争是烧钱的事,必须要仔细计算成本,认真比较得失,详细分析利害,力争以最周密的准备谋得必胜之机,以最小代价来换取最大的胜利。

(三)《形篇》论平时蓄力

孙子论备战之法的重点内容基本集中于《作战篇》,但孙子对备战之法的探讨并不局限于此篇。③从《计篇》到《形篇》,作者实则一直忙于计算,都是围绕战争筹划而展开,都是为战争做周密准备,只是侧重点有所不同而已。简单来说,《计篇》计算敌我双方实力对比,《作战篇》计算战争的成本和消耗,《谋攻篇》计算战争的效益,即投入和产出比,《形篇》计算军队的战斗力生成,包括军队的规模和财力、物力的储备等。除上述诸篇之外,还有若干篇对备战之法有或多或少论述,比如《用间篇》集中探讨的是如何使用间谍刺探敌情,与“庙算”一样,是基于情报进行准备工作。《九地篇》则探讨了“为客之道”这种战略奔袭的备战之法,既牵涉到人员物资的准备,更有战争方略的筹备,都是平时备战的重要内容。

---

① 《孙子·作战篇》。
② 《孙子·地形篇》。
③ 我们认为,孙子举凡论及重要主题,比如攻守之法、奇正之术等,几乎都是贯穿于十三篇。是故,我们很难对十三篇进行简单切割处理,比如将一部分划为战略,另一部分划为战术。

　　《作战篇》的中心内容是计算战争成本，其中也涉及成本消耗，《谋攻篇》的主题则是更进一步地计算战争的消耗，其中既有人力损失，也有财物消耗。这两篇前后相连，想必是因为其中本就存有紧密的内在逻辑关系。在笔者看来，《形篇》的"称胜理论"集中探讨的是平时的备战工作，论述如何积蓄军事实力，培植战斗力，故而也是孙子"备战之法"的主体内容。

　　简本《形篇》有甲、乙两个版本，内容都与传本仿佛。本篇以"形"命名，主题为"治形"，也即如何达成有利己方之"形"，此外也论及如何根据实力调整攻守方略。有学者由此出发，认为"攻守之道"是该篇中心论题，如钮先钟认为："若照实际内容来衡量，则本篇的篇名若改为'攻守'则似乎应更较恰当。"[1]这种说法受到张预启发[2]，但难以说通。《形篇》更重要的内容是论述如何培植实力，论"攻守"也是为了配合"治形"这一主题。孙子在开篇强调"先为不可胜"，也是在为后面论"治形"进行铺垫。依据这种"先胜"原则，首先要做到"求己"，其次则是寻找战机。所谓"求己"，即积极营造自身实力，在此基础之上努力寻找理想战机，即"待敌之可胜"。很显然，这些也是"备战之法"的必备议题。

　　为保证己方处于不败之地，孙子首先强调的是"修道而保法"，其次则是发展经济实力。在孙子看来，发展经济是提升军事实力、积蓄力量的不二法门。在《形篇》结尾，孙子通过对"称胜理论"的阐释强化了这一理念：

　　　兵法：一曰度，二曰量，三曰数，四曰称，五曰胜。地生度，度生量，量生数，数生称，称生胜。故胜兵若以镒称铢，败兵若以铢称镒。

　　"称胜"理论集中展现了孙子的军事经济思想。所谓"度"，是论土地面积之广狭，"量"是论物产之多少，"数"是论人员之众寡，"称"是论力量之对比。在孙子看来，上述各要素之间存在着逐级推导的数量关系，因此模仿五行理论建立起"相生"关系。孙子"称胜理论"的核心，指向战斗力的生成。只有实力得到增强，才能达成"以镒称铢"，占据优势局面，进而从容取胜。所谓"以形胜"，实则就是"以力胜"。所以"称胜"理论完全是基于营建实力的角度而提出。

---

①钮先钟：《孙子三论：从古兵法到新战略》，广西师范大学出版社，2003年，第45页。
②张预注解篇题曰："两军攻守之形也。隐于中，则人不可得而知；见于外，则敌乘隙而至。形因攻守而显，故次《谋攻》。"

《形篇》这一理念,与《计篇》《作战篇》《谋攻篇》一脉相承。在《计篇》,孙子将"五事七计"视为决定战争胜负的基本因素,看重的是综合实力。《作战篇》则强调后勤补给,筑牢战胜敌人的基础。《谋攻篇》谋求"十围五攻"这一"以力胜人"的战法,到了《形篇》则进一步强调实力是制胜之源。《计篇》对影响战争胜负的重要项目进行条分缕析,因而有"五事七计"之论。从《作战篇》开始,作者逐步展开,渐次深入,对战争实际需要兵员、粮草及各种兵器数量进行探讨,建立起各种数量关系和逻辑关系,到了《形篇》则已展开量化探讨,进一步探寻军事与经济的联系。这些篇章的中心论题是"备战",基本方式则是"计算",力求科学探讨备战之法。有学者指出,孙武作为最早数量观念的提出者和论述者,在经济思想发展史上理应得到足够的重视[1]。数量观念最为集中地体现在十三篇的前四篇。

承继《形篇》而来的是《势篇》,这其实也是非常合乎逻辑的展开模式。《形篇》论"形",《势篇》论"势",这两篇必然存有密不可分的联系,而且一定是"形"在先,"势"在后。只有达成一定之"形",才会产生相应之"势",这是孙子战斗力生成的基本模式。在中国古代,"兵形势"是兵四家之一,"形"与"势"的关系之密切也由此可见一斑。从总体上考量,《势篇》仍然处于备战阶段,探讨的是战斗力的培植。只有在完成备战之法的讨论之后,孙子才更为集中地探讨战斗力的运用之法,这便有了《虚实篇》《军争篇》和《九变篇》等。包括随后以"地形"为主要内容的数篇,也是力求战斗力得到最大效率的运用,保证平时的备战之法能够真正发挥作用。

(四)"因粮于敌"再审察

战场局势瞬息万变,《孙子》在力求全胜之策、积极做好备战的同时,也做好了应对困难局面的准备。在《作战篇》,孙子对人、财、物的困乏局面进行了大致勾勒:百姓财竭、国用不足、屈力殚货等,并针对这种巨大消耗探讨了解决方案:"役不再籍,粮不三载;取用于国,因粮于敌"和"取敌之利"等。这些其实也是基于周密的计算而得出的。

为最大限度降低战争成本,孙子提出的办法是"因粮于敌"。"因粮于敌"与"取用于国"相对成文,"取用于国"仍会耗费国内资财,人们更多记住的

---

①巫宝三:《巫宝三集》,中国社会科学出版社,2003年,第337页。

是"因粮于敌"。所谓"因粮于敌"，就是在敌国就地展开抢劫。不仅是抢劫敌军的粮草，同时也抢劫敌占区百姓的钱物。

敌国所产粮食，如果未下毒药，谁都可以食用，我方非但可以"因粮于敌"，也力求"务食于敌"，就此降低我方之损耗，也能避免远程运输所带来的负担和麻烦。至于"取用于国"，人们习惯认为是出于武器装备的配套要求，但这可能是一种浅层理解。"取用于国，因粮于敌"其实是运用了"互文"这一修辞格，需要上下文互相补充才能准确地理解其中含义。该句在补充完整之后应为："取用于国亦于敌，因粮于敌亦于国。"①也就是说，无论是"用"还是"粮"，都需既"取于国"，又"因于敌"。这样才能最大限度地补充粮草，使得补给更加充分。三军出征，不可能不带足粮草，仅仅依靠"因粮于敌"显然不够。同样道理，武器装备也可"因于敌"。在热兵器时代，仍可大量抢夺敌方兵器杀伤敌军，冷兵器时代同样可以。

总之，通过"因粮于敌"，既可以战养战，尽量降低国内百姓所受战争之苦，也可以令敌方粮食补给出现困境。孙子所看重的，也有这种此消彼长的效应。孙子指出："食敌一钟，当吾二十钟；萁秆一石，当吾二十石。"②这种"1:20"的效益，应该是一种约数，不管能否达成，都对己方有利。通过"因粮于敌"，还可以达到"杀敌者，怒也"③之目的，激怒敌军，令其做出错误判断，从而超越"取敌之利"这一层次。"因粮于敌"由此而成为孙子非常自得的后勤补给之法，不仅在《作战篇》公然鼓吹，《军争篇》所云"掠乡分众"，《九地篇》所云"掠于饶野"，也与此一脉相承。孙子的这一主张，公然鼓吹掠夺，所看到的只是"三军足食"的短期效应，故而也存在一定缺陷，可视为特定历史时期之产物。按照西方军事理论家克劳塞维茨的观点，仓库的供给才"有极大的优越性"。④但这必然依靠源源不断的"远输"，也必然会带来更多的战争消耗。

与"因粮于敌"主张相呼应，孙子对战俘的态度也是立足于实用，主张"车杂而乘之，卒善而养之"⑤。这里的"善"，简本作"共"。一字之差，带来

①详参熊剑平：《〈孙子兵法〉互文修辞格的运用》，载《滨州学院学报》，2012年第5期。
②《孙子·作战篇》。
③《孙子·作战篇》。
④[德]克劳塞维茨：《战争论》（第2卷），中国人民解放军军事科学院译，商务印书馆，1978年，第448页。
⑤《孙子·作战篇》。

含义上的巨大差别。由于前面一句的"杂"是动词,简本的"共"字似乎更加合理,"杂"和"共"词性相同,相对成文,于义为长。"共"和"杂"都不带有任何感情色彩,也可求得前后一致。"善"则是带有感情色彩的词语,传本疑经篡改。也许在孙子眼中,所有战俘都可加以利用,无须辨别其善恶。传本的意思则是,只留下那些听从指挥的善辈,在含义上有很大差别。

不管如何,孙子采取如此态度对待战俘,既显出人道精神,也遵循战争规律,找到了一条有效的兵员补充之法,这与其一贯鼓吹的"因粮于敌"的思路完全一致。野蛮和文明,在此分道扬镳。战国时期,名将白起坑杀赵国降卒四十万,暴露出非常残忍的兽性。即便是在文明社会,残暴对待战俘的现象仍然比比皆是,与孙子相比,势如霄壤。

孙子认为,降低战争损耗的最有效方法是速战速决,所谓"兵贵胜,不贵久"[①]。此处"胜",或许不能简单训为"胜利",更多人主张训"速"[②]。黄巩留有一段注语:"孙子首尾言兵不可久,谓深知用兵之害,然后不敢轻用兵,不敢久玩兵。"[③]这句话很得孙子之主旨。战争发起之前,所有人、财、物的准备工作都需到位。战争一旦发起,必然会出现"日费千金"的局面,只有速战速决,才能最大限度地降低损失。《谋攻篇》"全胜"理论的提出,"十围五攻"等战法的探讨,都与这个目标保持一致。孙子重视情报和用间,也是力求降低战争消耗,减少对经济的破坏,同时也可为备战工作减负。

第四节　论仁义思想

就孙子仁义思想而言,学界已有学者论及,但总体关注程度还是不够。这正如于汝波所说:"研究《孙子兵法》者,多着眼其智而忽略其仁,谈智的文字甚丰而言仁的文字极少。"[④]不仅如此,历史上一度也有不少人批评孙子存在"尚诈而轻义"的缺陷,对其明显存有误解。

---

① 《孙子·作战篇》。
② "胜""速"双声,例可通假。朱墉《〈武经七书〉汇解》引沈友注曰:"贵胜即贵速。"
③ 《孙子集注·作战篇》。
④ 详参于汝波:《略谈〈孙子兵法〉的仁诈辩证统一思想》,载《〈孙子〉新论集粹》,长征出版社,1992年。

（一）兵家之"仁"

"仁"被视为孔子和儒家思想的重要内容。据《说文解字·人部》："仁，亲也，从人从二。"《论语·颜渊》载："樊迟问仁。子曰'爱人'。"可见在儒家学说中，"仁"首先可以表达为仁义和仁爱，含有与人亲爱之意。①

"仁"并非只有儒家关注，仁爱之心也并非只有儒家才能具备。身为兵家，孙子对"仁"也有涉及。据统计，《孙子》十三篇中，"仁"字凡3见。其一见诸《计篇》，另外2例均见诸《用间篇》，都是仁爱、仁义之意。可见孙子也曾论及仁义，也值得我们对此进行探讨，尤其是当人们还存有偏见之时。

《计篇》中，孙子在讨论影响战争胜负的五个重要因素时用到了"仁"字。孙子在讨论将帅素质时，"将"被列为"五事"的第三项。他认为将帅必须具备"智、信、仁、勇、严"这五个基本素质。其中，"仁"被列在第三，固不如儒家重视程度之高，但也充分体现出孙子的仁爱情怀。与"仁"相比，"严"被列在最后一位。这里的"严"，既包含律己，也包含待人。在孙子眼中，在治理军队时，仁爱要比严酷更为重要，更加实用。孙子因此而主张"视卒如婴儿"和"视卒如爱子"。孙子认为，将帅只有具备了仁慈之心，才能保证作战之时三军用命，从而达成"可与之赴深溪"和"可与之俱死"的作战效果。②

在《用间篇》中，孙子在探讨用间之术时也在无形之中透露出自己对于"仁"的理解。孙子认为，要想确保战争胜利，就一定要舍得花钱搞好间谍战，要舍得在间谍身上大笔花钱。如果在此关键时刻显得太过小家子气，表现出吝啬之情，进而由此导致战争失利，那就是"不仁之至"，最大的不仁。对此，孙子总结道："凡兴师十万，出征千里，百姓之费，公家之奉，日费千金；内外骚动，怠于道路，不得操事者七十万家。相守数年，以争一日之胜，而爱爵禄百金，不知敌之情者，不仁之至也，非人之将也，非主之佐也，非胜之主也。"在这里，孙子虽未正面解释什么是"仁"，但已告诉我们什么是"不仁"。这显然是着眼于保家卫国的大事业，也有忧国忧民的大情怀。

孙子将"仁义"作为用间的重要条件之一："非圣智不能用间，非仁义不

---

① 当然，从《论语·颜渊》可以看出，孔子的"仁"也包有"克己复礼"，即追求恢复古代礼乐秩序之意。与仁爱之意相比，它更强调秩序性，故此也一度为古代政治家和思想家所追捧和认可。
② 详参《孙子·地形篇》。

能使间,非微妙不能得间之实。"在孙子看来,只有那些仁义之将才能赢得间谍的信赖和拥护,可见孙子并非不讲仁义,而是很重视仁义,甚而可说是大仁大义。简本《用间篇》作"非仁不能使(间)",传本"义"字或许为衍文,"仁"则为一贯坚守。

先贤为我们留下了大量富有思想深度的著作,虽说分属各个学派,而且偶或互相攻伐,但政治目标及价值诉求等并非全都势如冰炭。这正如康有为所说:"诸子虽并争,而兼爱以救人,为我以自私,皆切于人情。"①《孙子》是一部兵书,从头到尾都在讨论如何战胜敌人、保存自己,但同样也有"救人"之心,与儒家之"仁"保持相通。孙子认为,战争不是儿戏,必须充分进行研究,而且研究重点是与自己进行交战的对手。十三篇兵法花费很多笔墨探讨知敌之情,也是这个原因。孙子追求"全胜",力主"伐谋",重视战法设计,力争通过"先知后战"来降低战争损失等,都是其民本精神的体现。

(二)简文的补充

简文《见吴王》和《吴问》为我们进一步考察孙子的仁义思想提供了新材料,而且不容忽视。

简文《见吴王》文字脱落很多,但仍能看出其中所记录的主要是孙子拜见吴王,希望被任命为将的场景。这其中,占篇幅最多的是"吴宫教战",《史记》称之为"小试勒兵"②。在《见吴王》中,孙子先与吴王交换了对于战争的认识和态度。孙子指出:"兵,利也,非好也。兵,□【也】,非戏也。"前一句"兵,利也,非好也",这充分反映了其"利本"思想。后一句虽有残缺,但仅从"非戏"二字就可判断,孙子是在奉劝吴王正确对待战争问题,不能视之为儿戏,更不能仅凭着个人爱好和一时冲动而盲目发动战争。就"教战"而言,《见吴王》和《史记·孙子吴起列传》之间也存有较为显著的差异。在《见吴王》中,吴王和孙子在讨论战争问题之后,进一步提出了"小试勒兵"的要求。这时,孙子就勒兵对象提供了诸如贱者、贵者、妇人等多个选项。吴王最终选择妇人作为"勒兵"对象。面对阖闾的这一选择,孙武以"妇人多不忍"为由,要求更换训练对象,显然是一种正常的恻隐之心使然。在《见吴

①《孔子改制考》卷五。
②《史记·孙子吴起列传》。

王》中，孙子就训练的准备工作做得更加充分，这种重视程度也更合乎人情，更合乎逻辑。这与《孙子吴起列传》中那个不近人情、怒斩美姬的孙子，在形象上有着一定的差别。

简文《吴问》也是一篇体现孙子军政思想的重要文字，其中所体现的思想，和十三篇大致趋同。

在《吴问》中，孙子和吴王以对话的形式，讨论并预测了春秋末期晋国的几大家族的兴衰存亡。孙子认为，税制最轻的赵氏会笑到最后，最终战胜其他五个家族。田制、税制是左右民心向背的关键，民心向背则在一定程度上决定王室之命运。《吴问》中的孙子，是一个具有远见卓识和长远战略思想的政治家，具有相当进步的民本思想。关心亩制和赋税，其实都是在关注民生。在该篇简文的末尾，孙子提出了他眼中的"王者之道"，其中心内容是"厚爱其民"，这同样是进步的民本思想。日本学者服部千春由此出发，夸赞孙子是"具有卓识的政治家"①。

简文《吴问》《见吴王》中所反映的孙子军政思想，对《孙子》十三篇而言，不失为一种补充，二者在主体思想上也能保持基本一致。十三篇中主张"唯民是保"的民本思想，与《吴问》中"厚爱其民"的政治诉求大致相同。因此，《吴问》的思想和《孙子》十三篇一脉相承。

（三）辨误与正名

中国古代社会长期由儒家思想占据要津。所谓"孔曰成仁，孟曰取义"②，孔孟之道长期影响国人。儒家既然曰仁曰义，便往往会批评别人不仁不义，因此他们对孙子长期发难，一直有着"尚诈而轻义"的批评。

较早批评孙子的，数战国时期儒家大师荀子。荀子尝与临武君论兵，一面反驳临武君，一面批评孙子的诡诈和用兵均不合乎仁义。荀子认为"善附民者，是乃善用兵者"，因此主张兴"仁者之兵"，以达成"王者之志"。③荀子的有关评论在后世引起不少共鸣。比如《汉书·刑法志》就对孙子"任诈力"继续给予严厉批评。《汉书》则将儒家的仁义道德和孙吴兵法直接加以对立，

①［日］服部千春：《孙子兵法校解》，军事科学出版社，1987年，第23页。
②《日知录》卷七。
③详参《荀子·议兵》。

在指责世风不古之时指出:"孔氏之道抑,而孙吴之术兴。"①

　　更严厉批评孙子"轻义"的,要数宋代学者,尤其是南宋时期的叶适等人。此时《孙子》已经取得兵经之首的地位并逐步得到巩固,《孙子》和《吴子》等七部兵书被奉为兵学经典,统称为《武经七书》。但儒者也许是出于对羸弱政府的不满,而对立兵经这一行为并不认可。批评《孙子》疏于仁义,也以这个时期更为突出。比如郑友贤就将《孙子》的"诈"与《司马法》的"仁"进行了对比:"《司马法》以仁为本,孙武以诈立;《司马法》以义治之,孙武以利动;《司马法》以正不获意权则,孙武以分合为变。"②南宋学者戴溪这样评述孙子:"武操术,有余于权谋而不足于仁义;能克敌制胜为进取之图,而不能利国便民为长久之计;可以为春秋诸侯之将,而不可以为三代王者之佐也。"③在他看来,孙子因为"不足于仁义",而只能在春秋时期逞一时之强,无法实现儒者心目中的"王道"。南宋另一位学者叶适也说:"(孙子)所知者诡而已。"④叶适指责孙子不知德义,并与孙子自诩的"安国全军"之道相差甚远。高似孙也对《孙子》展开了类似批评:"兵流于毒,始于孙武。其言舍正而凿奇,背义而依诈。"⑤这些激烈的批评之声,和荀子遥相呼应,都是基于儒者的立场。

　　明代学者发出类似批评的,以闵振声和俞大猷为代表。闵振声同样批评《孙子》"背义而依诈"⑥。俞大猷则借孙子"兵闻拙速"一语详加发挥,措辞非常严厉:"误天下后世徒读其书之人,杀天下后世千千万人之命,可胜恨哉!可胜恨哉!……孙武子一言杀天下后世之人不可胜计,使孟子而在,将以何刑加之乎。"⑦他认为,如果追求军事上的速胜或"拙速",必然会导致无辜的死伤,也因此不合于儒家所倡导的"仁义学说"。

　　到了清代,类似批评之声仍不绝于耳。汪绂虽肯定了孙子变化莫测的用兵之术,但也集中批评了孙子的"轻义"。他说:"孙子十三篇,其近正者,惟《始计》《作战》二篇。其最妙者,则《军形》《兵势》《虚实》三篇,而最险者,

---

①详参《汉书·楚元王传》。
②《十家注孙子遗说并序》。
③《将鉴论断·孙武》。
④《习学记言序目》卷四十六。
⑤《子略》卷三。
⑥《孙子参同小引》。
⑦《正气堂续集·杂文·拙速解》。

亦无逾于此三篇。至于《用间》，不足怪矣。然则握奇制变，孙子为最；而正大昌明，孙子为下。"①汪绂对《孙子》《司马法》和《吴子》等几部著名的兵书进行了比较，认为孙子虽在用兵之术上处于领先地位，但又因忽略了仁义而缺少"正大昌明"。姚鼐则指责孙子的用兵之法与残暴的法家相似："乃秦人以虏使民法也，不仁之言也。"②

　　历史上对于孙子的这些非议和责难，明显有失公允。通过前面结合十三篇和银雀山竹简文献的论述可以明确得知，孙子并非不重视仁义。在漫长的封建社会，孙子其实长期受到误解或曲解。孙子由此而成为只讲诡诈不讲仁义的暴力分子，这多少令人感到遗憾。从总体上看，只有少数学者认为《孙子》存有仁义思想，唐代杜牧就是其中为数不多的之一。杜牧曾有这样的评价："武之所说，大约用仁义，使机权也。"③但是，能这样客观看待孙子的，终究是少数。在漫长的封建社会，孙子很少能遇到像杜牧这样的知音。

　　在笔者看来，要想对孙子有公允之评价，除了需考察孙子仁义思想，同时必须正确认识其诡诈之术。长期以来，很多批评孙子诡诈的，都忽视了一个重要前提：孙子的诡诈之术针对谁？答案其实很明显：针对敌人。对敌人仁慈，就是假仁假慈的东郭先生，只能招致笑话和唾弃。军队毕竟需要保护本集团利益，担负着保家卫国和保全族种这一特殊任务，军事将领尤其不能在战场上和敌人推销什么仁义。对敌人的仁慈，其实是祸国殃民之举。这是分不清是非的表现，可能会就此酿成丧师辱国乃至亡国灭种的危险。很显然，对于这一原则性问题，孙子看得非常清楚，所以他才会有"安国全军"和"不战而屈人之兵"等一系列主张。孙子的仁义之道和诡诈之术一样，都需区别对象，却不幸被人们误解。

　　当然，孙子的兵学思想之中，也确有不合乎仁义之处。比如《作战篇》公然鼓吹"取用于国，因粮于敌"，《军争篇》强调"掠乡分众"，《九地篇》鼓吹"掠于饶野"，所看到的只是"三军足食"的短期效应。这些主张，不仅于政治层面考虑有欠深入，同时也不合乎人道，与孙子仁义思想显出矛盾的一面。

---

① 《戊笈谈兵·司马吴孙·孙子》。
② 《惜抱轩文集·五·读孙子》。
③ 《樊川文集》卷十，《注孙子序》。

第五节　论攻守之道

在《孙子》所建立的众多兵学范畴中,"攻"与"守"地位非常突出,也非常重要。十三篇中,孙子围绕"攻守之道"留下不少精彩笔墨。遗憾的是,所论并没有引起人们足够重视,不少人甚至将其简单划归"战术"范畴,而非"战略"。

(一)攻与守的选择

仅从篇名就可看出,《谋攻篇》应该是作者论述攻守之道的最重要篇章。这是在"计议已定,战具已集"之后,真正进入"以智谋攻"的阶段。[1]在《作战篇》中,作者从战争与经济的角度出发,提出了著名的速决战思想,这就是"兵贵胜,不贵久"。接下来这篇之所以会用"谋攻"作为篇题,原因大概在于,进攻成效大多取决于前期谋划。这正如曹操所说:"欲攻敌,必先谋。"[2]攻击敌军就是为了争胜,谋攻正是为了谋划攻敌之策。《谋攻篇》虽说重点是谋划进攻,作者其实非常明白"屈人之兵而非战,拔人之城而非攻"的道理,故希望达成"不战而屈人之兵"的"全胜"。如果无法达成"全胜",就需努力谋得"战胜"。所以接下来,孙子进一步从"全胜"的角度出发,提出了"十则围之""五则攻之"等一系列战法。这便将"全胜"的战略思想更加系统化和具体化,从而实现了"全胜"策与"战胜"策的浑然天成、水乳交融。[3]

除《谋攻篇》之外,十三篇中还有大量篇章论述了"攻守之道"。比如《计篇》用很多篇幅探讨总结了"能而示之不能"等"诡道十二法",其中心思想为"攻其无备,出其不意"。也就是说,通过突然进攻来争取掌握战争主动权,进而取得战争胜利。《九地篇》则主张"由不虞之道,攻其所不戒也",也是希望由这种突然进攻之法打击敌人,令其猝不及防,达成有利于己的战争态势。《军争篇》总结了"高陵勿向,背丘勿逆,佯北勿从,锐卒勿攻,饵兵勿食,归师勿遏,围师必阙,穷寇勿迫"等"用兵八戒",《九变篇》设计有"涂有

---

①引文出自张预注《孙子》各篇解题。杨丙安:《十一家注孙子校理》,中华书局,1999年,第44页。
②杨丙安:《十一家注孙子校理》,中华书局,1999年,第44页。
③黄朴民:《〈孙子兵法〉解读》,中国人民大学出版社,2008年,第89页。

所不由,军有所不击,城有所不攻,地有所不争,君命有所不受"等"九变之术",意在告诫指挥员在指挥作战过程中,既要重视和研究战争规律,尊重前人所总结的各种战胜之道,同时也要力戒墨守成规。只有学会变通,并能灵活用兵,做到"践墨随敌,以决战事"①,才能成为战场的主宰者。

就进攻方式或路线的选择而言,孙子格外重视"迂直之计",并主张"以迂为直"②。孙子所言之"迂",本义为迂回或曲折,和"直"构成一对反义词。在孙子看来,有时花更大力气走远路,可以找到意想不到的进攻方向,从而收到奇效,这便是"以迂为直,以患为利"③。

孙子的"以迂为直"得到李德·哈特的高度赞赏。在《战略论》中,李德·哈特使用"间接路线"作为副标题,充分体现出对孙子的重视。④当然,从李德·哈特的表述可知,"间接路线"理论的提出也是受到"奇正"理论的影响⑤,这一点也得到钮先钟的认可。"以迂为直"道出了战略设计的精髓,受到中国古代兵家乃至西方战略学者的长期追捧并不奇怪。

由"迂直之计"出发,《军争篇》继续就行军问题进行深入探讨,但并非追求"看谁跑得快",而是"看谁更会跑"。虽说孙子主张速决战,但在讨论行军时明确反对一味求速。他提出了三种行军方案,即"百里而争利""五十里而争利""三十里而争利",目的就是找到合理的"迂直之计"。而且,"百里而争利"一定不是上策,因为会导致军队非战斗减员和战斗力的衰减。这里的"百里""五十里""三十里"应指行军速度,而非曹操所云行军距离的远近不同。在注"三十里而争利"时,曹操说:"道近,至者多,故无死败也。"⑥对此,李筌已有纠正:"一日行一百二十里,则为倍道兼行;行若如此,则劲健者先到,疲者后至。"⑦两相对比,李筌注解似乎更贴近孙子的原意。

热爱进攻的孙子,显然更重视"先发制人"。而且,即便是"后人发",也要"先人至"。⑧孙子强调"先知",明显也是基于这一理念。此外,他还强调

---

①《孙子·九地篇》。
②《孙子·军争篇》。
③《孙子·军争篇》。
④[英]李德·哈特:《战略论:间接路线》,钮先钟译,上海人民出版社,2015年,第323页。
⑤[英]李德·哈特:《战略论:间接路线》,钮先钟译,上海人民出版社,2015年,第323页。
⑥《十一家注孙子·军争篇》。
⑦《十一家注孙子·军争篇》。
⑧《孙子·军争篇》。

"先为不可胜"①和"先知迂直之计"②。如果是险要地形,一定要力争先机抢占,即"我先居之"③。在具体的战术展开时,一定要攻击对方的要害位置,即"先夺其所爱"④,这样才能占据主动权。这些显然都是"先发制人"战略思想的体现。现代战争理论也认为存在这种"先发之利"。比如美国学者斯蒂芬·范·埃弗拉认为:"当敌对双方首先使用武力的一方可以获得好处时,就存在抢先进攻的利益。"⑤事实上,孙子早已认识到这层利害关系,因此力主"先发",抢先行动必然会令对方增加战争成本,至少在孙子所处时代,抢先进攻存在着先手之利。

孙子对于进攻之术深有研究,但如果认为其只知进攻而不知防御,那就大错特错。《孙子》探讨防守之术的文字也不在少数。在作者看来,使用出色的防守之术同样也可保证己方处于不败之地,也就是"先为不可胜,以待敌之可胜"⑥。当敌我双方处于对峙之时,必须要善于防守,并且能够守得牢固,这才能赢得反击的机会,进而觅得获胜良机。

十三篇中论防守之术最出色的篇章,应数《形篇》和《虚实篇》。《形篇》中作者认为,善于用兵的将帅都应首先保证不被敌人打败,再捕捉战机击败敌人,这就必须要做好防守,这就是"不可胜者,守也"。接着,孙子对防守所要达到之目标提出了具体要求。在他看来,善于防守的将领一定会把自己埋藏得很深,如同埋藏于深地之下:"善守者,藏于九地之下。"⑦如此才能实现"自保而全胜"的战略目标。

《虚实篇》也经常将"攻"和"守"并列进行讨论。比如"攻而必取者,攻其所不守也。守而必固者,守其所不攻也",再如"故善攻者,敌不知其所守;善守者,敌不知其所攻"。可知孙子有关攻守之道的论述非常丰富而又深刻。其中"守其所不攻"一句,简本作"守其所必攻",这一异文对于解读孙子的攻守之道提供了新线索。《虚实篇》中还有以下这段精彩论述:

---

① 《孙子·形篇》。
② 《孙子·军争篇》。
③ 《孙子·地形篇》。
④ 《孙子·九地篇》。
⑤ [美]斯蒂芬·范·埃弗拉:《战争的原因——权力与冲突的根源》,何曜译,上海人民出版社,2014年,第46页。
⑥ 《孙子·形篇》。
⑦ 《孙子·形篇》。

吾所与战之地不可知，不可知，则敌所备者多；敌所备者多，则吾所与战者，寡矣。故备前则后寡，备后则前寡，备左则右寡，备右则左寡。无所不备，则无所不寡。寡者，备人者也。众者，使人备己者也。

在这段话中，作者集中对攻守之道进行总结。从"备前则后寡"到段末，更多是探讨防守之术，也即"备人之术"。其中"无所不备，则无所不寡"一句更是至理名言，其中蕴含的深刻哲理即教人以集中力量已远远超越兵学领域。就防守而言，如果不能针对对手情况有效地组织布防，而是不分主次地处处分兵，就必然会造成防线出现漏洞，从而导致灾难性后果。作者最后揭示了掌握战争主动权的奥秘就在于合理解决"备人"还是"使人备己"的问题。如果是被动防守，就会造成兵力薄弱，反之则会占得优势。

总体来看，《孙子》十三篇中"攻"和"守"的地位并不相称。相比防守，作者明显更偏爱于进攻。十三篇中有以"谋攻"为主题的专篇，却没有以"谋守"为主题的专篇，也可说明这一点。无论多么出色的防守，也总会存在漏洞，总会在不经意之间露出破绽。也许在孙子看来，进攻就是最好的防守。

孙子在十三篇中围绕"攻守"这对范畴，还衍生出不少次生范畴，如"分合""奇正""虚实""强弱""众寡""进退""主客"等。这些范畴，很难衡量其地位之高低，而且不少很具哲学意味——比如说"分合""奇正""虚实"等，基本都是为了配合"攻守"而探讨。我们只此也可看出，"攻守"当为十三篇中非常重要的一对兵学范畴。用兵作战，千言万语都要落实到"攻"与"守"这种具体行为上。

(二)简本异文的讨论

简、传本在《形篇》和《虚实篇》出现的几处异文，字面意思截然相反，为我们理解孙子的攻守之道提供了新思路。

我们首先看《形篇》的一处异文，传本文字为：

不可胜者，守也；可胜者，攻也。守则不足，攻则有余。善守者，藏于九地之下；善攻者，动于九天之上。

传本"守则不足，攻则有余"一句，简本作"守则有余，攻则不足"，字面意思看起来截然相反。自简本出土之后，学界对此曾有一定关注，但目前尚无法达成统一意见，至少存在着两种截然相反的观点：一种以吴九龙等为代表,认为当以简本为是。①他们的证据是,《汉书·赵充国传》及《后汉书·冯异传》中有支持简本的引文。另一种意见则以李零等为代表,认为传本文义更顺。②有意思的是,李零也将《汉书·赵充国传》及《后汉书·冯异传》中的引文当成是支持传本的证据。《汉书·赵充国传》引文作"臣闻兵法,攻不足者守有余",《后汉书·冯异传》引文作"攻者不足,守者有余",似与简本更为相近。

在简本出现之前,大家对这段文字的理解并无过多纠结之处。兵力不如对手,当然只能采取守势,兵力超过别人,自然可以采取攻势。十三篇中,还不乏支持这种理解的内证。此外,我们从曹注中也可看出,曹操当年所见本就是写作"守则不足,攻则有余"。③

与上述截然对立不同,学界还有一种观点是认为简、传本皆通,以黄朴民为代表。他对"守则有余,攻则不足"的解读是:"在同等兵力的情况下,用于防御则兵力有余,用于进攻则感到兵力不足。"④这其实也是从战法出发所作出的一种合理解读。

笔者也认为,简、传本的异文或许无需作势如冰炭式的解读。异文的出现正好为我们解读孙子的攻守之道提供了新思路。在笔者看来,该处异文其实是运用了特殊的修辞格:互文。所谓"互文",就是依靠相邻句子所用词语互相补充,才能表达出一个较为完整的意思。⑤按照这种修辞格,传本的"守则不足,攻则有余"或简本的"守则有余,攻则不足",均可补足为:"守则不足,攻则有余;守则有余,攻则不足。"如果从这一修辞格出发,便会发现表面意思完全相反的两句话,所表达的意思完全一致:合理地分配兵力。在同等兵力的情况下,如果用于防守的兵力过多,就必然会影响到进攻所用兵力;如果用于进攻的兵力过多,那么必然会造成防守兵力的匮乏。这就需要指挥员合理调度兵力,才能保证己方处于不败之地。

---

① 吴九龙主编:《孙子校释》,军事科学出版社,1990年,第56页。

② 李零:《兵以诈立——我读〈孙子〉》,中华书局,2006年,第161页。

③ 曹操注曰:"吾所以守者,力不足也;所以攻者,力有余也。"

④ 黄朴民:《〈孙子兵法〉解读》,中国人民大学出版社,2008年,第98页。

⑤ 这一句中的两个"则"字连用,也提示我们上下两句之间可能存在一种隐而不显的对待关系。比如"其言则若是,其行则若彼"一句,两个"则"字使得两个句子并列,看上去好像是二事对举,实际却是表示了一种前后相承关系。也就是说,前一个"则"字是"如果"之意,后一个"则"字则是"就会"(就要,就应当,就能够等)之意。类似这样的例子,吕叔湘在《文言虚字》中举出了不少(参见吕叔湘:《文言虚字》,《吕叔湘全集》卷九,辽宁教育出版社,2002年,第194页)。

很显然，《形篇》接下来一句——"善守者，藏于九地之下；善攻者，动于九天之上"，同样是使用了互文的修辞手法。"动于九天之上"和"藏于九地之下"并非一个专指攻，一个专指守。即便是进攻，同样需要善"藏"，如此才能达成进攻时的突发性。同样道理，防守时如果不懂得分合为变，不会机动兵力，也是行不通的。在防守时，必须要抓住时机组织有效的反攻，真正处理好攻守关系，才能真正实现作者所追求的"自保而全胜"①。

《虚实篇》还有两处异文也可以帮助我们进一步理解孙子的攻守之道。

其一，传本作"出其所不趋"，简本作"出其所必趋也"。其二，传本作"守而必固者，守其所不攻也"，简本作"守而必固，守其所必攻也"。这两处异文，简、传本用字不同，意思截然相反，但于文义皆通。对于"出其所不趋"，更合理的解释应为攻击敌人根本不及防守之处或无法救援之处。②如果解为"攻击敌人不去的地方"，则略显机械。同样道理，"守其所不攻"中的"不攻"，也并非"无人进攻"，而是指"进攻不得力"，或者说因为组织了积极有效的防守而将对手的进攻化于无形。如果简单照字面意思理解为"守备敌人不来进攻的地方"，不免有望文生义之嫌。

《虚实篇》有"攻其所不守"一句，简、传本保持一致，同样都使用了一个"不"字。所谓"不守"，并不是说毫无防守，而是指守备松懈，形同虚设。《孙膑兵法·威王问》中有"必攻不守"一句，也是同样意思。以常理度之，既然是对手"必攻"之所，那么对方的作战决心、攻击规模、投入兵力等，都难以判定，如何能肯定是"守而必固"呢？可见，此处异文如果依照简本作"必"字，则显得文气稍欠。

（三）战略、战役和战术

攻守之道是孙子兵学的重要内容之一，那么，它到底是战略问题，还是战术问题？目前不少学者都显出含混不清的一面，对"攻守之道"的理解也有失当之处。

近代学者杨杰在归纳孙子的战术思想时，曾将其归纳为"攻守""奇正"

①《孙子·形篇》。
②黄朴民：《〈孙子兵法〉解读》，中国人民大学出版社，2008年，第135页。

"虚实""分合"四项。①杨杰在文中并未就"战术"之内涵进行明确界定。我们从其行文可以看出,他所谓"战术"更像是"战斗之术",似没有从战略、战役、战术等层面划分。这种不分层次,将战略和战术混为一谈的做法,似与现代军事学术存有一段差异。

钮先钟已经开始有意识地对孙子兵学思想进行诸如战略、战术层面的划分。但在笔者看来,如果按照他的划分方法,我们会对孙子包括攻守之道在内的兵学思想产生理解上的偏差。在钮先钟看来,《孙子》十三篇中,从第一篇到第三篇,即《计篇》《谋攻篇》和《作战篇》,"可称之为战略通论,并代表孙子战略思想的最高阶段";而第四篇到第六篇,即《形篇》《势篇》《虚实篇》,其内容可以代表"孙子对于所谓战争艺术(the art of war)的全部思想体系"。②与此同时,钮先钟不知基于何种标准,将《形篇》到《虚实篇》的主题称为"野战战略"。在钮先钟眼中,十三篇的前六篇可以划分为两个不同层次,后三篇虽仍是讨论战略问题,但已与前三篇稍有不同。

李零也曾对十三篇进行过分门别类的划分。他将第一篇到第三篇视为权谋组,以战略为主。第四篇到第六篇则视为形势组,以战术为主。③在他眼中,这十三篇的前六篇同样可划分为两个层次。李零的分类和钮先钟有共同点,也有不同点。就前六篇而言,这种一分为二的划分方法是相同的。前三篇都被视为战略通论,随后三篇,钮先钟视为"野战战略",李零则视为"战术"。不知道这二者之间有没有实质性的差异。

这种版块切割的解读方式,其实是近代学者蒋百里、刘邦骥的延续。在蒋百里和刘邦骥眼里,《孙子》同样可以被简单地切割为几块:第一篇是总论,第二篇到第六篇是论万变不易之战略,第七篇至第十三篇则是论万变不穷战术。④蒋百里的方法启示了钮先钟等人,台湾地区不少研究专家也都或多或少受到蒋氏影响。王建东等人在分析孙子兵学思想体系时,大多也有类似倾向。在王建东看来:《孙子》的第一篇是总纲,第一至第四篇属于战略思想范围,第五篇至第七篇属战术思想范围,第八篇至第十篇属于作战研

---

① 严晓星选编:《孙子二十讲》,华夏出版社,2008年,第249页。
② 钮先钟:《孙子三论:从古兵法到新战略》,广西师范大学出版社,2003年,第5页。
③ 李零:《兵以诈立——我读〈孙子〉》,中华书局,2006年,第55页。
④ 蒋方震、刘邦骥:《孙子浅说·绪言》,1915年房西民抄本。

判,第十一篇至第十三篇属特种作战。[1]

虽说都是在作块状切割,但上述诸家明显存有差异。同样一块蛋糕,各人的切法不一样。这反映出各自对战略、战术的内涵,在理解上存在着偏差,同时也能说明这种简单切割式研究有时候也是非常困难的,因此才会出现上述"仁者见仁,智者见智"的现象。

在笔者看来,孙子兵学思想中的一些重要范畴,贯穿于十三篇终始,"攻守之道"也是如此。如果按照上述切割方法简单处理,就会带来理解上的偏差。

比如说《谋攻篇》中,作者所论并非都是战略问题。诸如"十则围之""五则攻之"等一系列进攻战法,更像是战术问题。《形篇》《势篇》《虚实篇》主旨,也不能完全视为战术问题,其中也有不少文字充分体现了高远的战略思想。即便在钮先钟眼中属于"层次较低"的后六篇,其中也有很多战略学的重要内容。从《军争篇》到《九地篇》,所论"为客之道""用兵八法""九变之术"等,都是攻守之道的重要内容,在今天大都可视为战略学范畴。即便是地形学讨论,也是战略学研究的重要内容,为研究战略环境时所不可或缺。钮先钟认为这些内容,"对于战略研究的重要性也较低"[2],不知道是简单切割所带来的误笔,还是在战略学的理解上与我们存在着分歧。

诸如"攻守"这样的兵学范畴,是孙子兵学思想的重要主线,贯穿于十三篇的终始,不便截然划归于战略或战术,就像十三篇大部分内容不便简单切分为战略或战术一样。孙子"攻守之道"既可能是战略问题,同时也可能是战役、战术问题。

在现代军事理论体系中,战略学关注的是战争全局性问题,等而次之的则是战役,再次才是战术。当然,有不少研究者喜欢将战役和战术结合起来,称为"战役战术",还有不少研究者将战略和战术结合起来,撇开中间的战役,称之为"战略战术"。这可能是个人用词习惯,表面上看并无大碍,实则很有讲究。其中也牵涉到军事学专业问题,似不能太过随意。[3]如果我

---

[1] 详细讨论参见王建东:《〈孙子兵法〉思想体系精解》,文冈图书公司,1976年,第71页。

[2] 钮先钟:《孙子三论:从古兵法到新战略》,广西师范大学出版社,2003年,第5页。

[3] 此外,我们也要看到,在中国古代,尤其是先秦的兵学思想中,战略、战术的层次有时候非常难以区分。遇到这种情况,我们不妨将他们合称为"作战指导思想",或更简单地称作"制胜之道"(参见于汝波、黄朴民:《中国历代军事思想教程》,军事科学出版社,2000年,第26页)。如果不愿借用此法,而是引入现代军事思想中诸如战略、战役、战术等专业术语,怕是需要谨慎立说。

们对其作过于随意的简单切割,就很有可能会出现问题。至少,就"攻"和"守"而言,如果按照钮先钟等做简单切割,就行不通。攻守之道不仅贯穿于军事斗争的始终,同时也关系到军事斗争的各个层面。大到国家的大政方针,小到一次战斗,都可能存在攻守。比如,积极防御战略思想就是指导中国革命战争全局和新中国军事斗争全局的根本战略思想。虽带有积极性一面,但仍是一种"守"式战略。就较低层面来看,即便是两人对弈,同样地牵涉一攻一守。可见"攻"和"守",是军事斗争各个层面都需面对的一个重要论题。

第六节　论奇正相生

"奇正"是孙子兵学思想体系中非常重要的一对范畴。孙子说:"三军之众,可使必受敌而无败者,奇正是也。"[①]在他看来,军队即便遭到敌军攻击也不会败北,就是因为巧妙运用了奇正之法。十三篇中,《势篇》重点论述奇正。由于此篇与"奇正"相关的内容较多,有学者认为《势篇》以"奇正"为主题,比如宋代张预指出:"《形篇》言攻守,《势篇》说奇正。"[②]这种说法影响很大,钮先钟也将《势篇》主题定为"奇正"。[③]但在笔者看来,《形篇》并非只论攻守,《势篇》也并非只论"奇正"。《势篇》真正的主题是"任势",也即如何运用兵力。之所以大量探讨"奇正",是为"造势"和"任势"的探讨作铺垫。《形篇》是努力营建实力,《势篇》论"奇正"则是基于既有条件进行最优化配置,以此来提升部队战斗力,创造条件战胜对手。

(一)"奇"与"变"

在《势篇》,孙子使用了一组排比句推出了"奇正"这一范畴:"凡治众如治寡,分数是也;斗众如斗寡,形名是也;三军之众,可使必受敌而无败者,奇正是也;兵之所加,如以碬投卵者,虚实是也。"对比"分数""形名""奇正"和"虚实",可谓一个比一个费解,孙子所费笔墨也越来越多。前两个范畴一

---

① 《孙子·势篇》。
② 《十一家注孙子·势篇》。
③ 钮先钟:《孙子三论:从古兵法到新战略》,广西师范大学出版社,2003年,第47页。

笔带过，"奇正"则占据了《势篇》相当大篇幅，"虚实"则又辟有专篇予以讨论。孙子由"分数"到"虚实"的排序显然并非胡乱排列，而是出自有意安排。钱基博指出："起历数分数、形名、奇正、虚实四者，而侧重奇正。"①其实"虚实"更为孙子所重视，因此会有专篇对此进行探讨，但在《势篇》孙子显然更重视"奇正"。"分数"是论组织和体制，等兵马员额确定，便借助"形名"加以管理，其目的则是形成战术单元的合理编组和战术变化，这就是"奇正"；"奇正"的关键，是要夺取战场主动权，实现虚实相生。这些范畴依次排开，最终目的是为探讨"造势"和"任势"做好铺垫。"造势"和"任势"，其实也是"治众"和"斗众"这一指挥艺术的具体表现，也可以用"奇正"来加以概括。

孙子认为"奇"是一把取胜的万能钥匙，也经得起战争检验。在《势篇》，孙子首先指出"奇正"的目标就是确保己方"无败"："三军之众，可使必受敌而无败者，奇正是也。"当然，"无败"似乎是基本目标，孙子的追求不止于此，他所追求的是"胜"。出于对"奇"的重视，孙子又强调战争获胜所依靠的也是"奇"："凡战者，以正合，以奇胜。"②

在孙子看来，"奇正"是"任势"的核心环节，因此在《势篇》集中加以探讨，并且指出："战势不过奇正。"③意思是说战术单元的组合和变化无外乎"奇正"。就战法来说，"正"是指常规战法，也即"常法"；"奇"是指非常规战法，也即"变法"。④就兵力的运用而言，则可分为"正兵"和"奇兵"：用于正面防守和相持的为"正兵"；用于机动和突袭的则为"奇兵"。就作战方法来看，其中也可见出"奇正"：按照常规战法，循规蹈矩地展开战斗为"正"；打破常规，出其不意地实施打击，则为"奇"。而且，"奇正"并非仅仅停留于战术层面，在战略层面也有运用。比如就国家发展战略而言，"正"就是狠抓经济建设，以此带动国防建设，提升整体军事实力；"奇"就是不顾经济实力，片面追求军事实力的提升，甚至想通过铤而走险来提升国家的防卫能力。走堂堂正正的发展道路，通过"十年生聚十年教训"的方式来提升实力，可能会被某些战略家认为是耽误时间，所以便采用超越常规的手法。

———

①钱基博：《孙子章句训义》，上海古籍出版社，2011年，第175页。
②《孙子·势篇》。
③《孙子·势篇》。
④孙子对"常法"和"变法"的论述散见各篇，在《军争篇》《九变篇》又有更为专门讨论。

　　"奇"与"变"，须臾不可分离。接下来孙子也对"奇正"具体实施之法展开深入讨论，主要基于"变术"而展开："故善出奇者，无穷如天地，不竭如江河。终而复始，日月是也。死而复生，四时是也。声不过五，五声之变，不可胜听也。色不过五，五色之变，不可胜观也。味不过五，五味之变，不可胜尝也。战势不过奇正，奇正之变，不可胜穷也。奇正相生，如循环之无端，孰能穷之？"①从中可以看出，孙子所描述的"奇正"之法并不十分明晰，大段文字所关注重点即为"变"。也许在孙子眼中，要想掌握奇正的法则，就必须要学会种种变化之术。因此他以声、色、味作比，形容"奇正之变"的不可胜穷。

　　"变"不仅实是孙子推行诡诈之法的关键，同时也是其奇兵制胜的主要内容。为实现争利的目标，孙子设计并强调诡诈之术的运用，并探讨和总结了一套"分合为变"②的战法。孙子在《势篇》用了上述大段文字强调"变"，无疑是将其作为"奇"法之灵魂。前人注解也关注"奇"与"变"的关系，如何氏曰："奇正生而转相为变，如循历其环，求首尾之莫穷也。"③对此，钱基博也指出："'奇正之变'，'变'字尤宜注意。"④如果不知变术，"则敌有以测吾之奇正；而吾因利制权之势有所穷"。⑤通观十三篇，"变"也是孙子实现争利之法的关键手段。在《九变篇》孙子集中讨论用兵之变法。"九"是"极言其多"，"九变"则说明变化很多。在《九地篇》，孙子仍是念念不忘用兵之变法，花费很多笔墨论述"九地之变"。也许在孙子眼中，用兵的最高境界正体现在是否懂得通变，是否掌握不断变化的战法。如果能够掌握就可封神："能因敌变化而取胜者，谓之神。"⑥

　　众所周知，战争始终是敌我双方不断进行角力的过程。就在我方求变的同时，敌方也会想方设法地谋变。既然想击败对手，那就必须要懂得识别和破解对方的变术，因此就必然需要掌握"无穷之变"。因此，在笔者看来，孙子虽然只是在《势篇》使用了"奇正"这一词语，但他对于"奇"的强调，却以"变"的方式体现在十三篇各处。从《计篇》的"诡道十二法"，到《用间篇》

①《孙子·势篇》。

②《孙子·军争篇》。

③《十一家注孙子·势篇》。

④钱基博：《孙子章句训义》，上海古籍出版社，2011年，第175页。

⑤钱基博：《孙子章句训义》，上海古籍出版社，2011年，第175页。

⑥《孙子·虚实篇》。

的"用间之术"，都可视为"奇术"的具体展开。孙子在《势篇》大量借用"五行"思想来形容变术，无论是"五声之变""五色之变"，还是"五味之变"，都是用来强调变术之无穷，同时也是为了强调"奇"是以"变"为核心的这一特征。只有达成变术上的多样性，才能真正实现出奇制胜，成为战场的主宰者。孙子对于情报和用间的重视，正是重视"奇"的具体表现。孙子的诡道，与现代情报理论中的拒止与欺骗完全一致。[①]"诡道"渐渐成为中国古代兵家的传统，标志着孙子的"奇术"受到长期认可和接受。

(二)简文《奇正》的考察

简本《孙子》所见异文，可以帮助我们进一步理解"奇正"的内涵。出土文献中有的将"奇"写成"畸"，如马王堆帛书《老子·德经》有曰："以正之邦，以畸用兵。"这也能帮助我们更好地理解奇法及"奇"与"畸"的关系。尤其是简文《奇正》理应受到更多重视。这是一篇专题论文，虽未被列为《孙子》佚文，但与孙子兵学的关系非常密切。

孙子认为"奇正"的基本目标是可以确保己方"无败"："三军之众，可使必受敌而无败者，奇正是也。"该句的"必受敌"，简本存在残缺，专家们根据残存墨迹推断此句应为"毕受敌"。虽是一字之差，但含义有别。"毕"强调的是"完全"，"必"的意思是"必定"。整体考察该句，作"必定"解似与整句不够协调。古代注家已经对此有所关注，比如王晳指出："'必'当作'毕'。"[②]王晳究竟是基于义理分析得出这一结论，还是另有可据之本，我们已经不得而知，但银雀山出土文献已为王晳提供了证明。

在《势篇》，孙子不只使用声、色、味来形容变术，还用"奇正相生"来形容变术的难以穷尽。这句话，简本比传本多一个"环"字。《史记·田单列传》有关引文及《三国志·王昶传》有关注文都有"还"字，所以专家认为"《孙子》故书或本如此。"[③]传本疑有脱误。表面上看这个"环"字可有可无。没有此字，也可看出孙子本义。当然，"环"字可以帮我们考察后一句"如循环之无端"，联系上句，怀疑"循"字为衍文。简本作"环之毋端"，正好证明了这一推测。

---

①高金虎、张佳瑜等：《战略欺骗》，金城出版社，2015年，第9页。
②《十一家注孙子·势篇》。
③吴九龙主编：《孙子校释》，军事科学出版社，1990年，第74页。

"奇正相生"指出了"奇"与"正"的相互依存关系,既能相互转换,而且永无尽头。对此,前人注语也多有提及,在《十一家注孙子》中就可以看到不少例证。如李筌注曰:"奇正相依而生,如环团圆,不可穷端倪也。"梅尧臣注曰:"变动周旋之不极。"张预注曰:"奇亦为正,正亦为奇,变化相生,若循环之无本末,谁能穷诘?"[①]

简文《奇正》更应受到关注。该篇对"奇正"的作用及"奇正"的内涵包括如何达成"奇正"等,都有较为具体的论述,既可以视为《孙子》的注解文字,也可在某种程度上弥补十三篇的缺失。

《奇正》主体内容的内在逻辑与《孙子》十三篇基本保持一致,都是在探讨"形胜"之后具体展开变术,甚至同样借用了"五行"理论。作者首先是基于"天地之理"探讨了"万物之胜",并指出其中起关键作用的是刑(形)势。"以形胜"的思想也与《孙子·形篇》的理念基本保持一致:"战者,以刑(形)相胜者也。"由此可知,"刑(形)"在《奇正》中代表着力量的存在。在作者看来,高明的指挥员必须善于分析敌我双方的长处和短处,"故善战者,见敌之所长,则智(知)其所短;见敌之所不足,则智(知)其所有余"。不仅要知道敌方的长处,更要掌握对方的不足,由此出发则可找到对手的薄弱环节,给予其致命打击,从而实现作者所追求之"形胜"。《奇正》接下来的论述与十三篇的"因形错胜"[②]也有相似之处:"见胜如见日月,其错胜也,如以水胜火。"孙子在《虚实篇》中指出"兵形象水",《奇正》在此同样也是以水为喻。

通观十三篇,孙子论"奇正"更多强调的是"变"。简文《奇正》则对"奇"的内涵及运作有着更为具体的论述,不再像《势篇》那样单薄。在作者看来,高明的指挥员需懂得力量的组合与变化,懂得根据对手情况做针对性的改变。至于"奇",同样也是通过力量的组合与变化而实现,也即通过"刑(形)"的分合变化而达成:"刑(形)以应刑(形),正也;无刑(形)而裂(制)刑(形),奇也。"进一步地说,所谓"奇正",只是集中于力量的"分":"奇正无穷,分也。分之以奇数,裂(制)之以五行,斳(斗)之以{□□}。"既然"刑(形)"代表着力量,那么这种"分",就是"分刑(形)":"分定则有刑(形)矣,刑(形)定则有名【矣,□□□】。"接下来,《奇正》重点探讨的是如何达成

①以上均见《十一家注孙子·势篇》。
②《孙子·虚实篇》曰:"因形而错胜于众,众不能知。"

"奇"。虽说简文在此有较多脱落,但所总结的"奇术"仍颇为丰富:"……同不足以相胜也,故以异为奇。是以静为动奇,失(佚)为劳奇,饱为饥奇,治为乱奇,众为寡奇。发而为正,其未发者奇也。"①

在十三篇中,孙子提出了"以治待乱"②等治变之论,在《奇正》篇中,上述重要名词几乎都可以在其中见到,由此不能不怀疑《奇正》作者曾对十三篇有所研究。换言之,《奇正》所论"奇术",也在无形之中受到孙子的影响,是在十三篇的基础上继续深入。当然,《奇正》中也加入了新的内容。比如"以异为奇"及"未发者为奇"等。在探讨上述"奇术"之后,作者进一步强调的是有"余奇":"有余奇者,过胜者也。""余奇"一词较为费解,李零在《兵以诈立——我读〈孙子〉》一书中有过解释③,可资参考。《风后握奇经》有"余奇为握奇",《鹖冠子·兵政》有"用兵有过胜",怀疑与此有关。④总之,这一概念的提出,更能证明《奇正》并未止步于《孙子》,而是就"奇术"竭尽所能地进行了更为深入的探讨。

《奇正》全篇487字,"奇术"是其中最重要主题,其余文字则探讨军刑(形)或战势,都可以作为十三篇的补充。其中对于"奇术"的探讨和总结,更值得重视,不妨看作是对孙子兵学的诠释和发展。李零也认为,《奇正》"正好可以解《孙子》"⑤。《奇正》起初被列入《孙膑兵法》,后来又被剔除,⑥这无疑体现出整理小组取舍之时的为难态度。只要认真考察其兵学思想便可发现,《奇正》不仅与《孙膑兵法》关系难定,与十三篇之间的关系也需慎重判断。

(三)奇正之传承

孙子的"奇正"理论及求变思想,得到后世兵家的忠实继承,不少著作还就如何达成"以奇胜"进行了进一步研究。战国时期,聚集在稷下的兵家丰富和发展了孙子兵学理论,集中体现于《管子》书中。就"奇正"而言,《管子》强调"以奇用兵"的突发性,在选择进攻时机或决战地点时,必须做到

---

①以上引文均见《银雀山汉墓竹简(二)》,文物出版社,2010年,第155页。
②《孙子·军争篇》。
③李零:《兵以诈立——我读〈孙子〉》,中华书局,2006年,第183页。
④《银雀山汉墓竹简(二)》,文物出版社,2010年,第156页。
⑤李零:《兵以诈立——我读〈孙子〉》,中华书局,2006年,第178页。
⑥1985年,文物出版社《银雀山汉墓竹简(一)》将下编十五篇删除,再加上《五教法》,目前《孙膑兵法》的篇目为十六篇。

"发乎不意"①,努力达成进攻时的突发性。

《唐太宗李卫公问对》是《武经七书》之一,其中用了大量笔墨探讨"奇正",几占全书五分之一。作者借唐太宗和李靖的问答,并大量引用《孙子》有关奇正的论述,对正兵和奇兵的运用法则进行了系统探讨。该书卷上指出,奇正的奥秘在于分合变术,而且要注意反向思维:"吾之正,使敌视以为奇;吾之奇,使敌视以为正。"善于用兵的将领,一定会努力打破正兵和奇兵之间的界限,最终做到"无不正,无不奇,使敌莫测",这样达成的效果是:"正亦胜,奇亦胜。三军之士,止知其胜,莫知其所以胜。"②作者着力强调的是为将者的变通之术,他考察了"奇"与"机"的关系,认为二者"义则一",而且"握机握奇,本无二法,在学者兼通而已"。③

众所周知,宋儒对于孙子有不少批评之声,但孙子"以奇制胜"的理论得到了这些批评家的认可。比如苏轼就曾这样评价孙子:"古之言兵者,无出于孙子矣。利害之相权,奇正之相生,战守攻围之法,盖以百数,虽欲加之而不知所以加之矣。"④苏轼的态度非常具有代表性,一面批评孙子,一面也不惜溢美之词,这似乎更能说明孙子求变思想和"奇正"理论具有无可否定之价值。

明清兵家继续对"奇正"投入研究。何良臣在《阵纪》一书中充分强调了奇正的作用:"奇正生而后变化不竭。惟变化不竭者,乃能致胜于无形。"⑤在他看来,奇正是达成变化的动力,战争中只有做到变化莫测,才能夺取战场主动权,获得最后的胜利。而且,奇正是雌雄对应,找出了"奇",也便找到了"正":"故静为躁奇,治为乱奇,饱为饥奇,佚为劳奇。而轻疾悍敢,若灭若没,无不是奇也。"⑥以此类推,又可以找出很多"出奇"之法:"以旁击为奇,埋伏为奇,后出为奇……"⑦此外他还认为,知晓奇正相变之术,便可得知敌人的虚实之情,然后便可以反其道而行之:"所谓形之者,以奇示敌,非吾正也;胜之者,

①《管子·兵法》。
②《唐太宗李卫公问对》卷上。
③《唐太宗李卫公问对》卷上。
④《三苏策论·孙武论》。
⑤《阵纪》卷二,《奇正(虚实)》。
⑥《阵纪》卷二,《奇正(虚实)》。
⑦《阵纪》卷二,《奇正(虚实)》。

以正击敌，非吾奇也。故善用兵者，必使敌人不识我之孰为正，孰为奇。"①他还以人体为喻说明奇正的变化，非常形象生动："正兵如人之身，奇兵如人之手，伏兵如人之足。有身而后有手足也，三者不可缺其一。三者能俱用，而旗鼓秘之，是为神化。故三分其一为奇伏，然伏出于奇者也，奇又出于正者也。"②

《草庐经略》也对"奇正"有深入研究，对于包括《孙子》在内的诸多探讨有所补充，既总结了奇正的常法，也指出其变法。作者认为，奇正的真正妙处，就在于实现二者的相互转化，既有"奇正相生"和"奇归于正"③，也要做到"临阵出奇"和"非奇不战"④，这才能真正做到因敌制胜，变化无穷，从而将奇正之术运用到极致。作者又辟有《奇兵》专门讨论如何"临阵出奇"："兵，险谋也。其所击之处，或缓、或速、或分、或合、或怯、或进、或左、或右、或前、或后、或隐、或显、或围、或解，或动九天，或藏九渊，因应投机变，故万端大都愚弄敌人，伺隙而发，攻其无备，出其不意也。"⑤在作者看来，这种时机也即"兵机"，不容错过。

在《登坛必究》中，王鸣鹤强调"奇兵"制胜，却也不废"正兵"。他以身体为喻，说明正兵、奇兵和伏兵的关系："奇兵如手，伏兵如足，正阵如身，三者合为一体，迭相救援，战则互为进退，循环而无已。"⑥王鸣鹤并不偏执于"奇兵"，而是将其作为"伏兵"和"正兵"的有机补充，这也是对孙子"以奇胜"的一种补充。

孙承宗对于"奇正"也有关注，并结合车战战术对其内涵进行探讨。在撰写《车营百八叩》"序言"时，孙承宗高度强调"奇正"，认为所有战术设计都绕不开奇正，故车战和舟战同样存在奇正之术："余欲用车为正，用舟为奇，而车自有奇，舟自有正。"不仅如此，即便是单独使用车战和舟战，仍然各有奇正存在。故研究车营之法必须深入研究奇正，借此丰富战术手段。在孙承宗看来，用兵作战存在"奇正之常格"，比如像李靖这样，奇兵、战兵

---

①《阵纪》卷二，《奇正（虚实）》。
②《阵纪》卷二，《奇正（虚实）》。
③《草庐经略》卷五，《正兵》。
④《草庐经略》卷五，《奇兵》。
⑤《草庐经略》卷五，《奇兵》。
⑥《登坛必究》卷一八，《奇伏》。

和助兵的固定搭配，就是一种"常格"。学习并掌握这些"常格"，是将帅的基本职责。如果能够不拘"常格"，甚至懂得"易常为变"，比如"车外之奇兵仍为车也，又有奇外之奇，使其骇如天降"①，那就能够竭尽奇正之妙，达到那种神乎其神的境界。

茅元仪所撰《武备志》，对古典兵学进行了系统总结，也深入研究了"奇正"。他认为，要做到奇正的变化无穷，就必须不守常法，善于权变。他既认同传统的奇正观——"先以正兵合战，而后以奇兵扼绝之"②，也积极主张变通："常令，非追逐败北，袭取城邑之时所用。盖此时贵出奇制胜，而常令不可拘矣。"③身为将帅，尤其要注意认真审察敌情，根据战场的情势变化选择战术。比如，"己有二军而敌止一军，则以一军为正兵，一军为奇兵"④，这是根据敌我双方的兵力情况采取变化。再如，"兵当分散之时，则以散为正而合为奇；当合聚之时，则以合为正而散为奇"⑤，这是根据战场情势变化而变化奇正。就连军中旗帜的变化，也可蕴含奇正之变："军中五方之旗，各从其青黄赤白黑一定之色，此为正兵乎！幡麾之用，曲折冲突，无有定向，此为奇兵乎！且旌旗幡麾，各以分合为变化。"⑥

清代汪绂将"势"与"奇正"联系在一起："势即奇正之势，节如中节之节，正所以用奇正者也。奇正固当妙于无穷，而用奇正者，尤当迅烈以疾，以使人莫测，则发无不中也。势节二字，不出奇正之外。"⑦孙子论"势"，给予"奇正"以大量篇幅，想必在他眼中，二者之间理应有着紧密联系。可贵的是，汪绂进行深入探讨，将二者联系在一起，且不乏新意。他还指出："势不外于奇正，势有奇正，犹阴阳之阖辟，一阖一辟谓之变，往来不穷谓之通，其势然也。"⑧在汪绂看来，奇正之势存在变化，而且奇正既无定形，也无定用。孙子《势篇》的精要，在此得到了更为完整的阐释。

---

① 《车营叩答合编·车营百八说·其六十四》。
② 《武备志》卷九，《兵诀评·尉缭子·兵令上》。
③ 《武备志》卷九，《兵诀评·尉缭子·兵令上》。
④ 《武备志》卷一〇，《兵诀评·李卫公问对》。
⑤ 《武备志》卷一〇，《兵诀评·李卫公问对》。
⑥ 《武备志》卷一〇，《兵诀评·李卫公问对》。
⑦ 《戊笈谈兵》卷七，《司马吴孙·孙子》。
⑧ 《戊笈谈兵》卷七，《司马吴孙·孙子》。

第七节　论虚实之术

从《唐太宗李卫公问对》可以看出,《虚实篇》被唐太宗和李卫公最为看重,被他们认为是十三篇中最好的一篇:"朕观诸兵书,无出孙武;孙武十三篇,无出《虚实》。"①遗憾的是,今人对该篇及"虚实"这对兵学范畴的重要性,还存在着认识上的差异。比如在钮先钟看来,《孙子》从第一篇到第三篇"代表孙子战略思想的最高阶段",《形篇》之后,包括《虚实篇》在内则等而次之。②李零也将《虚实篇》所论认定为"以战术为主"。③就篇题而言,各传本均作《虚实》,只简本作《实虚》。④另外,简本末尾写有"神要"二字,"疑是本篇之别名。也有可能为读者所记,表示此篇重要。"⑤"神要"二字,也像是赞叹该篇思想精深或论述精妙。

(一)虚实:兵法之神要

《虚实篇》之所以重要,是因为该篇集中就作战力量的运用问题进行了深入探讨。《虚实篇》的中心论题是,通过"虚实相生"等方法来达成"避实击虚",进而夺取战争主动权,达成"致人而不致于人"的目标。在《虚实篇》,孙子围绕"虚实"这一对兵学范畴,既论述了其与攻守的联系,也探讨了其对争夺战场主动权的影响,并总结了探知虚实的重要性。在笔者看来,进入《虚实篇》,战争方法等讨论,才算是渐入佳境。简本末尾所写"神要"二字,可视为对该篇精彩论述的最佳注脚。在《虚实篇》之前,孙子讨论的大多为作战物资的准备和战争实力的培育等,是为《虚实篇》论述力量运用做铺垫。在《虚实篇》之后,《军争篇》探讨战争的常法,《九变篇》研究战争的变法,这些内容都是《虚实篇》的延续。

"虚实"首先与战争主动权息息相关。孙子在该篇首先提出,"凡先处战地而待敌者佚,后处战地而趋战者劳。故善战者,致人而不致于人",这就是

---

① 《唐太宗李卫公问对》卷中。当然,对话的真实性仍有待考证。
② 参见钮先钟:《孙子三论:从古兵法到新战略》,广西师范大学出版社,2003年,第5页。
③ 李零:《兵以诈立——我读〈孙子〉》,中华书局,2006年,第55页。
④ 通观该篇,包括简本,文中曾多次使用"虚实",从不用"实虚",故疑简本误书。
⑤ 《银雀山汉墓竹简(一)》,文物出版社,1985年,第110页。

对战争主动权的追求与强调。需要注意的是,孙子着重强调的是占得先手之利,而非"先发"。在《军争篇》,孙子强调"以迂为直"便是"后人发,先人至"。至于调动敌人,孙子主张使用的办法是"以利诱之,以害驱之"。孙子指出:"能使敌人自至者,利之也;能使敌人不得至者,害之也。"[1]要想达成"以迂为直",也需"诱之以利",尽可能使用"小利"来引诱敌军,力争换来"大利"。为调动敌军,孙子提出了更为具体的办法:"故敌佚能劳之,饱能饥之,安能动之,出其所不趋,趋其所不意。"[2]孙子结合"虚实"指出了争夺主动权的具体方法至少有两条:其一为"攻其所必救",即攻击敌方要害之处;其二为"乖其所之",即通过诱骗等手法,迫使敌军改变行军方向。

虚实之术的使用,目的是为战争的展开找到头绪,确定攻守方案。"虚"与"实",因此被赋予了特殊的内涵。所谓"虚",通常是指兵力虚弱或兵力相对分散之处;所谓"实",则是指兵力强大或兵力较为集中之所。孙子指出,高明的指挥员一定要努力追求以实击虚。基于夺占主动权的考虑,孙子认为攻守之时更应注意把握"虚实"问题,尤其是找到对手的虚弱之处:"行千里而不劳者,行于无人之地也。攻而必取者,攻其所不守也;守而必固者,守其所不攻也。"[3]这里以"无人之地"设喻,说明防守虚弱之处,并非是完全没有人防守。孙子强调"冲其虚"也是这一原因。孙子指出:"进而不可御者,冲其虚也。"[4]"冲其虚"同样强调结合"虚实"做好攻守。

在孙子看来,"虚实"的本质就是"以众击寡":"能以众击寡者,则吾之所与战者,约矣。"[5]"以众击寡"的原则,孙子曾在《谋攻篇》提及,可简称"十围五攻"之法:"用兵之法,十则围之,五则攻之,倍则分之,敌则能战,少则能逃之,不若则能避之。"《形篇》主张"以镒称铢",遵循的也是这一原则。类似主张换了一种说法在《虚实篇》再次出现,更体现了孙子对于集中兵力原则的强调。《九地篇》中主张"并敌一向",仍在强调集中兵力的用兵原则,体现的是对"虚实"的重视。

结合"虚实"问题,孙子还对防守之术,也即"备人"之术有所探讨:"故备

---

①《孙子·虚实篇》。
②《孙子·虚实篇》。
③《孙子·虚实篇》。
④《孙子·虚实篇》。
⑤《孙子·虚实篇》。

前则后寡,备后则前寡,备左则右寡,备右则左寡。无所不备,则无所不寡。"①就防守作战而言,如果不分主次,处处分兵,就必然产生防守上的漏洞,带来灾难性的后果。这些论述同样揭示了"众"与"寡"的关系,探讨了"虚"与"实"之间的辩证联系。孙子指出,"寡者,备人者也",指挥员应努力避免因为不当的"备人"之术而使得己方陷入被动局面。孙子又指出,"众者,使人备己者也",高明的战法是努力占据进攻的主动权,使得敌军疲于应付,这便可以在调动敌人的同时,又形成"虚实"变化。只有使得敌方成"虚",己方成"实",才能找到"避实击虚"的机会。由此可见,孙子的"备人"之术,最终还是回到"虚实"这一主题,回到争夺战场主动权这一中心论题。

既然"虚实"非常关键,那么探知"虚实"情况也成为必然,"虚实"因此与情报工作建立了非常密切的关系。不仅如此,在孙子看来,所谓"虚实"也可实现相互转换。如果善于"形人"和"藏形",也可以掌握战场主动权。"形人"和"藏形",都是情报工作的重要内容。孙子对此有大段论述:"故形人而我无形,则我专而敌分。我专为一,敌分为十,是以十攻其一也,则我众而敌寡,能以众击寡者,则吾之所与战者,约矣。吾所与战之地不可知,不可知,则敌所备者多;敌所备者多,则吾所与战者,寡矣。"②通过"形人之术",可以实现"我专而敌分",由此便可达成"以众击寡"和"以实击虚",其最终目标还是"我专而敌分"。"我专",则我为"实",为"众";"敌分",则敌为"虚",为"寡"。如果运用巧妙,就可以达成"以十攻其一"或"以众击寡"的良好效果。这就可以通过"分合"的变化,形成了"虚实"的变化,进而达成"致人而不致于人"的目的。"形人"也由此而和"虚实"建立了联系。可见在这当中,如何做好"形人"非常关键。通过多种手法来探知敌方虚实,通过欺骗手段来调动敌人,是改变敌我态势的重要手段。

孙子格外强调敌情侦察,以"知论"为核心的情报思想贯穿于十三篇。在《虚实篇》的篇末,孙子总结了"动敌之法",其中也蕴含了丰富的"形人之术"。其具体内容为:"故策之而知得失之计,作之而知动静之理,形之而知死生之地,角之而知有余不足之处。"由"策"到"作",再到"形",最后再到"角",钮先钟认为这四个步骤实则是"在层次上是由浅入深,在时间上是由

---

① 《孙子·虚实篇》。
② 《孙子·虚实篇》。

远而近"①。在"策"与"作"之后,必须使用"形",也即"示形"和"战术欺骗"。如果仍然无法准确探知敌情,则需派出先锋部队与敌军主动"接触",通过与对手展开角力来探知敌军的虚实,这便是"角"。

(二)简文的探讨

就《虚实篇》而言,简本出现数处异文,多少可以帮助我们进一步加深对"虚实"的理解。比如传本"出其所不趋",简本作"出于其所必【□□】",缺字疑为"趋",表面意思似乎完全相反。"出其所不趋"意为攻击敌军不及防守之处,或无法救援之处,②也即对方相对虚弱之处,而非"敌人不去的地方"。传本作"不趋",要比简本作"必趋"义长。后面一句"趋其所不意"也可证明。与之类似的还有"无人之地",这也是指敌人防守虚弱之处,并非无人防守。同样道理,传本"守其所不攻"一句,简本作"守其所必攻",传本"不攻"也非"无人进攻",而是指进攻不得力,或因组织了有效防守令对手的进攻化于无形。钮先钟③和李零④等人推崇简本,但在解读"不攻"时似有误解。孙子使用这种表达方式,意在突出一个"虚"字,和篇题的"虚"字呼应。如果将"不"和"无"理解成"完全没有",则多少显得机械。

就"备人"之术而言,简本似乎未能提供新线索。不仅如此,在简本《孙子·虚实篇》中,只述及"前"和"左"(依照银雀山汉简整理小组的意见),论述较为单薄。相比之下,传本文气更足,很好地诠释了"无所不备,则无所不寡"或"无不备者无不寡"。

银雀山出土的其他简文,如《雄牝城》《积疏》《兵令》《将失》等,都对"虚实"有或多或少的论述,也能启发我们对这对兵学范畴做新的思考。

简文《雄牝城》主要探讨的是攻城之法。作者将城池分为雄城和牝城两大类,认为雄城不可贸然发起攻击,牝城则可以实施攻击。很显然,雄城为"实",牝城为"虚"。雄,代表的是雄强。牝,雌性,故代表虚弱之意。作者总结的雄城,现存共计五种,比如城在卑泽之中而且周围无高山名谷的,城前名谷而且背靠高山的,城中地势高的……对于这些雄城,作者认为都不可

---

①钮先钟:《孙子三论:从古兵法到新战略》,广西师范大学出版社,2003年,第61页。
②黄朴民:《〈孙子兵法〉解读》,中国人民大学出版社,2008年,第135页。
③钮先钟:《孙子三论:从古兵法到新战略》,广西师范大学出版社,2003年,第58页。
④李零:《唯一的规则——〈孙子〉的斗争哲学》,生活·读书·新知三联书店,2010年,第147页。

贸然攻击。牝城可见六种,比如城背名谷且左右没有高山作为依靠、三军只能依靠死水、城前有高山且背靠名谷等。面对这些牝城,作者认为应抓住时机,果断发起攻击。该篇简文中,牝城与虚城有混用的情况,如"城倍(背)名谷,无亢山其左右,虚城也,可毄(击)也"①,这更能说明"牝"当为"虚"之意,"牝城"为虚弱之城。《雄牝城》实则是探讨和总结城池的虚实情况,并由此而决定是否发起攻城战斗,采用何种战法。

　　简文《积疏》同样可视为集中讨论"虚实"的兵学论文,而且这是在"虚实""众寡"之外提出的又一对与之相近的兵学范畴。作者指出:"【积】胜疏,盈胜虚,俓(径)胜行,疾胜徐,众胜寡,劮(佚)胜劳。"②作者总结了"六胜"之法。竹简整理小组指出,这一句式与《管子》的"七胜"之论颇有相似之处。《管子》所论"七胜"包括"众胜寡,疾胜徐,勇胜怯,智胜愚,善胜恶,有义胜无义,有天道胜无天道"③。很显然,简文《积疏》的"六胜"与《管子》的"七胜",都是对战争胜负关系进行概括性总结,其中也有完全相同的句式,如"疾胜徐"和"众胜寡"。从两种排序中多少可以看出作者的轻重和取舍。《管子》的"七胜",落脚点似为"有天道胜无天道","众胜寡"则只为起点。简文《积疏》则更像是突出强调"〔积〕胜疏",最重要的内容排在最前面。"积"犹"集",指兵力密集之处,其实就是孙子所论"实"。"积胜疏",也即"实胜虚"。"积疏"既然是排在"盈虚"之前的一对兵学范畴,在作者心目中含义显然存有差别,但关系也相对更为接近。"盈虚"与"虚实"含义也较为接近。

　　《积疏》进一步讨论了"积胜疏""盈胜虚"的方法:"积故积之,疏故疏之。"与之相似,要想实现"盈胜虚",就需要做到"盈故盈之,虚故虚【之】"。后面"俓(径)胜行,疾胜徐"等含义都与之类似,行文犹如绕口令。这种不避烦复的行文,为的是突出强调"积胜疏"。此外,作者还认为"积"与"疏"之间也存在着相互转化的关系,即"积疏相为变"。身为指挥员,一定要善于认识和处理这种变化。这层道理正如孙子所说"奇正相生"或"虚实相生"。与此同时,作者也提出了处理"积疏"问题的注意事项:"毋以积当积,毋以疏当疏",指出了拘泥的危害。不仅如此,针对"积疏相当"或"盈虚相当"等

①《银雀山汉墓竹简(二)》,文物出版社,2010年,第161页。
②《银雀山汉墓竹简(二)》,文物出版社,2010年,第163页。
③《管子·枢言》。

情况,作者也提出了处置办法,遗憾的是讨论不够深入。

简文《将失》集中讨论的是将帅的过失,"战而有忧"也是其中一失,因为这会导致"虚实"情况发生变化。作者指出:"战而忧前者后虚,忧后者前虚,忧左者右虚,忧右者左虚;战而有忧,可败也。"[①]从这段文字不难看出其受《孙子·虚实篇》影响的痕迹。《虚实篇》曰:"故备前则后寡,备后则前寡,备左则右寡,备右则左寡。无所不备,则无所不寡。"简文《将失》的行文风格与之非常相似。所不同的是,孙子所用中心词语为"寡",简文则为"虚"。"众寡"与"虚实"的关系较为密切,简文作者化用孙子词句论述"虚实变化",也属情理之中。这一现象不仅能说明"众寡"与"虚实"的密切关系,多少也能反映孙子兵学在战国时期的影响。

除上述简文之外,《兵令》《十问》等也零星论及"虚实"问题。《兵令》对"虚实"也有独到的解读:"先謵者虚,后謵胃(谓)之实。"从中可以看出,作者似乎更加重视"后发制人",从而表现出与孙子兵学迥异的面貌。遗憾的是,这些简文同样存在较多文字脱落,难以寻觅更多信息。

(三)继承和发扬

孙子所总结的"避实击虚",堪称战争之常法,受到普遍重视,也被广泛继承。这不仅可从银雀山出土文献中看出,也能从传世文献中找到大量明证。先秦典籍《管子》《六韬》中,也都可以找到例证。《管子》曰:"释实而攻虚,释坚而攻膬,释难而攻易。"[②]"释实而攻虚"与"避实击虚"的主张非常接近,只是换了一种说法而已。《管子》进一步指出:"凡用兵者,攻坚则轫,乘瑕则神。"[③]这里的"神"字,很好地阐述了这一战法的作战效果。《六韬》将"知敌垒之虚实"和跟踪"敌之变动"[④]作为战争发起的重要依据之一,同样体现出对"虚实"的重视。

考察古代兵学发展史,"虚实"渐渐成为更为重要的兵学范畴,"积疏""盈虚"乃至"众寡"等,渐被漠视或淡忘。这或许与《孙子》广泛流传不无关系。孙子"避实击虚"的用兵原则,也被后世军事家所忠实继承。

---

① 《银雀山汉墓竹简(二)》,文物出版社,2010年,第138页。
② 《管子·霸言》。
③ 《管子·制分》。
④ 《六韬·虎韬·垒虚》。

《唐太宗李卫公问对》高度赞扬《虚实篇》,认为"孙武十三篇无出虚实",而且认为"夫用兵,识虚实之势,则无不胜焉"①。书中"虚实"一词共计出现8次,围绕"实"或"虚"讨论战法的文字在在皆是。"实"字25见,"虚"字15见,都是作者重视"虚实"的具体体现。在作者眼中,"奇正"与"虚实"是紧密相连的一对范畴:"奇正者,所以致敌之虚实也。敌实,则我必以正;敌虚,则我必为奇。"②《唐太宗李卫公问对》是被列为《武经七书》的重要兵书之一,对《孙子》有很多出色的阐释,对"虚实"的地位、作用及运用等,也有精彩的阐释。

明清兵家在孙子的基础上继续探讨,对"虚实"的阐释更为深入。《草庐经略》《投笔肤谈》《兵霿》《兵经》等书,都对此有精彩论述。虚实已经成为军事家都无法绕开的重要论题:"虚实之势,兵家不免。"③

《草庐经略》认为,为保证己方立于不败之地就必须首先达成己方之实,即"使我常实",其具体方法是"兵食常足,备御常严"④。与之相对,"使我常实"的另一面是"使敌常虚",具体方法为:"逸能劳之,饱能饥之,安能动之,治能乱之,严能懈之。"⑤这段话与孙子的"诡道十二法"非常相似,从中不难看出受孙子影响的痕迹。当然,《草庐经略》对于"虚实"有更为深入的探讨。比如就如何识别"虚"处,作者有深入论述:"所谓虚者,非值其兵之寡弱也。凡守备之懈弛,粮食之匮乏,人心之怯懦,士众之治乱,城隍之颓淤,兵力之劳倦,壁垒之未完,禁令之未施,贤能之未任,阵势之未固,谋画之未定,群情之未协,地利之未得,若此者,皆虚也。"⑥作者对"虚"的种种表现有较为详尽的总结,较诸孙子已有明显进步。

孙子认为,用兵的奥秘尽在于"避实而击虚"⑦,将"击虚"与"避实"紧密相连。也就是说,指挥员必须要在避敌之实的同时,还要注意击敌之虚。《草庐经略》因此以专篇讨论"击虚"。作者认为,指挥员必须详审敌情,避开敌军之实,等待进攻的最佳时机,并力争实现虚实的转化:"正欲需其时,而不

---

①《唐太宗李卫公问对》卷中。
②《唐太宗李卫公问对》卷中。
③《草庐经略》卷六,《虚实》。
④《草庐经略》卷六,《虚实》。
⑤《草庐经略》卷六,《虚实》。
⑥《草庐经略》卷六,《击虚》。
⑦《孙子·虚实篇》。

为退避之计者也。"①

就"虚实"这一主题,何守法也有精彩论述。何守法认为,只有通过虚实变化来干扰敌军,打乱对方的部署,这才可以找到取胜之机。一旦对方露出虚弱之形,就需要果断发起进攻。与此同时,也要注意不被敌方欺骗,必须做到"敌之虚,我乘之;我之虚,敌不可得而乘也"②。这种"虚实之机",也即"兵机",非常玄妙,神鬼莫测,只有掌握了才能挫败敌军:"虚实之机,变生于敌,渊微之妙,鬼神莫知,然后能狙敌而成功。"③何守法同样重视虚实之间的转换,提醒将帅注意培养"转移虚实"的能力。他将"转移虚实"视为掌握"兵机"的关键,并奉为用兵之妙境,留下一段精彩的论述:"天时不能为之挠,地形不能为之阻,惟能因机而制变,择利以行权,则电雾风雪为之资,险易广狭为之用。"④虽说是妙境,仍然可以努力达成。

《投笔肤谈》指出:"故知战之形非难,而能知所以战之形为难。能知所以战之形,则能因形以措胜。"⑤"因形以措胜"一句明显是源自《孙子·虚实篇》⑥,从中可见何守法对孙子兵学相当熟悉。当然,他并不拘泥于此。《投笔肤谈》的篇章编排,依照的是从"军势"到"虚实"再到"战形"的顺序,明显与孙子有别。何守法对审察双方虚实和胜败之形的方法也进行了总结,简单说来就是"以我量敌,以敌量我"。也就是说,必须学会换位思考问题。只有这样才不会被对手欺骗。当敌方出现败形时,也可以及时把握战机,给敌人以致命打击。

《兵疅》为尹宾商所著。在《声》字条,作者强调"批亢捣虚"是进攻的基本原则,充分体现了对"虚实"的重视。他认为,要想达成进攻效果,那就必须要做到"我之所攻者,乃敌人所不守也"。也就是说,要抓住对方的薄弱之处,才能击倒对手。当然,尹宾商认为虚实可与八卦的方位图等联系起来,因为虚实不可共生,所以只能避实击虚。这其中明显有故弄玄虚之嫌。孙子将"我专敌分"视为虚实所应达成的效果,尹宾商几乎照单全收,完全是在

---

① 《草庐经略》卷六,《避实》。
② 《投笔肤谈·兵机》。
③ 《投笔肤谈·兵机》。
④ 《投笔肤谈·兵机》。
⑤ 《投笔肤谈·战形》。
⑥ 《孙子·虚实篇》:"因形而错胜于众,众不能知。"

拾孙子之牙慧，但他对"寡"的论述多少有些新意，或可对"虚实"理论形成补充。尹宾商指出："寡则势易联也，寡则心易合也，寡则力易并也，寡则械易具也，寡则饟易庀也，寡则动易聚也，寡则归易同也。"①在尹宾商看来，人少也有人少的好处，比如可以更容易联络，更容易齐心协力，更容易展开行动。这些论述也不乏创见。另外，尹宾商强调"贵合"，这虽是"我专而敌分"的翻版，但他对于"合"所能达成的利好也有简要总结："合则势张，合则力强，合则气旺，合则心坚。"②这些内容也可算是《兵垒》对"虚实"理论所做出的贡献。

　　"虚实"与"攻守"的关系非常密切，揭暄所著《兵经》对此也有较多论述。而且揭暄论"虚实"，多从"空"或"分"的角度出发，着重讨论的是"虚"，通过"虚"法等，夺取战争的胜利。比如在《空》字条，揭暄总结了各种"空虚之法"："虚幕空其袭，虚地空其伐，虚发空其力，虚诱空其物。或用虚以空之，或用实以空之，虚不能实，诡幻不赴功；实不能虚，应事寡奇变。"③除此之外，揭暄还总结了各种"分"法："营而分之，以防袭也；阵而分之，以备冲也；行而分之，恐有断截；战而分之，恐有抄击。"④对于战争中的"虚"法，《兵经》总结了"顺"与"混"等，目的是让对手完全摸不清己方动向。在兵力不如对手之时，揭暄主张通过虚张声势来摆脱危机。在《张》字条，揭暄重点讨论了此法。他指出："耀能以震敌，恒法也。"⑤古往今来的军事家有不少都擅长此道："惟无有者故称，未然者故托，不足者故盈。"⑥总之，这是示伪之法，通过疑兵之计来张我声威，夺彼志气，再争取出奇制胜。这既是"虚声而致实用"，也是"处弱之善道"⑦。在实力不如对方时，指挥员必须要善于运用此道来改变预势。这些精彩论述，可视为对孙子"虚实"理论的重要发展和合理补充。

---

① 《兵垒》卷六，《寡》。
② 《兵垒》卷五，《合》。
③ 《兵经·空》。
④ 《兵经·分》。
⑤ 《兵经·张》。
⑥ 《兵经·张》。
⑦ 《兵经·张》。

第九章　兵学论题辨析(下)

本章是上一章的延续,继续就孙子兵学的若干论题进行辨析。主要内容包括"争夺地利""将帅职守""愚兵之术""情报分析"和"用间之策"等。

第一节　论争夺地利

兵要地理是《孙子》十三篇的重要内容之一,也是孙子兵学思想体系的重要组成部分。从《行军篇》到《地形篇》,再到《九地篇》,孙子围绕这一论题逐渐深入,用墨越来越重,充分显示出其重视程度。遗憾的是,这些重要论述被少数学者视为"层次较低"。①《九地篇》更是被当成"内容最杂乱"②,系拼凑而成。

(一)地理与驻军

孙子在进入《行军篇》之后,开始对治军问题进行讨论。《行军篇》篇题中的"行",意指行列。从篇题就可以大致判定该篇会对军队部署及驻扎等问题有所探讨。驻扎军队,必然要考虑地理因素,并且也不可避免地会对治军问题有所涉及。就"处军之法",孙子总结了四种不同方案,分别为"处山之军""处水上之军""处斥泽之军"和"处平陆之军"。

"处山之军"是总结穿越山岭地带的各种注意事项。孙子认为,必须要靠近有水草的溪谷,军队驻扎于向阳的高地。而且,如果敌军居高临下,就应避免对其仰攻,这就是"战隆无登"③。驻扎于山下,敌人可能诱我上山,但此时一定不可登山迎敌。"处水上之军"则总结了准备渡河时军队驻扎的若干注意事项,其核心为"远水"。很显然,这是就驻扎军队而言,否则就于

---

① 钮先钟:《孙子三论:从古兵法到新战略》,广西师范大学出版社,2003年,第66页。
② 钮先钟:《孙子三论:从古兵法到新战略》,广西师范大学出版社,2003年,第95页。
③《孙子·行军篇》。此处"战隆",简本作"战降"。古人经常将"隆"和"降"混用。降,下也。

理不通：既然是渡过江河，为什么还要远离江河？孙子的本义应为，大军渡河之前，安营扎寨一定要远离江河，防止被河水所伤。迎战来犯之敌时，注意半渡击敌。另外也要注意"无附于水而迎客"①，即不要背水而接敌，避免因无路可退而导致全军覆灭。总之，一定要"视生处高，无迎水流"②，不仅要占据高处，向阳而处，而且不可在下游驻军，不能面迎水流。如果是"处斥泽"，那就必须迅速离开，不可久留。这种地形对于交战双方而言，都非常不利，进退都非常困难。在孙子看来，大概只有一种方法相对可行："依水草而背众树。"③因为这种地方，地质相对较硬，部队可以稍作伸展，便于将士机动。"处平陆之军"是指平原地带的驻军方法。这种地方车马易行，应选择视野开阔之地，便于部队机动。而且要注意将主力部队驻扎在地势较高之处，即"右背高"④。（这里的"右"，应遵从吴如嵩、钮先钟等学者，解释为重要侧翼。⑤）至于"前死后生"，则稍微难解。王晳怀疑此句当为"前生后死"，⑥但简本与传本保持一致，传本也许并无错讹。杜牧注曰："死者，下也；生者，高也。"李筌曰："前死，致敌之地；后生，我自处。"这里依据的是对"死地"的理解——"死地则战"，"向前"则与敌疾战。向后则背处向阳之地，因为有所依托而能自由处置。如果保持这种阵型，显然利于部队出击。

　　对于自己所总结的四种"处军之法"，孙子非常自得，认为这样便可占得"四军之利"，而且也是"黄帝之所以胜四帝"的方法。⑦黄帝是传说中的远祖。孙子引古以争，强调自己所建构的理论非常有用。银雀山出土简文《黄帝伐赤帝》对此有专门解释。⑧当然，该篇简文较为繁复，而且较多沾染了兵阴阳家的色彩，显得更加费解，也与孙子"不可取于鬼神"⑨的精神背道而驰。

---

① 《孙子·行军篇》。
② 《孙子·行军篇》。
③ 《孙子·行军篇》。
④ 《孙子·行军篇》。
⑤ 吴如嵩：《孙子兵法新说》，解放军出版社，2008年，第153页。钮先钟：《孙子三论：从古兵法到新战略》，广西师范大学出版社，2003年，第86页。
⑥ 王晳曰："凡兵皆向阳。既后背山，即前生后死，疑文误也。"见《十一家注孙子·行军篇》。
⑦ 《孙子·行军篇》。
⑧ 詹立波指出，《黄帝伐赤帝》那一部分，有一些文字是在解释《孙子·行军篇》中的"黄帝之所以胜赤帝也"。见詹立波：《略谈临沂汉墓竹简〈孙子兵法〉》，载《文物》，1974年第12期。
⑨ 《孙子·用间篇》。

孙子总结的"处军四法"，其基本原则是"趋利避害"，不仅要达成"四军之利"，而且努力占据"地利"，追求的是"兵之利，地之助"。如果占据有利地形，如"好高""贵阳"和"养生"之地，那就可以占据居高临下的优势，不仅便于部队机动，也利于后勤补给，士卒也会百病不生，从而为战争获胜创造有利条件。

"处军"过程中必然要遇到治军问题，孙子于是结合地理问题进一步探讨治军之术，并强调了精兵原则："兵非益多。"孙子说："兵非益多也，惟无武进，足以并力、料敌、取人而已。夫惟无虑而易敌者，必擒于人。"①

治军理论是孙子兵学思想的重要组成部分，孙子在《行军篇》最后部分提及，而且在《地形篇》《九地篇》逐渐展开，明显也是结合地形进行论述。孙子主张治军的总原则是"令之以文，齐之以武"②。对于此句，人们习惯理解为，主张用"文"来教育士卒，用"武"约束和管制士卒。简本作"合之以交（文），济（齐）之……"，可以帮助我们进行理解。笔者认为，这里运用了"互文"的修辞格。③"令"，或可校正为"合"。孙子主张文武兼用、宽严相济，"文"和"武"都是治军必要手段，而且应当互相配合。换句话说，使用宽厚和仁恩的方法能使其心悦诚服，同时也要加强法纪，保证部队纪律严明、步调一致。"文武并用"，其实就是仁恩和惩处相结合，尤其需要把握好"度"。如果士卒和将帅没有亲近感，距离很远，实施处罚则会将双方距离拉得更远。这就是"卒未亲附而罚之，则不服"④。如果士卒已和将帅非常亲近，甚至导致将帅不忍下手处罚士卒的错误行为，即"卒已亲附而罚不行"⑤，同样非常危险。因此必须通过合适的方式，实现"治众如治寡"⑥和"齐勇若一"⑦的目标，保证军队的整齐划一，达到"携手若使一人"⑧的效果。可见，治军理论虽在孙子兵学思想中不占主要位置，但也值得深入研究。治军问题及

①《孙子·行军篇》。"兵非益多"，简本作"兵非多益"，意思更为明确。十一家注本作"兵非益多也"，"益"和"多"二字颠倒。曹注本在"非"后又加"贵"字，显得冗繁。
②《孙子·行军篇》。
③熊剑平：《〈孙子兵法〉互文修辞格的运用》，载《滨州学院学报》，2012年第5期。
④《孙子·行军篇》。
⑤《孙子·行军篇》。
⑥《孙子·势篇》。
⑦《孙子·九地篇》。
⑧《孙子·九地篇》。

256　　《孙子兵法》新研究：以银雀山竹简本为中心

有关军事地理等论述，并非"层次较低"的小问题。

孙子论治军，先在《行军篇》提出了"令文齐武"的总原则，接下来便在《地形篇》提出了偏于"文"的一面："视卒如婴儿"与"视卒如爱子"。他说："视卒如婴儿，故可与之赴深溪；视卒如爱子，故可与之俱死。厚而不能使，爱而不能令，乱而不能治，譬若骄子，不可用也。"将士卒视为"婴儿"或"爱子"，与孙子的仁义思想保持一致。孙子认为，只有这样才能保证作战之时三军用命，达成"可与之赴深溪"和"可与之俱死"的效果。[①]

当然，仁爱也需注意"度"。如果超过了"度"，也即"厚而不能使，爱而不能令，乱而不能治"，那就是娇生惯养的"骄子"，派不上用场。孙子于是也对"武"进行阐释，集中体现于"愚兵之术"，主要见诸《九地篇》："能愚士卒之耳目，使之无知；易其事，革其谋，使人无识；易其居，迂其途，使人不得虑。帅与之期，如登高而去其梯；帅与之深入诸侯之地，而发其机，焚舟破釜，若驱群羊，驱而往，驱而来，莫知所之。"在关键时候，将帅必须要蒙蔽士卒，让他们学会顺从。甚至要造成无路可退的感觉，逼其奋勇作战。这在死地作战时尤为重要，与"令文齐武"的总原则并不矛盾。就治军而言，《行军篇》《地形篇》和《九地篇》恰好也构成一个有机整体。《行军篇》总论"令文齐武"，《地形篇》和《九地篇》则分别论述"文"与"武"。

（二）地理与情报

孙子认为，要想做好"处军"，必须先做好"相敌"。换句话说，"处军"和"相敌"紧密联系在一起。因此《行军篇》在讨论"处军之法"后，便将主要笔墨转向"相敌之法"。他不厌其烦地将所能想到的各种侦察敌情的方法进行了罗列，多达三十余种。这些内容，既是古代战争经验的总结，同时也对战争实践起到了指导作用。"相敌之法"主要是侦察敌情，为指挥员判断战场情况、下定决心和指导战争提供基本依据，和《计篇》的"庙算"思想及"形人之术"和用间之术等，共同组成了一整套丰富而严密的情报理论体系。其中某些方法，直至今天仍不失实际运用价值。现代战争固然需要掌握和拥有大量新兴高技术侦察装备，包括卫星、雷达及远程红外侦察装备等，但孙子所总结的这些"相敌之法"并没有完全失去价值。在前线阵地的接敌侦察行动

---

①《孙子·地形篇》。

中,执行任务的侦察分队同样会遇到诸如"鸟集"和"扬尘"等现象。因此,根据孙子所总结的各种方法来快速判断敌情,方法固然原始,但仍有用武之地。

《行军篇》所总结的这些"相敌之法"中,有一些是根据敌人的言辞和行动来判断敌军行动方向,如"辞卑而益备者,进也""辞强而进驱者,退也""无约而请和者,谋也"等。也有一些是根据鸟兽、草木及尘土情况来判断敌军动向,如"鸟起者,伏也""兽骇者,覆也"等。这两类占据了绝大多数。

当然,"相敌之法"中,也有个别未必准确。比如"敌近而静",孙子认为是敌军"有险可恃"便值得商榷。敌方抵近且不动声色,很可能另有预谋,或组织更大规模的进攻,未必是"有险可恃"。另外,各版本"相敌之法"的具体条目数存在差异。从"敌近而静"到"来委谢",十一家注本为"三十一法",武经本则为"三十二法"。其中"粟马肉食,军无悬缶,不返其舍者,穷寇也"一句,武经七书本作"杀马肉食者,军无粮也;悬缶不返其舍者,穷寇也",故而多出一条。考察简本,似与十一家注本保持一致。武经本"军无粮也"更像是"杀马肉食"的注解文字衍入。①

孙子总结"相敌之法",首先强调"军行有险阻、潢井、葭苇、山林、翳荟者,必谨慎复索之",重点要对这些地理情况进行侦察。孙子设计战法等也依据地形出发,这些内容为《地形篇》集中论述"知地"做好了铺垫。在《地形篇》,孙子主要探讨利用各种地形条件克敌制胜。这些内容,今天属于军事地形学的范畴。银雀山出土的简本《孙子》篇题木牍有《□刑》,疑为《地形篇》篇题,但简本并无该篇简文出土,只留下残缺严重的《地形二》,疑为《地形篇》的注解文字。孙子构建了"先知后战"的理论体系,在《地形篇》重点论述的是"知地"。由"庙算"开始,孙子已经建立了"知彼知己"和"知天知地"的"知论"。《地形篇》重点讨论"知地",是孙子大情报观的重要组成部分。孙子对"知天"很少论及,怀疑古人对天存有敬畏之情,加之科技水平有限,古人对"天"的了解非常有限。对于其他方面,孙子都有详细论述,对"知彼"和"知地"探讨最多。

在《地形篇》的结尾,孙子大段论述"知",最终还是回到了"知彼知己"和

①世人或称"相敌三十三法",应是在武经本的基础上又加上"军行有险阻、潢井、葭苇、山林、翳荟者,必谨慎复索之……"一句。

"知天知地"的"四知"："知吾卒之可以击，而不知敌之不可击，胜之半也；知敌之可击，而不知吾卒之不可以击，胜之半也；知敌之可击，知吾卒之可以击，而不知地形之不可以战，胜之半也。故知兵者，动而不迷，举而不穷。故曰：知彼知己，胜乃不殆；知天知地，胜乃不穷。"孙子以"知彼知己，胜乃不殆；知天知地，胜乃不穷"一语作为《地形篇》结尾，完全是基于"知地"在情报理论体系中的地位认识，同时也与"先知后战"的兵学理论体系呼应。孙子非常重视情报工作，"先知后战"的理论体系从《地形篇》中更可以明显看出。出于对"知地"的重视，孙子不仅在《地形篇》大段论述"知地"，也在《九地篇》花费大量笔墨探讨和总结各种地形条件下的战法。可以说，"地"与战术设计和战术执行都密切相关，对战争胜负也构成了直接影响，地理与情报便由此而建立了密切的联系。孙子指出，"知此而用战者必胜，不知此而用战者必败"①，对于"知地"的重视程度可谓溢于言表。

　　就情报观而言，孙子与当下我们部分学者将情报仅界定为"彼方情况"或"敌军情报"的做法有着明显不同，却与西方，尤其是美军实现跨越时空的对接。如果将己方情况及天候、地理情报等内容从情报中剔除，那么情报产品当然只剩下获取敌方情况。但这显然非常片面。美军的情报观非常重视"彼己"的对比，又重视"天地"的支持。美国兰德公司《战争中正在变化的情报角色》认为："关于己方部队的能力、局限和位置的准确情报的需要，和'知敌'同样重要。"②这一主张明确表达出对己方情报的重视，几乎是孙子"知彼知己"的翻版。从美国《国际军事与防务百科全书》有关"军事情报"条目的定义，我们可以看出美军对地理情报等的重视。美军认为："军事情报是针对外国、外国军事组织和可能成长为军事作战地区的地理而进行的所有上述情报活动。"③作者将"作战地区的地理情报"提到重要地位，也与孙子保持一致。从美军有关情报的论述，我们不难发现孙子的情报观已经迎来历史回归，地理与情报也正建立起日益密切的联系。孙子从"知情"的角度出发，冷静总结和分析了地形的作用，进而指出"夫地形者，兵之助也"④，将掌握地理情报与"料敌"摆在同等重要的位置。

---

①《孙子·地形篇》。
②转引自张晓军《〈武经七书〉军事情报思想研究》，军事科学出版社，2001年，第6页。
③熊剑平、储道立：《孙子的战略情报分析理论》，载《滨州学院学报》，2011年第1期。
④《孙子·地形篇》。

(三)地理与用兵

从篇章安排情况来看,《行军篇》讨论的是如何"处军相敌",这就必然牵扯到地形问题,《地形篇》则对如何"知地"和挖掘"地利"展开深入探讨,《九地篇》则进一步结合兵要地理环境探讨战略战术,充分发掘军队的战斗力。这其实也是合理而顺畅的逻辑展开过程,体现出布局谋篇的巧思。

孙子对如何有效利用地理条件克敌制胜进行了深入探讨,所论之"地"基本为"陆地",对空、海作战并无提及,这与孙子所处时代直接相关。其时并无海战和空战,战争基本都在陆地进行。围绕"地理与用兵"这一主题,孙子有着不同形式的总结。

在《行军篇》,孙子对无法满足"处军"的地点进行了总结,简称"六害":"凡地有绝涧、天井、天牢、天罗、天陷、天隙。"诸如绝涧、天井、天牢等地形,都非常不利于驻扎军队,即便行军路过,也容易被敌军包围而陷入绝境,因此必须组织部队迅速撤离。而且,这种地方对敌不利,对我也不利,高明的指挥员可以设法将敌军逼向这一地带。这便是"吾远之,敌近之"的战法。这里的"六害",是就地理与用兵问题进行的初步总结。在《地形篇》和《九地篇》,孙子还有进一步的深入探讨。

在《地形篇》,孙子将不同地形条件下的作战之法总结为六种,总称"六地",同时也对容易导致部队吃败仗的混乱情况进行概括,总称"六败"。孙子反复叮咛,从不同角度进行探讨,无非是希望对地理与用兵问题有更为科学的总结。西方著名地理学专家尼古拉斯·斯皮克曼曾说:"战场的自然特点及可利用的人力物力资源对进行谋算的军事家来说具有重要意义。"①孙子早就对这一论题有所涉及。

其中,"六地"包括通、挂、支、隘、险、远。所谓"通形",指"我可以往,彼可以来"。道路四通八达,敌我双方都可以自由来往,那就一定要占据地势较高之处,居高临下,视野开阔,容易占据主动。所谓"挂形",是指"可以往,难以返"。这种地方固然可以进入,但难以返回,所以要认真观察,切不可贸然出击。所谓"支形",是指"我出而不利,彼出而不利"。这种地方其实是"相持之形",尤其要注意不受敌军引诱。所谓"隘形",是指咽喉之地。

---

① [美]尼古拉斯·斯皮克曼:《和平地理学:边缘地带的战略》,俞海杰译,上海人民出版社,2016年,第5页。

这是大军出入的要道，如果能够抢先占据，就一定要派出重兵把守。一旦被敌军占据，就不要贸然攻打。所谓"险形"，是指险要地形，一定要抢先占据视野开阔的高地。如被敌军占领，就应立即撤离。所谓"远形"，是指"势均"之地，因为距离较远而不利于兵力投送。要想劳师远征，就会造成兵马疲惫，难以取胜。

在分述"六地"之后，孙子总结道："凡此六者，败之道也，将之至任，不可不察也。"①孙子将掌握不同地形情况，按照地形条件灵活用兵，视为将帅的基本要求，这显然是务实之举。因为两军作战的结果，与地形条件始终息息相关。

接下来，孙子由此论题而继续深入，就如何避免"六败"进行了深入探讨。所谓"六败"，分别指"走、弛、陷、崩、乱、北"②。第一种是"走"，在敌我双方占据差不多对等的战争条件时，如果将帅以少击众，以一击十，那就只能招致失败。第二、第三种分别为"弛"和"陷"，均就官兵关系而言："卒强吏弱，曰弛；吏强卒弱，曰陷。"③在孙子看来，如果士卒强悍，管理他们的军官却懦弱无能，就会导致部队纪律松弛，缺少战斗力。反之，如果军官能力强，士卒能力弱，同样也是缺陷。士卒完全没有创造力，必然也会造成战斗力的丧失。第四种是"崩"。这是就指挥体系或将帅关系而言，将领如果不服从管理，擅自出战，将帅不知其真实才能，就会造成部队的崩坏。第五种是"乱"，由"将弱不严，教道不明，吏卒无常"④引起，这是就管理问题而言，既包括对士卒的管理，也包括对军官的管理。身为将帅，如果性格懦弱，无法对部队实施有效管理，士卒和军官都不遵守纪律，排兵布阵必然杂乱无章，会因此导致部队混乱。第六种是"北"。如果不能很好地探知敌情，或以少击众，或以弱击强，或缺失战斗力很强的冲锋队，都会导致战争失败。

"六败"既然放在《地形篇》加以总结，想必多少也与地形有关。在孙子的设计中，"六败"是顺应"六地"而推出的。这种设计，其实按照"知论"的逻辑体系加以解读，就显得顺理成章。出于对"知彼知己"的重视，孙子始终强调的是大情报观。《行军篇》的"相敌之法"论"知彼"，《地形篇》论"知地"，

---

①《孙子·地形篇》。
②详参《孙子·地形篇》。
③《孙子·地形篇》。
④《孙子·地形篇》。

"六败"则强调"知己"。在完成上述总结之后,孙子以"知彼知己,胜乃不殆;知天知地,胜乃不穷"作为结尾,初步完成了情报观的阐释和总结。"知"或"不知",对战争胜败有着至关重要的影响,孙子认为将帅必须认清这些致败缘由,强调这是"将之至任,不可不察也"[1]。在孙子看来,将帅情况不明、处置不当就必然会造成败局,这其实也是对"失败"进行的讨论。钮先钟批评孙子"对于失败的原因,以及应如何避免失败的方法,都不曾给予足够的重视"[2],这种批评实则不着边际。之所以出现这种失当评价,也许正是因为他将《地形篇》等视为"层次较低"的内容,并未给予足够重视。

结合《地形篇》的"知地",孙子对"战道"进行了总结。在孙子看来,能否发动战争,主要依据"战道":"故战道必胜,主曰无战,必战可也;战道不胜,主曰必战,无战可也。"孙子将国君的命令与"战道"进行衡量,认为后者更为重要,更应作为将帅战争决策的主要依据,这是尊重战争规律的表现,也是基于地理与用兵的密切关系所作出的深入考察。受条件限制,国君和战场距离较远,如果在不知敌情的情况下还要保持对战场的遥控指挥,便会带来各种问题,损兵折将便是势所必然。因此,必须遵从"战道",从打赢战争的角度出发处理用兵问题。

(四)地理与战略

清人顾祖禹有云:"论兵之妙,莫如孙子;论地利之妙,亦莫如孙子。"[3]应当说,这是一句非常中肯的评价。从《行军篇》到《地形篇》,孙子对于军事地理的论述渐次深入,到了《九地篇》已进入更高层次。其中不少内容,均可称战略地理学或地缘政治学。因为其中所论,均为研究战略环境所不可或缺,如果认为其"对于战略研究的重要性也较低"[4],可能是在战略学研究内容的理解上存在着差异。

在《九地篇》,孙子基于作战态势的不同,对地理环境进行了多种划分,共为九种:散地、轻地、争地、交地、衢地、重地、圮地、围地和死地。第一种是"散地",是指在本国境内与敌作战。散,意为离散和逃散,是军心涣散的

①《孙子·地形篇》。
②钮先钟:《孙子三论:从古兵法到新战略》,广西师范大学出版社,2003年,第275页。
③《读史方舆纪要·总叙二》。
④钮先钟:《孙子三论:从古兵法到新战略》,广西师范大学出版社,2003年,第5页。

表现。在家门口作战,士卒容易分神,容易产生畏战情绪,故称"散地"。第二种是"轻地",是指虽进入敌境,但仍在浅近地区作战。由于距离己方大本营不远,士卒可进可退,因而军心并不专一。"轻",既可以说士卒战斗之志并不坚定,也可视为距离本国的国境线尚且不远。二者之间也有直接因果关系。第三种为"争地",敌我双方谁先占领则对谁有利,因为争地具有特殊的战略价值,是双方必争之地。"争地"既有战略层面,也含战术层面。就战略层面来看,诸如政治中心、经济中心及各种要害地区等,都是争地;就战术层面而言,诸如交通要道、险要关隘等,都是争地。这些地方,谁抢先占据就会对谁有利。第四种为"交地",是指敌我双方都可以自由出入之地。这里的"交",既可以指边界交接,也可指交通发达,出行比较便利。由于敌我双方都可自由出入,队伍容易被对手切割,故需要保持阵形的完整和队伍的呼应。第五种为"衢地",是指同多国接壤,谁先占据就可以得到更多支援。春秋时期的郑国和宋国就是处于这种地带,也可称四战之地,容易迭为战场,饱受战争之苦。就这一点而言,孙子的讨论已经有点类似西方的地缘政治学,注意"基于地理因素考虑而制定的安全政策规划"①,且"不可避免地牵涉地理意义上的各国领土关系"②,因此需要注意结交邻国,寻找支援。第六种为"重地",是指深入敌境,三军背后的城邑已经很多。如果和"轻地"进行对比,可以对"重地"有所体察。第七种为"圮地",是指山高水险、林木茂密、水网纵横之地,这些地段因为道路毁坏而难以通行,三军进退维谷,容易遭到对手伏击。第八种是"围地",是指前进道路狭窄,退兵之路难寻,敌军较为容易以少击众。我方很容易被对方包围,处境非常危险。第九种是"死地",只有疾速奋战才可以存活。身处"死地",求生艰难,只有拼尽力气,向死求生。

上述关于战争地理的分类,所依据的标准主要是与己方大本营的距离远近,关注的是作战条件对己方有利与否,而且层次清晰,逐级深入。"九地"放在今天,基本都可视为战略层面的内容。孙子之所以不厌其烦地进行列举并反复加以强调,也说明其中并不存在"层次较低"的内容。至于"死地"放在最后,是为了突出和强调。《九地篇》重点论述的就是死地作战,是

①[美]尼古拉斯·斯皮克曼:《和平地理学:边缘地带的战略》,俞海杰译,上海人民出版社,2016年,第6页。
②[美]尼古拉斯·斯皮克曼:《和平地理学:边缘地带的战略》,俞海杰译,上海人民出版社,2016年,第7页。

长途奔袭的"为客之道"。吴如嵩指出,《九地》主要论述的是战略进攻问题。①有关这一点,我们已有专门论述。

针对不同的地理条件,孙子也分别提出不同的处置方法或战法。对于散地,孙子要求统一部队的意志;对于轻地,必须保证部队前后紧密相连;对于争地,则需迅速出兵抄到敌人侧后;对于交地,需要谨慎布置防守;对于衢地,要注意巩固与诸侯的同盟关系;对于重地,要注意保证军队的给养;对于圮地,需命令军队迅速通过;对于围地,需要注意堵塞缺口;对于死地,必须要显示出必死的决心。所有这些,都是依据军队在不同战场环境之下的心理变化。

孙子高度重视军事地理,并将其与战略战术问题联系在一起,这对中国古代军事学术史产生了重要影响。中国古代兵家一向关注兵要地理,并且就此论题有着深入的探讨。这一现象在明代兵家中体现得尤为明显。明代万历年间,军事地理学与兵学研究联袂兴起,备受瞩目,《筹海图编》等著作的出现是最为显著的标志。《武备志》也有大量讨论军事地理的内容,茅元仪提出了边防、海防、江防并重的战略思想,以多卷篇幅详细记载了明代地理形势、关塞险要、海陆敌情等情况,从军事学角度考察战略地理形势,孙子的军事地理学由此而得到发扬光大。基于明代后期军事斗争形势的考察,茅元仪更加重视海洋地理,认为求得百岁之安的关键就在于"防之于海"②,不仅要充分掌握海防特点,还应根据海岸线特点和海洋地理特点进行布防。《筹海图编》等书同样深度探讨了海洋地理,结合海岸地形和边疆海防讨论海防战略并总结防卫经验等。到了明末清初,军事地理研究更是发展到了高峰,系统论述军事地理的著作《读史方舆纪要》即于此时诞生。因为立意和主题都是军事地理,顾祖禹在写作过程中着重记述的是历代兴亡、战争胜负与地理形势的关系,进而试图从中推导出地理与战争胜负的联系。清代张之洞评价该书"专为兵事而作,意不在地理考证"③,并将该书列为兵书,对这部书的军事价值给予了充分肯定。

---

① 吴如嵩:《孙子兵法新说》,解放军出版社,2008年,第166页。
② 《武备志》卷二百〇九,《海防》。
③ 《书目答问》卷三。

第二节 论将帅职守

战争通常由将帅负责指挥完成，因此孙子非常重视将帅的作用。"将"在十三篇中凡49见，也是一个高频词。孙子推崇的是"知兵之将"，有着很多具体要求。在孙子眼中，只有"知兵之将"才是"生民之司命，国家安危之主"。①当然，重视将帅的孙子也由此而受到误会，被批评为重视过度，并且给予将帅"太大的行动自由"，②这可能是对孙子的误解。如何正确看待孙子的将帅观，显然也是一个非常有趣的论题。银雀山汉墓也出土了不少有关将帅论的简文，正可以为我们考察孙子的将帅思想提供新视角。

（一）由"五德"到"五危"

对于将帅军政素质的考察，孙子主张从五个方面展开，也即"智、信、仁、勇、严"③，人们习惯称之为"五德"。这"五德"，强调的是将帅的全面素质，如智力水平、管理能力、个人品格及精神意志等。这五者不可偏废，但从作者排序也可看出先后顺序。"智"排在第一，与《司马法》的"以仁为本"有着很大区别，也与儒家"仁、义、礼、智、信"的排列有所不同。《司马法》是古兵法，重视"仁本"并不奇怪。孙子崇尚诡诈，已经开始和古军礼告别，因而对将帅的要求也在发生变化。

将"智"列第一，体现出孙子对领兵将领的智谋水平和军事才能的突出和强调。在进行"庙算"这种敌我比较时，孙子也特别强调考察将帅的才能："将孰有能"④，其核心要义是考察其"诡道用兵"的能力。简言之，就是通过认真比较和细致考察，得知哪一方将领更会带兵，更懂指挥方法。因为这会对战争胜负产生影响，进而影响到国家安全，所以孙子进一步把二者联系在一起："将者，国之辅也。辅周则国必强，辅隙则国必弱。"⑤将帅是国家的重要辅佐，对这种辅佐能力的要求必须从严，这才能实现"辅周"的目标。这里

---

① 《孙子·作战篇》。
② 钮先钟：《孙子三论：从古兵法到新战略》，广西师范大学出版社，2003年，第271页。
③ 《孙子·计篇》。
④ 《孙子·计篇》。
⑤ 《孙子·谋攻篇》。

所言辅佐能力，其实也是指挥作战能力。

在孙子眼中，会打仗的将帅也必须懂得防败，尤其是要懂得如何避免军队在战场上失控。孙子将作战过程中经常出现的败象总结为"六败"，分别是"走、弛、陷、崩、乱、北"。对避免"六败"的探讨，也正集中体现了孙子对将帅指挥能力的要求。比如"势均"，是说敌我双方占据对等条件，如果是将帅昏昧必然会贸然出击，甚至以少击众，那就只能在战场上招致失败。"北"就是失败的具体表现，是由于将帅能力不足而造成："将不能料敌，以少合众，以弱击强，兵无选锋，曰北。"①不知敌情，以少击众，也没有组织战斗力很强的冲锋队，那就只能遭到失败。

孙子认为，将帅不仅要懂得战争规律，善于指挥战争，还需要懂治军，善管理。《地形篇》论述防止"六败"，其实也是系统总结和探讨了战时的治军理论。比如"弛"就是因为官兵关系不当而产生："卒强吏弱，曰弛。"士卒强悍必然会给军队管理带来困难，军官此时尤其不可太过懦弱而导致局面失控。至于"崩"，更是带兵能力的具体体现："大吏怒而不服，遇敌怼而自战，将不知其能，曰崩。"高级军官如果不服从管理，擅自领兵出战，身为领导的将帅却不知其真实指挥才能，这就必然会造成部队产生崩坏局面。至于"乱"，也是因为将帅能力不足而产生。孙子指出："将弱不严，教道不明，吏卒无常，陈兵纵横，曰乱。"这其中既包含了对士卒的管理，也涉及对军官的管理。将帅如果不能对部队实施有效的管理，就会导致士卒和军官都不守纪律，排兵布阵时必然会杂乱无章，缺少战斗力。

孙子将审察"六败"视为将帅的首要任务。在孙子看来，这六种败局的出现，都是因为将帅能力不足、处置不当而造成，并非天灾："凡此六者，非天之灾，将之过也。"②强调这是将帅的过失，这显然是进一步明确了将帅的职责和担当。由此出发，孙子进一步强调了将帅"知地"乃至"知情"的重要性："料敌制胜，计险厄远近，上将之道也。知此而用战者必胜，不知此而用战者必败。"③此处再次重申"料敌"和"知地"，也是出于对情报工作的重视。

就管理部队来说，孙子也提出了明确的要求，总结了很多富有价值的论

---

①《孙子·地形篇》。

②《孙子·地形篇》。

③《孙子·地形篇》。

述。孙子认为,将帅必须懂得和使用"令之以文,齐之以武"①等手段,以期实现"治众如治寡"②和"齐勇若一"③的目标,直至整个部队达到"携手若使一人"④的效果。将帅必须要做到"令素行":"令素行以教其民,则民服;令素不行以教其民,则民不服。令素行者,与众相得也。"⑤这就是说,将帅管理军队、处理官兵关系时,必须要把握好"度"。如果和士卒关系生疏,动辄对其严加处罚,那就会将彼此之间的距离拉得更远,不能保持上下团结一心,战斗力自然也会大打折扣。如果已经和士卒过于亲近,则会导致处罚士卒时优柔寡断,同样会导致产生危险局面。而且,出于统御和指挥的需要,将帅在必要时也需对士卒实施"愚兵之术",也即"愚士卒之耳目"⑥,不允许士卒对整个作战计划和高层的指挥策略等,有更为详尽的了解。

　　孙子也对合格将帅的标准进行了界定:"进不求名,退不避罪,唯人是保,而利合于主,国之宝也。"⑦孙子此处强调的是"利合于主",由此可知孙子的终极目标是在"国君之利",而不一定是"民"。但即便如此,也可见孙子已有保全民众的思想,而且将战争和民众之利益紧密联系在一起,这其中也多少体现了进步倾向。以"利合于主"作为要求,也许是特定的语境使然。通观十三篇,孙子始终将"安国全军"和"唯民是保"作为战争的终极追求,并没有刻意对二者严加区分,其中所体现的也是伟大政治家的情怀。在孙子看来,真正懂得战争的善战之将,不仅掌握着国家的安危,同时也主宰着民众的生死,故而可称"生民之司命,国家安危之主"⑧。

　　十三篇中,孙子对将帅职责有较为明确的规定,与用兵之术互为补充。更为可贵的是,孙子不仅提出"将之五德",而且列出"将之五危":"必死,可杀也;必生,可虏也;忿速,可侮也;廉洁,可辱也;爱民,可烦也。"⑨孙子认为,"覆军杀将,必以五危,不可不察也"⑩,这充分体现了孙子的辩证思想。

---

①《孙子·行军篇》。
②《孙子·势篇》。
③《孙子·九地篇》。
④《孙子·九地篇》。
⑤《孙子·行军篇》。
⑥《孙子·九地篇》。
⑦《孙子·地形篇》。
⑧《孙子·作战篇》。
⑨《孙子·九变篇》。
⑩《孙子·九变篇》。

在孙子看来,考察将帅时不必斤斤计较于其个人品德,而应更看重将帅的军事素质以及指挥作战的能力。即便是关注将帅的个人素质,也是出于考察其对战争胜负所能产生的影响。孙子所列"五危",某些品类实则为美德。比如"爱民",这正是儒家所提倡的仁义之师的题中之义。但孙子认为,这种"爱民"可能会给己方带来不可预知的恶果:将帅有时为了保护或救援普通民众,会使得部队处于极度疲惫状态,并可能就此导致全局陷入被动。将帅如果在此过于纠缠,也会很容易被敌人利用,中了敌军之诡计。再如,孙子对"必死"也提出批评。他认为,将帅固然需要具备勇敢精神,但也不能盲目勇敢。刘寅《孙子直解》注曰:"必死者,将愚而勇者也。勇者好行其志,愚者不顾其死。言不避险易强弱之势,不计众寡胜败之情,但欲轻生决战,以图侥幸者也。可布奇设伏以杀之。"刘寅的这段话很好地诠释了孙子对于将帅素质的要求,也强调把握"勇"与"必死"之间的"度",不能从一个极端走向另一个极端。

(二)君将相处之道

孙子在讨论将帅职守时,还重点论及与国君的相处之道。身为将帅,必须善于与国君相处,这也是将帅所必须面对的,而且可以说是最重要的关系。将帅地位固然重要,需要统御千军万马冲锋陷阵,但终究还需面对国君的管理,接受国君的任免。因此,孙子不能不对"君将关系"进行深入探讨。

十三篇中曾多次论及君、将关系,比如《谋攻篇》《九变篇》等,都对此有所讨论。在《谋攻篇》中,孙子对"将"的作用和地位进行了定位:"夫将者,国之辅也。"在当时,"国"与"国君之利"很难分开。"将"既然是"国之辅",也即"君之辅"。既然是定位为"辅佐",将帅地位并没有被肆意抬高。说到底,将帅负责的是在战场上披坚执锐和指挥作战。

有意思的是,对于如何处理好将、君关系,孙子提供的是"二选一"的选择模式,通过告诉人们"非"而得出"是",告诉人们什么是"患",提醒人们如何避免"不患",从而正确处理君、将关系。对此,孙子指出:

> 故君之所以患于军者三:不知军之不可以进,而谓之进,不知军之不可以退,而谓之退,是为縻军。不知三军之事,而同三军之政者,则军士惑矣;不知三军之权,而同三军之任,则军士疑矣。三军既惑且疑,则

诸侯之难至矣，是谓乱军引胜。①

在这段话中，孙子已经告诉了人们处理将、君关系的基本原则。其中，"患于军"，简本作"患军"。"縻"为"束缚"之意，意为控制而使其不得自由。"引"为"失去"之意。此句意指由军队混乱而失去胜利之机。第一句中的"三"，钮先钟认为当作"二"。②这段话中以"是为"作为标志，谈到"縻军"和"乱军引胜"。孙子认为，这是国君必须要注意杜绝的行为。身为国君，如果不知三军不可前进却下令军队前进，不知军队不可后退却胡乱命令其后退，这就是"縻军"。如果胡乱指挥，盲目干预军队事务，就会造成"三军既惑且疑"的局面，那么其他诸侯就会趁机发难，这也就是"乱军引胜"。从这一角度分析，"三"确实很像为"二"。遗憾的是，简本于《谋攻篇》处有太多损毁，无法查对。此处"三"字也可能为衍误，是抄书之人不慎误抄，以讹传讹，流传至今。不管如何，孙子于此强调了君、将关系的基本原则：不要把军队搞乱，更不能由此而无所适从，给对手以可乘之机。总之，应努力避免不懂军事的国君妄加干涉。

需要注意的是，孙子此论存在一个重要前提：国君的"不知"。国君既然不懂军事，那就一定不能随意干预，胡乱指挥。如果是懂军事的国君，是不是应该另当别论呢，孙子在兵书中似未提供明确答案。但孙子反对国君干涉军务，似乎隐含了"不知"这一重要前提。

此外，还有一个重要前提："将能。"如果将帅可以打赢战争，那么国君也不必横加干涉："将能而君不御者胜。"③而且，这是作为"知胜之道"而在《谋攻篇》中推出："知可以战与不可以战者胜，识众寡之用者胜，上下同欲者胜，以虞待不虞者胜，将能而君不御者胜。此五者，知胜之道也。"

这五条"知胜之道"似可从《计篇》看到影子，可与"五事七计"对接。表面上看只是换一种说法，实则也有提炼和深化。其中，"识众寡之用者胜"对应的是"兵众孰强"，"上下同欲者胜"则对应"主孰有道"，"知可以战与不可以战者胜"则是"庙算"所得之结论，"以虞待不虞者胜"则为综合论证之后所得之结论。至于"将能而君不御者胜"，则为前述将、君关系所形成的结

①《孙子·谋攻篇》。
②钮先钟：《孙子三论：从古兵法到新战略》，广西师范大学出版社，2003年，第34页。
③《孙子·谋攻篇》。

论。在孙子眼中，上述五条最为关键，故反复予以强调。人们也由此而更多关注"知胜之道"，却对"将能"这一前提有所忽视。

基于对"战道"的考察，孙子也支持将帅拥有一定程度的战场决定权。"故战道必胜，主曰无战，必战可也；战道不胜，主曰必战，无战可也。"[1]这里所谓"战道"，也即"战争之道"，是占据了可靠情报并进行科学分析，对战争胜负有较为可靠之预判。孙子认为，如果战争必胜，即便是国君下令不打，将帅也可发起战争。如果预判战争必败，那么即便国君下令开打，将帅也可据理力争并拒绝出战。也就是说，决定战或不战，都要充分尊重战争规律，考察战争结果是否有利于己。由于国君和战场距离较远，而且情报传递不畅，加之情报传递技术不够发达，国君不知敌情，无法对战场进行远程指挥，战场指挥权便只能交给将帅，由现场指挥员全权负责。如果此时国君横加干涉，就一定会让指挥员无所适从。因此，防止失当干预是尊重"战道"的表现，从打赢战争的实际需要出发，也是一种非常务实的主张。

孙子由此出发，进一步认为战争中其实还存在着这样一种"变术"："君命有所不受。"这句名言出自《九变篇》。孙子指出："涂有所不由，军有所不击，城有所不攻，地有所不争，君命有所不受。"上述这段话一共总结了五条变术，但重点强调的是最后一条，即"君命有所不受"。也就是说，由国君所发出的命令，有的可以不必听从。至于何时才能不听，显然需要一定的前提。这句话中包含"有所"二字，明显是有所指，并非授意将帅公然违抗国君的命令。国君考虑问题，毕竟在出发点和所站高度都和将帅存在着差别。如果国君眼光高远，可能会因整体利益而放弃局部利益，至少不会和某些不明事理的将帅那样拘泥于局部得失。一线将帅如果因为贪图局部小利，只争一时之胜负，便可能会给全局带来被动。故孙子特意使用"有所"二字，意在强调对战争指挥权要有区别性地争取。孙子为将帅竭力争取的，应为战场指挥权，似乎并不存在忽视君权的倾向。

（三）对过度解读的纠正

在《谋攻篇》《地形篇》和《九变篇》中，孙子分别从君"不知"和"将能"及"战道"这三个角度出发，探讨了特殊条件下的为将之道。虽说角度不同，但

---

[1]《孙子·地形篇》。

就"将道"这一主题而言，立场并没有多大变化，强调的是在处理好君、将关系的同时，也为将帅争取更多的战场指挥权。《谋攻篇》在前，意在铺垫。《地形篇》在后，似乎是为《九变篇》做铺垫，从多个角度对"君命有所不受"的合理性进行阐释。这种立论自有逻辑存在其中，却不幸被过度解读。如前所述，包括钮先钟等学者在内，尚有不少人由此而批评孙子存在"扶将而弱君"的倾向。

虽说孙子的"君命有所不受"含有前提条件，或存"扶将"之念，却无"弱君"之意，但这种言论在古代社会仍然极富震撼力，也因此而招致非议。

由于北宋政府的提倡，兵书得以立经，文人论兵渐而成为时尚，苏洵父子都曾深入研究《孙子》，在肯定孙子所论战法的同时，也基于儒者的立场批评了孙子缺乏仁义观念。苏轼也曾深入研究《孙子》，并写作《孙武论》，还留下这样一段评语："天子之兵，莫大于御将……（将）立毫芒之功，以藉其口，而邀利于其上，如此而天下不亡者，特有所待耳。"①苏轼同样批评孙子缺乏仁义观念，但此处集中批评的是其"扶将"倾向。苏轼此论毫无疑问是站在最高当权者之立场，维护的是国君的利益。"天子之兵，莫大于御将"，意在提醒国君注意加强对武将的控制。这种主张似乎是宋代"重文抑武"精神的延续，倒也情有可原，但"立毫芒之功，以藉其口，而邀利于其上"之类言论显系栽赃，是对孙子的过度解读。

不管合理与否，苏轼的批评多少也道出了数千年古代社会发展的一个侧面，即"御将"始终是国君空前关注并投入研究的课题。到了宋代，统治者吸取前朝教训，尤其重视文治建设，也由此而"长期奉行重文抑武的治国理念"②。苏轼由此视角出发，其实是戴着有色眼镜在考察孙子，在迎合统治者的同时，便自然会对孙子提出批评。在苏轼之后，仍有学者站在最高统治者的立场上对孙子提出批判。《历代名贤确论》③等书作者借苏轼的批评之语作进一步发挥，继续保持批评态度。而且，不只是宋朝皇帝重视"御将"，迫于稳固皇位的需要，历代统治者都不得不谨慎处理"君、将关系"。皇帝当然不希望手握重兵的将领借孙子之言来要挟自己，并尝试扩大将权，因为这

---

①《苏轼文集·孙武论下》。
②陈峰等：《宋代治国理念及其实践研究》，人民出版社，2015年，第10页。
③有关论述详见《历代名贤确论》卷九十五。

会动摇自己的统治地位。

当然,历史上也有学者支持孙子,并对苏轼的批评提出反对意见,其中尤以明代学者邱濬和贺复征为代表。在《大学衍义补》中,邱濬指出:"人君择将,当以未用之先详审征验,然后用之。既用之后,付以便宜之权,俾其随机制胜可也。"将需要君主任命,既然已经获得任命,那便需要发扬"用人不疑疑人不用"的精神,充分放权。邱濬的这段话很好地诠释了君、将关系,既是为孙子开脱,也有力地反驳了苏轼的言论。贺复征则表达了类似观点:"此贤主之所施于能将。将兵权常在将,将将权常在君。"[①]他从君、将的各自作用出发,结合对领导层次的合理区分,认为孙子并无"扶将而弱君"观念。在他看来,如果贤君和能将都很好地履行各自职守,那么将权和君权之间不仅不会产生任何矛盾,反而会互相扶助,形成良性互动。法国启蒙思想家霍尔巴赫曾就有关论题也有一段精彩论述:"将领是军队的灵魂,军队不论它的力量如何,当它的领袖不给鼓舞、不加以带动的时候,就只能是不起积极作用的乌合之众。"[②]相信孙子的主张在霍尔巴赫眼中,也一定非常合情合理。

与苏轼相比,邱濬等人持论较为公允,也可以帮助我们正确看待孙子的将帅论,并对孙子心目中的君、将关系持有更为清晰的认识。孙子说"君命有所不受"并非挑战君主的权威,只为争取适当的将权,战场上指挥作战有较为充分的指挥权,防止受到不必要干扰而影响战争进程。孙子非常清楚,将帅只是辅佐。"将能而君不御者胜"也是基于战胜的目标,争取的是战场指挥权,而非国家领导权。而且,孙子此论完全依据春秋战争实践,有其特定历史背景和相对合理性。春秋时期,通讯不够发达,战争规模不大,如果每事必报,必然会增加一些不必要环节并由此而延误战机。在今天,作战环境和作战条件都已经发生很大变化,通讯手段非常先进。这时如果过分强调"君命有所不受",已经不是明智之举,更不可以此来作为违抗军令和擅作主张之借口。但在孙子所处时代,"君命有所不受"所体现的将帅观,就特定的战争条件而言,也有相对合理成分存在。

另外,《史记·孙子吴起列传》及简文《见吴王》所记载的"吴宫教战",便

①《文章辨体汇选》卷四十九。
②[法]霍尔巴赫:《自然政治论》,商务印书馆,2011年,第352页。

是诠释孙子"君命有所不受"的生动例证。如果孙子果真是挑战君主权威，那么他就一定不会被吴王所接纳和重用。而吴王阖闾，显然深深懂得孙子的本意，才会对其斩杀美姬的行为最终给予谅解。

（四）简文论"将败"和"将失"

银雀山出土文献中有《将义》《将德》《将败》《将失》等篇，可视为孙子"将帅论"的补充。尤其是《将败》《将失》，几乎是对孙子"五危"做了最好的注解。此外，银雀山还出土有简文《将过》，内容与《六韬·龙韬·论将》大致相同。①

由于将帅的地位非常特殊而且至为关键，先秦兵典大多都会就"将帅论"进行深入探讨。比如《吴子》有《论将篇》，指出将帅有"五慎"②，还要学会掌握"四机"③。《尉缭子》有《将理篇》，要求将帅作为万物之主宰，不能有任何偏袒，即"不私于一人"。《六韬·龙韬》中也有《论将》《选将》《立将》《将威》等篇，专门论述将帅之道。《六韬》总结将帅应有"五材"：勇、智、仁、信、忠。④此外还应力避"十过"，即"勇而轻死""急而心速""贪而好利""仁而不忍"等。⑤这些论述，与孙子有相似之处，也有不同之处，对孙子的将帅论也形成了很好的补充。《六韬》总结之"五材"与孙子"五德"，在要求和排序上有差别，但主体内容仍有相似之处。《六韬》所论"勇而轻死"与孙子所论"必死"则几无差别。总体而言，《六韬》的"将帅论"更加系统而完整，对将帅的要求也更加严格，在表现出对孙子继承的一面的同时，也明显有所发展。银雀山出土文献也有这个特点。《将义》等四篇论将简文，从不同侧面诠释和发展了孙子以"五德"和"五危"为中心的将帅论。

《将义》虽说篇题突出强调了"义"，但所论内容分别为"义、仁、德、信、智"，不妨视为另一种形式的"五德"。从所列要素及排列次序都可以看出作者更突出强调的是为将者的仁义情怀。"智"被孙子列在第一，但此篇将其排最后，这似乎更受《司马法》"以仁为本"观念的影响。

---

①《银雀山汉墓竹简(二)》，文物出版社，2010年，第159页。
②《吴子·论将》："一曰理，二曰备，三曰果，四曰戒，五曰约。"
③《吴子·论将》："一曰气机，二曰地机，三曰事机，四曰力机。"
④《六韬·龙韬·论将》。
⑤《六韬·龙韬·论将》。

简文《将德》有较多残缺,但"……而不御,君令不入军门,将军之恒也"一语,似乎是对孙子"君命有所不受"的佐证。《六韬》也认为,君主应该充分信任将帅,既然已经完成任命工作,就应充分放权,不再干预军务:"军中之事,不闻君命,皆由将出。"①而且,这一主张既然是当时兵家的普遍要求,似乎可从一个侧面证明孙子"扶将"之论的合理性。此外,《将德》也讨论了治军思想,主张将帅治军应"爱之若狡童,敬之若严师,用之若土盖(芥)",这与孙子一面主张"视卒如婴儿"②,一面主张"愚士卒之耳目"③,以"令(合)文齐武"为总原则的治军思想不无暗合之处。军事家对于士卒,秉持的是"用"的态度,一切立足于打赢战争。"爱"与"严",都是为了管理好部队,能在战争中发挥作用。

《将过》《将失》重点讨论的是将帅的过失等,主体内容与孙子所论"五危"相差无多,但简文明显更加细致。其中,《将失》的篇题为整理小组所添加,疑与《将败》本为一篇。整理小组认为,《将失》可能是在"多败者多失"一句之后。④《将败》和《将失》的侧重点各有不同。《将败》列举了将帅的种种缺点,《将失》则总结了将帅作战失利的种种情况,二者之间存在着一定的因果联系。

简文《将败》总结将帅容易出现的过失一共有二十条,其中只有第五条和十一、十二、十三、十七条残缺,其余则清晰可见,分别为:"一曰不能而自能。二曰骄。三曰贪于位。四曰贪于财。【五曰□】。六曰轻。七曰迟。八曰寡勇。九曰勇而弱。十曰寡信。十一……十四曰寡决。十五曰缓。十六曰怠。十七曰□。十八曰贼。十九曰自私。廿曰自乱。"⑤在作者看来,将帅如果存在上述素质和品德方面的缺陷,就有导致失败的可能,而且是"多败者多失"。既然如此,国君在选将时就必须多加注意。身为将帅,也必须努力避免和克服。

《将失》是对失败情况进行总结,多达三十二条,更加壮观。整齐排列的句式,令我们很容易想起《孙子·行军篇》的"相敌之法"。可贵的是,在这些

①《六韬·龙韬·立将》。
②《孙子·地形篇》。
③《孙子·九地篇》。
④《银雀山汉墓竹简(二)》,文物出版社,2010年,第138页。
⑤《银雀山汉墓竹简(二)》,文物出版社,2010年,第137页。

失败之由的总结中，除少数残缺外，基本都得到了完好保存，令我们不能不对古代兵家的探索精神发出由衷赞叹。当然，其中也有一些在其他兵典中可以找到出处，已成兵家共识。比如"军数惊"出自《吴子·料敌》，"师老"出自《尉缭子·兵家下》。《将失》也对孙子的"六败"等进行了吸收。比如"令不行，众不一，可败也"似从孙子"令素行者，与众相得也"①一语受到启示；"民苦其师，可败也"则从"远输则百姓贫"②等论述受到启示；"众不能其将吏，可败也"则从孙子"将弱不严，教道不明，吏卒无常，陈兵纵横"③等受到启示。"不能"即"不相得"，指上下关系处理得不好。④至于"战而忧前者后虚，忧后者前虚，忧左者右虚，忧右者左虚"等，则可更明显地看出是从孙子"备人之术"袭来。《孙子·虚实篇》曰："备前则后寡，备后则前寡，备左则右寡，备右则左寡。无所不备，则无所不寡。"两者对比，不难看出句式上的相似性。简文《将失》是对《孙子》及既往军事经验的总结和吸收，可谓既有继承，也有创新。当然，这其中若干也有凑数之嫌。比如"兵遁，可败也"，既然军队逃遁，就已处败局，这几乎是人所共知的常识。

总之，银雀山出土的数篇论将简文，为我们考察先秦时期的将帅观等，都提供了非常宝贵的新史料。它们与《孙子》或《孙膑兵法》有无联系，存在什么关系，似乎还有待进一步考察。和《奇正》一样，虽然目前没被当作孙子佚文，但它们都是研究孙子兵学思想不可忽视的重要材料。

第三节　论愚兵之术

愚兵之术是《孙子》治军思想的重要内容，但不少探讨孙子治军思想的专论都对此相对漠视。有些虽有涉及，但语焉不详，对于愚兵之术的态度也存在争议。在笔者看来，有关孙子愚兵之术的讨论，正好可以借助竹简文献的出土而求得深入。

---

① 《孙子·行军篇》。
② 《孙子·作战篇》。
③ 《孙子·地形篇》。
④ 《银雀山汉墓竹简（二）》，文物出版社，2010年，第138页。

(一)学界分歧

十三篇中,集中体现孙子愚兵之术的文字,主要见诸《孙子·九地篇》,兹录如下:

> 将军之事,静以幽,正以治。能愚士卒之耳目,使之无知;易其事,革其谋,使人无识;易其居,迂其途,使人不得虑。帅与之期,如登高而去其梯;帅与之深入诸侯之地,而发其机,焚舟破釜,若驱群羊,驱而往,驱而来,莫知所之。聚三军之众,投之于险,此将军之事也。九地之变,屈伸之利,人情之理,不可不察。

《九地篇》在十三篇中文字最长,作者结合兵要地理探讨了"为客之道"这一长途奔袭战法。其中既涉及战略问题,同时也论及战术,是十三篇的高潮部分。所谓"愚兵之术",正是配合"为客之道"而提出的。作者认为,身为将领必须要在率部深入敌后时保持沉着冷静,在管理部队时也要做到幽深而莫测,这样才能很好地蒙蔽士卒,让他们服从命令,听从指挥。为达成作战目的,甚至要给部下造成一种无路可退的感觉,逼迫他们奋勇作战。

作者在述及"为客之道"这一战法时,用到了一个"愚"字——"能愚士卒之耳目,使之无知。"

我们注意到,学术界大多数研究专家认为孙子有愚兵之术,而且多持批判态度。比如,陶汉章就认为孙子的治军思想中存在"愚兵政策"。他根据"愚士卒之耳目"这一句,以及其后出现的"若驱群羊"四字,批评孙子这是极端轻视士卒的地主阶级反动思想。[①]吴如嵩则抓住《九地篇》中的"众陷于害"这句话,判定孙武有"剥削阶级愚兵政策的理论",并认为是阶级本质决定了其"必然要以'众陷于害'的反动政策强迫士兵为统治阶级卖命"。吴如嵩进一步指出,孙子正是"基于这样一种剥削阶级愚兵政策的理论,因而提出了'凡为客之道,深则专,浅则散''投之亡地然后存,陷之死地而后生'的指导原则"。[②]郭化若的态度多少显得有些矛盾。他在注解"愚士卒之耳目"这句话时,认为这种"愚术"是出于保守军事机密的需要,并且指出,"这种保密工作古今中外都一样,决不能作欺骗士兵解释",但在随后的"试笺"

---

① 陶汉章:《孙子兵法概论》,解放军出版社,2002年,第102页。
② 吴如嵩:《孙子兵法浅说》,解放军出版社,1999年,第113页。

部分却说道："'使人无知'和'若驱群羊'则是剥削阶级军事家难除的糟粕。"[1]应该说，郭化若作为长期领兵作战的将军，肯定富有处理官兵关系的实际经验，故而对孙子的用兵之术也一定有着自己独到的感悟，但他此时所表现出的截然相反的矛盾态度，多少让人感到蹊跷。

台湾学者钮先钟对于《孙子·九地篇》，包括"愚兵之术"，也曾提出过自己的观点。在他看来，《九地篇》不仅内容最为杂乱，"甚至可以断言是后人所伪造或窜改"。[2]与这种批评态度相关联，在钮先钟眼里，有关"愚兵"这段文字也存在被删改可能。他说："孙子崇尚法制，他怎样会主张'施无法之赏，悬无政之令'？把指挥部队比作'若驱群羊'，则更是拟之不伦，难免愚兵主义之讥。"[3]按照钮先钟的逻辑，既然《九地篇》中有不少内容纯属窜改，那么与十三篇总体思想"拟之不伦"的"若驱群羊"这句，有后人删改之可能，所谓"愚兵"之论也属空穴来风，因为这与孙子"崇尚法制"的精神不合。

从以上梳理可知，今人对于"愚兵之术"尚且存有分歧，大多数学者认为孙子有"愚兵之术"，而且持批评态度。是否果然如此，需要展开讨论。

(二)愚术：带兵必备之策

在笔者看来，孙子的治军思想中应当确有"愚兵之术"存在。原因很简单，《九地篇》中有明文阐述了这一论题。孙子所谓"愚士卒之耳目"之术，不仅体现在"静以幽，正以治"的治军之术中，同时也体现在"众陷于害"和"置之死地而后生"的特殊战法中，是值得重视和研究的一条用兵之术。既然如此，我们就不能对此视而不见。孙子正大光明地提出"愚兵之术"，而非遮遮掩掩，一定是有着自己的考虑。

首先，"愚兵之术"与孙子"兵以诈立，以利动，以分合为变"[4]的总体思想完全吻合。由"尚诈"和"重利"这一思想出发，孙子在治军时采取的是一种非常实际、非常客观的态度：用。只有这样，才能有效实现"分合为变"，才能确保战争获胜。正是这一原因，孙子对于士卒是既"愚"又"爱"：在该

①郭化若：《孙子译注》，上海古籍出版社，1984年，第193—194页。
②钮先钟：《孙子三论：从古兵法到新战略》，广西师范大学出版社，2003年，第95页。
③钮先钟：《孙子三论：从古兵法到新战略》，广西师范大学出版社，2003年，第99页。
④《孙子·军争篇》。

"愚"之时,无妨"愚"一下——所谓"能愚士卒之耳目,使之无知";在该"爱"之时候也会"爱"一下,甚至是"视卒如婴儿"和"视卒如爱子"①。所谓"爱"或"愚",都可能是发自内心,但也仅可视为一种治军手段而已。"爱""愚"兼施,目的在于"用兵"顺手,赢得战争的胜利。所谓"愚兵",实则就是"用兵"。"用兵"这两个字在《孙子》十三篇中也曾反复出现。"用者,可施行也","用"是一个非常中性的词。正是由于"用兵"需要,孙子该"爱"则"爱",该"愚"则"愚"。因此,我们大可不必将"视卒如婴儿"当真,毕竟那是要达成"与之赴深溪"②的作战目标的。也别将"视卒如爱子"当真,那是希望手下在关键时候"可与之俱死",帮助自己冲锋陷阵。《史记·孙子吴起列传》等典籍中载有"吴起吮疽"的故事。吴起亲自为病疽的士卒吮吸脓疮,其效应则是士卒"战不旋踵",其中所体现的正是这一实用的愚兵之术。

其次,"愚兵之术"与孙子重视"出其不意"的战法,以及高度重视用间思想保持一致。我们知道孙子高度重视速战速决:"兵贵胜,不贵久。"③重视使用出其不意的战法:"攻其无备,出其不意。"④在这种情况下,尤其需要做好反间和保密工作,务必使得"深间不能窥"⑤,军情不被泄露,才能很好地达成作战效果。"愚兵之术"其实也是和孙子的"藏术"紧密联系在一起的。在《形篇》中作者指出,用兵作战必须要"善藏"和"善动":"善攻者,动于九天之上;善守者,藏于九地之下。"所以,"愚士卒之耳目",当如郭化若所说,是出于保密需要。《孙子》十三篇非常重视用间思想。以"庙算"为始,又以"用间"为终,充分体现了其重视情报和重视用间的思想。既然重视用间,便不能不重视反间。由此出发,孙子重视并使用"愚兵之术",从而实现"使之无知"的目的,便非常合乎情理。

再次,"愚兵之术"当为一种常见,甚至是必要的治军之术和用兵之法。古往今来的军事家可能都曾使用过这种"愚术",而孙子则很可能是第一个将其光明正大地写进兵书的军事家。我们都知道"望梅止渴"的成语,出自《世说新语·假谲》,讲的是大军事家曹操"诳军以梅"而最终"得及前源"的

---

① 《孙子·地形篇》。
② 《孙子·地形篇》。
③ 《孙子·作战篇》。
④ 《孙子·计篇》。
⑤ 《孙子·虚实篇》。

故事。曹操当时所使用的，正是一种"愚兵之术"。正是依靠欺骗之术，曹操成功地使得大军摆脱了困境。可见特定场合之下，这种"愚术"不失为一招高棋。由此可见，必要之时的"愚兵"，本为军事家带兵和用兵的必备之法，而且已成常识，似乎大可不必从道德家的立场出发，对其严厉讨伐。

或许正是这一原因，就这个"愚"字，历来注家多取"保密"之意。李筌曰："不欲令士卒知之。"王晳曰："情泄则谋乖。"张预曰："前所行之事，旧所发之谋，皆变易之，使人不可知也。"①郭化若所论则更具代表性："这种保密工作古今中外都一样，决不能作欺骗士兵解释。"②

最后，孙子的"愚术"似乎并无强烈的感情色彩，也无贬低士卒的嫌疑，我们似乎大可不必纠缠于一个"愚"字，就此痛斥孙子的治军之术和愚兵之术。这里的"愚"，无妨算作一个中性词。如前所述，孙子对于士卒的态度是取其"用"，其目的尽在于战争获胜。所以，我们对于孙子的"愚兵之术"，不应停留在表面，而应联系上下文，从整体上把握更深层内容，这才比较客观和公允。若深究这种愚术，也必须联系上下文。单就"愚士卒之耳目"这句话的前半段来看，他确有愚术。但联系后半句就可知道，孙子的这一"愚"又是出于打胜仗的目的。

（三）基于简本异文的考察

简本《孙子》有关"愚兵之术"的论述，与传本稍有差别，为我们探讨孙子的"愚兵之术"提供一些新的资料。

比较两种主要传本来说，十一家注本比武经本多出"焚舟破釜"四字。这四字，赵本学、王念孙等前代学者将其判定为衍文，③在简本出土之后，这一结论更加可信。因为简本也无此四字，和武经本一致。"焚舟破釜"是较晚出现的词语。④虽说"焚舟破釜"这一战法与孙子"为客之道"一致，也和孙子"愚兵之术"呼应，但它更像是后人的注解文字衍入正文。

如前所述，钮先钟怀疑"若驱群羊"一句系后人窜改所致，因为这种比喻

---

① 参杨丙安：《十一家注孙子校理》，中华书局，1999年，第261页。
② 郭化若：《孙子译注》，上海古籍出版社，1984年，第193页。
③ 详参吴九龙主编：《孙子校释》，军事科学出版社，1990年，第203页。
④ 杨炳安说："孟明固曾焚舟伐晋，然破釜沉舟乃项羽事。"参见杨炳安：《孙子会笺》，中州古籍出版社，1986年，第172页。

手法堪称"拟之不伦"。但这一点,已有简本《孙子》给出否定答案。简本该段文字作:"入诸侯之地,发其几(机),若敺(驱)群。"虽则"群"下一段文字已经漫漶不可辨认,[①]但仅从"若敺(驱)群"数字就可看出,此语并非后人窜改所致。

钮先钟"若驱群羊"拟之不伦的判断,可能影响了他对孙子"愚兵之术"的理解。这里的"羊"只是个喻体,就像《九地篇》中的"常山之蛇"一样,仅设一喻而已。若"蛇"之喻,或能尽述其妙,何故对"羊"之喻心生怨恨?在动物中,羊相对比较听话。孙武以"羊"作比,是否也是针对部队的纪律性以及战时的协同动作、统一调遣而言呢?至少该句的重心在后面,即"莫知所之"。恐怕不能说是"拟之不伦",也不能说是轻视士兵。孙子对兵将关系有着清醒的认识。在《地形篇》中,孙武就提出了"卒强吏弱,曰弛;吏强卒弱,曰陷"等命题,说明他对兵将关系考虑得比常人为深,已超出了单纯的愚或不愚。所以我们只能判定孙子有"愚兵之术",但不能说"愚兵"就是"轻兵",贬低士卒,也不能说由"轻兵"而致"愚兵"。

《九地篇》还有一处异文牵涉"愚兵之术"。这一段文字,传本作"犯之以利,勿告以害",简本作"……以害,勿告以利",表面上看意思似乎完全相反,其实并非如此。

在笔者看来,作者在这里也使用了"互文"的修辞格。故简、传本貌似截然对立,但中心思想完全一致,那就是对部下和士卒采取选择性告知和选择性欺骗。在需要告诉他们"利"之时,就不要再说"害";在需要告诉"害"之时,就不要再说"利"。而这,正是一种更为高明的愚兵之术。

就上述引文,我们在讨论简本和传本的异文情况时曾有分析。我们怀疑,由于古人熟悉并明白"互文"这种行文之法,故而在抄写时遇到异文并不以为是误书。类似异文情况,可能由此而得以一直流传。此处异文并未对文气构成重大影响,反倒可以促使我们对孙子的"愚兵之术"作进一步思考。简本和传本虽然文字不一,但都非常符合孙子的用兵之术。因为"勿告以利"和"勿告以害"都是孙子"愚兵之术"的重要内容。"告之以利"固然可以鼓舞士气,"告之以害"也可以激发士卒的潜能。而这,其实也和孙子"杂于

---

① 《银雀山汉墓竹简(一)》,文物出版社,1985年,第21页。

利害"①的思想完全一致。

第四节　论情报分析

情报分析是孙子情报理论的重要组成部分,在孙子兵学思想体系中占有举足轻重的地位。考察《计篇》《形篇》和《用间篇》等重要篇章不难发现,孙子对情报分析的多个层面都有或多或少的探讨,已初步完成情报分析理论的维度建构。

(一)注重整体的定性分析

《计篇》最主要的论题为"庙算",核心内容为"计"。所谓"计",就是计算的意思。"庙算"是对敌情、我情进行认真的对比分析,在充分的计算和研究之后,决定战争是否能够发起。②"计"必须由统帅部门来完成,就战略问题进行考量,"庙算"也即对战争问题进行定性分析。

考察《计篇》,"庙算"的基本内容可概括为"五事七计",而且已经构建了一个相对完整的情报分析流程,共分为三个步骤:第一步是逐项分析,第二步是对比分析,第三步是综合评估。

首先是逐项分析,也即"经之以五",是对决定战争胜负的基本要素,即"五事",进行逐项分析。"五事"分别为"道""天""地""将""法",各自代表政治、天候、地理、将帅、体制。五个分析项之下又列有更为具体的细目。比如"将",要对将帅的智力、品格等诸多因素进行考察。孙子说,"凡此五者,将莫不闻,知之者胜,不知者不胜"③,强调了对上述五大范畴的全面掌握。其次是对比分析,也即"七计"和"校之以计"④,是对敌我双方情况进行分析和评估。比如"主孰有道",要完成对双方政治层面的考察,诸如君主贤明与否、治国能力及受民众拥护情况等,都要有所掌握。再如"天地孰得",是考察双方所得天时地利情况,对自然环境和地理环境要有全面了解。再如"兵众孰强",要对双方的武器装备情况进行对比。孙子认为,只有认真完成对

---

① 《孙子·九变篇》。
② 熊剑平、储道立：《孙子的战略情报分析理论》,载《滨州学院学报》,2011年第1期。
③ 《孙子·计篇》。
④ 《孙子·计篇》。

比分析,才能够"知胜负",对战争结果有所预判和掌握。最后是进行综合评估。孙子指出,综合评估的结果无外乎两种:其一为"得算多",其二为"得算少"。经过逐项分析和对比分析之后,就可以对双方各自所得筹码进行比较,从而推测战争的胜负。孙子说:"未战而庙算胜者,得算多也;未战而庙算不胜者,得算少也。"[1]从中可以看出,"庙算"是对敌我双方的总体情况进行全面而又细致的比较分析,由各自"得算"情况来预判战争结果。

从以上三个步骤可以看出,"庙算"的最终目的是基于战略考量,依靠基本情报对战争胜负进行预测,从而预见战争胜负。有学者指出,定性分析法是"采用多种资料搜集方法对情报素材进行整体研究"[2],其中强调的是分析综合、比较、概括等关键性步骤。通过对"庙算"加以分析可以看出,无论是"五事"还是"七计",都是依据这个逻辑而展开。从这个角度来看,"庙算"正是就战争问题而展开的定性分析。由"五事七计"出发,完成对战争双方的整体研究,注重冷静而且客观的分析方法,也强调了各个分析环节的连贯性与完整性,故而可与今天所云定性分析法求得对应。台湾孙子研究专家钮先钟曾指出:"庙算,用现代术语来说,即为'纯净评估'(net assessment)。"[3]这里的"纯净评估",其实也是西方现代情报分析术语。换句话说,孙子所言"庙算",基本可与西方现代情报分析理论实现对接。高金虎指出:"孙子对战略情报要素认识的完备性、情报评估的重要性、情报谋略的微妙性、情报理论的科学性的分析,即便与2500年后谢尔曼·肯特的著作相比也不逊色。"[4]"庙算"作为一种古老的定性分析之法,与西方现代情报分析理论对比,同样并不逊色。孙子由此出发,又设计出种种高妙的战法,则更具卓识,震烁古今。

不仅如此,由"庙算"这一情报分析模式出发,可以启发我们对"情报"的内涵和外延进行进一步的思考。就"情报"而言,学界已有多种定义,我们不妨以美国情报学界最具代表性的两种与孙子稍加对比。其一是来自谢尔

①《孙子·计篇》。
②高庆德、程英:《情报定量分析和定性分析对比研究》,载《现代情报》,2008年第11期。
③钮先钟:《中国古代战略思想新论》,安徽教育出版社,2005年,第29页。
④高金虎主编:《情报与反情报丛书·总序》,谢尔曼·肯特:《战略情报:为美国世界政策服务》,刘微、肖皓元译,金城出版社,2012年,第1页。

曼·肯特(Sherman Kent)，认为情报是知识，是组织，是活动。①另一则出自马克·洛文塔尔(Mark M.Lowenthal)，认为情报是流程，是产品，是组织。②这两者之间的差别很明显：马克·洛文塔尔似乎更强调情报的分析流程。也许在他眼中，只有在完成分析流程之后，才能有合格的情报产品诞生，才能对战争决策起到有效的参考和支撑作用。对比孙子"庙算"理论，我们可以发现孙子与马克·洛文塔尔的接近之处，同样强调了分析流程的重要作用。也因为其中有分析流程的存在，孙子的情报分析理论与西方现代情报理论更有可对比之资本，也更见其可贵之处。

(二)可操作性设计

"庙算"理论中还有一个细节值得我们关注，这就是对"计利以听"③原则的强调。也就是说，孙子的情报分析同样坚持利益原则，一切判断都需考察是否对己方有利。孙子的情报分析理论都是基于战争追逐利益这一实际需求出发的，既体现了情报的先导作用，也强调情报分析的可操作性。"庙算"理论由"五事"出发，逐层深入，在每个大类之下又总结和设计各分析子目。

在我们看来，孙子的"庙算"分析模式，其中还隐含有类似于"想定"作业的模式。"想定"是今日军事参谋业务术语，注重的是研究战争的实战性，因而被视为军事指挥人才的基本培养模式之一。孙子论及战争规模，并将其定格为"兴师十万，出征千里"④的规模。基于这一规模，孙子对影响战争胜负的种种因素都进行了讨论，比如财政支出——"百姓之费，公家之奉，日费千金"⑤，军费开支——"内外之费，宾客之用"⑥、"日费千金"⑦，装备物资的保障——"驰车千驷，革车千乘"⑧、"胶漆之材，车甲之奉"⑨、"千里馈粮"⑩

①[美]谢尔曼·肯特：《战略情报：为美国世界政策服务》，刘微、肖皓元译，金城出版社，2012年，第3页。
②[美]马克·洛文塔尔：《情报：从秘密到政策》，杜校坤译，金城出版社，2015年，第11页。
③《孙子·计篇》。
④《孙子·用间篇》。
⑤《孙子·用间篇》。
⑥《孙子·作战篇》。
⑦《孙子·作战篇》。
⑧《孙子·作战篇》。
⑨《孙子·作战篇》。
⑩《孙子·作战篇》。

等,包括战争对国内生产与经济发展所产生的影响,孙子也进行了认真分析:"不得操事者七十万家。"[1]这些论述,既有其现实的时代背景,也非常类似于今天司令部门"想定"作业的操作模式。孙子在设计战略情报分析模式时,并非只是纸上谈兵,而是就操作层面进行了深入探讨。

孙子不仅建立基本范畴,更订立了基本分析项,又不厌其烦地设定各种子目,从而纲举目张地就情报分析建立了较为系统而严密的体系。既具有理论意义,更具有可操作价值。通过这种分析模式,我们可以对情报分析必须考察的基本范畴、各类情报及分析诸元,有一个大体的了解。这些内容都是相对明确而且固定的,都可以依据战前侦察和认真分析而获得。我们由孙子设计的层次分明的情报分析系统,可以大致建构一个基本的分析模型。这对现代战争的情报分析,仍然不无启示价值,对构建新型情报分析模型也具有启发意义。今天,作战样式及战争规模等都已经发生天翻地覆的变化,情报分析所涉及的内容也必然更加复杂而多变,设计这种分析系统显然非常困难。通过孙子所设计的基础性纲目系统,可以相信这种模型至少在理论上和操作上都具有一定的可行性。在现代科学技术日益发展,尤其是计算机技术飞速前进的今天,相信可以逐步付诸实际运用。

孙子将情报分析划分为逐项分析、对比分析、综合评估这三个阶段,其实也设计了情报分析所应该遵守的基本分析流程。这不仅符合人类认识事物所应遵循的客观规律,也是情报分析在工作程序上的必然体现,其中同样体现的是对可操作性的追求。

在西方,情报分析理论在二战后获得飞速发展。西方情报研究学者借助自然科学与社会科学的研究成果和研究方法,已先后提出两种代表性情报分析流程。以谢尔曼·肯特为代表的第一代研究学者,将战略情报分析流程分割为七个阶段:客观问题的提出、客观问题的分析、材料的收集、材料的估计、假设、证实或证伪、上报。[2]与上述分析流程相比,孙子所设计的流程也能在总体上保持相似。白俄罗斯学者库兹涅佐夫的分析研究过程在简化处理后可分为三个阶段:第一阶段包括选择课题和主题,确定客体和对象、

---

[1]《孙子·用间篇》。
[2][美]谢尔曼·肯特:《战略情报:为美国世界政策服务》,刘微、肖皓元译,金城出版社,2012年,第128—129页。

目的和任务，拟定假设；第二阶段包括选定方法并拟定研究方法的运用次序，对假设进行验证，直接开展研究，写出初步结论，并对其进行核实和修正，对最终结论和实际建议进行论证；第三阶段将研究成果规范化。[①]虽说相对简化，库兹涅佐夫强调了"核实和修正"这一过程，所以与孙子存有较大差异，但他同样绕不开因果关系的分析，无法回避对诸要素的比较分析，同样也需作追踪思考和对比研究。从这个角度来看，孙子的"庙算"与现代西方情报分析理论仍能求得部分吻合。

西方现代情报分析理论虽说已取得日新月异的发展，但越来越强调情报分析的主观性。"主张公平地对待所有的假设；强调以目标（任务）为中心，主张情报用户与情报生产者平等参与情报分析；强调构建思维模型，要求系统全面地考虑所有的假设；强调证伪方法的使用，在验证判断时多使用证伪法；承认思维的主观性，主张保持开放结论，以避免情报失误。"[②]如果将孙子"庙算"理论与之对比，可以立即见出孙子的简明与质朴。孙子强调对每个分析项逐一加以分析和客观比较，坚决反对掺入个人主观因素，这与西方情报分析理论不但有相似之处，且更加简单明了。

（三）以实力为中心的定量分析

关于"庙算"，美国学者罗伯特·克拉克认为，孙子已为世人提供了一种古朴的力量分析方法。在他看来，孙子所言"道、天、地、将、法"，可以分别对应现代情报分析理论中的社会因素、环境因素、地理空间因素、组织因素、领导因素。[③]可见罗伯特·克拉克也曾研究《孙子》，并有所发现和借鉴。但他明显对《孙子·形篇》的"称胜"理论有所忽视。与"庙算"相似，"称胜"理论更是一种力量分析方法，而且与罗伯特·克拉克所探讨之定量分析，在基本内容上更加接近。

孙子的"先胜"理论，格外重视军事实力营建。在《形篇》，孙子重点讨论的就是如何发展经济实力，以此提升军事实力。由此出发，孙子提出一整套定量分析法："兵法：一曰度，二曰量，三曰数，四曰称，五曰胜。地生度，度

---

①高金虎：《军事情报学》，江苏人民出版社，2017年，第275页。
②高金虎：《军事情报学》，江苏人民出版社，2017年，第275页。
③［美］罗伯特·克拉克：《情报分析：以目标为中心的方法》，马忠元译，金城出版社，2013年，第249页。

生量,量生数,数生称,称生胜。故胜兵若以镒称铢,败兵若以铢称镒。"这段话被很多人简称为"称胜"理论,其中包含两层意思:其一是如何"治形",以增强实力,使得己方立于不败之地;其二则是由数量关系出发逐层推导出实力强弱,由此考察战争成败。这其中所蕴含的,正是一种关注力量生成的定量分析方法。

孙子对定量分析的各个环节都有顺序设定。所谓"度",是土地之广狭,"量"是物产之多少,"数"是人员之众寡,"称"是力量之对比。在孙子看来,由于敌我双方所拥有的土地广狭不同,必然会造成双方在物产上的差异;因为双方物产之差异,必然会造成军队员额上的差异;因为双方军队员额的差异,必然会推导出双方军力之强弱差别;因为双方军力的强弱不同,必然会影响和决定战争之胜负。可见,孙子由国土面积之大小,经过逐级的推导之后,便可分析和推断出战争之胜负,这其实就是现代军事情报学重点关注的内容,也是定量分析的基本路径。"称胜"理论不仅论及国力和军力的培植问题,更揭示了决定战争胜负的各基本环节的逻辑关系。其中,"度""量""数""称"等概念,也可与现代军事术语中的基本国力、军事实力、军队战力等求得大致的对应。由"称胜"理论出发,我们认为孙子已初步建立起古朴的定量分析方法,可视为情报学定量分析理论的萌芽。

在西方,以罗伯特·克拉克为代表的定性力量分析法重点关注以下内容:1. 在过去几年,哪些力量影响这一实体(组织、形势、行业、技术领域)?2. 过去哪五种或六种力量比其他力量具有更大的影响力?3. 未来数年内,哪些力量预计将对这一实体产生影响?4. 未来哪五种或六种力量比其他力量具有更大的影响力?5. 问题2和问题4的答案之间有哪些根本差别?[1]如果将孙子的"称胜"理论与之对比,我们不难看出二者关注内容大体趋同,只是罗伯特·克拉克列举条目更为广泛,对定量分析的既定范畴做了更多的切割处理。从这个角度来看,罗伯特·克拉克在讨论定量分析法时只提及"庙算",却对"称胜"理论丝毫未曾提及,多少是个缺憾。

无论是"庙算",还是"称胜",孙子的定量分析方法,关注的核心内容都是军事实力,着眼点是能否在战场上击败对手,其目的性非常明显。在笔者

---

①[美]罗伯特·克拉克:《情报分析:以目标为中心的方法》,马忠元译,金城出版社,2013年,第250页。

看来,孙子的分析方法中也隐含着系统的动态分析法,"称胜"理论体现得尤为明显。这一点与西方现代情报分析理论重点关注力量的分析法,在原则和方法上都保持着一致。罗伯特·克拉克指出:情报分析理论应该关注力量分析,而力量分析有许多名称,如力场分析和系统动态分析等。作为一种分析和预测方法,力量分析必须要"找出现有力量是什么,它们在如何变化、向哪个方向变化和变化速度有多快"。[①]孙子的"庙算"理论,尤其是"称胜"理论中从"度"到"胜"这一分析方法的建立,既考察常态因素,更关注变化因素,内容丰富而且具体,逻辑严密而且完整,理应引起更多关注和研究。

毫无疑问,孙子所建立的古朴的情报定量分析法,在情报史上具有非常重要的意义。考察我国古典情报分析理论可以看出,军事家们对定量分析法谈得不多。孙子的有关理论,无疑可起到重要补充作用,也可对现代情报分析理论,乃至军事经济学的定量分析,都有一定启示意义。战国时期名著《管子》中更为细致而具体的定量分析之法,实则也是由孙子发展而来。在《管子·八观》中,作者将战略情报搜集的具体内容归纳为"八观",在完成侦察任务后要进行深入分析,也即完成"计""量"等工作,而且必须依据当时的生产力水平和战争所需人力、物力等基本情况。比如,作者认为,如果有十分之一的人去当兵,就会有十分之二的人为其提供军费和辅助劳役,那就会有十分之三的人不能务农,这样一来,全国粮食收成就要减产三分之一。这无疑是非常标准的量化分析,已对孙子"称胜"理论和定量分析方法实现了继承和超越。

(四)分析方法和分析原则

孙子对情报分析的方法和原则也约略有所提及,主要集中于《行军篇》和《用间篇》,是在论及"相敌之法"和"用间之术"时分别提出的。

在《行军篇》中孙子重点讨论的是"相敌之法",不厌其烦地罗列三十余种侦察敌情之法。[②]用今天的眼光打量,这些"相敌之法",基本属于战场侦察之法。或者说,在侦察敌情之后,又快速地对其加以分析,从而为指挥员研判敌情、下定作战决心提供依据。比如,根据敌人的言辞和行动,可以判

[①][美]罗伯特·克拉克:《情报分析:以目标为中心的方法》,马忠元译,金城出版社,2013年,第248—249页。
[②]"相敌之法"具体条目,各本存有差异,十一家注本为"三十二法",武经七书本则是"三十三法"。

断敌军的行动计划,由敌军距离我军的远近情况、选派使者情况及敌军士卒、将领情况等,可以大致判断出敌军的动向。

孙子的"相敌之法"非常繁杂,这里不再赘言。需要看到的是,孙子通过这些"相敌之法"告诉了人们情报分析的基本原则。这些"相敌之法"大多是基于战场经验的总结,甚至经过不少战争实践的检验,但在今天大多已过时。因此,我们更应看重的是其中所蕴含的哲理和情报分析原则。这些内容,我们可以简单概括为:"去粗取精,去伪存真,由此及彼,由表及里。"①贯穿其中的,则是"透过现象看本质"的思想方法。依据这些方法和原则,第一步需要大量开展具有针对性的侦察行动,第二步则是认真展开分析和研究,把各种零散的信息串联起来,通过系统分析抓住其中关键内容或带有规律性的特征。

有了这些铺垫之后,孙子在《用间篇》中进一步总结了用间和情报分析的原则:"不可取于鬼神,不可象于事,不可验于度,必取于人。"这几句话虽就用间而言,但完全可视为情报分析的基本原则。考察其具体内涵,更可得出这一印象。"不可取于鬼神"是与兵阴阳彻底划清界限,"不可象于事"意为反对从过去发生的事件简单地进行类比推断:即便已经见到的所有天鹅都是白色的,也不能判断下一次见到的天鹅仍然是白色的;"不可验于度"稍嫌费解,有人解释为"揣度",虽可说通,但似有望文生义之嫌。另一种解释是,反对根据简单的数量关系进行推断。因为"度"这个概念,孙子在《形篇》已经提及,揭示了由"度"到"胜"的逻辑关系。在《用间篇》中孙子再次提及"度",当是提醒人们不能简单地依据这种逻辑关系进行机械推导。这与《形篇》的"称胜理论"相比,又向前迈进了一步,体现了辩证精神。

孙子上述论断,至今仍具启示意义,仍可视为今天情报搜集和情报分析的基本方法和原则。如果与西方现代情报分析理论进行对比,也可看出其中高明之处。我们不妨以小理查兹·J.霍耶尔为例进行简单对比:"不可象于事"强调的正是力戒概率评估中的偏见,"不可验于度"则是反对事后偏见,"不可取于鬼神"则是力戒因果证据中的偏见,"必取于人"则不妨视为对保持开放性思维的重视。②很显然,孙子所总结的这些分析方法和原则,

①《毛泽东选集》第一卷,人民出版社,1991年,第180页。
②[美]小理查兹·J.霍耶尔:《情报分析心理学》,张魁、朱里克译,金城出版社,2015年,第148—211页。

放在今天仍不过时。

　　总之，《孙子》十三篇立足于充分掌握情报，对战争进行全面而综合的考察和分析，据此研究和总结了切实可行的战争之法，因而奠定了其兵学经典的地位。就情报分析而言，孙子同样有着突出贡献。从定性，到定量，再到定则，孙子逐步完成了情报分析理论的维度建构。[1]孙子的情报分析理论，以实力为中心，强调整体性，既有可操作性，也极具思辨色彩，不仅在中国古代情报史上树立了一座难以逾越的丰碑，也向西方情报理论界展示了东方兵学的成就和特色。

第五节　论用间之策

　　《孙子》十三篇的最后一篇是《用间篇》，集中讨论的是间谍使用之策。虽说只有五百余字，但《用间篇》对古典谍报理论有着较为系统的论述，对间谍分类、组织领导、地位作用等，都有程度不同的讨论。当然，对该篇所论用间之策我们应该抱有客观态度，既承认其无可替代的历史地位，也看清其缺失和不足。

（一）谍报术的构建

　　以"知"为核心的情报思想，是孙子兵学理论的重要组成部分。众所周知，使用间谍是中国古代重要的情报搜集手段，用间之策则是孙子情报思想的重要内容，孙子对此高度重视。在《用间篇》中，他对用间的重要作用及谍报术的具体展开等做了较为系统的总结和阐发。

　　孙子首先对用间的重要作用进行了深入揭示，对间谍工作给予了很高的评价。在孙子看来，使用间谍不仅是探知敌情的重要手段，而且也是"此兵之要，三军之所恃而动也"[2]。只有使用间谍，才能达成"先知"，这是明君贤将取得成功的基本保障："故明君贤将，所以动而胜人，成功出于众者，先知也。"[3]孙子认识到，战争行为必然会造成巨大的物资消耗，但也可以通过

---

①熊剑平：《孙子情报分析理论的维度建构》，载《解放军国际关系学院学报》，2016年第6期。

②《孙子·用间篇》。

③《孙子·用间篇》。

使用间谍来最大限度地降低损失。如果因为吝啬而不愿投入,由此造成人和物的更大损失,那就是"非人之将也,非主之佐也,非胜之主也"①。

为了强调用间的重要性,孙子提及两位上古时期的名人:伊尹和吕尚,强调指出"昔殷之兴也,伊挚在夏;周之兴也,吕牙在殷",非常明确地肯定了伊尹和吕尚曾有担任间谍、搜集情报的经历,并对他们行间所起到的作用给予了积极评价。伊尹曾深入敌后,巧妙行间,获得大量有关夏桀的情报。在返商之后,伊尹又根据自己刺探到的情报,同商汤一起研究制定灭夏方针,一举打败强敌。吕尚为了完成灭商大业,也曾从事间谍活动,策反东夷诸国叛商。古史专家王玉哲说:周人大概为了牵制纣王在西方的兵力,派遣打入商内部的间谍吕尚,入东夷为之鼓动叛商。②丁山也认为,东夷叛商与吕尚有关。③东夷的叛乱实与姬周的西线作战遥相呼应,使得商纣首尾不得兼顾,故而落败。

简本《孙子》另外还提及两名间谍,其一为卫师比,史籍无考,其二为苏秦,至今仍家喻户晓。由于苏秦所处时代为战国中晚期,有学者据此而确信《孙子》成书于战国时期。④当然,学界主流观点也认为其为衍文。⑤也有学者认为,传本中"昔殷之兴也,伊挚在夏;周之兴也,吕牙在殷"一句也是衍文,与十三篇舍事而言理的风格相悖。⑥

在《用间篇》中,孙子花费大量笔墨具体探讨和总结间谍使用之法。孙子强调,在派出间谍之前,一定要先找准用间方向。孙子指出:"凡军之所欲击,城之所欲攻,人之所欲杀,必先知其守将、左右、谒者、门者、舍人之姓名,令吾间必索知之。"⑦在孙子看来,守将等都是身处关键岗位的重要人物,因而也是刺探情报和拉拢策反的重点对象,所以一定要想方设法探知其具体姓名,不惜重金予以拉拢和策反。

孙子将"五间俱起"视为重要的情报获取途径,也对间谍进行了初步分

---

①《孙子·用间篇》。
②王玉哲:《中华远古史》,上海人民出版社,2000年,第484页。
③丁山:《商周史料考证》,中华书局,1988年,第191页。
④齐思和:《中国史探研》,中华书局,1981年,第227页。
⑤详参吴九龙主编:《孙子校释》,军事科学出版社,1990年,第248页;杨炳安:《孙子会笺》,中州古籍出版社,1986年,第208页;李零:《兵以诈立——我读〈孙子〉》,中华书局,2006年,第380页。
⑥黄朴民:《先秦两汉兵学文化研究》,中国人民大学出版社,2010年,第77页。
⑦《孙子·用间篇》。

类：因间、内间、反间、死间、生间，合称"五间"。其中，"因间"也即"乡间"。[1]对"五间"的各自内涵，孙子也进行了诠释：

> 因间者，因其乡人而用之。
>
> 内间者，因其官人而用之。
>
> 反间者，因其敌间而用之。
>
> 死间者，为诳事于外，令吾间知之，而传于敌间也。
>
> 生间者，反报也。[2]

上述"五间"定义，只"死间"稍稍难解。制造假情报并大肆宣扬，再通过潜伏敌人内部的我方间谍传递给敌间，这一过程也稍显费解。既然是"诳事于外"，深潜敌方的己方间谍都可以得知，那么敌间自然也可知悉，怕是无须通过我方间谍完成传递。也许在孙子看来，这种传递完成之后，潜伏的深间就会因为身份暴露而被杀死，故而称之为"死间"。日本樱田本关于"死间"的定义相对简明："死间者，委敌也。"对比"生间"之定义，可以明显看出二者相对成文，似乎更加合理一些。在中国流传的各本，可能系注解文字衍入。[3]但传递假情报而成为死间，历史上也经常见到。

孙子非常重视"五间俱起"，指出："五间俱起，莫知其道，是谓神纪，人君之宝也。"[4]这里所谓"俱起"，既可能是强调派出时间的一致性，也可能是强调受领任务的间谍需多样化。总之，这是孙子使用间谍的一条重要原则，强调了获取情报的多途化。"五间俱起"不仅可以对情报搜集渠道进行最大限度的拓展，也可以对派出间谍所搜集的各类情报互相加以验证，还可以在最大限度上防止外派间谍通过炮制假情报来邀功求赏，对己方的战争决策起到负面影响。

孙子于"五间"之中，又有所偏重，最重视的是"反间"。孙子认为："五间之事，主必知之，知之必在反间，故反间不可不厚也。"[5]孙子又云："必索敌

---

①张预注："'因间'当为'乡间'。"刘寅《孙武子直解》：旧本"因间"作"乡间"。《戊笈谈兵》《重刊武经七书汇解》《武经汇解》及四库本，"因"均作"乡"。

②《孙子·用间篇》。

③详细讨论可以参看熊剑平：《孙子兵法情报思想研究》，金城出版社，2019年，第111页。

④《孙子·用间篇》。

⑤《孙子·用间篇》。

人之间来间我者,因而利之,导而舍之,故反间可得而用也。"①由于是敌方所派间谍,对敌方情况有更多了解,如果成功予以策反,不仅可以破坏敌方情报活动,也可以从中获取富有价值的情报。

与"五间俱起"相呼应的是,孙子不只是对间谍的领导层,同时也对各类间谍人员提出了明确而又具体的要求,并有相应的政策主张。

对于间谍,孙子力主"重奖重罚"。他积极主张给予间谍"厚赏"和优待,所谓"赏莫厚于间"。至于厚赏之物,无非爵、禄。这是基于人性好利的特点,防止己方间谍因为不满自身待遇而被对方策反,甚至主动投敌。在"五间"之中,孙子尤其看重"反间",主张对反间应有特别之厚赏:"反间不可不厚也。"②这层道理其实也非常简单,如果不能对反间予以厚赏,则缺少诱惑其背叛的筹码。总之,身为将帅,一定不能吝啬。只有舍得投入资财,才能调动各类间谍的积极性,获取真正有价值的情报,进而取得战争的胜利。在"厚赏"之外,孙子也主张对间谍采取重罚,甚至不惜动用杀戮之法:"间事未发,而先闻者,间与所告者皆死。"③当间谍行动暴露之后,参与活动的间谍首先就会面临一死,就连所有知情人员都会被处死,这自然是极其严厉的处罚。其中既有保密需要,也可对后来者起到惩戒作用。

对担负各类任务的间谍,孙子也有明确要求,集中起来就是智力方面的要求:"上智。"孙子强调:"明君贤将,能以上智为间者,必成大功。"只有那些"上智"之间,才能担负行间重任,才能成功搜集敌情。对间谍的领导层,孙子也有具体要求,即"圣智""仁义"和"微妙"。孙子指出:"非圣智不能用间,非仁义不能使间,非微妙不能得间之实。"④在我们看来,孙子所提各项要求既互相补充,也逐级叠加。"圣智"是基本要求,对间谍领导人员的领导素质给予了明确规定,也与前文所强调的"上智"形成呼应之势。聪明的间谍需要富有智慧的领导者。"仁义"不仅是道德素质要求,同时也是领导方法的提示,可与"厚赏"互为补充。"微妙"可能是一种领导方法,也可能是一种境界要求,要求领导者具备某种不可言说的高级领导能力,故而孙子将其放在最后一项提出。

---

① 《孙子·用间篇》。
② 《孙子·用间篇》。
③ 《孙子·用间篇》。其中,"间",一本作"闻"。
④ 《孙子·用间篇》。

除此之外,关于间谍的组织领导等,孙子还有两条原则性要求。第一是"密",所谓"莫密于间"①。这层道理很好理解,所有谍报活动都必须高度保密。第二是"亲",所谓"莫亲于间"②。这其中可能包含两层含义:一方面,可能是就领导方法而言:只有"亲",才能减少不必要的中间环节,实现垂直领导,降低泄密风险;另一方面,可能也是就领导者态度而论:只有"亲",才能最大限度拉近和外派间谍的关系,使得间谍更加忠诚地服从命令,听从指挥,获得更有价值的情报。

(二)贡献与影响

孙子所论用间之策,决非玄虚之论,而是极具操作性的间谍使用指南,在古代谍报史上具有重要地位,主要体现在以下三个方面:

其一,孙子在历史上首次较为系统地构建了关于间谍使用的一整套理论体系。

在春秋之前,间谍活动偶有发生,诸如伊尹在夏、吕尚在殷等,都是富有成效的间谍行动。至于春秋之世,因为周王室式微、诸侯纷而争霸,遂引发无穷的战争,使用间谍刺探情报就此成为一种常态。在较晚的吴越争霸过程中,越王勾践甚至亲为间谍,积极搜集吴国的政治和军事情报,从而通过卧薪尝胆和"十年生聚十年教训"成功复仇。虽然丰富的间谍行动给人们留下宝贵经验和思想启迪,却一直缺少系统的理论总结。诸如《周易》这种经典著作,最多也只留下有关情报工作的吉光片羽。孙子写作十三篇兵法,不仅仅是实现了对于战争理论的系统总结,同时也对使用间谍的方法进行了较为系统的探讨。翻阅旧典不难发现,孙子的用间理论已经实现了对前人的完美超越,完成了由量变到质变的转化,从而在古代谍报史上竖起了一座难以逾越的理论丰碑。

考察上古时期情报实践活动可以看出,孙子的用间理论并非无源之水,它是上古时期间谍活动实践的产物。尤其是春秋时期,丰富的情报活动对孙子写作《用间篇》起到了催化作用。在《用间篇》中,孙子所提伊尹和吕尚,其成功经验和用间谋略,都不可避免地会对孙子产生重要影响。大量间

---

① 《孙子·用间篇》。
② 《孙子·用间篇》。

谍行动的成功,令孙子更加重视情报工作,更加重视间谍的使用,对间谍地位和作用的认识也就此变得更加明晰起来,故而力倡明君贤将要努力做到"以上智为间",更相信此举"必成大功"。

孙子重视使用间谍,其实也与其"兵以诈立"①的思想保持一致。孙子一贯主张诡道用兵,故而重视情报,重视使用间谍。因为诡道用兵的需要,他对间谍也提出了"上智"的要求,这其实与十三篇倡导诡诈之术的总体风格保持一致,是上古兵学由"仁本"向"诈立"转变的必然结果。上古时期那种"动之以仁义,行之以礼让"②的战争之法,包括"以仁为本"的战争观念等,都被彻底抛弃。孙子主张"上智为间"和"五间俱起",敏锐地抓住了上古时期兵学思想的发展脉搏,无疑具有深刻的历史意义。《用间篇》对用间之策的精彩论述,也是这种发展转变的生动注脚。

其次,孙子在历史上首次冷峻而深刻地揭示了间谍与战争的关系。

孙子坚信间谍能够为战争获胜提供重要保证,明君贤将也可以通过巧妙用间而"必成大功"。孙子比较了用间与战争两种行为的消耗,很清楚其中的大小之别。孙子指出,战争一旦发起,就必然会造成"日费千金"的巨大消耗,如果是"相守数年",则消耗更大。与之相比,用间的成本则远远为低,最多只是花费"爵禄百金"。如果将这二者进行对比,孰小孰大,一目了然。所以孙子告诫将帅,必须要舍得花费"爵禄百金"来巧妙行间,因为这是花小钱办大事,可以最大限度地降低战争成本。

更为可贵的是,孙子认为情报搜集和情报分析必须要坚持"三不可"原则,即"不可取于鬼神,不可象于事,不可验于度"③。所谓"不可象于事",就是反对简单地从过去的事件进行简单推断;所谓"不可验于度",即反对根据简单的数量关系进行推断,或者说反对封建迷信活动;所谓"不可取于鬼神",则是彻底地与兵阴阳划清界限。故此,孙子强调"必取于人",重视间谍的作用,充分发挥人的主观能动性。

除此之外,孙子还冷峻地揭示了"用间必用死间"的主张。这种看似冷酷的言论,其实是基于对间谍与战争关系的深刻认识而提出的。孙子认为,要

---

①《孙子·军争篇》。
②《汉书·艺文志·兵书略》。
③《孙子·用间篇》。

想打赢战争就必须使用间谍搜集情报，如果使用间谍就一定要使用死间。这其实也是牺牲局部利益保全整体利益，客观而又务实。

再次，孙子的用间理论对中国古代谍战史和情报史产生了深远的影响。

在孙子之后，很多优秀将领都非常重视情报工作，不同程度地受到孙子的影响。他们研习或袭用孙子的用间之策，高度重视使用间谍，进而成为战争的主宰者。从古代兵书的撰述，也可明显看出这一特征。明代学者茅元仪在总结孙子兵学的影响时指出："前《孙子》者，《孙子》不遗；后《孙子》者，不能遗《孙子》。"①就中国古典谍报理论的发展来看，也基本符合这一特征。后世兵家讨论用间之策，鲜有不受孙子影响者。即便偶有批评之声，也是试图"以破求立"，很难摆脱孙子的影响。这一现象即便在儒家思想取得统治地位，孙子的诡诈思想备受批评之后，仍然存在。悄悄使用间谍，仍是杰出军事将领的共识。间谍本属无名英雄，但历代都不乏留下姓名的重要间谍，比如汉代末年的张松、五代时期的马景、宋代的法嵩、明代的夏正等等。谍战史上众多精彩案例，生动诠释了孙子以"五间俱起"为核心的谍报理论的重要性，也说明了重视情报工作和使用间谍能够收取战功的道理。

中国古代诞生了难以计数的兵书，大多继承了孙子的用间理论，也有少数作品尝试在某个环节进一步深入，如《唐太宗李卫公问对》《太白阴经》《翠微北征录》《武经总要》《纪效新书》《投笔肤谈》等。此外还有大量研究专家深入研究孙子用间之策，为我们留下了数量不菲的精彩注解之作，其中之精华基本收录在《十一家注孙子》《武经七书汇解》《武经七书直解》等书。他们在完成对孙子的注解之余，也有不同程度的发展。但从总体上打量，仍可视为《孙子》之余绪。

（三）缺失与不足

孙子初步构建了较为系统的谍报理论，历来受到广泛赞誉，但也并非完美无缺。在笔者看来，其中至少存有以下不足。

第一，对困难或失败的讨论有欠深入。在《用间篇》中，孙子对自己所设计的用间之策颇为自得，甚至发出"微哉，微哉"的感叹，但他对于用间可能遇到的各种困局，明显估计不足。孙子对于失败，并非完全没有讨论，比如

---

① 《武备志·兵诀评》。

他指出过一种失败情况："间事未发而先闻。"这其实是泄密现象，而且已经造成不良影响。不管是什么原因造成失败，孙子的处理办法非常简单，那就是杀人："间与所告者皆死。"他主张将包括间谍在内的各类知情人员一律处死。这固不失为一种补救之策，但也显得过于简单。在电视剧《潜伏》中，发现翠平暴露之后，余则成并没有采取简单杀人的办法，而是精心设计圈套，告诉别人窃听所得来的录音也存在造假可能，结果由此而成功解救了翠平。此时如果简单杀人，不仅于事无补，反而会陷入更大的被动。由此可见，即便是针对失败，也可以采取灵活的处置方法，比如将错就错，设计出另外一种诱敌深入之计，应该会比简单杀人效果更好。

从总体上来看，孙子对于自己设计的这一套用间之策颇为自负。受此影响，清代朱逢甲甚至认为用间可以包办一切，因此孜孜不倦地撰写《间书》，就此走向一个极端。在历史上，也有一些军事家和政治家看到了用间可能面对的种种困难，也进行了较为深入的讨论，无疑比孙子更为清醒。明代著名兵书《投笔肤谈》，也深入探讨了情报工作和间谍使用之策。作者认为使用间谍刺探敌情并非易事："敌情亦难得……敌不示我以情，亦犹我不以情示敌也。"[1]很显然，敌我双方都会高度重视重要军事机密的保密工作，间谍再为高明，也必然会遇到对手种种反情报措施的掣肘。《投笔肤谈》的认识，较诸孙子显然更为客观，更加冷静。

第二，对于间谍的分类尚显粗糙。如前所述，孙子对间谍作过五分法："因（乡）间、内间、反间、死间、生间。"但是如果细究起来，这五分法并不符合现代逻辑学的标准，因为其中采用了多个标准，也就此造成各子项内涵交叉的情况。比如"因（乡）间""内间"和"反间"，似就身份地位而分，"死间"和"生间"显然是依据间谍生存状况而分。多重标准的出现，必然会造成各子项目之间的重叠和交叉。可知孙子的"五间"之分，只是一种粗浅的尝试，如果以现代逻辑学的分类标准绳之则非常值得商榷。

虽说孙子的分类并不周延，但他的分类法在历史上产生了深远影响。人们采用孙子的标准，对一些著名间谍进行归类，往往会出现各种困难。据《通典》，李靖曾将间谍分为八类："间其君、间其亲、间其贤、间其能、间其

---

①《投笔肤谈·敌情》。

助、间其邻好、间其左右、间其纵横者。"①这种分类方法仅持单一标准——就用间对象而论，虽说有不少是离间，但显然较孙子有了很大进步。

清代朱逢甲在撰写《间书》时，在分类方法上完全因袭孙子，故而所列间谍，有不少都出现归类上的疑问，多少显得混乱。②这种混乱之源，其实是孙子的《用间篇》。孙子对间谍的粗糙分类，被朱逢甲不加辨别地忠实继承。

第三，对用间过于迷信，只言用间之利，罕及用间之害。孙子论兵，非常强调"杂于利害"，认为"智者之虑，必杂于利害"③。遗憾的是，在讨论用间之策时，这一用兵原则被孙子所遗忘。从《用间篇》中我们可以看出，孙子出于对用间术的自负，甚至发出"微哉，微哉，无所不用间也"之类的感慨。这种自得之情曾在《虚实篇》出现④，又贯穿于《用间篇》，当是孙子写作时真实心境的一种折射。孙子避谈用间之害，应该也是这种自得之情使然。

孙子的这一缺失，受到后世军事理论家的批评。著名兵书《唐太宗李卫公问对》基于"水能载舟亦能覆舟"的道理，对用间提出了批评。作者认为用间也许可以取得成功——"或用间以成功"，但也会有带来危害——"或凭间以倾败"，甚至认为"孙子用间最为下策"。⑤虽略显偏激，但在对待用间的态度上，反倒符合孙子"杂于利害"的辩证思维。

宋代学者苏洵非常认同《唐太宗李卫公问对》对用间的批评态度，不仅指出"能以间胜者，亦或以间败"，⑥还总结用间存有"三败"的危险：

> 吾间不忠，反为敌用，一败也；不得敌之实，而得敌之所伪示者以为信，二败也；受吾财而不能得敌之阴计，惧而以伪告我，三败也。夫用心于正，一振而群纲举；用心于诈，百补而千穴败。⑦

或是因为背叛而传递假情报，或是由于能力不足而被敌军所误导，谍报术如果运用不当，也会酿成败局。应该承认，苏洵对用间的辩证态度是值得

---

①《李卫公兵法》，见《通典》卷一五一。
②已有学者就此提出批评，比如储道立：《〈间书〉述评》，载《军事历史研究》，1992年第2期。
③《孙子·九变篇》。
④《孙子·虚实篇》："微乎微乎，至于无形；神乎神乎，至于无声，故能为敌之司命。"
⑤《李卫公问对》卷中。
⑥《权书·用间》。
⑦《权书·用间》。

肯定的。这一点也为明清时期部分学者所继承,明代兵书《投笔肤谈》更为具体地总结了用间之害:"凡间谍之人,或望敌之风,而传伪于我,或被敌之虐,而泄情于彼,此皆覆败之所关也。"[①]在作者看来,用间只能是"可用而不可恃"[②]。就这一点而言,《草庐经略》等兵书,态度与其仿佛。他们并没有将《孙子》视为无懈可击的理论体系,也没有将《用间篇》视为包打天下的万能宝典,由此而能对谍报理论贡献新见。

第六节　论反情报

从情报学的角度来看,情报与反情报不可分割,二者之间,"表面上看相互对立,实际上相辅相成"。[③]反情报始终是情报工作不可忽视的重要内容。也许正是基于这一认识,孙子在大量探讨古典情报理论的同时,也对反情报进行了深入研究,不仅重视用间及战术行动中的保密工作,还就如何展开情报欺骗有所探讨。

(一)拒止:对保密的强调

所谓"拒止",主要是指"防止敌对情报机构接触敏感信息"。[④]与此同时,防止敌方的策反和渗透行为等,也被视为"拒止"。[⑤]这些都是反情报的常见措施。孙子高度重视反情报,十三篇兵法从多个角度强调保密工作的重要性,对保密的具体展开之法进行了探讨,与现代情报学所言"拒止"不无契合之处。在孙子看来,保密工作应贯穿于军事情报活动的始终,情报工作也应被视为军事斗争中的最高机密而受到特别重视。

第一是做好战争决策和战术设计过程中的保密工作,高度重视军事行动展开之前的拒止措施。这一点在《九地篇》体现得最为明显。该篇是探讨战略奔袭的名篇,集中总结了深入对方腹地的奔袭战法。就这一战法,孙子也对情报和反情报工作提出了明确要求。他强调战略决战发起之前,必须

---

① 《投笔肤谈·谍间》。
② 《投笔肤谈·谍间》。
③ 高金虎:《试论反情报》,载《保密科学技术》,2013年第9期。
④ 高金虎:《反情报措施研究》,载《保密科学技术》,2014年第6期。
⑤ 高金虎:《反情报措施研究》,载《保密科学技术》,2014年第6期。

要做到"夷关折符，无通其使，厉于廊庙之上，以诛其事"。①所谓"厉于廊庙之上"，意即在庙堂之上进行推敲和计议，通过反复计算和商讨来决定战争行动各种具体步骤。"夷关折符"，意指封锁重要关口，及时地废除已经颁发的通行凭证。至于"无通其使"，意思更为简明，即不与敌方使节相互往来。至于其中缘由，梅尧臣注语非常明确："使不通者，恐泄我事也。"②德国军事家克劳塞维茨说过："秘密和迅速是出敌不意的两个因素。"③孙子在强调"夷关折符，无通其使；厉于廊庙之上，以诛其事"等保密措施之后，同样追求"敌人开阖，必亟入之"④的速决战，达成出敌不意的作战效果。《九地篇》中的这段话对战争行动发起之前的保密工作有着非常明确的要求。及时封锁关口和销毁通行符证，断绝与敌国使者的往来，都是出于拒止措施的需要，也是战争行为的本质要求。如果不慎泄露军机，将会立即导致战争主动权的丧失，敌方也会反客为主，战争局势瞬间就会发生逆转，甚至导致全军溃败。

作战行动无外乎进攻和防守两种基本样式。进攻战需要做好保密工作，防守也然。一方进入防守状态，另一方必定会采取各种手段伺机窥探其军情机密，因此在制定防守之术时，同样需要做好保密工作。孙子认为，真正懂得防守的将领，一定首先要将己方很好地隐藏起来，如同隐藏在很深的地下："善守者，藏于九地之下。"⑤这里强调的仍然是反情报工作。只有做好有效的拒止措施，才能实现"自保而全胜"⑥的作战目标。也就是说，善守必须要做到善藏，保住己方作战意图和兵力部署等机密，是确保防线牢不可破的前提，也是取得胜利的基础。

第二是在军事行动展开前后严控知密范围，甚至不惜采用"愚兵"之术。

军事行动事关国家和军队的生死存亡，军队的作战意图、兵力部署及作战计划等，必须要严格管控知悉范围，确保重要机密不会被有意无意泄露，从而保证军事行动的有序展开。因此，对于己方将士，不仅要要求他们严守

①《孙子·九地篇》。
②杨丙安：《十一家注孙子校理》，中华书局，1999年，第264页。
③［德］克劳塞维茨：《战争论》，中国人民解放军军事科学院译，商务印书馆，1978年，第210页。
④《孙子·九地篇》。
⑤《孙子·形篇》。
⑥《孙子·形篇》。

机密,同时也要注意控制知密范围。现代条件下的处理方法是,对军事秘密实施分级管理,按照秘密、机密、绝密这几种等级,分别划定知悉范围:"信息越敏感,越需要小心保护,有权接触的人也就越少。"①对于这种"知悉权"的控制,是保密制度建设的重要内容,而且也在随着现代科技的发展和安全保密形势的变化而变得越发严格,为孙子的时代所不可比拟。当然,孙子并非没有注意到这一问题。在笔者看来,孙子所论愚兵之术,便是对控制"知悉权"的初步探索。

愚兵之术见于《九地篇》。孙子指出,"能愚士卒之耳目,使之无知;易其事,革其谋,使人无识;易其居,迂其途,使人不得虑",又要求"焚舟破釜,若驱群羊,驱而往,驱而来,莫知所之"。这就是说,将帅在必要之时要学会蒙蔽士卒的耳目,不能让他们知晓军机要事。与此同时,还要善于临时变更作战部署,让人摸不着头脑。不仅如此,为做好保密工作,还要学会要经常改换驻地,善于迂回行军,令人无法揣测己方意图。当将帅率领部队深入敌国时,就像是驱赶羊群那样,驱过来,赶过去,士卒只知道听从指挥,并不知道自己究竟会被派往哪里。这就是"犯之以事,勿告以言;犯之以利,勿告以害"②,采取选择性告知。为了搞好保密工作,只需驱使士卒积极参战,但不必向他们说明意图或能够达成的目标。或者是只告诉他们执行任务的好处,不让他们知道其中的危险。这一系列愚兵之术,目的就在于使人"无识"和"不得虑",这当然非常有利于保守军事机密,防止被士卒有意无意泄露出去。孙子所论愚兵之术与"出其不意"的战法保持一致,是高度重视保密的产物,是控制军事机密"知悉权"的举措。这一措施也许启发了现代的秘密分级管理制度,并未被完全淘汰,甚而在现代军事行动中仍具有实际运用价值。

第三是通过严惩泄密人员降低损失,并起到警示教育作用。尽管孙子强调保密,甚至主张使用愚兵之术等严格保守军事机密,但也无法完全杜绝失泄密事件的发生。一旦发生此类事件,孙子主张予以严惩,而且是当机立断,迅速而又果断地采取严厉的惩罚措施。比如在《用间篇》中,孙子认为,间谍行动尚未开展之前就出现泄密情况,那就要将泄密人员都定为死罪:

---

①高金虎:《反情报措施研究》,载《保密科学技术》,2014年第6期。
②《孙子·九地篇》。其中,"犯之以利,勿告以害",汉简本作"犯之以害,勿告以利"。

"间事未发而先闻者,间与所告者皆死。"这句话道出了孙子惩治泄密人员的严厉态度,那就是严惩不贷。不仅要斩杀泄密的间谍,而且要斩杀所有知晓秘密的人员。对于大范围惩处的原因,宋代学者梅尧臣曾有揭示:"杀间者,恶其泄;杀告者,灭其言。"①大概在孙子看来,唯有如此才能力挽狂澜,防止因泄密而造成更大的损失。这样就可以尽量缩小知密范围,尽最大努力保护全局利益不受损害,同时还可以对全体将士起到警示作用。

很显然,孙子所制定的这一惩罚措施,得到了历代注家的认同。唐代陈皞肯定其"俱杀以灭口"的作用,何氏则强调了"兵谋大事,泄者当诛"这一合法性。②今天的保密工作要求"泄密必究",同样强调惩处的作用。对于军事秘密,从古至今的态度都是一以贯之,对于泄密事件也都是持零容忍态度。制定合理的惩罚措施非常必要,它们是保证各项反情报措施得到落实的根本。

(二)欺骗:"形人之术"的设计

广义的反情报,不只是"保卫本国免受敌方情报机构侵害",同时还包括"为此目的而开展的行动"。③既然如此,为达成这一目的而展开的各种欺骗术,也便成为反情报措施的重要内容。④顺应这一逻辑,孙子所设计探讨的各种诡诈之术,尤其是为夺取战争主动权而设计的"形人之术",都以欺骗作为中心内容,而且多围绕情报活动而展开,因此完全符合现代情报学的反情报概念。作为扭转时代风气的军事家,孙子不仅强调"兵以诈立"⑤,同时力主"兵者诡道"⑥,这在战争史上具有划时代的意义,"形人之术"的总结和探讨,在情报学术史上同样具有引领风气的作用。

孙子在《计篇》便强调"兵者,诡道",认为战争全程充满了智力对抗。为夺取战争胜利,敌对双方必然会在各个层面施展欺骗之术。哪一方骗术更为高明,便拥有了更多胜算。不仅如此,为了防止敌方的欺骗与渗透等,还

---

① 杨丙安:《十一家注孙子校理》,中华书局,1999年,第298页。
② 杨丙安:《十一家注孙子校理》,中华书局,1999年,第298页。
③ [美]艾布拉姆·N.舒尔斯基:《无声的战争:认识情报世界》,罗明安、肖皓元译,金城出版社,2011年,第159页。
④ 高金虎:《反情报措施研究》,载《保密科学技术》,2014年第6期。
⑤ 《孙子·军争篇》。
⑥ 《孙子·计篇》。

必须积极研究和采取各种反制措施,用更高明的欺骗手段去迷惑对手,麻痹敌军。孙子在《计篇》对此进行了较为系统的总结:"能而示之不能,用而示之不用,近而示之远,远而示之近。利而诱之,乱而取之,实而备之,强而避之,怒而挠之,卑而骄之,佚而劳之,亲而离之。攻其无备,出其不意。"这些内容或可统称"诡道之法",意在打破常规,出奇制胜。孙子主张通过毫无定势的谋略欺骗,使用全方位和多层次的欺骗手段,令对手出现错误判断。在与对手角力的过程中,需要不断制造和释放假情报,使得对方真假难辨,产生思维混乱,直至陷入我方精心营造的陷阱之中,并在误导之下做出错误选择,丧失胜机。这些诡道之法的核心原则是"攻其无备,出其不意",终极目标则是战胜对手,主要依靠的则是情报欺骗。比如"能而示之不能"需将己方的真实能力隐藏好,"近而示之远"则需将己方真实的进兵路线和决战地点等很好地隐瞒。这些都需要依靠情报欺骗的大量运用。

"形人之术"主要见诸《虚实篇》,在目标与原则上都与上述"诡道之法"一脉相承。基于诡道用兵的思想,孙子进一步总结探讨示形动敌的方法,主张通过释放各类假情报来迷惑敌人,精心制造各类假象来误导对手。"示形"与"动敌"紧密相连,通过"示形"这种欺骗措施,可以不间断地释放假情报令对方做出错误判断。"示形"是"动敌"的前提和基础,而"动敌"则是"示形"的最佳效果。[1]其具体实施办法有"以利诱之,以害驱之"及"佚能劳之,饱能饥之,安能动之",所要达成的目标则是"形人而我无形"。这里的"形人而我无形"包含了两层意思:一方面是"形人",即通过多种手法来探知敌人的虚实;另一方面则是"无形",即巧妙地隐藏己方的战略意图,令对手无法摸清虚实。这两方面加在一起,才是一个完整的"形人之术"。这可以视作调动敌人的手法,也为敌情侦察提供了方法和原则。当然,孙子进一步的目标是希望通过"形人之术"实现"我专而敌分",进而达成"以众击寡"和"避实击虚",最终击败对手。这既是《虚实篇》的主题,同时也是十三篇兵法的重要主题之一。

"无形"一词指出了"形人之术"的最高追求,同时也为反情报工作设定了最高目标,即最大限度地保护己方的军事机密。孙子说:"形兵之极,至于无形;无形,则深间不能窥,智者不能谋。因形而错胜于众,众不能知。人皆

---

[1] 黄朴民、熊剑平:《〈孙子兵法〉精解》,中国城市出版社,2017年,第128页。

知我所以胜之形,而莫知吾所以制胜之形。"①从中可以看出,孙子所言"无形",是要求反情报工作足以蒙蔽深潜的间谍以及老谋深算的敌军,并能成功隐匿己方踪迹与作战意图。在这段话中,"形"字多次出现,显然是一个关键字,以欺骗为主要内容的反情报手段都围绕"形"而展开。"形兵"的最高境界为"无形",也是就保守军事机密而言的。孙子认为,只有充分做好反情报工作,才能获得"因形而错胜"的机会,顺利完成战术机动,进而实现"应形于无穷"。既然对方无机可乘,己方则可以立于不败之地。

接下来,孙子还深刻论述了"备人"之术:"故备前则后寡,备后则前寡,备左则右寡,备右则左寡。无所不备,则无所不寡。"②"备",意指防守。"备人之术"既可视为防守之术,也可视为反情报,是就情报工作的防守之道而言的。"备人之术"与"示形之术"联系在一起打量,不仅能更好理解孙子的"攻守之道",也能对孙子的反情报思想有着更加深入的体察。孙子通过对"备人之术"的总结,就如何达成"我无形"提出了原则和方法,那就是多做有针对性的布防,力戒不分主次和处处分兵。就反情报而言,也应遵循这一道理,同样需要抓住重点。如果过分追求"面面俱到",那就很可能造成"面面俱失"的被动局面。

(三)重视反间的运用

"五间俱起"是孙子在《用间篇》中提出,主要就侦察和搜集敌情的展开方法而谈的。孙子将间谍分为"因间""内间""反间""死间"和"生间"五种,分别赋予不同的功用。重视"五间",不仅是情报工作的重点内容,同时也与反情报密切相关。由于这些侦察措施的存在,孙子的反情报理论也明显带有积极进攻的一面。在这"五间"之中,"反间"尤为孙子所重,也尤其值得从反情报角度进行深入探究。反间谍始终是反情报活动的一项重要内容,③在特定条件之下,还会发挥显著功效,例如拿破仑帝国时期。④按照高金虎的解读,反间的运用本身还包含从侦察到欺骗的一个连贯过程。⑤双

---

① 《孙子·虚实篇》。
② 《孙子·虚实篇》。
③ 戴艳梅:《当代反情报活动概念的拓展研究》,载《现代情报》,2005年第11期。
④ 刘强:《情报工作与国家生存发展:基于西方主要国家的历史考察与思考》,时事出版社,2014年,第380页。
⑤ 高金虎:《军事情报学》,江苏人民出版社,2017年,第386页。

重间谍也是传递虚假信息的重要手段。"通过双重间谍,反情报机构可以巧妙地将真实情报与误导性情报混在一起,并由双重间谍提供给敌方,以误导敌方。"[①]孙子重视反间,不仅是看到其在侦察敌情方面所起的作用,更看重其对粉碎敌方情报活动方面所起到的不可替代的作用。

孙子重视用间,是基于刺探敌情的考虑,也会对反情报起到显而易见的作用。就保护军事机密而言,仅依靠拒止措施尚不足以阻挡对方无孔不入的侦察和刺探活动。采取积极主动的措施,提早查明敌对势力的情报活动,便可以将敌方的企图扼杀于摇篮之中,也可以对其采取必要的反制措施。或许也是基于这一层原因,美国情报专家马克·洛文塔尔将反情报分为情报搜集型反情报、防御性反情报和进攻性反情报三种类型。[②]中国学者张晓军也认可将反情报活动分为进攻型和防御型,并视为整个情报流程的重要组成部分。[③]孙子重视"五间",格外重视反间,当是基于类似考量。孙子指出:"五间之事,主必知之,知之必在于反间,故反间不可不厚也。"[④]从这句话中,我们不难看出孙子对于反间的重视。钮先钟认为:"在古代的封闭社会中,我方派出的间谍要想深入敌国内部非常不容易,其所能搜集的信息几乎都是只限于表面化的东西,而不可能获得真正的机密。因此,孙子遂特别重视反间的利用。"[⑤]孙子重视反间,固然与当时社会历史条件背景有关,同时可能还有其他原因。比如就反情报而言,反间的运用可以及早预防和破坏敌方的情报侦察活动。

有鉴于此,我们有必要更为细致地考察一下孙子所说的"反间"。孙子指出:"必索敌人之间来间我者,因而利之,导而舍之,故反间可得而用也。"[⑥]这其中共包含四个步骤,即"索""利""导"和"舍"。这四个步骤缺一不可,而且环环相扣。第一步,"索敌人之间",这是发现和抓捕间谍的过程。这项工作是实施反间的前提,需要经过长期而细致的准备工作,例如设点检查、控制人员流动、人员甄别、审讯、调查、渗透等。只有通过这些扎实

①高金虎:《反情报措施研究》,载《保密科学技术》,2014年第6期。
②[美]马克·洛文塔尔:《情报:从秘密到政策》,金城出版社,2015年,第216页。
③张晓军:《美国军事情报理论研究》,军事科学出版社,2011年,第56页。
④《孙子·用间篇》。
⑤钮先钟:《孙子三论:从古兵法到新战略》,广西师范大学出版社,2003年,第111页。
⑥《孙子·用间篇》。

的准备工作，才能准确找到敌方所派间谍。第二步是"因而利之"，也即对敌进行策反，需要必要的奖励。孙子主张厚待间谍，在策反敌方间谍之时更要拿出最优厚待遇，通过重金相诱，使得敌间转而为我所用。第三步是"导之"。有时仅靠物质利益并不能打动敌间，还需从精神层面展开攻势，包括使用仁义道德学说等有效说辞来说服敌间，促使其为我所用。"导之"时常也有存在的必要。最后一步是"舍之"，在赋予其全新使命之后，释放间谍，等待其搜集敌情，如同我方所派间谍。这里的"舍"，意为释放、放行。①

　　考察孙子对于反间的运用，更可看出其用间思想的高明。孙子之所以重视用间，又格外重视反间，也许是因为间谍活动——或谓人力情报，是其时获取敌情的最主要手段。重视反间，不仅能够有效实现拒止，防止敌间渗透和窃取情报，构筑坚实的反情报体系，同时还可以因势利导，及时搜集到敌方重要情报，对敌方的间谍活动有所掌握。越是敌方深信不疑的间谍，越需加大投入，并全力予以策反。通过反间来传递假情报，更加具有迷惑性，更容易误导敌方，是一种投入小而收效大的好办法。在情报对抗过程中，也可以立即变被动为主动，变消极为积极。在科学技术高度发达的今天，各种反情报手段日趋完善，但仍应重视反间，并将其视为保护国家核心机密的重要手段之一。

---

① 黄朴民：《〈孙子兵法〉解读》，中国人民大学出版社，2008年，第298页。

第十章 评价与影响

《孙子》是一部伟大的兵学经典,因为其不朽的思想价值而受到广泛赞誉。汉末著名军事家曹操给予《孙子》很高的评价:"吾观兵书战策多矣,孙武所著深矣!"①两千多年来,《孙子》对中国古代军事历史和军事文化等,都产生了深远影响。但与此同时,也有不少失当评价,其中不乏人为拔高之举。如何客观评价《孙子》的历史地位,正确看待孙子兵学的历史影响,同样是孙子研究的重要论题。

第一节 "包四种"驳议

长期以来,我们都习惯于赞美《孙子》兵学思想的系统性和深刻性。作为一部兵学经典,六千言的《孙子》确有其无可否认的价值。但是,如果我们将其视为包治百病的万能良药,或者是无所不包的百科全书,就是过犹不及的失当评价。比如,前人就曾对《孙子》有过"包四种"之类的评价,将其视为有关古典兵学的百科全书,这显然有失允当。对于这些失当评价,今人多有盲从,故不容不辨。

(一)兵家四种

所谓"兵家四种",也称"兵四家",是汉人对先秦兵学流派的总结。先秦时期,尤其是春秋末期到战国末世,连绵起伏的战争,给兵学的快速发展提供了条件。汉代初年,张良、韩信奉命整理前朝兵书,共得182家。②到了汉成帝时,朝廷下令第二次整理兵书,所得之数已有萎缩。当时,任宏受命校理兵书,共得兵书63家,1191篇。③《汉书·艺文志》中著录兵家为53家,

---

①《魏武帝注孙子·序》。
②许保林:《中国兵书通览》,解放军出版社,2002年,第19页。
③《汉书·艺文志·兵书略》。

790篇,进一步呈萎缩之势。虽说各个时期统计数字不一,但都足以说明春秋战国时期兵学发展的繁荣境况。①

汉代人曾对先秦时期精彩纷呈的兵学著作进行过系统整理,并按各自特点归纳为"兵四家",也即四个兵学流派,分别为:"兵权谋""兵形势""兵阴阳"和"兵技巧"。据《汉书·艺文志》,四家之特点分别如下:

> 权谋者,以正守国,以奇用兵,先计而后战,兼形势,包阴阳,用技巧者也。
>
> 形势者,雷动风举,后发而先至,离合背乡,变化无常,以轻疾制敌者也。
>
> 阴阳者,顺时而发,推刑德,随斗击,因五胜,假鬼神而为助者也。
>
> 技巧者,习手足,便器械,积机关,以立攻守之胜者也。

上述"兵四家"中,"兵权谋"被列为首位,一般视其为"将帅之学",约略相当于今日之战略学。当然,汉代所言"兵权谋"尚有"兼形势、包阴阳、用技巧"的特点,那么它在汉代人眼中,实则为军事百科全书,因为其具备了无所不包的特点。"兵形势"似侧重于作战指挥,注重阵法的运用,讲究兵力的机动,主张使用精兵锐卒快速制敌。"兵阴阳"关注更多的则为天时、地利,这其中固然包含有不少自然科学知识,但同时也有大量的阴阳五行思想和神鬼论,由此而具有"假鬼神而为助"的特点。这在今天看来,不免带有唯心的成分。人们经常批评我国古典兵学掺杂封建迷信,甚至"恒与术数相出入"②,与"兵阴阳"大量充斥其中不无关系,古典兵学因此而沾染了许多荒诞不经的内容,比如望气、遁甲等。这其实是兵阴阳理论糟粕长期恶性发展的结果。"兵技巧"则非常注重士卒层面的实用之学,关注部队的军事训练、士兵的军事素质、装备的维护保养及战阵的布列操练等。

需要指出的是,"兵四家"的分类,如果按照今日逻辑学标准,其实存有很大问题。因为四个并列的子类,前一个可以包含后面三个,这也许是因为分类标准不统一,也许是因为兵书林林总总,形式多样,情况复杂,很难明晰

---

① 《汉书·艺文志》著录兵家53家,对于少出之10家,班固曾出注说明。如果考虑到秦火等因素,汉人所得到数字,即便取其最大值,也一定还有不少遗漏。

② 《四库全书总目·子部》。

地进行简单分类。

《汉书·艺文志》所列"兵权谋"共计13家,259篇,其中大多已失传。其中,"《吴孙子兵法》八十二篇"和"《齐孙子》八十九篇"分列前两位,学术界一般认定为孙武和孙膑的兵法。今日所见兵书,无论是《孙子》十三篇或新出土的《孙膑兵法》,仅就篇目数来看,都存在着很大出入。另一本著名兵书《吴子》,人们也认为其著录于"兵权谋"。《汉书·艺文志》著录"《吴起》四十八篇,有《列传》",今本《吴子》实则只有六篇,篇目数同样存在很大出入,历史上散佚太多。《公孙鞅》《范蠡》《大夫种》等其他兵书,《汉书》著录篇数不多,基本都已失传,详情已不可考。除这些兵书之外,班固注语中还提及一些:"省《伊尹》《太公》《管子》《孙卿子》《鹖冠子》《苏子》《蒯通》《陆贾》《淮南王》二百五十九种,出《司马法》入礼也。"①从班固的注语可以看出,他在采录《七略》时,于此处已有不少改动。其中所提及的兵书,大多早已失传。《司马法》在历史上被公认为兵书,同样散佚较多,因为书中大量论及古军礼,故而被班固编入礼部。当然,由于散佚严重,这本兵书是否也能"包四种",我们也无从知晓。至于《管子》等书,其中确有大量论兵内容,也在很长时间之内被视为兵书,似乎可当成"包四种"。

对照《汉书》中"兵权谋"的定义,除了需要探讨战略学这样的权谋之术外,尚需"兼形势、包阴阳、用技巧",但今天可见诸书都大致与之吻合。无论是新出土的《孙膑兵法》,还是被班固所省减的《管子》《鹖冠子》等,其内容大多较为芜杂。有关古典兵学的各方面内容,在书中都有或多或少的论述。今本《吴子》《司马法》都有较多残缺,仅从现存部分篇目来看,似乎也已具备"兵权谋"之特征。

"兵权谋"既然被列为四家之首,想必其地位最高。从今天所见兵书来看,这些书确实代表了当时兵学研究的最高水准。至于《孙子》,传统视为《吴孙子》,被列为兵权谋之首,地位自然更高。(当然,在笔者看来,《孙子》和《吴孙子兵法》很可能不是一种书,前面讨论著录问题时已有讨论。)在历史上,人们早已习惯了堆在《孙子》身上的各种好评,并且从来都不惜溢美之词。其中评价最高的莫过于宋人郑友贤和明人茅元仪。茅元仪曾评价《孙子》是"前后不遗",给予充分肯定。宋代郑友贤则有过之而无不及。在《十

---

①《汉书·艺文志》。

家注孙子遗说并序》中,他曾将《孙子》与群经之首的《周易》进行了对比,并对《孙子》作出如下评价:

> 武之为法也,包四种,笼百家,以奇正相生以为变。是以谋者见之谓之谋,巧者见之谓之巧,三军由之而莫能知之。

这段话中,郑友贤将《孙子》誉为"包四种,笼百家"的军事著作,给予了很高的评价。郑氏所谓"百家",显系泛指。到底指哪百家,我们也不得而知。此语无外乎是对《孙子》兵学思想的广袤深邃所做出的一种赞美之词。郑友贤所谓"四种",当为《汉书·艺文志》所云"兵四家":"兵权谋""兵形势""兵阴阳"和"兵技巧"。在郑友贤看来,别的兵书所具有的一些特点,《孙子》十三篇都有。《孙子》在他眼里其实是一个非常"高大全"的形象,所以才会有"谋者见之谓之谋,巧者见之谓之巧"的评语,甚至是"三军由之而莫能知之"。

(二)"包四种"为不实之词

在笔者看来,对《孙子》做出"包四种"这类评价,并不恰当,完全是一种夸大之词。这可能由一场误会产生,即来自《孙子》著录的一场误会。

长期以来,人们一直误以为《孙子》即《汉书·艺文志·兵书略》中著录的"《吴孙子兵法》八十二篇"。其实,这两种书的书名就有很大不同,篇目数更是相差太多,二者也许没有关系。目前学术界一般认为"《吴孙子兵法》八十二篇"包含"《孙子》十三篇"。至于后来为什么没有了八十二篇的《孙子兵法》或《吴孙子兵法》,只留下十三篇的《孙子》,他们相信是因为曹操的删减之功。其实,这种说法疑问更大。在笔者看来,传本《孙子》应著录于《汉书·艺文志·诸子略》,为"《孙子》十六篇"。①由于八十二篇的《吴孙子兵法》久已亡佚,我们已经搞不清楚它究竟是一本什么样的书。从该书著录于《汉书·艺文志》兵权谋之首的情况来看,《吴孙子兵法》当符合兵权谋所谓"包四种"之定义。换句话说,《吴孙子兵法》八十二篇可以"包四种",而非《孙子》十三篇。

李零认可《吴孙子兵法》为《孙子》十三篇之前身,故此他曾判断:"汉代

---

① 有关论题,本书第四章已有若干讨论。

《吴孙子兵法》除十三篇之外还有许多杂篇,它们在内容上除权谋、形势家言,也包括阴阳、技巧家言。"①从这段话可以看出,李零认为《孙子》只有在加上了十三篇之外的许多杂篇之后,才可能看到兵阴阳和兵技巧等内容,这才能符合"包四种"。其言下之意也许是,今本十三篇并不能"包四种"。

其次,《孙子》"包四种"之评价,多少也和对《孙子》的盲目崇拜有着直接联系。长期以来,人们习惯于在《汉书·艺文志·兵书略》中寻找《孙子》,所以就很自然地找到了《吴孙子兵法》。由《汉书》分类可知,在"兵四家"中,"兵权谋"地位最高。《孙子》既然是一部影响深远的兵学经典,那就理所当然地占据着最高之位。在他们的心目中,《孙子》代表了古代兵学的最高成就,是无所不能之利器,也是无所不包之圣典。因此它既具备"以正守国,以奇用兵,先计而后战"的特点,同时也可"兼形势,包阴阳,用技巧"。

通观《孙子》可以发现,其中确实高度强调"上下同欲"对战争的影响力,同时格外关注军事战略问题,非常重视战前的战略分析和情报预测,也对以"诡道"为中心的战争之法进行了深入探讨和总结。如果按照《汉书·艺文志》有关定义,诸如"以正守国,以奇用兵,先计而后战"等特征,都可以和"兵权谋"求得吻合。我们也认可《孙子》具备"兼形势"的特征,因为仅从十三篇的篇题,就可以看到《形》和《势》,故书中应当包含"形势"这方面的内容。至于兵形势"后发而先至,离合背乡,变化无常"等特点,我们也可在十三篇中寻常看到。孙子对虚实和奇正为核心内容的战争变术进行了深入探讨,也积极主张"以迂为直,以患为利"②等用兵方略,非常好地体现了兵形势中"变化无常"这一特征。

问题就在于《孙子》是否同时"包阴阳,用技巧"。在笔者看来,孙子的兵学思想体系中,并不包含这两方面内容。

古代"兵阴阳"理论虽不能全盘否定,但其最大特点就是推重鬼神,所构建的"神鬼论"中,充斥着不少封建迷信思想。我国古代兵书之所以"恒与术数相出入"③,与古代军事家一直非常重视"兵阴阳"理论有着直接联系。兵阴阳的过度泛滥,导致有些将领即便明知阴阳术数为迷信,也建议"不可偏

①李零:《吴孙子发微》,中华书局,1997年,第15页。
②《孙子·军争篇》。
③《四库全书总目·子部》。

废"。这也成为中国古代军事历史中一个颇为有趣的话题。类似主张，我们在《投笔肤谈》《草庐经略》等兵书中都可以看到。从《唐太宗李卫公问对》中一段对话也可见一斑：

> 太宗曰：阴阳术数，废之可乎？
>
> 靖曰：不可。兵者诡道也。托之以阴阳术数，则使贪使愚，兹不可废也。
>
> 太宗曰：卿尝言天官时日，明将不法，闇者拘之，废亦宜然。
>
> 靖曰：……此是兵家诡道。天官时日，亦犹此也。①

不管孙子是否知道这种"反其道而用之"的策略，十三篇兵法始终与"假鬼神而为助"的兵阴阳严格划清界限。孙子不仅不谈兵阴阳，而且持坚决反对态度，担心军事将领被"鬼神论"所误。在《九地篇》中，孙子主张"禁祥去疑"。这里的"祥"，是阴阳家术语："古者吉凶之兆皆谓之祥。"②《汉书·五行志》曰："（妖孽）自外来者谓之祥。"故"禁祥去疑"的精神实质，就是反对封建迷信，反对鬼神论。"禁祥去疑"充分体现了作者坚决反对兵阴阳的精神。孙子担心那些荒诞不经的神鬼思想动摇军心，进而影响到部队的战斗力。

《用间篇》中的一段文字，同样是孙子反对鬼神论和兵阴阳的明证：

> 故明君贤将，所以动而胜人，成功出于众者，先知也。先知者，不可取于鬼神，不可象于事，不可验于度，必取于人，知敌之情者也。

上述这段话是讨论情报和用间时提出的，充分体现了孙子的情报认识论。按照冯友兰的说法，它是完全建立在朴素唯物论的基础上。③孙子认为，要想在战争中获胜，就一定要很好地掌握敌情，即做到"先知"；如果想做到"先知"，就需要"必取于人"。"不可取于鬼神，不可象于事，不可验于度"，可简单总结为"三不可"，对于古典兵学而言可谓意义深远。在孙子眼中，情报和决策必须要充分发挥人的主观能动性，既不能依靠求鬼问神，也不能依靠简单类推得出结论，也不应只看到事物表面特征而主观臆测。只有这样，才能实现"动而胜人，成功出于众者"的目标。在这段话中，作者与

①《唐太宗李卫公问对》卷下。
②陆懋德：《孙子兵法集释·九地篇》，1915年商务印书馆刊本。
③冯友兰：《中国哲学史新编》，人民出版社，1998年，第212页。

"假鬼神而为助"的兵阴阳理论旗帜鲜明地彻底划清了界限,为的是告诫将帅"力辟奇门遁甲、孤虚旺相、风云占验之种种谬妄"。①

《孙子》不谈兵阴阳,已成为众多研究专家的共识,但历史上仍有李筌这样热衷于遁甲术的注家,试图在注《孙子》时添加兵阴阳色彩。据晁公武《郡斋读书志》记载:"(李筌)以魏武所见多误,约历代史,以遁甲注成三卷。"②李筌不仅陷入兵阴阳而不能自拔,反倒是认为曹操所见多误,故坚持以奇门遁甲术注《孙子》。当然,李筌并非始作俑者。考察银雀山出土简文《黄帝伐赤帝》便可知道,早在阴阳五行思想极度泛滥的战国时期,就已经有人试图将《孙子》与兵阴阳建立起联系。此风长期绵延,历朝历代都有,四库存目的《孙子汇考》大概可算作是此类作品的一个极致。只是这类书籍大多已散佚,我们今天已不容易看到。这一方面说明兵阴阳在岁月的长河中经不起时光的检验,另一方面也充分证明孙子的出类拔萃。

至于《孙子》十三篇中有无兵技巧,这也很容易看出。与兵阴阳一样,兵技巧也是古代兵书中亡佚数量很多的一类。前者可能是因为其荒诞不经,后者则可能与"古今异宜"有关。吕思勉说:"兵技巧家言,最切实用,然今古异宜,故不传于后……兵权谋则专论用兵之理,几无今古之异。"③孙子重视谋略胜人,对于作战器械的研究似乎缺乏热情,其注意力和研究重心均偏重于谋略,《孙子》由此而成为"坐而论道"之作。十三篇中,固然提及若干兵器名称,却没有花什么篇幅来探讨"兵技巧",缺少有关"习手足,便器械,积机关"的内容。所以,如果说十三篇"用技巧",显然也说不通。

总之,在笔者看来,把《孙子》当成"包四种"的军事百科全书,其实是一个误会。这个误会首先可能是来自著录,其次则可能源于我们对该书研究不够深入,同时也可能是因为我们长期习惯于"求全",故而才会将"包四种"作为一种赞美之词用来夸赞《孙子》。其实,《孙子》只是一部坐而论道式的军事谋略学著作,它不可能对军事领域各方面问题都有涉及,对有关战争的所有论题都展开讨论。平心而论,如果《孙子》是一部无所不包的军事百科全书,那么其影响力一定不会像今天这样久远,这正是孙子所批评的

①蒋百里、刘邦骥:《孙子浅说·用间篇》,1915年房西民抄本。
②杨丙安:《十一家注孙子校理》,中华书局,1999年,第12页。
③吕思勉:《先秦学术概论》,《民国丛书·第四编》,上海书店,1992年,第133页。

"无所不备，则无所不寡"①。而且，当我们把荒诞不经的"兵阴阳"理论与《孙子》建立联系之后，则更像是抹黑，而非赞美。

（三）兵家四种何处寻

"包四种"的赞誉，系《孙子》无法承受之重，但并不影响"兵阴阳"和"兵技巧"在先秦时期的流传和发展。通观先秦时期的论兵之作，《管子》《六韬》《孙膑兵法》等，都堪称"包四种"的代表作品，思想相对庞杂。如果与这些论兵之作进行对比，则更能看出《孙子》之纯粹。

《管子》托名管仲而成书，其成书年代，学术界现基本确定为战国时代。②1972年，《管子》部分篇章连同其他兵书一起，在山东临沂银雀山出土。这充分证明《管子》曾长期被视为兵书的事实，也与《汉书·艺文志》中关于"兵权谋"的注语形成验证。

《管子》书中确有大量论兵之章。关于作战境界，《管子·幼官》追求"至善不战"，与《孙子》的"不战而屈人之兵"相似；《管子》奉行实力至上原则，一直图谋"兵强"与"国富"，也与孙子不无契合之处。《管子·枢言》倡导"有义胜无义"，主张通过互赢来实现"义于名而利于实"的战略目的，这种争利思想与《孙子》的利益原则不无关联。与此同时，该书也富含"计必先定"③、"量力而知攻"④、"释实而攻虚"⑤等战略战术思想，均可与《孙子》形成呼应。《管子》书中富含"兵技巧"的论述，非常重视武器装备建设，强调"凡兵有大论，必先论其器"⑥，这一点则与《孙子》明显有别。此外，《管子》书中有不少"兵阴阳"和"兵技巧"的内容，也与《孙子》不同。《幼官》《幼官图》《五行》《四时》等，被公认为阴阳家理论，其中论兵内容充斥着阴阳五行思想。尤其是《幼官》和《幼官图》等篇，作者将治军和作战等与五方附图及五行思想结合起来。总之，《管子》论兵之章，对权谋、形势、阴阳、技巧等都有较为深入的讨论，《七略》将其列入"兵权谋"并不意外。

---

① 《孙子·虚实篇》。
② 在历史上，《管子》学派属性并不确定，要么被归为法家，要么被归为道家，也有少数学者曾将《管子》列为杂家。
③ 《管子·七法》。
④ 《管子·霸言》。
⑤ 《管子·霸言》。
⑥ 《管子·参患》。

《墨子》同样富含论兵之章,《汉书·艺文志·兵书略》对其只字不提,多少令人感到意外。先秦诸子中,儒、墨一度并称"显学",可知墨子在当时的声望与孔子相差无几。

对于战争,墨子旗帜鲜明地提出了"非攻"的主张,墨子学派大量研究防御之法,深入探讨了"大攻小,强执弱,吾欲守小国"①等方略。尤其是《备城门》《备梯》《备蛾傅》《备水》《备突》等篇所论守御之法,与其"非攻"的战争观及"兼爱"的政治主张等保持一致,也极大地丰富了古代防御作战理论。这一点,恰与推崇进攻的《孙子》形成鲜明对比,正如俞樾所言:"(墨子)惟非攻是以讲求备御之法。"②此外,在军事技术,尤其是守备器械上,墨子学派也有大量论述。这些是《墨子》对于"兵技巧"一派的贡献。《墨子》的鬼神思想也值得关注。《天志》《明鬼》等篇公然鼓吹天命思想,认为上天会考察人类行为,并给予相应的赏罚,甚至认为战争行为也会受到"天志"的影响。鬼神因素更为重要。作者指出:"鬼神之罚,不可为富贵众强,勇力强武,坚甲利兵,鬼神之罚必胜之。"③此外,该书大量论及攻防理论,《墨子》书中论兵之章,未尝不可列入兵权谋。

通观先秦兵书,《六韬》也堪称"兵权谋"的代表。从该书文体及书中表现的儒、法、道杂糅等现象,明显反映出战国中后期学术兼容的特征。此外,《六韬》书中还大量论及骑兵战术,包括书中透露的诸如"百万之众"④等信息,都可以大致判断其著作年代为战国晚期。⑤

根据班固注语,兵权谋中曾省减"《太公》"编入"道家",疑为今传《六韬》。今本《六韬》是一部系统探讨军事问题的兵学著作,儒家、道家、法家等重要学派的思想,都或多或少地有所述及。《六韬》主张通过积极的政治、经济和外交等手段,来实现"全胜不斗,大兵无创"⑥的全胜,这忠实继承了孙子的"全胜"战略。书中还探讨了遭遇战、运动战、袭击战、突围战等多种战法,阐述了四武冲阵、鸟云之阵等多种作战阵型,对部队在各种地形条件

①《墨子·备城门》。
②《墨子间诂》俞樾序。
③《墨子·明鬼》。
④《六韬·犬韬·教战》。
⑤张烈:《〈六韬〉的成书及其内容》,载《历史研究》,1981年第3期。
⑥《六韬·武韬·发启》。

下宿营和作战的注意事项进行了分析，对步兵、骑兵、车兵等各兵种的作战方式进行了讨论。尤其值得一提的是，《六韬》对于如何反败为胜进行了很多论述，探讨了在兵力处于劣势或军队处于困境的情况下，防止军队溃败和败中求胜的方法。这是对古代战争理论的重要补充，也为《孙子》等其他兵书所不及。在《军用》等篇，还有关于兵器的探讨，《阴符》《阴书》中对如何秘密传递情报提供了方案。这些对古代"兵技巧"的发展不无助益。《六韬》的缺陷也非常明显，书中流露出浓厚的"兵阴阳"色彩，比如《龙韬·五音》《龙韬·兵征》中的"观云""望气"理论，这无疑极大地降低了该书的理论水准。由于《六韬》对"兵四种"都有论及，故而有学者指出，《武经七书》中最符合兵权谋定义的，"不是《孙子兵法》，而是《六韬》"①。从某种程度上看，《六韬》更可视为兵权谋著作的典型代表。

《汉书·艺文志》在兵权谋中著录有《齐孙子》，学界一般认为是《孙膑兵法》，大概在汉代末年失传，直到1972年才在山东临沂银雀山汉墓出土，其军事学术价值重新为人们所知晓。

通过孙膑与齐威王的对话，孙膑陈述了"乐兵者亡"的道理，强调"富国"②，则展示了孙膑高远的大战略思想。通过与齐威王、田忌的对话，孙膑阐明了"必攻不守""缭(料)适(敌)计险"③等战术原则，其中通过"攻其无备，出其不意"掌握战争主动权的思想，明显是对孙子的继承。《孙膑兵法》的缺点是对兵阴阳理论有大量纠缠。在《月战》篇，作者突出强调了人对战争的重要作用："间于天地之间，莫贵于人。"但也认为战争与日月星辰具有密不可分的关系。与《孙子》相似，《孙膑兵法》也充分重视地形的作用，但也与阴阳五行理论简单比附，"兵阴阳"理论由此掺入较多。此外，《五教法》讨论了治军之法和训练之法，"教耳""教足"等内容，比较符合"兵技巧"所谓"习手足"的范畴。既然如此，《孙膑兵法》也可被视为"包四种"之代表。

先秦时期还有一部著名兵书《尉缭子》。《汉书·艺文志》著录"《尉缭》二十九篇"，列杂家，"兵书略"中同时著录"《尉缭》三十篇"。1972年在山东临

---

① 高润浩：《〈六韬〉对中国传统兵学的贡献——对〈六韬〉历史地位的再评价》，载《滨州学院学报》，2013年第5期。
② 《孙膑兵法·强兵》。
③ 《孙膑兵法·威王问》。

沂银雀山汉墓出土了《尉缭子》残简,说明此书成于战国的说法相对可信。这部兵书思想非常驳杂,将其归于"杂家"也属正常。该书有不少内容与法家较为接近,体现出法家对兵家的渗透与影响。与此同时,书中也保存了大量战国军事制度的原始资料,显得弥足珍贵。除此之外,诸如"挟义而战"①的战争观,"权敌审将"②的作战指导思想以及"明法审令"③的治军思想等,也都别具特色。《尉缭子》认为,决定战争胜负的根本因素是人。作者尤其反对当时流行的"兵阴阳"理论,明确指出:"'先神先鬼,先稽我智。'谓之天官,人事而已。"④这种唯物精神与《孙子》非常接近。由此可知,《尉缭子》并不符合"包四种"的特征,未被列入"兵权谋"倒也情有可原。

《汉书·艺文志·兵书略》的兵权谋还著录有"《吴起》四十八篇",一般认为《吴起》即《吴子》,又称《吴起兵法》《吴子兵法》,成书于战国时期。在长期的流传过程中,《吴子》一书有不少内容佚失,今本仅为六篇,与《汉书》著录存在很大差距。世人论兵,往往并称"孙、吴",其实二书之间存有不少差异。比如《吴子》对战争爆发的原因进行了总结,认为是"争名、夺利"或内乱、积贫等引发大大小小的冲突。⑤这类深挖战争起因的讨论,《孙子》较少见到。《吴子》同时认为"强国之君,必料其民"⑥,因此格外注重对周边国家战略环境、民心向背及军队作战特点等,进行对比分析。作者总结了发起进攻的各种时机,强调"用兵必须审敌虚实而趋其危"⑦,探讨了各种战术方法。这些出色的作战指导思想,与《孙子》形成互相映照。此外,作者对于将帅的地位和作用等辟有专篇深入探讨,重视程度也已超过《孙子》。当然,由于缺失篇什太多,我们无法判断《汉书》著录的"《吴起》四十八篇"是否还有专论"兵阴阳"和"兵技巧"的篇章。

不谈"兵阴阳"和"兵技巧",无法"包四种",并不妨碍《吴子》作为一部和《孙子》齐名的著名兵书而长久流传,就像不能"包四种"也不会妨碍《孙子》作为兵学经典供人们长久膜拜一样。《孙子》如果是无所不包的百科全

---

①《尉缭子·攻权》。
②《尉缭子·攻权》。
③《尉缭子·战威》。
④《尉缭子·天官》。
⑤《吴子·图国》:"凡兵之所起者有五:一曰争名,二曰争利,三曰积恶,四曰内乱,五曰因饥。"
⑥《吴子·图国》。
⑦《吴子·料敌》。

书，一定会影响到全书的思想水准，由此而沦为"无所不备，则无所不寡"①之类的平庸之作。正是因为对以"诡道"为中心战略战术思想进行了深入探讨，才能就此奠定《孙子》在兵学史上的不朽地位。对比先秦时期的其他兵书，更能清楚地看出这层道理。

第二节　孙子兵学传承的基本路向

明代学者茅元仪对于《孙子》有这样一句评语："先秦之言兵者六家，前《孙子》者，《孙子》不遗，后《孙子》者，不能遗《孙子》。谓五家为《孙子》注疏可也。"②从中可以看出，茅元仪将其他先秦兵书都视为《孙子》之注疏。早出兵书，《孙子》已充分予以吸收，晚出著作，则无法逃脱《孙子》之藩篱。有意思的是，茅氏所论，仅及先秦兵六家，但不少人掐头去尾，只留下中间一段——"前《孙子》者，《孙子》不遗，后《孙子》者，不能遗《孙子》"，从而将《孙子》之地位推到无以复加的程度。直觉告诉我们，此论存在人为拔高之倾向。孙子兵学的历史传承始终存在多个路向，既有忠实诠释者，也有尖锐批评者，更有大胆改造者。

（一）逐层深入的注解

历史上曾有难以计数的军事家和学者投入地研究《孙子》。他们精心研读并勤奋笔耕，用注解的方式实现了对孙子兵学思想的继承和发展。这是孙子兵学长久流传的主要方式。

通过考察银雀山出土文献，尤其是几篇《孙子》佚文，我们可以对《孙子》的早期注释情况有大致了解。几篇《孙子》佚文体例不一，风格多样，总体上看都是注解类文字。至于《四变》，则可以更加明显地看出这一特征。随着银雀山竹简的出土，清代孙星衍等人认为曹操是《孙子》注释第一人的观点，已经不攻自破。③早在先秦时期，已经有人对这部兵典进行注解。

因为著名军事家曹操的工作，《孙子》的流传和继承都迎来一个新局面。

---

①《孙子·虚实篇》。

②《武备志·兵诀评》。

③清代学者孙星衍在《孙子十家注·序》中说"秦汉已来，用兵皆用其法，而或秘传其书，不肯注以传世。魏武始为之法，云'撰为略解'"，详参《孙子十家注》,《诸子集成》(六)，中华书局，1996年，第1页。

曹操抛弃了过去种种繁复的注解方式,改而使用非常简略的文字注解《孙子》,确实有扭转乾坤之力。曹操不仅投入地研究《孙子》,还积极运用孙子的兵学理论指导自己的战争实践。这同样引领了时代潮流,也极大地提升了《孙子》研究水准。

在曹操之后,有不少学者研读和注解《孙子》,并留有注释作品,比如张子尚、贾诩、王凌等。遗憾的是,这些注解之作今天都已经失传。有一些只能从《隋书·艺文志》等书中见到零星著录,有的甚至连注者姓名都未曾留下。之所以出现这种情况,与魏晋南北朝时期战乱连连有着直接关系。这个时期,书籍损毁非常严重,《孙子》注解之作同样无法得到妥善保管和流传。幸运的是,大浪淘沙,仍有曹操的《孙子略解》得到了妥善保存。这可能与曹操显赫之身份有关,更是因为曹操注本的出类拔萃。曹注长期得到广泛流传,充分证明了其不朽价值。

到了唐代,吕尚被尊奉为武成王,并享有高规格献祭。孙武则连同吴起、韩信、李靖等人一起,分置左右:白起、韩信、诸葛亮、李靖、李勣列于左,张良、田穰苴、孙武、吴起、乐毅列于右。[1]由此可见,孙武在唐代初期地位并不突出。既然如此,《唐太宗李卫公问对》中那些君臣问对,包括李世民盛赞《孙子》的话,就统统不能当真。当然,在这部兵书中,作者模拟唐太宗与李靖的口吻研讨兵法,在一问一答之间完成了对《孙子》兵学思想的诠释和传承,从而为后人留下一部精彩的论兵之作。

在唐代,《孙子》不仅得到广泛流传,精彩的注释作品也层出不穷,并在形势及内容上都有创新。这时期产生的重要注家有李筌、孙镐、贾林、杜牧、陈皞、纪燮等。此外,杜佑在编纂《通典》时也阐发了自己对《孙子》的独到见解。这些注解文字经过辑录,大多保存在《十一家注孙子》中,成为后人研读《孙子》的重要参考文献。杜牧受祖父杜佑的影响,也积极关心政治,关注兵学,曾投入研究和注解《孙子》。身为文学家,杜牧的注解文字不避烦琐,令陈皞讥其"疏阔"。陈皞不时攻击杜牧,欧阳修却将他们二人的注文收录一处,连同曹注一起,合称为"三家注"。此外,唐代还有贾林注《孙子》,虽说留下的条目不是很多,但同样很受重视,被辑入《五家注孙子》。这些注解之作,对推广《孙子》兵学思想,也为宋代《孙子》兵学地位的最终确定,起到

---

①于汝波主编:《孙子兵法研究史》,军事科学出版社,2001年,第93页。

了非常重要的铺垫作用。资料显示,在唐代初期,《孙子》还流传到日本和朝鲜,影响力从中原进一步扩大到东北亚地区。①

唐代注家中,李筌注解《孙子》稍显另类。虽说他也注意从整体上把握孙子兵学思想特点,并注意关注个别词句的细节,但也更表现出"我注六经,六经注我"的特点。他的注语中偶或掺入兵阴阳内容,与其他注家迥异,也违背了孙子"不可取于鬼神"②的根本原则,与孙子的精神背道而驰。③

在《孙子》被确立为兵经之后,宋代《孙子》研究迅速升温,注解和研习的作品不断出现,创造了注释《孙子》的高峰期。梅尧臣、王皙、何氏与张预,是其中代表,其注语均收录于《十一家注孙子》中。

《十一家注孙子》收录张预注解词条最多。张预注重从整体上考察孙子兵学思想,关注《孙子》篇次问题,对每一篇的篇题都有留意,重视发掘十三篇之间的内在联系。梅尧臣的注释词条,数量仅次张预,语言简练,显示出文学家独有的深厚文字功底。王皙的注解相对偏向于文献学,注重训诂和校勘。只知姓氏的何氏,注文不避烦复,文笔颇有气势,和曹操的"略解"形成鲜明对比。郑友贤的注解文字不是很多,总称"遗说",同样非常重要。他从情报的角度出发,指出《孙子》篇次安排的精妙,受到人们的重视。此外,金人施子美所撰《武经七书讲义》中有《孙子讲义》,对阐述与传播孙子的兵学思想,也起到了积极的推动作用。

宋代研习《孙子》的热情,在明朝得到延续。明代留下的兵学著作非常多,④与《孙子》有关的著作多达二百余部。⑤明代的武学科考更加规范和制度化,为应付策试而刊印的标题讲章之类,也在明代逐渐发展起来。刘寅的《武经直解》甚至被官方钦点为教材,成为法定军事教科书,对《孙子》的流传和普及起到了积极作用。郑灵、陈天策、曹允儒、黄献臣、李贽、何守法等人的注本,对于研习《孙子》不乏参考价值。明代出现了不少综合性大型兵书,有不少只是对《孙子》等兵书的辑录和注解,如《兵钤内外录》等。

---

① 详参熊剑平:《日本的〈孙子〉研究》,载《军事历史研究》,2011年第2期。

② 《孙子·用间篇》。

③ 李筌的《太白阴经》因为充斥大量占星、望气等内容,被张之洞斥为"荒诞"。张之洞《书目答问·子部·兵家》:"《太白阴经》《虎钤经》之属,荒诞不经。"

④ 据《中国兵书知见录》记载,包括民国在内,历代存世兵书共计2308部,明代则有777部,加上明代存目兵书也有246部,两者相加,有1000余部。参见许保林《中国兵书通览》,解放军出版社,2002年,第21页。

⑤ 于汝波主编:《孙子兵法研究史》,军事科学出版社,2001年,第134页。

　　清朝统治者对于兵书的态度比较暧昧,他们一方面对兵书有着一种恐惧心理并有意打压,批评《武经七书》"未必皆合于正"和不合"王道",在编修《四库全书》时,也对兵书大量予以删减,《孙子》注解作品被悉数抛弃,只留下干干净净的白文版;另一方面,他们又依靠武举来选拔人才,将《武经三子》(即孙、吴、司马法)作为武举的必考科目,虽大量禁毁兵书,却唯独不禁《孙子》。为适应武举考试的需要,截至雍正朝,已产生与《孙子》有关的著作41种。①众多文字浅显、通俗易懂的普及读物,促进了《孙子》的流传。清代的《孙子》注家就多达50余位,王皙的《孙子集注》广泛收录旧注,历来为研究者所重视。相比前朝,清代《孙子》研究在文献学上,尤其是文字校勘上取得了很大成绩。邓廷罗、顾福棠、黄巩、毕以珣、孙志祖、洪颐煊、俞樾、孙星衍、于鬯、王念孙、孙诒让等学者,对此都有建树。他们的工作,对准确解读孙子兵学思想不无裨益。

　　民国时期的学人在注《孙子》时,表现出截然不同的特点:一面是取法传统,以陆懋德为代表;一面则是响应西方兵学理论发展潮流,紧密贴近时代脉搏,其中以蒋方震等为代表。陆懋德的代表作为《孙子兵法集释》,成书于1915年。在自序中,陆懋德指出《孙子十家注》"词冗而义晦",对其进行大量的辨正和删削,总体上仍是遵循传统,尤其受到儒家注解经典的影响。和陆懋德一样采用传统注解方式的还有易培基,代表作是《读孙子杂记》。蒋方震则注意援引近现代理论注解《孙子》,紧跟时代步伐。无论是同刘邦骥合著的《孙子浅说》,还是独撰之《孙子新释》,都注意将《孙子》与西方军事思想进行比较研究,起到了引领潮流的作用。不少国民党高级将领多借鉴蒋氏之法,如夏寿田的《孙子选注》、叶慕然的《孙子兵法新诠》、刘文垕的《孙子释证》、齐廉的《新注孙子兵法直讲》、吴石的《孙子兵法简释》、陈启天的《孙子兵法校释》、陈华元的《孙子新诠》、吴鹤云的《孙了兵法新检讨》、萧天石的《孙子战争理论之体系》、李浴日的《孙子兵法之综合研究》《东西兵学代表作之研究》等。支伟成的《孙子兵法史证》、周传铭的《孙子兵法古今释例》和钱基博的《孙子章句训义》,同样具有鲜明特色。这些著作的共同特点是,大量援引古今战例注解《孙子》。其中,钱氏所著《孙子章句训义》更是充分注意援引现代战例,使得其著作更受世人瞩目。

---

① 于汝波主编:《孙子兵法研究史》,军事科学出版社,2001年,第156页。

(二)战争中的运用

《孙子》毕竟是一本讨论战争之法的兵书，理应受到军事家的更多关注。在中国古代，《孙子》确因其不朽的思想价值而受到众多军事家的广泛青睐和热情赞誉。在战争实践中借鉴和运用孙子兵学原理，也是继承和发展的主要路向。

在先秦时期，《孙子》就已经广泛流传，受到军事家的重视。尤其值得一提的是战国时期著名军事家孙膑。按照《史记》的记载，孙膑系孙武后人。孙膑不仅在军事理论上忠实继承孙武，也在军事实践中巧妙借用其战术思想。比如在桂陵之战中，孙膑就成功运用《孙子》"避实击虚"等战法，击败强大的魏军，取得了胜利。

到了秦汉之际，韩信指挥的"背水阵"之战，正是充分借鉴和运用孙子有关"死地"的作战理论，最大限度地激发士兵的作战潜能，从而成功地击败敌军，创造了以少胜多、以弱胜强的经典战例。孙子在《九地篇》论述了"陷之死地然后生"的作战原则：如果士卒被投入"亡地"，就会拼死力战；一旦陷入死地，就会向死求生，拼死奋战，这就是孙子总结的"疾战则存，不疾战则亡"[1]的道理。韩信在战争中，准确而及时地变换攻守战术，灵活地部署兵力，合理地配备阵形，充分借鉴和运用孙子"死地"作战之法，从而创造了战争史上的一个奇迹。

孙子在《谋攻篇》中曾论及"君将关系"，认为"将能而君不御者胜"。在《九变篇》中，他再次强调"君命有所不受"，希望国君对军中事务尽量少加干预。此论在皇权高度发达的专制集权时代无疑极具震撼力，但也因为其中含有相对合理成分而受到追捧。西汉名将周亚夫"细柳治军"，充分体现了孙子"君命有所不受"的原则。汉文帝犒劳将士，在到达周亚夫的营寨后，被守门士卒告知："军中闻将军令，不闻天子之诏。"[2]汉文帝很受感动，不仅没有生气，反而感慨道："嗟乎，此真将军矣！"[3]很显然，汉文帝是在庆幸得到一位知兵之将。

---

①《孙子·九地篇》。
②《史记·绛侯周勃世家》。
③《史记·绛侯周勃世家》。

孙子致力于追求战争中的"高效益",所以力倡"上兵伐谋"并希望达成"不战而屈人之兵"①。谋略用兵和诡道之法,都围绕这一目标而展开。孙子认为"以火佐攻者明"②,积极主张火攻制敌,为此特设专篇讨论火攻之法。如果没有新的出土文献,《火攻篇》就是历史上第一篇系统讨论火攻战法的专论,具有划时代意义。历史上不少军事家重视火攻,都是受到孙子的启发。战国时期诞生的著名兵书《六韬》也设《火战篇》专门讨论火攻战法。发生在东汉末年的官渡之战、赤壁之战和夷陵之战等,之所以成为以弱胜强的经典战例,也与借鉴和运用孙子"以火佐攻"的战法有着直接关系。赤壁之战则更为著名,火攻战法的地位更加突出。在这场战争中,孙权和刘备结成军事同盟与曹军抗衡。他们灵活使用多种战略战术,针对曹操轻敌的缺点,充分利用地理、天时等条件,果断实施火攻之法,给予曹军以致命一击。显然,孙子的火攻战法,是帮助孙、刘联军取得战争胜利的关键因素。

曹操对《孙子》有着精湛的研究,除了对其进行言简意赅的注释之外,也在战争实践中积极运用孙子的军事谋略。诸葛亮曾在《后出师表》中形容曹操的用兵特点为:"其用兵也,仿佛孙吴。"在与袁绍的官渡决战中,曹操充分运用了《孙子》"夺其所爱"的战法及火攻理论,偷袭了袁绍粮草储备之地乌巢,从而改变了战场态势,最终达成以弱胜强的目标,一举击败袁绍。

诸葛亮同样对《孙子》有着深入研究。在和司马懿的对峙过程中,诸葛亮曾多次使用诱敌之计,没想到司马懿始终坚守不出,不为所动。诸葛亮派人送去女人的服饰,试图以此侮辱和激怒对手。对此,司马懿立刻上书朝廷,做出请求出战的姿态。诸葛亮立即明白司马懿本无出战之意,只是故作姿态而已。他引用"君命有所不受"这句名言并指出,如果司马懿果真想出战,就不会请示魏主。③而事实正如诸葛亮所料,司马懿只是为了拖延时间而使用了一出诡计。

韦孝宽是南北朝时期一位非常善于用间的军事家。他曾深入研究孙子的用间之术,精心设计和策划了多起间谍活动,以最小代价换来最大战果,非常生动地注解了孙子的用间理论,充分证明了孙子"赏莫厚于间"④的合

---

①《孙子·谋攻篇》。
②《孙子·火攻篇》。
③《晋书·宣帝纪》。
④《孙子·用间篇》。

理性以及"五间俱起"①的威力。制造伪信离间对手，编造歌谣瓦解敌军等手法，都是孙子"用间"理论的巧妙运用。韦孝宽所设计的几起间谍活动，也都成为中国古代间谍史上的经典案例，充分证明了孙子用间理论的深刻性与实用性。

　　魏晋南北朝时期，《孙子》不仅为军事家在战争中所借用，同时也已深刻地影响当时的军事学著作。《将苑》旧题为诸葛亮所著（实则更像是托名之作），其中就有不少出自对《孙子》的模拟。尤其是十七条"相敌之法"，大多可以从《孙子》的"相敌之法"中找到出处。包括《便宜十六策》，也可见到受《孙子》深刻影响的痕迹。比如其中有关"五间之道"的论述，有关将帅职责的探讨等，从形式和内容，都可以从《孙子》中找到影子。除此之外，司马彪在所撰《战略》中也多次引用《孙子》，可知当时的战略理论研究已经非常注意借鉴和运用《孙子》的兵学理论。

　　就战法谋划而言，孙子主张积极夺取主动权，即"致人而不致于人"②，强调的是调动敌人而不被敌人所调动。要想达成"致人"的目标，不仅是依靠强大的军事力量，也依靠积极的战略筹划。孙子指出："凡先处战地而待敌者佚，后处战地而趋战者劳。"③如果能抢先到达决战地点，就可以赢得主动；反之则会陷入被动。高明的指挥员一定要善于通过示形动敌来夺取战争主动权，力争达成"避实击虚"。唐太宗李世民少年从军，也非常善于学习和运用《孙子》，世人甚至托名写出《唐太宗李卫公问对》。李世民经常身先士卒，冲锋在前，也非常注重战前侦察，尽可能做到"知彼知己"。在击败窦建德和王世充的战争中，李世民运用孙子示形动敌之法调动对手，在虎牢关一带拦住窦建德援兵，引诱其进入己方伏击阵地。此后，他又利用王世充急于突围的心理，进行针对性部署，指挥大军迅速在虎牢关一带集结迎敌。李世民下令部署千余马匹在河边放牧，窦建德指挥军队倾巢出动，抢夺马匹。等到对方军队气势转衰，李世民适时发起攻击，将窦建德大军击溃。

　　在《虚实篇》中，孙子还主张通过"形人之术"而实现"我专而敌分"，由

---

① 《孙子·用间篇》。
② 《孙子·虚实篇》。
③ 《孙子·虚实篇》。

此而达成"以众击寡"和"避实击虚"的战略目标。其中关键,一方面是"形人",通过多种手法来探知敌人的虚实,另一方面则是"我无形",巧妙地隐藏己方的战略意图,让对手摸不清我方的虚实情况。这两方面加在一起才是完整的"形人之术",也即"形人而我无形"。明代朱棣发起靖难之役,充分借鉴和运用的是孙子"形人而我无形"的理论。巧妙地隐藏己方行动计划,待时而发,是朱棣成功夺取皇位的关键。两军僵持之际,朱棣得到宦官提供的情报"京师空虚可取"[①],他立即破釜沉舟,全力攻打京师,就此夺取战争主动权,一举扭转战局。这正是孙子"避实击虚"战术的巧妙运用。

孙子的"十围五攻"之法,体现的是集中兵力和机动用兵思想。孙子认为,用兵的奥秘就在于"避实而击虚"[②],努力达成"以镒称铢"[③]。如果想在战争中获胜,就要努力实现兵力上的优势,或是形成局部的兵力优势。孙子这一理论的正确性,已被无数战争实践所证明。努尔哈赤、皇太极等军事家指挥的战争,也充分体现了孙子的兵学思想。努尔哈赤指挥的萨尔浒之战就是避实击虚、集中兵力的经典战例。在这场战争中,努尔哈赤采取集中兵力、各个击破的战法,击败了优势之敌,从而根本上改变了明与后金之间的战略态势。

孙子的战术千变万化,变化是其中灵魂。孙子主张"践墨随敌,以决战事"[④],强调根据敌情的变化而不断调整作战计划。皇太极进攻北京的战斗中,使用了孙子这一战术主张。当时,皇太极充分发挥骑兵善于机动的特点,针对明军的布防情况及时改变战术,使用的是孙子"践墨随敌"的战术。后金军无论是进攻还是撤退,都显得游刃有余,很好地调动了明军,也令袁崇焕一直疲于应付。眼看时机成熟,皇太极及时抛出反间计,令崇祯皇帝冤杀大将,将这出"践墨随敌"的大戏推向了高潮。

中国古代的军事家们不断地在战争实践中借鉴和运用孙子的军事理论和谋略思想,这不仅是继承和弘扬孙子兵学的重要路向,也是我们今天学习孙子兵学思想需着力关注和借鉴之处。

---

①《明史》卷五,《成祖本纪》。
②《孙子·虚实篇》。
③《孙子·形篇》。
④《孙子·九地篇》。

(三)战争之外的借用

由于《孙子》充满哲理和智慧，其影响力早已扩散到军事领域之外，对政治、经济、文学、医学等领域，都产生了持久而深入的影响。《孙子》所揭示的诸多原理，如杂于利害、以迂为直、避实击虚等思想方法，对于各行各业都有参考价值。既然如此，企业管理、商业运营，乃至竞技体育等，都可以借用孙子的兵学思想，达成趋利避害、出奇制胜的目标。

就商战而言，由于其中充满竞争，《孙子》的智慧与谋略便大有用武之地。先秦时期就已有白圭借用《孙子》经商，并取得佳绩。《孙子》有关用兵的重要原则，比如不避诡诈、情报先行、慎重决策、利益为上等，都可以在商战中得到运用。

商战与战争一样，也需要考虑天时、地利、人和等重要因素，《孙子》的"知彼知己"和情报先行原则，强调全面考察影响战争胜负的主要因素，对商战决策而言完全适用。要想成为合格的企业领导，必须首先认真做好情报工作，充分占有各种有利筹码，并进行科学计算和慎重决策，才能在商战中保持不败。商战尤其需要高举利益原则，《孙子》所提倡的"非利不动"原则，完全与之吻合。当然，也有不少高明的企业家和商人基于"双赢"原则，也能够获得丰厚利润，但在实际商战中，那些主动使用奇兵和奇计，大量使用诡诈之术的，往往能够赢得主动，获取更多利益。《孙子》提倡的"兵者，诡道"及"兵以诈立"等原则，也由此而受到高度重视，被视为商战宝典。商业活动中也存在对抗性竞争，企业领导也需懂得抓住最佳时机发力，合理编配团队，集中力量。孙子所强调的"求之于势"和"避实击虚"等原则，同样可以适用。孙子的主动原则——"致人而不致于人"，也可以在商战中找到用武之地。如果企业家和商人能够做到主动出击，努力达成所谓"先胜"，积极依靠"超前战略"，就更容易赢得主动局面。

在商战中，《孙子》早就有被成功借用的案例。前面提到过，最早成功借鉴孙子兵学谋略经商的，怕是要数战国时期的白圭。白圭是战国时人，以善于经商而闻名，非常善于捕捉商机，他总结经商经验时说："吾治生产，犹伊尹、吕尚之谋，孙、吴用兵，商鞅行法是也。"[①]由此可知，白圭之所以能赚钱，

---

①《史记·货殖列传》。

经营、生产都非常成功,正是因为他向兵家学会了权变之术和决断之法,深谙"人取我予"的奥秘。

白圭明确承认其经商之术,有许多是取法"孙、吴用兵"之术。需要看到的是,这里的"孙"既然是排在"吴"之前,那么他应当是指孙武,而不是孙膑。也就是说,白圭的经商之术,是取自《孙子》,而非《孙膑兵法》。通观白圭的经商谋略,诸如人予我取、把握时机以及与部下同甘共苦等,都可以从孙子兵学思想中找到出处。在介绍白圭时,司马迁特别强调其经商之法是"能试有所长",并"非苟而已也"①,并非鲁莽行事,而是慎重决策,未雨绸缪。孙子一贯强调的"慎战",这一理念想必对白圭的慎重决策和谨慎经商产生了一定的影响。

孙子强调情报先行,由此而建立了以"先知"为核心的情报思想体系,这对商战具有很强的指导意义。由于情报工作出色而取得成功的商战案例,在历史上俯拾皆是。战国末期的巨贾吕不韦,就是因为提前得到若干重要情报,故而就此致力于"人货"生意,敢于针对政治人物做出一笔大买卖。因为保护异人有功,吕不韦顺利成为丞相。清代山西太谷县一位曹姓商人,也因为情报先行而受益。他由高粱茎内的害虫判断出当年的收成,于是果断出手大量收购高粱,获得了丰厚的回报。

中国人秘而不宣的经商秘诀中,有不少都受到《孙子》等兵法的启示。司马迁总结经商之道时指出:"故善治生者,能择人而任时。"②此语明显是从《孙子·势篇》"故善战者,求之于势,不责于人,故能择人而任势"一语化出,强调的是用人问题和抓住时机。所谓"择人",也有释为"释人"。其实,由"择人",也可延伸到"择地"和"择时"等。商战也是如此。《史记·货殖列传》记载了一个善于择地的生动案例。秦国在击败赵国后,强迫卓氏迁徙,卓氏看到汶山下面有一片沃野,于是要求迁往附近经商,最终顺利实现致富的梦想。孙子说:"夫地形者,兵之助也。"③"知地"对作战极其重要。卓氏则成功地将其运用于商战,也取得了极大成功。

在医学领域,尤其是传统中医学领域,《孙子》也备受重视,其用兵理论

---

①《史记·货殖列传》。
②《史记·货殖列传》。
③《孙子·地形篇》。

被中医学大量借用。就目标而言,兵法和医学都高度关注生命的存活。就方法而言,二者之间相似性更多,比如先知敌情、果断出击、集中力量等。在病人和医生眼中,病魔就是敌人,是需要设法打败的对象,故《孙子》的用兵之术自然也会受到中医学的重视和借鉴。

著名医学著作《黄帝内经》中也有借鉴《孙子》的痕迹。在《灵枢经》中,作者曾借用《孙子·军争篇》中"无邀正正之旗,勿击堂堂之阵"一语,探讨针灸之法,提醒人们抓住时机,对症下药。《黄帝内经》袭用《孙子》词句,构建了独到的"刺法":"无刺熇熇之热,无刺漉漉之汗,无刺浑浑之脉。"对针灸的时机及部位等,进行了简明扼要的总结。《孙子》强调"先知"和"先胜",力求通过"伐谋"等,以最小代价换取最大战果。《黄帝内经》的理念与之相似,强调"治未病"和"治未乱",力争做到防患于未然。作者从《孙子》"不战而屈人之兵"的战争境界追求受到启发,将减少病人的痛苦作为终极追求。就病情治疗方法而言,《黄帝内经》受《孙子》启示尤多。孙子用兵强调"杂于利害",辩证对待战争得失。《灵枢·终始》则主张"必通阴阳",辩证看待救治过程中的得与失。此外,《黄帝内经》大量吸收孙子"治气""治心""治变"及"避实击虚"等用兵原则,建构起"因时制宜""务求治本"等一整套辩证施治的中医学理论。

系统总结《孙子》与医学的关系,将孙子用兵理论最大限度引入传统中医学理论的,要数清代的名医徐大椿。徐著《难经经释》《伤寒类方》《医学源流论》等,全面阐述了"防病如防敌""治病如治寇""用药如用兵"等重要医理。在《用药如用兵论》中,徐大椿借用孙子的"十围五攻"[①]之法,主张医治病人时应贯彻"以众击寡"之法。不仅如此,徐大椿还主张在医治病人时,需充分借鉴孙子"知彼知己""因敌制胜""避实击虚"等用兵原则,将医生的临症处方视为"运筹帷幄,调兵遣将",甚至指出治病之法尽在《孙子》:"孙武子十三篇,治病之法尽之矣。"此语显然是中医学界给予《孙子》的最高褒奖。

《孙子》不仅思想深刻,而且文辞优美。古代众多文学家和文学理论家也曾投入地研究其语言艺术,在撰写文学作品或文论作品时也会有所借鉴。

南朝梁武帝的长子萧统曾组织编选《昭明文选》,选录了各种体裁的文

---

① 《孙子·谋攻篇》:"十则围之,五则攻之,倍则分之,敌则能战之,少则能逃之,不若则能避之。"

学作品七百余篇,其中多次明引或暗引《孙子》的文字,仅《势篇》就引用9次之多。①刘勰也盛赞《孙子》:"孙武兵经,辞如珠玉,岂以习武而不晓文也?"②字里行间,无不显示出赞赏之情。就连《文心雕龙》的写作,也受到孙子兵学理论的深刻影响。刘勰论及布局谋篇时,广泛借用孙子兵学思想,大量引入奇正、变化、诡谲等词语。

唐代以后,文学家越来越多地关注和研究《孙子》。李白诗歌立意新奇,非常契合孙子的"出其不意",其中宏大气象的营造是受到了孙子"造势"理论的启示。白居易、高适、罗隐等诗人,都曾在诗歌中直接提到《孙子》,甚至写有专篇怀念孙武。比如,高适在《蓟中作》中曾写下"惆怅孙吴事,归来独闭门",抒发自己志在报国的壮烈情怀,又在《送浑将军出塞》中写下"李广从来先将士,卫青未肯学孙吴"的诗句,表达了对右武卫大将军的赞赏之情。白居易在《和微之春日投简阳明洞天五十韵》中写下了"庙谟藏稷契,兵略贮孙吴"的诗句,表达了对孙子高超兵学谋略的钦佩之情。宋代,《孙子》连同《六韬》等被立为兵经,文人论兵和研读《孙子》渐成为时尚。黄庭坚曾借用孙子兵学理论,主张行文时要做到"自然法度行乎其间,譬如用兵,奇正相生"。③词人姜夔论诗也曾借用兵法,主张诗歌创造应该做到"如兵家之阵,方以为正,又复是奇,方以为奇,忽复是正",最终达到"出入变化,不可纪极"④的境界。明清时期,文学作品一度追求平淡自然,讲究性灵,但唐宋以来形成的"以奇制胜"理论并没有遭到完全抛弃。高明的文学家,则是强调"传奇"与"自然"的统一,在这二者之间追求所谓中庸之道。之所以出现这种局面,可能是文学发展的内在逻辑结果,并不代表孙子"以奇胜"的理念遭到彻底无视。

围棋的诞生虽较《孙子》为远,但围棋界对《孙子》的借用也非常普遍。弈棋之理与作战之理毕竟有很多相通之处。所以,棋道中人纷纷借鉴孙子的作战原理来提高棋艺。

众所周知,围棋是一种智力游戏,对弈过程始终需要运用谋略。两军交战,更需要施展谋略,所谓"上兵伐谋"。在古代,围棋成为很多军事将领的

---

①吴琪:《〈文心雕龙·辨骚〉"奇正转换"论》,载《南华大学学报》,2008年第5期。
②《文心雕龙·程器篇》。
③《苕溪渔隐丛话》卷十。
④《白石道人诗说·自序》。

业余爱好。关羽在刮骨疗毒时弈棋,表现出勇敢无畏,谢安在淝水之战前弈棋,表现出镇定自若。他们既能在兵战中巧用谋略,也能在对弈时借用兵法。中国古代探讨棋理的著作,如敦煌写本《棋经》、王积薪的《围棋十诀》和宋代张拟所著《棋经》,都注意将棋道与兵法进行对比。南宋国手在《棋诀》中称"棋者,意同于用兵",因此在撰写围棋秘诀时,力求"粗合孙吴兵法"。张拟所著《棋经》,不仅挖掘《孙子》用兵谋略,甚至在体例和篇数上也都完全模仿《孙子》,著成十三篇之制,而且有若干篇名与《孙子》完全相同——如《虚实篇》,包括《得算》《度情》等篇名的设置,也明显借鉴了《孙子·计篇》。在《棋经》中,《孙子》用兵谋略的精髓,如"避实击虚""因敌制胜""知彼知己""奇正相生"等,都得到大量借用。

(四)间或出现的批评

对孙子兵学理论提出批评的,历代不乏其人。这些批评之辞,或为有的放矢,或为过于苛求,或为不得要领,或为无中生有,但对孙子兵学的继承和发展而言,并非坏事。常言道,批评使人进步。就兵学理论体系的发展而言,也是这个道理。孙子兵学理论同样也需面对和接受各种批评。

早在战国时期,儒家代表人物荀子及楚国名相春申君就曾批评孙子"尚诈而轻义"。荀子批评孙子的诡诈,主张"善附民者,是乃善用兵者",进而提倡兴"仁者之兵"。①这种评论在后世引起不少共鸣,比如《汉书·刑法志》批评孙子"任诈力"。即便《孙子》获得兵经之首的崇高地位,儒者仍然前赴后继地批评孙子疏于仁义。南宋学者戴溪、叶适,明代学者闵振声、俞大猷,清代学者汪绂、姚鼐等,都曾批评孙子"仁义不施"。但这种批评更像是一种苛责,前面已尝试进行辨析,此处不赘。

战国末期著名思想家韩非子曾批评孙子忽视力量。在他看来,孙子的诡诈和过分注重谋略对于军事实力营建和军事斗争而言,都是有害而无益,只会造成"言战者多"和"披甲者少",故而会出现"藏孙吴之书者家有之,而兵愈弱"的现象。②韩非子的批评之声,得到南宋学者戴溪的响应。戴溪不仅批评孙子"有余于权谋而不足于仁义",也认为孙子兵学"不能利国便民为

---

①详参《荀子·议兵》。
②《韩非子·五蠹》。

长久之计"①,并非"安国全军"的长久之策。此后,唐甄、闵振声等学者也持类似批判态度,这在前面也曾提及和辩驳。

除"尚诈而轻义"和"重谋而轻力"之外,苏轼曾批评孙子有"扶将而弱君"的倾向,②但响应较少。此外,也有《唐太宗李卫公问对》对孙子用间理论的批评。苏洵及何守法等人持续跟进,对用间之害进行了探讨,这在论述用间之术时,也已有所介绍。苏洵还从战法上对孙子展开批评,指责孙子"用兵乃不能必克,与书所言远甚"。在他看来,吴王率兵出征,被越王从背后袭击,乃至自救不暇,孙武不能免责:"武殊无一谋以弭斯乱。"③孙子"因粮于敌"的后勤补给之法,也饱受诟病。孙武指挥吴国士兵经过多日艰苦作战之后,终于取得伐楚之战的决定性胜利。但吴军在楚国烧杀抢掠,留下不少恶行,不仅引起了楚国人的激愤之情,也永久地被记录在历史的耻辱柱上。清代高士奇说,吴军入郢之后,"仁义不施,宣淫穷毒,楚虽挠败,父兄子弟怨吴入于骨髓,争起而逐之"④,对孙子给予了严厉批评。

进入现当代,随着学界对《孙子》研究的深入,批评之声更加尖锐,内容也更加具体化。郭化若、关锋、钮先钟等学者,堪称其中代表。

郭化若首先从政治层面总结了《孙子》的缺陷,批评孙子持有"观念论":他对于战争的解释,用"兵者,国之大事"的空话,来掩盖当时统治阶级进行的不义战之阶级政策的本质。⑤与此同时,缺少辩证思维也成为靶子:由于种种原因,孙子思想上没能贯彻辩证法的思想方法。⑥此外,没有"义战"思想,也成为批判重点。在郭化若看来,孙子的愚兵思想等,都与此紧密相关:首先他就把战争作为无类别地看,忽视义战与不义战的区别,于是他的战略思想若干地方就只能为不义战服务……同样因为他掩藏了政治的阶级性,所以他对本国居民、本军兵卒的办法只有愚民政策、利诱(所谓厚赏)与镇压(严刑)。⑦

相比政治层面的批评,作为领兵作战的优秀将领,郭化若对孙子作战理

①《将鉴论断·孙武》。
②《苏轼文集·孙武论下》:"天子之兵,莫大于御将。"
③《权书·孙武》。
④《左传纪事本末》卷五十。
⑤郭化若:《孙子兵法之新研究》,《十家论孙》,上海人民出版社,2008年,第59页。
⑥郭化若:《孙子兵法之新研究》,《十家论孙》,上海人民出版社,2008年,第60页。
⑦郭化若:《孙子兵法之新研究》,《十家论孙》,上海人民出版社,2008年,第60页。

论方面的批评似乎更可称心得之见。他首先是批评了孙子对"持久战"的无视：强调速决战时，就根本否认了持久战。①与此同时，他也对孙子的攻防战术提出了批评：对攻防之相互渗透、相互推移，也完全没有谈到。②对于孙子的战略战术，郭氏最为不满的似乎是看到了其中存在若干消极因素：在战略上战术上，还带了不少消极的因素……敌人背丘，有时是可逆的；敌人的归师，有时是可遏的；包围敌人，有时是不可阙而不应阙的；最后穷寇则极应追击。③

　　关锋主要从哲学的角度探讨了《孙子》的思想缺陷。关锋首先指出孙子在政治层面的缺陷，认为孙子对影响战争胜负的政治因素作用，是估计不足的。关锋承认这和当时历史条件密不可分，但还是着力批评孙子的"愚兵政策"，认为这种愚兵思想的产生，正是"不义战争"使然。④不仅如此，在关锋看来，孙子既不了解战争，也不能对战争这个社会现象作出历史唯物主义的解释。⑤在关锋看来，即便《孙子》蕴含了军事哲学思想，但其中也包含有唯心主义的因素。比如就君将关系，关锋似乎受到苏轼影响，认为孙子强调将帅的主观作用，然而却达到了一个片面、极端⑥。在承认孙子哲学思想的成就之余，关锋也认为《孙子兵法》中，并不是以精确的哲学语言说出的，而多半以比喻的形式，许多概念不精确。⑦

　　台湾学者钮先钟则辟专门之章——《孙子的缺失》，从六个方面对孙子展开了更大规模的批评，分别是：一是战争与政治，二是大战略与经济，三是治疾与养体，四是失败的研究，五是战争与道义，六是深远的未来。⑧钮先钟所论，气势十足，咄咄逼人，但并非完全出自本人的发现。其中也有部分观点是从前人袭来，比如战争与政治、战争与道义的关系讨论等，也可见出传统儒家的影子。至于"治疾""养体"云云，也是袭用了唐甄之说。⑨

①郭化若：《孙子兵法之新研究》，《十家论孙》，上海人民出版社，2008年，第60页。
②郭化若：《孙子兵法之新研究》，《十家论孙》，上海人民出版社，2008年，第61页。
③郭化若：《孙子兵法之新研究》，《十家论孙》，上海人民出版社，2008年，第61页。
④关锋：《孙子军事哲学思想研究》，《十家论孙》，上海人民出版社，2008年，第127页。
⑤关锋：《孙子军事哲学思想研究》，《十家论孙》，上海人民出版社，2008年，第127页。
⑥关锋：《孙子军事哲学思想研究》，《十家论孙》，上海人民出版社，2008年，第127页。
⑦关锋：《孙子军事哲学思想研究》，《十家论孙》，上海人民出版社，2008年，第128页。
⑧钮先钟：《孙子三论：从古兵法到新战略》，广西师范大学出版社，2003年，第270—278页。
⑨详见《潜书·全学》。

需为孙子打抱不平的是,钮先钟批评孙子对于君(主)道几乎很少论及,明显是苛责。孙子申述"将能而君不御者胜"[①],包括"君命有所不受"[②]"明君慎之"[③]等,其实都是在探讨为君之道。此外,钮先钟批评孙子对于平时应如何厚植国力的问题完全不曾加以讨论,显然是对《形篇》"称胜理论"的无视。退一步说,即便孙子对这些论题缺乏讨论,也属情理之中,因为这本属政治家的职责范围,不是军事将领所应关心的论题。

其实,无论是郭化若、关锋,抑或是钮先钟,在批评孙子时,都不乏苛责之词。当然,他们多少也注意到孙子是因受到特殊历史条件的限制,才会出现若干缺陷。《孙子》毕竟是一部古兵法,上述批评之词,虽然含有苛责成分,但多少也能折射出孙子兵学理论在面对新情况时无法完全自洽的情形。换句话说,《孙子》并非亘古不变的真理,无法包打天下。既然如此,根据历史条件和作战环境的不断变化,对孙子兵学理论进行必要和恰当的改造,也是历史之必然。

(五)结合时代的改造

《孙子》固为不朽之经典,其兵学思想对战争实践具有非常强的指导意义,但如果过于拘泥而不知变通,就一定会像纸上谈兵的赵括那样,受到战争的严厉惩罚。毕竟历史是一直朝前走,战争环境和军事科技等都会发生巨大变化。再高明的兵法也需要结合战争历史的发展现状,与现实军事斗争充分结合。因此,历史上那些高明的军事家往往非常注意与军事斗争实践相结合,在继承孙子兵学理论的同时,也适当地加以改造。这其中,尤其要数明代军事家戚继光和革命领袖毛泽东。

戚继光曾长期学习古代兵学经典,对《孙子》为代表的传统兵学有充分的学习和继承。总体而言,他从战略筹划和攻守战术等方面继承得更多。比如,沿着孙子的"庙算"理论,戚继光提出了"算定战",其内涵与孙子基本相同,只是使用词语小有变化,且更多关注战术层面。对孙子的攻守之道,戚继光也有继承,强调"攻守结合":"自古防寇,未有专言战而不言守者,亦

---

① 《孙子·谋攻篇》。
② 《孙子·九变篇》。
③ 《孙子·火攻篇》。

未有专言守而不言战者,二事难以偏举。"①

　　就防守而言,戚继光针对当时的海防新局面,提出了更为具体的方略,更加具有针对性。戚继光非常清楚当时防务松弛的情况,他说:"当承平久,外寇以掠为务而弗力攻,故多讲战,腹里尤绝不言守,卒然有变,何以应之?"②所以,戚继光非常看重依靠山川之险修筑炮台,认为"守险"和"恃险固守",是"全国之道",③既可以事半功倍地御敌,也可以在防守中找到反攻机会,打击来犯之敌。这与偏爱进攻的孙子也能形成互补。无论是疆防,还是海防,戚继光都非常重视情报。他甚至模仿孙子的相敌之法,④提出了内容新颖的"海上相敌二十法"。⑤这是戚继光基于时代变化而主动求变的具体表现。与《孙子》相比,戚继光在战术思想上的变化,更值得关注,主要体现在两个方面:第一,充分发挥武器装备方面的优势。当时明军已经拥有火炮、火铳等较为先进的热兵器,无论是对付蒙古骑兵,还是对付倭寇,都占有一定的优势。就海上作战来说,明军的舰船也较为先进。为对付骑兵,明军还专门研制了狼筅、大棒等兵器,结合快枪鸟铳等远射火器杀伤敌人。所以戚继光战术改革的核心问题,就在于如何充分发挥武器方面的优势。第二,寻求人与武器的最佳结合。通过合理的战术编组和扎实训练,让士兵和武器之间及各种武器装备之间,形成良好的配合,尤其是冷热兵器有机地结合在一起,最大限度地发挥出战斗力。

　　在战术改革方面,戚继光努力寻求车兵、骑兵、步兵和水师等多兵种之间的协同作战。他将车兵、骑兵和步兵合为一营,通过合理编组和严格训练,令骑兵、车兵和步兵保持步调一致,不会发生"车前马后,马前车后之误"⑥。相比孙子,戚继光的兵种合同战术,尤其是鸳鸯阵法等,都体现出鲜明的时代特征。

　　毛泽东学习《孙子》,却从不迷信,对其中精髓充分加以借鉴,对其中不足也大胆地予以摈弃或改造。

①《纪效新书》(十四卷本)卷十三,《守哨篇》。
②《纪效新书》(十四卷本)卷十三,《守哨篇》。
③《戚少保奏议》卷三,《辩请兵》。
④详见《孙子·行军篇》。
⑤《纪效新书》(十八卷本)卷十八,《治水兵篇》。
⑥《练兵实纪》卷一,《练伍法》。

关于作战方针,孙子主张的是速战速决,强调以合理之决策和突然之进攻达成战场上的速胜。孙子有一句名言:"兵贵胜,不贵久。"[1]在孙子看来,如果战争拖延过久,就一定会给国家带来灾难性的后果,所谓"兵久而国利者,未之有也"[2]。通读十三篇,速胜是孙子的一贯主张。毛泽东的名著《论持久战》,与主张速胜的孙子恰好是反其道而行之。毛泽东写这篇文章时,正值抗日救亡的危急时刻。其时,太过悲观的"亡国论"与盲目自信的"速胜论"交织在一起,一度让国人无所适从。毛泽东并未被当时的流行论调所左右,也成功地摆脱了孙子"速胜论"的束缚,进而提出"持久作战"的主张。[3]毛泽东的这些主张很快不胫而走,为中国抗战注入了强心剂。艰苦卓绝的抗日战争最终以中国获胜日本战败而结束,《论持久战》的战争决策思想和科学预见等,都经受住了历史的检验。

当然,对于孙子的速胜主张,毛泽东并非全盘否定。他认为,在战术和战斗中都应当集中优势兵力,努力达成速战速决。这与战略上的持久并不矛盾,恰恰相反,它正是在为战略持久创造条件。毛泽东指出:"在战术和战役上的速决,是战略上持久的必要条件。"[4]这些认识,无疑要比孙子的一味求速更加全面。

与速战速决主张相适应,孙子提出了"十则围之,五则攻之"[5]的战法。如果实力不济,则需及时地或逃或避:"少则能逃之,不若则能避之。"[6]毛泽东同样强调集中兵力,重视以优势兵力对敌。他说:"应集中绝对优势兵力,即集中六倍、五倍、四倍于敌,至少也是三倍于敌的兵力,并集中全部或大部的炮兵,从敌军诸阵地中,选择较弱的一点(不是两点),猛烈地攻击之,务期必克。"[7]与孙子相比,毛泽东并不拘泥于"十"或"五"之类的数字游戏,而是认为最低只要达成三倍于敌的优势,便可以寻找歼敌机会。

中国革命力量在很长时间之内都处于劣势,但毛泽东坚信,如果策略得当,完全可以实现"以弱胜强"。他的这一理念明显与老子的"柔弱胜刚

①《孙子·作战篇》。
②《孙子·作战篇》。
③《毛泽东选集》第二卷,人民出版社,1991年,第459页。
④《毛泽东选集》第四卷,人民出版社,1991年,第1198页。
⑤《孙子·谋攻篇》。
⑥《孙子·谋攻篇》。
⑦《毛泽东军事文集》第三卷,中央文献出版社,1993年,第483页。

强"①更加接近,似与孙子"以镒称铢"②等主张背道而驰。当力量处于相对弱势之时,毛泽东并非完全避敌不战,而是广泛地开展游击战争,并且大量开展运动战有效地调动敌人,以期造成局部优势,再争取歼灭敌人的最佳时机。在毛泽东看来,游击战争是战略上的以少胜多、以弱胜强。仅从战法上打量,也要比孙子更加多样化。毛泽东基于其特有之大局观和辩证思维能力,从战略和战术的不同层面看待强弱问题,因此提出比孙子"十则围之"更为丰富而深刻的战略思想及更加精彩而实用的战术。毛泽东说:"我们的战略是以'一当十',我们的战术是以'十当一',这是我们制胜敌人的根本法则之一。"③毛泽东从战略和战术的不同层面出发,客观看待敌我强弱和力量分合等问题,无疑也比孙子更为深刻。

"穷寇勿迫"④也是孙子的名言,意在告诫将领注意敌人绝境中的反扑,防止在追击逃兵之时被反咬一口。毛泽东著名诗句"宜将剩勇追穷寇",虽是从中化出,却和孙子完全背道而驰。1949年,国民党军队全线溃败,解放战争进入了战略追击阶段。蒋介石一面依靠长江天险积极布防,一面抛出"假和谈"等欺骗手段争取喘息之机。针对这种局面,毛泽东果断地发出了《向全国进军的命令》,要求人民解放军"奋勇前进,坚决、彻底、干净、全部地歼灭中国境内一切敢于抵抗的国民党反动派,解放全国人民,保卫中国领土主权的独立和完整。"⑤毛泽东大胆舍弃孙子"穷寇勿迫"的主张,果断下令对敌实施穷追猛打,彻底粉碎了蒋介石企图"划江而治"的迷梦,从而为中国革命赢得了一片新天地。

总之,《孙子》的历史影响存在着多种路向。相比之下,就兵学发展而言,批评之声比溢美之词更有意义更具价值。结合时代特点,对孙子兵学思想合理加以改造也显得非常重要。我们固然要承认《孙子》的不朽价值,但也不宜将其过于拔高,更不可将其视为包治百病的万能良方。

---

①《老子·第三十六章》。

②《孙子·形篇》。

③《毛泽东军事文集》第一卷,中央文献出版社,1993年,第746页。

④《孙子·军争篇》。《十一家注本孙子》和《武经七书》均作"穷寇勿迫"。四库本等作"穷寇勿追"。参黄朴民:《〈孙子兵法〉解读》,中国人民大学出版社,2008年,第168页。

⑤《毛泽东选集》第四卷,人民出版社,1991年,第1451页。

第三节　"知论"的接受与商兑

孙子以"知论"为核心的情报思想,对中国古代情报史和军事史都产生了深远影响。历代都有军事家继承、研究和借用孙子的情报思想,即便间或出现一些批评之声,提出若干商兑意见,但并不能对其历史地位构成影响。

(一)历史地位的确立

孙子"知论"的受到重视,也有历史轨迹可寻。由于受到著名军事家曹操的重视,《孙子》的地位发生很大改观。但其历史地位的最终确立,则与宋代武举制度密不可分。

曹操确定了注解的基本方式。其一,简略地阐释《孙子》文义。孙子在《计篇》中强调了"知情"的重要性,要求将帅"校之以计,而索其情",曹操则进一步明确了"索情"的任务要求,即"索其情者,胜负之情"①。曹操更明确地将"知情"与"胜负"联系起来,指出:"以七事计之知胜负也。"②再如,注释《形篇》"见胜不过众人之所知,非善之善者也"一句时,曹操强调的是"当见未萌"。这其实就是孙子所说"先知",也与《周易》的"知几"比较接近。就孙子的"称胜"理论,曹操借题发挥,强调这是"知"的重点内容。其二,对孙子情报思想进行引申和发挥。比如就"度生量,量生数"而言,曹操强调的是"知其远近、广狭,知其人数"③;对于"称生胜",曹操认为这是接"知其胜负所在"④,从而明确地将"称胜"理论与"知情"联系在一起。其三,将自己多年领兵作战的经验融入孙子情报思想。就《行军篇》的"相敌之法",曹操也能提出自己的独到之见。比如就"辞卑而益备者,进也"一句,曹操注语为"其使来辞卑,使间视之。"这里的"间",既可视为针对敌之使者,也可视为是针对敌军。这同样是对孙子"相敌之法"的一种补充。

此后,不少军事家在战争实践中积极运用孙子的"知论",其中最为杰出的要数南北朝时期的韦孝宽。他曾精心设计和策划了多起间谍活动,非常

---

① 《魏武帝注孙子·计篇》。
② 《魏武帝注孙子·计篇》。
③ 《魏武帝注孙子·形篇》。
④ 《魏武帝注孙子·形篇》。

好地诠释孙子的用间理论,证明了孙子"赏莫厚于间"①的合理性以及"五间
俱起"②的威力。魏晋南北朝时期,《孙子》已经开始深刻地影响当时的学术
著作和情报工作。《将苑》旧题诸葛亮著,实则更像是托名之作,其中有不少
出自对《孙子》的简单模拟。比如十七条"相敌之法",大多可从孙子的"相
敌之法"中找到出处。

　　唐代军事家对孙子情报思想研究非常用力,但同样无外乎注解和运用
这两种基本形式。首先需要提及的《唐太宗李卫公问对》(以下简称《问
对》)。虽说该书作者至今仍充满争议③,但其学术价值已获一致公认。该
书丰富的情报思想,体现了对孙子忠实继承的一面。

　　就情报观而言,孙子主张"知彼知己"和"知天知地",是涵盖彼与己、天
与地的大情报观。《问对》则基于这一认识进一步指出,情报工作既要"知
彼"也要"知己",而且更看重"知己"。在作者看来,如果"知己"做得足够
好,虽未能做到"知彼",也不会被轻易打败。也就是说,"知己"可以确保己
方不败,"知彼"则可胜敌,何况敌方情况相对较难掌握,而己方情况相对容
易了解。可见,《问对》作者对孙子的情报观有着别样解读。对孙子的"庙
算",《问对》也有非常精彩的演绎。作者用淝水之战作为例证,强调了"庙
算"的作用。在书中,唐太宗指出符坚失败的根源就在于"庙算"工作没做
好,故此他指出:《孙子》谓多算胜少算,有以知少算胜无算。凡事皆然。"④
总结淝水之战符坚的失败原因,李靖批评符坚"无术",即指挥能力的欠缺,
而李世民则认为是符坚的"无算",即战略情报分析和决策能力欠缺。对比
之下,唐太宗的认识水平显较李靖为高,对"庙算"这一情报分析理论的认识
也更为深刻。⑤总之,《问对》借助君臣对话诠释了孙子的"庙算",并明确指
出其普遍适用性:"凡事皆然。"从而将孙子的思想又向前推进了一步。

　　除此之外,《问对》还对用间得失有所探讨,结合李靖对用间理论的运用
而展开。《问对》下卷记载了李靖以唐俭为"死间"的案例。李靖不顾唐俭个

---

①《孙子·用间篇》。
②《孙子·用间篇》。
③关于《唐太宗李卫公问对》作者,主要有三种观点:一是唐朝的李靖,一是宋代的阮逸,还有认为既不是
　李靖也不是阮逸,而是另有其人。笔者认为该书系托名之作,但也保留部分李靖的兵学思想。
④《唐太宗李卫公问对》卷上。
⑤这似乎是作者的有意安排,这种阿谀手法在《问对》中不时见到。

人安危,突然对敌发起攻击,在取得胜利之后,他招致群臣的非议,甚至是太宗的质疑,此举显然是逼唐俭为"死间"。①面对质疑,李靖以"去大恶不顾小义"为由,来为自己辩解,并以"水能载舟亦能覆舟"的道理,说明"《孙子》用间最为下策",这就是"或用间以成功,或凭间以倾败"②的道理。可见李靖不仅善于借用孙子的用间理论,而且能够从中跳出,敢于对其提出反对意见。固然是在为自己辩解,却也有几分道理,因此而受到宋明学者苏洵等人的积极认同。

与《问对》成书时间尚存争议不同,著名《孙子》研究专家李筌的著作及活动时间都可以大致确定。李筌注释《孙子》,并著有《太白阴经》等书。在《太白阴经》中,《术有阴谋》《庙算》《行人》等篇,都详细论及情报工作,对孙子情报思想有全面继承和发展。李筌注释《孙子》的文字,则被收录在《十一家注孙子》中,也是非常著名的一家。虽说李筌注《孙子》存有曲解的一面,比如对兵阴阳的挖掘和发挥,明显与孙子"不可取于鬼神"③的主张相悖,但他还是对孙子情报思想的基本内容有所继承。比如"遵庙算之胜"这一主张的提出,尤可见其对孙子的重视。④李筌认为,作为将帅,应从"受命于君"那一刻起,就要密切关注敌情、研究敌情,充分运用"庙算"之法研判敌情,争夺战争主动权。孙子所谓"算",是计算或筹算之意。热衷于兵阴阳的李筌对"算"有着不同理解,他大量借用《太一遁甲》中的"置算之法",对"多算"和"少算"作出流于荒诞的解释,再次显出"假鬼神而为助"的缺点。

由于宋神宗时期立兵经,《孙子》不仅成为官方规定的武学教科书之一,而且被奉为《武经七书》的第一本,地位迅速上升,而且达到了无以复加的地步。孙子"知论"也由此而受到广泛重视。苏洵作为一代硕儒,也投入研究兵书,密切关注敌情,并写下大量研究边关敌情的重要著作,甚至还在《权书》中辟有《用间篇》⑤专论间谍使用之术。这一现象似乎很能说明当时文人论兵的兴盛情况。文人论兵明显推动了兵学研究的深入,也使得孙子以"知论"为核心的情报理论渐渐走向深入。从《武经总要》等书可以看出,当

---

① 如《草庐经略·间谍》卷六:"汉之郦食其,唐之唐俭,人皆以为死间。"
② 《唐太宗李卫公问对》卷中。
③ 《孙子·用间篇》。
④ 详见《十一家注孙子·军争篇》。
⑤ 该篇一本作《明间》,主题和内容相同。

时的情报理论和谍报技术等,都取得了飞速进步。

(二)批评与商兑渐起

宋明时期是中国古典兵学的复兴期,兵学著作迭出。就孙子情报思想研究而言,此时也是高峰期,不少注家都留下或详或简的注解文字。当然,与前一时期相比,宋明时期对孙子的批评之声渐起,商兑也多。尤其是对孙子的用间思想,学者们不依不饶地展开前赴后继的批评,从而构筑了情报学术史上一道独特的风景线,也丰富了古典情报思想宝库。如前所述,《唐太宗李卫公问对》已对孙子用间思想有所批评。如果将该书写作年代置于这一阶段,从考察"知论"的历史影响来看,似乎相对合理可信。

王晳、梅尧臣等人很好地继承了孙子的"大情报观",继续强调孙子"知彼知己",并坚持"知彼""知己"同等重要地位,不可偏废。此外,他们也突出强调地理情报和天候情报的重要性。这一点从《十一家注孙子》中可以明显看出。比如在《虚实篇》,王晳注曰:"必先知地利敌情,然后以兵法之度量,计其远近,知其空虚,审敌趣应之所及战期也。"梅尧臣对孙子的用间术也有新的诠释,比如对于"反间",梅氏注曰"或以伪事给之,或以厚利啖之",丰富和发展了反间的运用方法。对于孙子的"五间俱起",梅尧臣强调了保密的重要性:"五间俱起以间敌,而莫知我用之之道,是曰神妙之纲纪,人君之所贵也。"①南宋学者郑友贤留下注解孙子的文字不是很多,但他对《孙子》结构的解读颇给人以启发。郑友贤认为,从《计》篇开始,又以《用间篇》结束,其实是作者自有深意蕴含其中。《计篇》中说"故经之以五事,校之以计,而索其情",而《用间篇》所说正是"索其情"。在郑友贤看来,贯穿十三篇的是情报思想,而且是"从易而入难,先明而后幽,本末次序而导之,使不惑也"。②

明代兵书对孙子情报思想仍有忠实继承的一面。托名刘基的《百战奇略》对《孙子》有很多引用,高度强调孙子"情报先行"原则,其《间战》正是借《孙子·用间篇》中"无所不用间"一语而展开。《孙子参同》是明代李贽评注《孙子》的作品,也对孙子情报思想高度关注。李贽认为,之所以能够实现

---

①《十一家注孙子·用间篇》。
②《十家注孙子遗说并序》。

"庙算胜",是因为能够"计索而立见其情",所以主张将"庙算"当成"用兵之第一义"。李贽积极肯定孙子"不可取于鬼神"的"先知"思想。针对唐代李靖的批评之词,李贽特意予以反驳:"说出用间事,十分郑重,言不如此,则是视民如粪壤,以安危为儿戏矣。安得不先知敌人而为之间乎? 然李卫公反以用间为不得已,何哉?"①

明代茅元仪对孙子给予了更高评价,强调情报人员应学会透过现象看本质,即从"显者、隐者"考察敌情,学会通过观察敌人的内政外交来考察敌情,通过考察敌方上下亲疏情况,探知对方政权是否受到民众拥护,通过窥伺敌军兵力调度和各种战术运用,推想敌方的真实意图:"见其显者、隐者,而知其心之昏惑⋯⋯见其作外作内,而知其意之迷乱⋯⋯见其所疏所亲,而知其情之乖戾。"②与此同时,情报人员还要学会辨别真伪,不能被假情报所欺骗,所谓"审察必真,且发中时宜"。③

宋明学者对孙子的批评之声同样不绝于耳。苏氏父子中,苏辙是立场温和的骑墙派,苏洵和苏轼则是态度较为激烈的批评派。宋明批评之论的深入,与苏洵不无关系。这种批评之声,实则提升了孙子情报理论的研究深度。

苏洵对孙子的用间之术并不完全认同,他虽然赞同孙子"上智为间"的观点,但还是将孙子的五间之术视为诡诈之术:"五间之用,其归于诈。"④用兵打仗在苏洵眼中另有正道,用间术则非正道,只能说是有成有败:"成则为利,败则为祸。"苏洵指出,用间不仅是诡诈之术,而且敌人也会反其道而行之,所以会有"能以间胜者,亦或以间败"⑤的结果出现。此外,苏洵总结用间可能存有"三败":"吾间不忠,反为敌用,一败也;不得敌之实,而得敌之所伪示者以为信,二败也;受吾财而不能得敌之阴计,惧而以伪告我,三败也。夫用心于正,一振而群纲举;用心于诈,百补而千穴败。"⑥苏洵对用间的态度与他儒者的身份直接相关。苏洵甚至认为,只有仁义属于正道,坚守

---

①《孙子参同》卷五。
②《武备志·兵诀评·六韬·武韬》。
③《武备志·兵诀评·吴子·料敌》。
④《权书·用间》。
⑤《权书·用间》。
⑥《权书·用间》。

仁义就能取得胜利。至于用间这种诡诈之术，终究是违背圣人之道，理应受到批评。基于这一态度，苏洵对子贡的成功行间也不以为然："彼子贡者，游说之士，苟以邀一时之功，而不以可继为事。"①

客观地说，苏洵对孙子用间之术的态度明显受儒家仁义学说影响，多少带有一些偏见，但他对用间所采取的一分为二态度，是辩证而又客观的。苏洵持论也许是受到《唐太宗李卫公问对》的启发，又直接影响到宋明时期其他研究学者。明代何守法等人继承了苏洵的批判精神，对孙子的情报思想，尤其是用间理论，继续予以批评。

在《投笔肤谈》中，何守法也指出"敌情亦难得"，需对用间持辩证态度。因为"敌不示我以情，亦犹我不以情示敌"②。在他看来，间谍也有导致失败的可能："凡间谍之人，或望敌之风，而传伪于我，或被敌之虐，而泄情于彼，此皆覆败之所关也。"③因此何守法认为间谍属于"可用而不可恃"。无名氏所作兵书《草庐经略》提出与之类似的主张。身为将帅，不应将战争筹码全部寄托于用间，否则就会带来灾难性的后果。至于揭暄所著《兵经》，以一字概括一条用兵原则，已有超越孙子之野心。揭暄并不认同孙子对于"间"的五分法，而是就间谍运用的手段和方法，提出另外一种全新的归纳法："有生、有死、有书、有文、有言、有谣、用歌、用赂、用物、用爵、用敌、用乡、用友、用女、用恩、用威。"④这虽与孙子的精神相违背，却极大地丰富了用间之术。从孙子的"五分法"，到揭暄的"十六分法"，其中也折射出古代谍报术的发展轨迹。

此外不能不提及的是明代抗倭名将戚继光。由孙子的"相敌之法"受到启示，戚继光关注海防情报，提出著名的"海上相敌二十法"⑤。这既是从实战中得来的经验之谈，对于其时海上研判敌情具有很强的指导作用，同时也是受孙子的启示，对其情报术作出的划时代的改造。孙子"相敌之法"所蕴含的"去粗取精、去伪存真、由此及彼、由表及里"⑥的思维方法，得到戚继光的忠实继承。

---

①《权书·子贡》。
②《投笔肤谈·敌情》。
③《投笔肤谈·谍间》。
④《兵经·间》。
⑤详见《纪效新书·治水兵篇》。
⑥《毛泽东选集》第一卷，人民出版社，1991年，第180页。

(三)再受重视

清代研究学者中,我们选取朱逢甲作为代表。他所著《间书》被认为是对《孙子·用间篇》的最佳注解。不仅如此,在愚见看来,通过朱逢甲的初步努力,孙子情报思想研究已经开始了迈向现代情报学的脚步。

朱逢甲撰写《间书》,本希望统治者能借鉴古代经典谍战活动,为"勘平"起义发挥作用。《间书》对用间方法的探索,既是古典谍报理论的总结,同时也具有现代价值。因为朱逢甲已经尝试对用间的内涵进行大范围拓展,所论用间实则就是今天情报工作的基本内容,"用间"的概念非常宽泛。除普通意义的"使用间谍"之外,还兼有侦察敌情、军事外交等方面含义。因此我们也可将《间书》视为中国古典情报工作的总结之作,即便果为注解《孙子·用间篇》,也是"六经注我"的注解作品。既然《间书》所论与现代情报工作大体相当,也便可以和现代情报学实现初步的对接,或者说朱逢甲的一只脚已经踏上迈往近现代的征程。在《间书·自序》中朱逢甲指出:"夫主战,斗力也;用间,斗智也。"这些斗智行为都被其纳入用间范围,既扩大了用间之内涵,也使得《间书》具备了超越孙子《用间篇》的资本。

还要看到的是,朱逢甲格外强调情报工作的地位和作用,并且较孙子也更进一步。他甚至认为,即便实力不如对方之时,也可以通过用间来挫败敌军,从而达成孙子那种"不战而屈人之兵"[①]的目标。只是这种以用间来包办一切的观点并不现实,也多少显出一丝书生气。

真正拉开近代《孙子》研究大幕的,要数陆懋德和蒋方震。尤其是蒋方震,已经自觉援引近现代兵学理论来注解《孙子》。蒋方震在《孙子浅说·绪言》中指出,孙子以《计》为首,又以《用间》为终,其实是反映了作者"以主德始,以庙算终"的思想,是高度重视情报工作的产物。李浴日同样非常重视结合西方现代军事理论来研读《孙子》。他曾将孙子的理论体系归纳为先知、计划、自然、求己等十大原理,对"先知"为核心的情报工作格外重视。

毛泽东对孙子情报思想也有精深研究,他曾数次引用"知彼知己,百战不殆",借用这句名言告诫党内同志应全面地辩证地看问题:"孙子论军事说:'知彼知己,百战不殆。'他说的是作战的双方。唐朝人魏征说过:'兼听

---

① 《孙子·谋攻篇》。

则明，偏信则暗。'也懂得片面性的不对。"①毛泽东对"知彼知己，百战不殆"有自己的解读："有一种人，明于知己，暗于知彼，又有一种人，明于知彼，又暗于知己，他们都是不能解决战争规律的学习和使用的问题的。中国古代大军事学家孙武子书上'知彼知己，百战不殆'这句话，是包括学习和使用两个阶段而说的，包括从认识客观实际中的发展规律，并按照这些规律去决定自己行动克服当前敌人而说的；我们不要轻看这句话。"②1938年5月，毛泽东在《论持久战》中再次指出："孙子的规律，'知彼知己，百战不殆'，仍是科学的真理。错误由于对彼己的无知，战争的特性使人们在许多的场合无法全知彼己，因此产生了战争情况和战争行动的不确实性，产生了错误和失败。然而不管怎样的战争情况和战争行动，知其大略，知其要点，是可能的。"③将孙子的理论视为"科学的真理"，这无疑是对孙子给予了更高的评价。

此外，毛泽东对孙子的"示形之法"也给予高度赞赏："敌人会犯错误，正如我们自己有时也弄错，有时也授敌以可乘之隙一样。而且我们可以人工地造成敌军的过失，例如孙子所谓'示形'之类。"④毛泽东尤其强调战术欺骗和灵活用兵，提醒指挥员要学会利用各种手段迷惑敌人、调动敌人，再伺机实施袭击，这无疑是受到了孙子的影响。

台湾学者钮先钟已注意将孙子情报思想与西方情报学理论进行对比研究。孙子所言"庙算"，是指统治集团在庙堂之上计议国是和预测战争胜负，其实也可以说是在战略情报分析的基础之上预测战争胜负。钮先钟套用西方情报术语对"庙算"也有新颖解读。他指出："庙算，用现代术语来说，即为'纯净评估'（net assessment）。"⑤钮先钟视"庙算"为客观情报分析，尝试将其与西方情报理论实现对接。

在西方情报界，也有学者关注并研究孙子的情报思想，比如罗伯特·克拉克曾指出："兵法受五种因素控制，在预测交战结果时，必须将这五种因素考虑在内。"⑥罗伯特·克拉克还对孙子的"五事"给予了全新解读，认为它

①《毛泽东选集》第一卷，人民出版社，1991年，第313页。
②《毛泽东选集》第一卷，人民出版社，1991年，第182页。
③《毛泽东选集》第二卷，人民出版社，1991年，第490页。
④《毛泽东选集》第一卷，人民出版社，1991年，第209页。
⑤钮先钟：《中国古代战略思想新论》，安徽教育出版社，2005年，第29页。
⑥[美]罗伯特·克拉克：《情报分析：以目标为中心的方法》，马忠元译，金城出版社，2013年，第249页。

们应分别称为"社会因素、环境因素、地理空间因素、组织因素和领导因素"。①孙子的定量分析法尤其关注军事实力,目的性非常明显,其中隐含着系统动态分析方法,与西方关注力量的情报分析理论,在原则和方法上保持一致。罗伯特·克拉克指出:情报分析理论应该关注力量分析,而力量分析有许多名称,如力场分析和系统动态分析等。作为一种分析和预测方法,力量分析必须要"找出现有力量是什么,它们在如何变化、向哪个方向变化和变化速度有多快"。②孙子从"度"到"胜"的力量分析方法,既包含了常态因素的分析,也注意对变化因素加以考量,只是不如西方情报理论具体和明晰。

美国兰德公司强调"知己"和"知敌"同样重要,③也强调对战区环境(地形、水文、天气等)的掌握。④这种情况的出现,令我们相信孙子的有关理论曾对美军情报界形成深刻影响。

关于用间,孙子曾强调指出:"先知者,不可取于鬼神,不可象于事,不可验于度,必取于人,知敌之情者也。"⑤这些可与西方现代分析理论求得对应,比如与小理查兹·J.霍耶尔就情报分析所总结注意事项形成呼应,对概率评估中的偏见、事后偏见、因果证据中的偏见都有提醒,而且同样强调了保持开放性思维的重要性。⑥孙子论战略情报,"即便与2500年后谢尔曼·肯特的著作相比也不逊色"。⑦

考察中国古代情报思想发展和演变的历史,孙子以"知论"为核心的情报思想占据了独特的地位,同时也曾长久面对批评和商兑,这在宋明时期体现得尤为明显。但是,种种批评并不会对其思想价值构成损伤,也不会对其历史地位产生动摇。正所谓"历久而弥新",随着时间的推移,孙子情报思想反倒越发受到重视,并已在世界范围内散发出更大的影响力。

---

①[美]罗伯特·克拉克:《情报分析:以目标为中心的方法》,马忠元译,金城出版社,2013年,第249页。
②[美]罗伯特·克拉克:《情报分析:以目标为中心的方法》,马忠元译,金城出版社,2013年,第248页。
③张晓军:《〈武经七书〉军事情报思想研究》,军事科学出版社,2001年,第6页。
④[美]谢尔曼·肯特:《战略情报:为美国世界政策服务》,刘微、肖皓元译,金城出版社,2012年,第153页。
⑤《孙子·用间篇》。
⑥[美]小理查兹·J.霍耶尔:《情报分析心理学》,张魁、朱里克译,金城出版社,2015年,第148—211页。
⑦高金虎主编:《情报与反情报丛书·总序》,[美]谢尔曼·肯特:《战略情报:为美国世界政策服务》,刘微、肖皓元译,金城出版社,2012年,第1页。

第四节　走向世界的兵典

大约在唐代初期甚至更早时候，《孙子》就已经流传日本，此后逐渐在亚洲各地得到传播，并远播欧美，成为跨越国界的兵学经典。当然，迈向世界的进程并非一帆风顺。从遭受质疑到受到热捧，经历了漫长的过程。甚至在很长一段时间内，误读与嘲讽并存。当然，这一现象的出现并非坏事，反倒更能提醒我们对孙子兵学的思想价值，乃至我国传统兵学等，给予更为客观的评判。

（一）积年累月的流布：海外接受史的回顾

《孙子》首先是在亚洲地区传播并受到重视，其中尤其需要重点关注的是日本。《孙子》传入日本的时间，学界存在两种观点：其一为"唐朝初期说"；其二为公元663年以前。[①]日本学者佐藤坚司持前说，认为《孙子》可能在唐朝初期传入日本，或于公元663年左右经朝鲜（时称百济）传入日本，也可能由吉备真备在留学期间带回日本。[②]这两种观点的分歧，不仅是传入日本的早或晚，也对日本为最早传播和翻译《孙子兵法》的学术观点提出了挑战。如果《孙子》系由朝鲜半岛传入日本，那么日本自然不是最早传播《孙子》的国家。美国研究专家塞缪尔·B.格里菲斯认为，十三篇传入日本的时间要比吉备真备所处时代早出几个世纪。这一点也得到中国学者苏桂亮的认同。[③]17世纪，日本出现了《孙子》的日文译本，有力地推动了这部兵典在日本的流传。起初《孙子》以秘藏家传的形式小范围流传，皇室上层将《孙子》当作"秘密武器"，不希望其大范围传播。江户时代（1603—1868）是《孙子》研究的最重要时期之一。在此期间出现了林罗山、小幡景宪、北条氏长、山鹿素行等多位研究专家。在这期间，日本刊印《孙子》书籍达140余种，由此迎来研究与注解的高峰期。随着研究的升温，到了近现代又产生研究著

---

① 苏桂亮：《〈孙子兵法〉研究在日本》，载《滨州学院学报》，2005年第5期；苏桂亮、[日]阿竹仙之助编：《日本孙子书知见录·序言》，齐鲁书社，2009年。
② [日]佐藤坚司：《孙子研究在日本》，军事科学出版社，1993年，第1—2页。是书为佐藤坚司《孙子思想史的研究》第三篇《日本历代对孙子思想的研究》的中译本，高殿芳等译，郭化若题写书名。
③ 参见苏桂亮：《〈孙子兵法〉研究在日本》，载《滨州学院学报》，2005年第5期。

述170余种,二战之后更是接近200种。

在亚洲国家中,越南、朝鲜等国因为与中国接壤,也较早接触到《孙子》。越南陈朝(1225—1400)名将陈国峻较早开始学习《孙子》,并撰写《兵书要略》。在领兵作战中,他也注意借鉴孙子集中兵力等用兵原则。[1]到了现代,越文版《孙子》无论是精装本还是缩略本,销售一直都很火爆。朝鲜半岛长期受到中华文化的影响,曾长期使用汉字,接受和学习《孙子》的历史,极有可能比日本更早。《孙子》不仅在朝鲜半岛长期流传,甚至被列为科举考试必读之书。[2]在韩国,有关《孙子》的出版物持续畅销,无论是青少年朋友,还是中老年读者,都对这本兵典青睐有加。有学者统计,自1953年之后,韩国已出版与《孙子》有关的读物达300余种。[3]韩国企业家也非常重视《孙子》,浦项制铁不仅用《孙子》来指导企业的管理与经营,甚至要求企业员工都要学习孙子的制胜之道。在马来西亚,《孙子》也有着深远的影响,曾任首相的马哈蒂尔曾在演讲中,对《孙子·九地篇》进行引用和诠释。据说他一生最重视两本书,其中一本即为《孙子》。[4]古史研究专家郑良树热衷于研究《孙子》,对该书的成书年代等问题有着独到的见解。在商人吕罗拔的组织下,马来西亚于1991年组建成立大马孙子兵法学会。学会除定期发布论文和研究专著之外,还在吉隆坡等地举办有关演讲。《孙子》传入泰国的历史虽说比其他亚洲国家为短,但势头迅猛,呈异军突起之势。泰国于1952年首次出版《诗歌兵法与中国兵法》[5],此后,有关《孙子》的出版物接连印刷,受到读者广泛欢迎。不仅是企业家投入学习《孙子》,就连军界和警界也将该书列为教学内容。总之,亚洲国家因为与中国距离相对接近,故而最早接受《孙子》,而且流传最为广泛。据统计,亚洲出版的《孙子》译本和研究著作,"数量近700部,占全球《孙子》译著九成以上"。[6]中国的邻国,如日本、朝鲜、越南、马来西亚、缅甸等,都先后出现了《孙子》译本。

---

[1]竺天、郭大开:《试析〈兵书要略〉一书中的若干问题》,载《东南亚》,1995年第1期。

[2]邵青:《〈孙子兵法〉海外传播述评》,载《军事历史研究》,2013年第4期。

[3]韩胜宝:《韩流汉风话孙武——"孙子兵法全球行"韩国情况报告》,载《滨州学院学报》,2014年第5期。

[4]韩胜宝:《〈孙子兵法〉在海外——"孙子兵法全球行"阶段性情况报告》,载《滨州学院学报》,2011年第5期。

[5]苏桂亮、[泰]庄培洁:《〈孙子兵法〉在泰国的传播与影响》,载《孙子研究》,2015年第1期。

[6]韩胜宝:《孙子兵法全球行:亚洲孙子译著出版约占全球九成》,2012年06月02日,中国新闻网。http://www.chinanews.com/cul/2012/06-02/3933991.shtml。

由于远隔千山万水，《孙子》较晚传入欧洲，而且过程也较为曲折。1772年（乾隆三十七年），法国传教士阿米奥将《孙子》译成法文在巴黎出版，①开启了该书在西方的传播历程。该译本虽然粗糙，但在问世后立刻引起广泛关注。不少评论家认为这部兵法应充当教材，为法国培养军事人才提供帮助。当时的法国，对包括兵学在内的中国文化都有浓厚兴趣，《孙子》受到热捧也不奇怪。大革命失败之后，法国人对东方文化的兴趣渐淡，《孙子》也渐被遗忘，甚至备受质疑。

俄文译本在1860年出现，有赖俄国汉学家斯列兹涅夫斯基之力，译本名为《中国将军对部将的训示》，属于译者自创，倒也可以大体说得通。②三十年后，又有普佳塔教授撰文介绍，《孙子》的影响力渐渐扩大。③在第二次世界大战时，《孙子》一度被列为军事学术史的教学内容，军事学院颁发俄文译本供学生研习。1950年，苏联科学院东方研究所出版了汉学家孔拉德的鸿篇巨著《〈孙子兵法〉的翻译与研究》，引起学术界的高度关注。1955年，苏联国防部军事出版社出版西多连科译本受到瞩目，又被转译成德文。拉辛少将写有长篇序言并指出，古代中国的军事理论家先于希腊和罗马，中国古代最杰出的军事理论家则是孙子。④

德国于1910年开始出现德文译本，由布鲁诺·纳瓦拉翻译，书名为《中国古典兵家论战争的书》，但并未产生多大影响力。第一次世界大战始作俑者德皇威廉二世，在战败被黜后曾阅读德文《孙子》。当他读到《火攻篇》"主不可以怒而兴师，将不可以愠而致战；合于利而动，不合于利而止……"时，懊悔之意油然而生，不禁掩书喟叹："可惜我20年前没有读到这本书啊，要不何至于有今天的结局。"⑤

首个英译本在1905年由英国皇家上尉卡尔斯罗普翻译完成，由于是根据日文版转译，不免存在瑕疵。三年后，卡尔斯罗普上尉重起炉灶，新的译本已有很大改善。该译本名为《兵书》，副标题则为"远东兵学经典"，受日

---

①于汝波主编：《孙子兵法研究史》，军事科学出版社，2001年，第227页。
②于汝波主编：《孙子兵法研究史》，军事科学出版社，2001年，第230页。
③于汝波主编：《孙子兵法研究史》，军事科学出版社，2001年，第230页。
④杨少俊：《浅谈国外对〈孙子兵法〉的研究与运用》，载《孙子新探——中外学者论孙子》，解放军出版社，1990年，第33页。
⑤熊剑平：《〈孙子兵法〉史话》，国家图书馆出版社，2018年，第146页。

文本影响的痕迹得到部分消除。1910年,莱昂内尔·贾尔斯的译本问世,行文更加流畅,更加忠实于原作,是一部受到较多认可的佳作。它和格里菲斯译本一起,在西方世界产生了较为深远的影响。此后又受到英国战略学家李德·哈特的褒奖。他在《战略论》中大量摘录和引用孙子名言,对于《孙子》的传播起到了积极作用。英译本在传到美国之后,很快受到美国出版界和军事界的关注。他们采用的是贾尔斯译本,并删去其中汉语及多余考证。1963年,塞缪尔·B.格里菲斯重新翻译《孙子》,由牛津出版社出版,使得《孙子》的影响力进一步扩大。格里菲斯一直研究游击战理论,并认为其理论源头就是《孙子》,由此开始他将主修科目定为中国军事理论。贾尔斯译本曾连续10次出版,也极大促进了《孙子》在西方世界的传播。此外,纽约斯特林出版社翻译出版陶汉章的《孙子兵法概论》,对《孙子》的传播起到了积极作用。1993年,美国西视出版公司出版了拉尔夫·索耶所译《武经七书》,其中也有《孙子》译本,有力地推动了该书在美国的流传。

除了上述国家之外,《孙子》也在波兰等欧洲国家开始流传。波兰学者克里斯托夫·高利考斯基(中文名为石施道)曾撰文讨论《左传》战争观与孙武的区别,不乏独到见解。进入20世纪末期,国内外翻译出版的外语译本层出不穷,加速了《孙子》的流传和推广。目前已知外文译本有日文、朝鲜文、法文、英文、俄文、德文、西班牙文、葡萄牙文、意大利文、捷克文、罗马尼亚文、荷兰文、希伯来文、阿拉伯文、越文、泰文、缅文、马来文等。

简本《孙子》也引起海外学者的关注,其中以日本学界反应最为迅捷。简本《孙子》面世数月之后,日本龙溪书舍迅速影印出版。服部千春《孙子兵法校解》[1]大量吸收简本文献,大庭修《汉简研究》[2]也专章讨论简本《孙子》,对日本的《孙子》研究有很大的推动作用。马来西亚学者郑良树利用简文《吴问》等,考察《孙子》成书时代,也有独到发现。[3]由于安乐哲的努力,简本《孙子兵法》于1993年在美国得到翻译出版,使得西方人对此也有若干关注和了解。[4]

---

①军事科学出版社,1987年。

②广西师范大学出版社,2001年。

③郑良树:《竹简帛书论文集》,中华书局,1982年,第72页。

④Roger T. Ames trans,*Sun-Tzu:The Art of War*,New York:Ballantine,1993.

《孙子》虽大量讨论攻伐之法，但所论"皆切于人情"，①其战胜敌人、保存自己的目标，同样蕴含有"救人"之心。这种人文精神也已为海外研究人员所察，李德·哈特等人极力称赞其"不战而屈人之兵"的主张，正是基于这层原因。由于具备了这种普适性，孙子兵学才能在世界范围内备受赞誉。孙子重视"伐谋"，努力降低战争损失，而且有许多具体的措施研究。"谋攻之法""形人之术""相敌之术""奇正之术"等，都围绕这一目标而展开。孙子的制胜理论也由此而具备非常强的可操作性，也相对容易被他国学者所接受。孙子重视从战争中获利，主张"非利不动"，②连同其"伐谋"等诡道之术一起，深刻揭示了战争的本质，同时也表现出相当强的思维理性。孙子围绕战争获胜所设计的种种战法，并不晦涩难懂，也较容易为国外读者所理解和认可。

（二）误读与误解：接受障碍与固有偏见

随着《孙子》大踏步迈向世界，不同程度的曲解和误读也会纷至沓来。事实上，即便是翻译和引进《孙子》时，这种误读和误解也是随处可见。由于语言上存在的障碍，给《孙子》的传播带来了一定困难，文化上的差异也给理解孙子原意带来了一定难度。

比如对《用间篇》"必先知其守将、左右、谒者、门者、舍人之姓名"中"左右"的翻译，就出现较大歧义。日本学者服部千春译为"左右卫士"③，理解较为到位，但西方的部分翻译明显存在着理解上的欠缺。格里菲斯等人的译本尚且属于善本，但他将"左右"翻译为"Staff officers（参谋）"，与孙子原意不符。④还有的学者将"左右"译为左边和右边，也即"坐在两边的人"，⑤则更显得机械。再如对"奇"的翻译，西方译者将其视为"战略的"，⑥显然没有真正理解"奇正"的真正含义。熟悉孙子兵学思想的人都知道，"奇"并不单指某一层面。即便是以严谨著称的索耶译本中，误译和死译也经常可以

①《孔子改制考》卷五。
②《孙子·火攻篇》。
③［日］服部千春：《孙子兵法校解》，军事科学出版社，1987年，第583页。
④魏倩倩：《典籍英译与传播：以〈孙子兵法〉为例》，人民出版社，2018年，第127页。
⑤杨玉英：《〈孙子兵法〉在英语世界的传播与接受研究》，学苑出版社，2017年，第9页。
⑥杨玉英：《〈孙子兵法〉在英语世界的传播与接受研究》，学苑出版社，2017年，第8页。

见到。①类似现象,即便在精研东方学术的汉学家身上也会发生,也由此而遭到同行专家的批评。比如英国汉学家贾尔斯就曾尖锐地批评法国著名汉学家阿米奥,认为他的译本完全是"虚妄之作",孙子原话寥寥无几。②包括在日本发行的英译本,也难免存在类似缺陷。贾尔斯批评其"省略和脱落比比皆是","艰难的字句被任意曲解或一带而过"。③由此可见,将包括《孙子》在内的诸多经典完整和准确地介绍给世界,仍然需要付出更多的努力。

孙子的慎战思想,历来受到推崇和赞赏,却不幸地被某些西方人所误会,孙子因为主张"慎战"而被批评为"胆小鬼"。比如斯坦利·宾的著作《孙子是个胆小鬼:战胜你的敌人,增进你的友谊,发动你真正的战争》,对孙子就有类似误读,而且尤为严重。④斯坦利·宾对于孙子根据自己的解读作了支离破碎的摘录。仅从摘录情况来看,也可明显看到他对孙子的解读并不完整。比如就第七章"战争",斯坦利·宾摘录的孙子名言仅有两处,其一为"禁祥去疑",其二为"怯生于勇"。这显然是捡了芝麻,丢了西瓜。稍通军事常识的人,都可以判断这两条均为讨论治军问题。孙子讨论战争之法的文字比重非常之大,却被完全无视。从斯坦利·宾对前言所拟标题——"孙子:我们时代的胆小鬼"来看,作者似乎出现了时代定位的错误,其实不然。根源在于斯坦利·宾对包括孙子在内的中国文化持有与生俱来的傲慢,这种傲慢和狂妄影响到他对孙子的评判。针对该书稿,后来又出现一篇书评,发表在2007年《发行周刊》,延续的仍然是类似态度:"宾流畅地阐述他的著作,以不动声色的、愉快的嘲弄口吻来阐释那些常常是不恭敬的内容。"⑤法国汉学家马斯佩罗在介绍古代中国时,虽说注意到《孙子》,但轻蔑地称其为小册子,评价并不高。当然,这已经被格里菲斯所批评:"说明他对中国文献中重要部分——战争文献的了解非常肤浅。"⑥格里菲斯还使用了嘲讽的口吻指出,如果法国汉学家真正拿出精力研究,至少可以部分避免二战期间所

①于汝波主编:《孙子兵法研究史》,军事科学出版社,2001年,第251页。
②于汝波主编:《孙子兵法研究史》,军事科学出版社,2001年,第230页。
③于汝波主编:《孙子兵法研究史》,军事科学出版社,2001年,第232页。
④Stanley Bing:*Sun Tsu Was a Sissy:Conquer Your Enemies,Promote Your Friends,and Wage the Real Art of War*, New York: Harper Collins Publishers, 2004.
⑤杨玉英:《〈孙子兵法〉在英语世界的传播与接受研究》,学苑出版社,2017年,第410页。
⑥于汝波主编:《孙子兵法研究史》,军事科学出版社,2001年,第254页。

尝到的失败苦果。[①]

　　和国内某些学者相似,海外学者批评孙子时,也有完全不着皮毛之论。比如马来西亚高里·维纳亚撰写博士论文,[②]批评孙子仅仅"只是短小、精干的格言警句"或"没有描绘实施的细节",[③]这其实也是对孙子的严重误解,并没有对十三篇进行系统考察。孙子在《计篇》论述"庙算"的完整性和系统性,以及《计篇》之外围绕"知彼知己"展开的论证等,无不显示出孙子对于细节的重视。但这些内容,显然为某些海外学者所失察。至于国内学者迷信西方学术,认为中国古代学术缺少"分别",同样也是误解。

　　《孙子》传到欧洲后不久,便迎来西方列强大肆入侵中国的黑暗历史。由于力不如人和技不如人,中国饱受西方的歧视。18世纪,中国人的经典和思想一度受到西方的欢迎和重视,19世纪则明显受到漠视,至少"都不再像18世纪那么广受欢迎"。[④]带着强盗逻辑的欧洲人,甚至把《孙子兵法》中的"诡道"当成是中国官员"奸诈成性"的直接证据。1900年,法国前驻北京武官德·科唐索恩在《新评论》上发表文章指出:中国兵法的特点就是"将帅们奸诈狡猾,企图用各种可能的手段欺骗敌人"。[⑤]这显然也是一种经不起推敲的偏见,也是对《孙子》的严重误读。

　　即便是对《孙子》有着精深研究的日本人,仍然会对其产生各种误解。比如,在日本有一本名叫《斗战经》的著作,作者已失考,[⑥]曾对《孙子》提出过批评。作者主张"正攻战法"的《斗战经》,推崇《吴子》,并就此批评《孙子》之"诡谲",但这显然也是一种失当批评。孙子固然提倡"诡谲",但更重视"以力胜人",尤其关注力量的培植。《斗战经》的观点似与我国南宋学者高似孙比较接近,但同样也属误解。《斗战经》还将孙子的"慎战"理解为"惧战",虽说刻意强调"勇",[⑦]但也属于不得其解。幕府末期的著名学者佐久

---

①S.B.Griffith: *Sun Tzu The Art of War*, pp.181–182.

②Gowrie Vinayan, Impact of Quality Management (TQM) and *Sun Tzu Art of War* Strategies on Sustainable Competitive Advantage (SCA) :A Study of Malaysian Manufacturing Industries, PhD Thesis, Multimedia Uni-vsity, 2012.

③杨玉英:《〈孙子兵法〉在英语世界的传播与接受研究》,学苑出版社,2017年,第414页。

④杨玉英:《〈孙子兵法〉在英语世界的传播与接受研究》,学苑出版社,2017年,第17页。

⑤杨玉英:《〈孙子兵法〉在英语世界的传播与接受研究》,学苑出版社,2017年,第17页。

⑥据《斗战经·序》:"或曰太祖宰相维时卿作,或曰太宰师匡房卿书也,今不可考证。"

⑦[日]冈田武彦:《〈孙子兵法〉新解:王阳明兵学智慧的源头》,钱明、徐修竹译,重庆出版社,2017年,第7页。

间象山也对《孙子》提出过言辞激烈的批评:"汉土兵家之书,莫高于《孙子》。而其为书,空言无事实者过半矣,未可以治兵也。"①佐久间象山曾接触过西洋兵学,故而对克劳塞维奇的《战争论》倍加推崇,因而主张"莫若学洋兵"。②这种蔑视态度,固然是为了提醒日本军界变革图强,但对《孙子》明显充满敌意。当二战结束后,日本学者借助《孙子》而做出检讨,认为日本正是背弃孙子的战法而落败。③

　　众所周知,《孙子》本为论兵之作,讨论的是战胜之法,但部分日本学者竟会对此产生误解。比如,服部千春和佐藤坚司等学者认为《孙子》是"言和平、言免斗之哲学著作",④这当然是严重歪曲孙子写作兵书的本意。他们立论的依据是孙子的"不战而胜"理论以及"慎战"思想,但这其实是孙子努力追求的用兵境界。孙子虽有追求"不战"的主张,但立足点仍然是"伐兵"和"伐谋",并且目标也是"屈人之兵",追求的是"胜"。战胜理论始终是《孙子》的主体内容,十三篇兵法显然不是什么和平之法。

　　除此之外,日本有一些研究专家非常重视孙子的用间思想,甚至由此指出十三篇所论全部为情报,这一观点同样得到不少追捧,但也是对《孙子》的曲解。众所周知,"知"和"战"都是十三篇的高频词,分别出现79次和75次。⑤"知"和"战"分别代表情报和战法,构成十三篇的主体内容。这二者并非是完全对等的并列关系。"知"是"战"的保障,也是先导。孙子基于"先知而后战"的理念构建兵学思想体系,出发点是"知",落脚点是"战"。但是,有部分日本学者只看重孙子的"知",认为十三篇以"知彼知己"思想贯穿,通篇都是探讨情报工作。比如山鹿素行认为,前三篇是"知己、知彼、知天、知地",接下来三篇是论"知己",其后三篇是论"知彼",《九地》《地形》则是"知地",《火攻》为"知天",《用间》则又为"知彼、知己、知天、知地"。⑥佐藤坚司称赞山鹿素行"把握了《孙子》内在的真谛",⑦观点与其一致,德田邕

---

① [日]佐藤坚司:《孙子研究在日本》,军事科学出版社,1993年,第124页。
② [日]佐藤坚司:《孙子研究在日本》,军事科学出版社,1993年,第125页。
③ 参见苏桂亮:《〈孙子兵法〉研究在日本》,载《滨州学院学报》,2005年第5期。
④ [日]服部千春:《孙子兵法新校·自序》,白山出版社,1997年。
⑤ 均据《十一家注本孙子》统计。
⑥ [日]佐藤坚司:《孙子研究在日本》,军事科学出版社,1993年,第31—32页。
⑦ [日]佐藤坚司:《孙子研究在日本》,军事科学出版社,1993年,第31页。

兴也是如此。①这种解读貌似很有新意,却偏执于"知论",而对"战论"明显有所忽视,其实是一种误读。②孙子固然重视情报,却并非通篇探讨情报。《孙子》是一部战争之法,而非情报学专著。日本孙子研究重视情报,日本军事学术和军事文化也受影响,逐渐形成了重情报的国民文化。当然,日本人虽重视用间和情报,却仍未真正做到"知彼知己"。在第二次世界大战中,他们对中国和美国等国的战争实力和作战决心等,均缺乏深入了解,由此而受到严厉惩罚。

(三)热捧与赞誉:真实的体悟与理解

虽说《孙子》遇到了各种误解和误读,但这本兵典的思想价值终究会被发现和认识。《孙子》虽然是一部古代社会诞生的兵典,但它揭示了战争的本质规律,并对战胜之法有着非常出色和明晰的总结,对于现代战争仍然具有指导意义。语言的障碍和文化的差异等,可能会成为接受的障碍,但并不永远是难以逾越的鸿沟,也不会因此掩盖孙子兵学的思想价值。《孙子》十三篇最终还是会被广泛接受,并受到越来越多的赞扬和热捧。

也许是深受中华文化的影响,在亚洲国家和地区,《孙子》相对较为容易被接受,也更容易获得赞同。比如在日本,虽说也曾在解读《孙子》时出现诸多误解和误读,但我们仍应看到日本人对该书的欢迎程度,并看到日本学者对《孙子》的研究力度之深。对《孙子》给予最多热捧的,也是他们。李浴日曾指出,日本人最认可该书之价值,"最为倾倒"。③日本战国时期著名军事家武田信玄对孙子极其崇拜,他从《孙子·军争篇》中"其疾如风,其徐如林,侵掠如火,不动如山"找出"风林火山"四字,绣在战旗之上,随时提醒自己牢记孙子的用兵之法。热捧孙子的日本学者很多,不少日本学者都将孙武尊称为"兵圣"或"东方兵学的鼻祖",称《孙子》为"兵经"和"武经之冠冕",给予了极高的评价。在亚洲其他国家,《孙子》也受到较多追捧。越南前劳动党主席胡志明曾用心学习《孙子》,其用兵实践和所撰社论等,都可以看出受孙子影响的痕迹。他还写有《孙子用兵法》,专门介绍孙子的用兵艺术。

---

① [日]德田邕兴:《孙子事活抄》:"十三篇以用间而终,结其要,意在用兵之时,察敌情为第一要务,是始计也。"转引自[日]佐藤坚司:《孙子研究在日本》,军事科学出版社,1993年,第107页。
② 熊剑平:《日本的〈孙子〉研究》,载《军事历史研究》,2011年第2期。
③ 李浴日:《东西兵学代表作之研究》,世界兵学编译社,1943年,第2页。

新加坡资政李光耀、印尼总统瓦希德等,都曾对《孙子》赞誉有加。李光耀甚至指出,不学好这本书,就当不好新加坡总理。[①]《孙子》是将帅之学,李光耀认为它对治国有帮助,很显然是深层次研究了孙子兵学,尤其是对统御之法有深刻体察。

《孙子》在西方世界的流传和接受,相对较晚,这首先是与距离中国的远近有关,文化的差异多少也会产生一定影响。比如,就儒家文化的推广而言,就曾遇到了不小的阻挠和障碍。要想改变西方人固有的那种傲慢,一定要拿出令人信服的东西,并且要等到他们真正深入理解孙子兵学的真谛。《孙子》的海外接受史,正说明了这一道理。

时至今日,《孙子》已被不少西方国家列为军校的必修科目,就连以傲慢著称的美国人也对其不吝赞赏之词。比如,美国著名学府的战略学或军事类课程,《孙子》颇受重视,最高学府国防大学的战略学将《孙子》列为最先学习的内容。美军著名军校,如陆军军事学院等,大多将《孙子》列入必修课。[②]西方军事理论家非常注意从《孙子》中汲取营养。英国学者李德·哈特所著《战略论》一书大量摘引《孙子》,尤其称赞"不战而屈人之兵"的全胜思想,称赞其为"战略的完美境界"。[③]受孙子"以迂为直"[④]等主张的启发,他创建以"间接路线"为核心的战略论,受世人推重。虽然说全胜思想与"以迂为直"等,并非孙子兵学思想的全部内容,但是李德·哈特已经真正理解并接受了这些思想,认识到其对于战略决策的重要影响,故而才会对《孙子》频频引用并赞不绝口。波兰学者石施道在对孙子与克劳塞维茨等西方军事理论家进行过对比研究之后,也对孙子推崇备至,认为孙子的兵学思想不仅是对中国的社会科学起到积极推动作用,也在规范中国人思想和文化方面发挥着积极的影响力。[⑤]罗马尼亚学者康斯坦丁·安蒂普称《孙子》为古代"最佳名著之一",认为它既可以帮助人们认识当时的史实,其中的原则性论述

①韩胜宝:《〈孙子兵法〉在海外——"孙子兵法全球行"阶段性情况报告》,载《滨州学院学报》,2011年第5期。
②于汝波主编:《孙子兵法研究史》,军事科学出版社,2001年,第281页。
③[英]李德·哈特:《战略论:间接路线》,钮先钟译,上海人民出版社,2015年,第280页。
④《孙子·军争篇》。
⑤于汝波主编:《孙子兵法研究史》,军事科学出版社,2001年,第296页。

也具有普遍意义并被证明为永恒的格言。①

美国军界重视《孙子》是在二战结束之后,甚至迟至20世纪六七十年代。这正如美国研究专家贝文·亚历山大所言:虽在西方世界早就有流传,但《孙子》"直到20世纪70年代才为西方世界所广泛接触和了解"。②这同样是源自他们对孙子兵学思想所建立的深层了解,甚至是对东方兵学智慧的敬畏之心。其实在二战之后,美国已有多个英文译本印行,也曾出现深入研究孙子兵学思想的著作,但《孙子》始终没有受到足够重视。情况之所以发生改变,是因为美军在20世纪中期以后接连在朝鲜战场和越南战场遭遇到挫折,拥有现代化装备的军队始终无法在战场上占得便宜。在挫折面前,美军认识到东方兵学的价值,《孙子》开始受到重视。尤其是在越南战场,美军遭到游击队的顽强抵抗并陷入困境。他们认为,游击队正是成功运用了孙子的作战思想,才会迸发出超乎想象的顽强战斗力,令不可一世的美军陷入战争泥潭而难以自拔。既然如此,孙子的作战指导思想便需要引起他们足够的重视。

美国情报界首先进行反省,大概是因为他们意识到在"知彼"上已经出现严重误判。在中央情报局的授意之下,历史学家、号称"中国通"的著名汉学家费正清牵头,组织了大批人员投入地研究中国历史和文化。1963年,中央情报局长艾伦·杜勒斯带头投入地研究《孙子》,所著《情报术》对孙子的《用间篇》发出了由衷的赞赏之情。在他看来,虽然古代西方也重视间谍活动,但无法和东方相提并论,原因就在于东方拥有着《孙子》这部兵学经典。罗伯特·克拉克关注并研究孙子的情报思想,对孙子的"五事"给予了全新的解读,认为它们涵盖了情报分析的基本要素,也即"社会因素、环境因素、地理空间因素、组织因素和领导因素"。③罗伯特·克拉克的建模分析法,多少也可以看出孙子"庙算"理论的影子,注重实力的情报分析理论,也与孙子保持一致。美军显然已经认识到孙子情报思想的精妙和重要,研究的切入点非常独到。可以说,孙子重视情报工作的苦心孤诣,已经被美军所了解和接受。无论是在情报观,还是情报分析等方面,美军的现代情报理论

---

①韩胜宝:《〈孙子兵法〉全球行:欧洲学者高度评价〈孙子〉现代意义》,中新网苏州4月8日电。http://www.chinanews.com/mil/2013/04-08/4709051.shtml.

②[美]贝文·亚历山大:《孙子兵法与世界近现代战争》,孙建中译,新华出版社,2014年,第2页。

③[美]罗伯特·克拉克:《情报分析:以目标为中心的方法》,马忠元译,金城出版社,2013年,第249页。

都与孙子有着不同程度的呼应。

　　1982年,唐纳德·丹尼尔和凯瑟琳·赫尔比格合作完成《战略军事欺骗》,并由美国佩尔出版社出版。该书从战略的高度详细论述了军事欺骗的意义,其中大量论及孙子的"诡道"。他同时认为"诡道"是中国将领所高度重视的重要才智,甚至将毛泽东的军事欺骗理论与孙子建立了内在联系。①孙子不仅提倡"兵者,诡道",②而且力主"兵以诈立",③"诡道"确实是其兵学理论中至为关键和非常重要的内容。美军既然围绕"诡道"大做文章,说明这一主张已为美军所认识和吸收。不仅如此,斯图尔特和格里菲斯等人还认为,毛泽东的作战理论在很大程度上也是得益于孙子。④出于对毛泽东战争思想和战略战术的重视,美国人变得更加重视孙子。孙子的"诡道"论,同样被美国商界所热捧和借用,甚至将其作为销售学的一部分。⑤从中不仅见出对孙子的重视,也可看出对"诡道"理论有了更深层理解,还试图进行更大范围的发挥与运用。著名管理学家乔治向人们发出这样的忠告:你想成为管理人才吗?那就必须去读《孙子》。⑥哈佛大学商业管理学院也曾严肃地告诫学生:不研究《孙子》,就不能成为真正的现代管理者。

　　美国著名军事史专家贝文·亚历山大围绕孙子的核心作战理论,撰写了《孙子兵法与世界近现代战争》一书。在书中,他运用孙子的兵学理论研究近现代所发生的重要战争。通过总结和梳理,亚历山大越发意识到孙子兵学的深刻内涵。他不仅赞扬孙子"不战而屈人之兵"的战争目标追求,也对"避实击虚"等作战原理予以突出强调,认为这些原理必须严格加以遵守:"那些不使用这些常识的将领们很可能遭到失败的命运,而那些运用这些常识的将领们则很可能取得成功。"⑦贝文·亚历山大总结朝鲜战争,认为美军之所以能够在仁川成功登陆,正是严格遵循了孙子"以奇胜"⑧的作战原则。美军在朝鲜战争中之所以会遭到失败,也是因为违反了"胜兵先胜而后求

---

①于汝波主编:《孙子兵法研究史》,军事科学出版社,2001年,第267页。

②《孙子·计篇》。

③《孙子·军争篇》。

④于汝波主编:《孙子兵法研究史》,军事科学出版社,2001年,第268页。

⑤于汝波主编:《孙子兵法研究史》,军事科学出版社,2001年,第294页。

⑥吴如嵩主编:《孙子兵法辞典》,白山出版社,1993年,第98页。

⑦[美]贝文·亚历山大:《孙子兵法与世界近现代战争》,孙建中译,新华出版社,2014年,第292页。

⑧《孙子·势篇》。

战"①这一原则。美国总统老布什曾赞扬《孙子》为兵家宝典和哲学范文，而且认为其中所蕴含的非凡智慧对各行各业都有指导作用。第42任总统克林顿也曾指出，《孙子》为人们提供了没有时代界限的各种处事原则，无论是对政治家，还是对企业家，都是可供学习的老师，可以获得众多指导的教典。②这几任总统中，克林顿的点评尤其精辟，"没有时代界限"点出了孙子兵学理论的恒久价值，可见他对孙子所提供的各种原则已经有了精准的理解。美国人向来以傲慢自大著称，拥有不可一世的军事实力和无与伦比的经济实力，但六千言的《孙子》却获得不少美国学者的热捧，甚至赢得不少总统的称赞。

（四）海外接受史的特点与启示

误读与误解或来自接受的障碍与固有的偏见，热捧和赞誉或源自真实的体悟与理解，这是《孙子》海外接受的两种基本倾向。考察《孙子》的国外接受史，还可以看出以下几个方面特点：

第一，接受过程存在着漫长而曲折的特点，而且仍然存在巨大的接受空间。作为中国传统兵学文化的杰出代表，《孙子》在海外流布过程并非一帆风顺，而是非常漫长而又曲折。从起初的不甚了解，到不胜枚举的误解，再到无以复加的热捧，《孙子》在国外接受史体现出曲折波动的轨迹。当然，早期受到语言障碍和山水阻隔，后期则受到西方中心主义影响，出现上述波折也在情理之中。据了解，儒家经典在海外的传播过程中也存在着这种情况："西方长期享有主宰、重构和话语权力"，导致东方"长期处于被影响、受约束的弱势接受地位"。③以"东学西进"为文化理想的《大中华文库》，其中也包含有《孙子》译本。该译本虽说较少存在误解和误译情况，但海外接受状况非常一般，不仅"流通和保有量很小"，而且"关注度不高"。④相比中国译本，外国读者更愿意接受那些存在不少误译的汉学家的译本。这种阅读兴趣的背后，多少也折射出他们对中华文化输出的怀疑和排斥态度，而且这同

---

①《孙子·形篇》。
②吴如嵩主编：《孙子兵法辞典》，白山出版社，1993年，第97页。
③赵丹：《儒家典籍海外传播的文化自觉和受众意识》，载《湖北社会科学》，2014年第2期。
④李宁：《〈大中华文库〉国人英译本海外接受状况调查——以〈孙子兵法〉为例》，载《上海翻译》，2015年第2期。

样也是西方人话语霸权的一种表现。从这个角度来看,虽然《孙子》已经赢得不少赞誉,但在推广和接受上仍然存在着巨大的潜在空间。也就是说,《孙子》的海外推广工作任重而道远。进一步提高海外读者的接受程度,更大范围地输送更为准确的解读,尽量消弭对中华文化的误解,尽最大努力展示中国传统兵学文化的巨大价值,同样是孙子研究专家需要认真面对和认真探讨的重要论题。

第二,从民间到庙堂,体现出受众层次的逐渐提高;从军界到政界,则表现出接受群体的多样性。尽管存在着种种障碍,《孙子》因为具有跨越国界的指导价值,揭示了战争的本质,并对现代战争也有指导意义,因此终究会获得普遍接受,并赢得广泛赞誉。《孙子》在西方的传播一度借助于传教士或汉学家的译本,并且依靠民间的力量和历史学家的投入,但在后期则有军队人员的陆续介入,直至不少政要和高官,乃至国家领导人都发现了这本兵书的价值并投入地予以研究。各种层次的受众和研究力量,使得《孙子》更有可能赢得广泛接受。《孙子》不只是在军事领域产生影响力,还在政治外交等领域发挥着作用。例如,孙子的"伐谋"主张给不少美国政治家以思想启迪,尼克松等堪称其中代表。根据美国夏威夷大学哲学系安乐哲教授的研究,美国有多位总统的战略思想都与孙子有着惊人的暗合之处。由此可知,他们曾用心研读过《孙子》。美国第37任总统尼克松所著《不战而胜》大量论述借用孙子外交策略,借此强调世界局势应有利于美国。他批评美国政府违背了孙子"不战而屈人之兵"的用兵原则,并盲目发起战争,就此深陷越战的泥潭。1980年5月,在所著《真正的战争》一书中,尼克松再次借孙子的兵学理论批评肯尼迪政府的"灵活反应"战略。[1]尼克松主张遵循孙子"上兵伐谋,其次伐交,其次伐兵,其下攻城"的层次设计,不能仅指望依靠军事威慑逼迫对手屈服,还应积极运用孙子"避实击虚"和"以奇胜"等战争谋略,积极做好备战。当然,尼克松同样认可保持军事实力和加强核威慑的做法,认为这是实施威慑战略和达成不战而胜的基本前提。顺应这一逻辑,美国第39任总统卡特也重视研究孙子兵学理论,制定出台的"核战略"同样强调保持强大的威慑力量。

第三,海外孙子研究更关注"道",而非"术",对孙子的战略思想更为关

---

[1]于汝波主编:《孙子兵法研究史》,军事科学出版社,2001年,第275页。

注并很有研究心得，至于孙子的治军思想及战术思想等，则较少关注和研究。众所周知，《孙子》是一部讲述将帅之学的著作，孙子兵学留给今人最多教益的是战略思想。高远的战略思想不难在现代兵学体系中找到新的坐标，西方学者关注于斯，也属情理之中。孙子的兵权谋多为论"道"，探讨和总结的是战争基本原理和用兵之常法，不太容易受到时代抛弃。吕思勉说，"兵权谋则专论用兵之理，几无今古之异"，①就是这层道理。相对于"术"而言，"道"的影响力显然更为持久。《孙子》的主要战争观和战略思想，如慎战但不畏战、备战但不嗜战、善战但不妄战等，都受到西方学者的注意。如前所述，这些理念也已对美军的核战略及威慑战略等产生影响。卡特的国家安全顾问兹比格涅夫·布热津斯基是战略研究名家，同样非常注意学习和借用孙子的兵学谋略，推动地缘战略研究的深入。美国所占据的天然地理优势，为其称霸世界奠定了得天独厚的优势，比如远离旧大陆中心、能源储备充足等，②但即便如此，他们仍不忘从东方兵典中汲取思想启迪。布热津斯基对"不战而屈人之兵"和"上兵伐谋"等名言着重加以引用和强调。通过借用"上兵伐谋"的主张，布热津斯基指出，美国如果想在美、苏争霸中实现不战而胜的目标，上策是挫败苏联的政策和利用苏联的弱点。③卡特的继任者里根则在西点军校毕业典礼上，同样引用孙子"不战而屈人之兵"一语，号召美军继续加强力量建设，保持在全球的优势地位，继续维持其在世界各地的军事存在和强大威慑力。

　　第四，从普及类译注到研究性专著，反映出国外孙子研究水准的提高。总体而言，国外学者虽难以在文献研究中取得重大建树，却在思想解读上别有心得，因为有新视角，因而才能有新发现。海外学者解读《孙子》已经取得不少研究成果，而且渗透到他们的战略学著作之中。例如前述贝文·亚历山大就曾撰写《孙子兵法与世界近现代战争》一书，借用孙子兵学理论研究近现代重要战争，对"不战而屈人之兵"的追求，对"避实击虚"的强调，都是深入研究《孙子》的成果。美国防务问题专家约翰·柯林斯著作《大战略》多次

---

①吕思勉：《先秦学术概论》，《民国丛书》第四编，上海书店，1992年，第133页。李零也说："理论性的东西，是靠思想本身的感染力，愈是抽象概括，反而愈是能够长久保存。"见李零：《吴孙子发微》，中华书局，1997年，第19页。
②[英]詹姆斯·菲尔格里夫：《地理与世界霸权》，龚权译，上海人民出版社，2016年，第296页。
③[美]兹比格涅夫·布热津斯基：《运筹帷幄》，刘瑞祥、潘嘉玢译，译林出版社，1989年，第58页。

援引《孙子》，对其给予高度评价，不仅盛赞孙子为古代具有战略思想的伟大人物，也认为他的大部分观点在当代仍具有重大意义。柯林斯不仅重视孙子的战略思想，同样重视孙子的机动原则对现代战争的指导作用。他认为，"机动是实现集中的手段"，①道出了战略机动的实质，几乎是孙子虚实之术的翻版。柯林斯总结作战主要原则为目的、主动权、灵活性等十二条。②这些内容几乎都可以在《孙子·九地篇》——找到对应。③柯林斯深谙孙子兵学的真谛，认为美国因忽视孙子"上兵伐谋"这一忠告，才会愚蠢地在越南战场陷入泥潭之中而不能自拔。《大战略》虽然不是专门研究《孙子》的著作，受影响的痕迹却清晰可见。英国战略学家李德·哈特同样精研《孙子》，集中抓住的是"以迂为直"和"奇正之术"。他的《战略论》再版之时，以"间接路线"作为副标题，更加清楚地看到孙子兵学思想的影响。虽说李德·哈特对孙子战略思想的其他内容较少涉及，但他的著作对孙子的"迂直之计"④有深入的剖析和新颖的解读，足以成为战略研究的名篇。

　　总结孙子兵学海外接受和解读的历史，也可以从中获得若干启示。

　　启示之一，必须重视《孙子》在海外的接受和研究，尤其是当他们的孙子研究已经别有心得，甚至对构建战略思想产生影响之时。《孙子》对于国外学者而言，是颇可珍视的他山之石，但他们研究《孙子》的理念和方法等，对于我们而言，同样也是可以攻玉的他山之石，颇值得我们总结和借鉴。比如，由日本重视孙子情报思想的传统出发，加强对日本情报文化的关注，进而可在反情报方面提高防范力度。相比日本和英国等，美国的孙子研究虽然起步较晚，但大有后来居上之势。这同样需要引起国人的重视与警醒。我们既要向先哲讨要智慧之光，同时也要始终保持与世界同行，结合现代战争条件充分挖掘孙子的思想价值并合理加以运用。通过研究和解读《孙子》，东西方之间实则也在进行着一场战略层面的特殊对话。孙子的战争谋略及有关设计都可以超越国界，具有无可替代的思想价值，最受西方人重视，也理应引起我们的关注。

　　启示之二，我们虽有《孙子》这样的智慧宝典，并不意味着从此有了妄自

---

① [美]约翰·柯林斯：《大战略》，中国人民解放军军事科学院译，战士出版社，1978年，第67页。
② [美]约翰·柯林斯：《大战略》，中国人民解放军军事科学院译，战士出版社，1978年，第64页。
③ 黄朴民：《〈孙子兵法〉解读》，中国人民大学出版社，2008年，第261页。
④ 《孙子·军争篇》。

尊大和故步自封的本钱,反而更需要加强对他国的学习和借鉴。对兵典的学习与借用,完全可以做到朝发夕至,实现所谓"隔代升级"。美国虽然历史短暂,却能在较长时间保持超前战略眼光,最大限度地拓展国家利益,善于学习他国文化,善于兼收并蓄也是重要原因之一。从安乐哲致力于翻译和引进竹简本《孙子》的做法可知,美国学界对于孙子的研究前沿也始终保持着敏感。如前所述,十三篇兵法中的不少名言,一度成为美国总统习惯引用的口头禅。孙子兵学的思想价值,忽然成为美国人手中的点金之石,也对大战略的构建有所启迪,这无疑值得我们警惕。

启示之三,重点考察竞争对手的研究心得,对方从《孙子》学习借鉴了什么,我们也可以反其道而用之。李零曾言,学习《孙子》应该向鬼子学习,①说的正是这层道理。比如就中美贸易等摩擦,我们必须努力做到"知彼知己",才能在决策之时更加从容。在贸易谈判过程中,美方每每采取极限施压等霸凌行径。这种战略思想的源头其实可以追溯到孙子这里,已经成为其实施威慑战略的一贯伎俩,了解这一特点也可以避免陷入被动。当然,如果考虑到美方企图达成"不战而屈人之兵"的背后确有强大实力作为支撑,也会在决策时多一层慎重,该用力处用力,该变通时变通,从而最大限度地维护国家主权和民众利益。

---

① 李零:《兵以诈立——我读〈孙子〉》,中华书局,2006年,第44页。

结　论

　　银雀山出土文献，尤其是简本《孙子》，为我们深入研究《孙子》提供了一些新视角。本书主要是对银雀山出土文献和传世文献，尤其是简本、传本《孙子》，进行了初步的比较研究，现将主要结论总结如下。

　　第一，银雀山出土竹简可以帮助我们重新思考《孙子》的成书年代问题。自从宋代学者对《孙子》的成书年代提出疑问之后，历代有不少学人对司马迁的有关记载提出质疑。但是，银雀山的出土文献和司马迁的《史记》恰好能形成呼应，有力地支持了司马迁的记载。就这批出土文献而言，学界有不少学者认为，它们是和《史记》一脉相承的材料，是司马迁撰写《史记·孙子吴起列传》的原材料。但在笔者看来，这一结论值得商榷。如果对银雀山竹简材料和《史记·孙子吴起列传》进行认真对比便会发现，二者在存在一些共性的同时，也存在着若干差异。共性告诉我们，司马迁的记载并非向壁虚造，而是有着材料依据；差异则提醒我们，司马迁撰写《史记》时，未必见过银雀山竹简文献，但应该见过与之相类似的文献。银雀山竹简材料的史料价值理应得到重估，《史记》有关孙子的记载，也应该得到重新认识，乃至更多认可。《孙膑兵法》的重新问世，在一定程度上廓清了"两孙子"的关系，更加证明了司马迁有关记载的可信程度。此外，银雀山出土竹简也可帮助人们对《管子》《晏子》等书的性质获得重新认识的机会，对考察先秦兵学的发展流变等提供了新的思路。

　　第二，银雀山竹简为我们认识孙子学派，考察《孙子》早期注释情况，提供了很好的机会。历史上，乃至今天的学界，不少人都将曹操作为注释《孙子》的第一人。银雀山竹简证明，在曹操之前，甚至在战国时期，就已经有人对《孙子》作了注解。这些注释《孙子》的人，很大可能出自孙子学派。由银雀山出土的这些注解文字出发，我们也有了一些考察和了解孙子学派的机会。竹简材料证明，传说中的孙子学派可能是真实存在的，而且可能在战国之世绵延发展了很长一段时间，直到秦始皇统一中国才渐渐消失。孙子学派和《孙子》的成书年代之间究竟有什么关系，尚且难以确定，但可以确信的是,孙子学派对于弘扬和发展孙子兵学思想,一定起到了非常重要的作用。因为《孙膑兵法》的出土,我们可以对孙膑在孙子学派中的地位和作用作出初步判断,也可借此进一步考察孙子兵学在战国时期的发展和演变情况,并比较"两孙子"的异同,从而对"孙氏之道"有更为深入的了解。由于兵阴阳理论的大量浸染,《孙膑兵法》在继承孙子兵学的同时,也出现了严重倒退。这一方面更加衬托了孙子之卓越,另一方面则很能反映先秦军事学术曲折发展的真实面貌。

第三,由银雀山竹简出发,我们也可以对《孙子》在汉代的流传和著录情况获得更多了解。山东银雀山和青海的出土文献都能证明,《孙子》在西汉前期一直是以十三篇的面目在流传。无论是出土文献,还是传世文献,都可以证明《孙子》在有汉一代始终是以这一规模流传。作为一部著名兵书,《孙子》不应当被随意增减篇幅,也不大可能会被汉代学者整理而成八十二篇的《吴孙子兵法》。《孙子》在《汉书·艺文志》中的著录,很可能是在"诸子略"中,是那个长期被我们忽视的"《孙子》十六篇",而不是我们习惯认为的著录于《兵书略》的"《吴孙子兵法》八十二篇"。《吴孙子兵法》到底是一部什么样的兵书,今天已很难知晓。从《汉书》的著录可知,它除了八十二篇文字之外,还有图九卷。《孙子》十三篇是否包含在这十三篇之中,其实也非常难以判断。而且,曹操也应当没有删减《孙子》的篇目。考察曹操所撰写的自序可知,他只是出于对那些烦富的《孙子》早期注解文字的不满,就此改用了简略的形式。后人对于曹操自序研读不够细致,对《孙子》的流传面貌等多有误解,这些误解可由银雀山出土竹简而得到部分程度的消弭。

第四,由银雀山出土文献,特别是篇题木牍出发,可以对《孙子》篇章结构进行进一步考察。《孙子》篇题木牍为我们提供了不少有关该书的篇题和篇次情况。《孙子》故本篇题并非整齐划一地都由两个字组成。曹注本和武经本的篇题非常整齐,明显经过后人加工。此外,《孙子》很有可能存在同篇异名现象,这一点在传世本就已出现,也得到了银雀山出土文献的证实。就篇次而言,简本篇次尚有很多情况不为人知。由出土木牍判断,简本篇次稍显杂乱,传本篇次则更具逻辑性。如果对简本文字和传本文字进行对比,可以对《孙子》的脱衍情况获得一些大致了解。脱衍是简本和传本所共有的现象。简本并不因为贵为古本就完美无缺,传本也并不因为流传千年而失掉古朴之风。此外,由简本出发,我们可以对一直以来争议颇大的《九变篇》获得比较明晰的认识。简本《孙子》中,《九变篇》和《九地篇》各自独立成篇,都有或多或少的文字残存,这有力地反驳了"《九变篇》是《九地篇》的残余"的说法。

第五,通过对简本、传本两《孙子》的异文现象进行研究,可以发现简本和传本互有优劣。简本虽贵为古本,其中也存有不少脱衍情况,其抄写也不无荒率之处。当然,传本中也有不少脱衍和误书情况。此外,也有不少异文属于两可,似不能立即判定孰优孰劣。有的学者唯简本是从,过分夸大简本的文献学价值,显然是一种失当行为。正确对待和认真分析简本、传本的异文情况,充分利用和吸收简本的文献学价值,是一个具有重要意义的课题,但一定要排除佞古情结。简本和传本之间存在大量差异的同时,也存在更多的趋同性。这就更需要我们正确认识和探讨两种版本之间的关系,并对《孙子》的真伪及流传等问题予以重新估量。

第六,《孙子》兵学思想贯穿着多条主线,但"先知而后战"是其中最重要的主线。由此出发,我们应该对孙子以"知论"为核心的情报思想给予更多重视。十三篇的中心论题出现在《九地篇》,以伐楚为目标的"为客之道"是这部兵书的中心论题。遗憾的是,《九地篇》至今尚未得到足够重视,甚至也有学者认为该篇是胡乱拼凑而成的。另外,《孙子》还蕴含另一核心主线:"以诈谋利。"表明其核心价值观为"利"。这种"利本"思想的出现,与孙子所处时代较为吻合,是时代精神的体现。

第七,银雀山竹简文献为我们重新考察和研究《孙子》兵学思想提供了路径。有学者批评孙子兵学思想中存在着"不关注军政关系"的缺陷,经与竹简材料联系考察,便可发现这只是误解。对简本和传本的异文情况进行比较分析,我们也可以对孙子兵学思想的核心价值观或核心内容,攻守之道、备战之法及愚兵之术等,获得一些新认识。长期以来,不少人认为孙子只重谋略、疏于实力,应该也是误解。而且,历史上有不少批评孙子"尚诈而轻义"的声音,今天看来也需要重新进行考察。至于《形篇》中围绕"守则不足,攻则有余"一句,简本、传本出现异文情况,很可能是古人运用了互文的修辞格。简本和传本用字不同,但意思其实是一致的。《九地篇》的一处异文也是如此,这对我们正确理解孙子的愚兵之术不无裨益。简文《见吴王》在与《史记·孙子吴起列传》形成呼应的同时,也很好地体现了孙子对君将关系的认识,即努力避免外行指挥内行的局面出现。就古典用间理论的构建而言,孙子可谓贡献卓著。《用间篇》就谍报工作的地位、间谍的分类、谍报术的展开等,都有或多或少的论述,但也存在着分类粗糙、缺少困难分析及处置方法单一等缺陷。孙子的情报分析思想,是其"知论"的基础,也是"先知而后战"体系设计的关键,而且也可与现代情报分析理论形成呼应。孙子的备战之术,贯穿着计算的核心工作流程,是十三篇前半段的重要主题,同时也是孙子兵学理论的重要内容,理应引起我们更多的关注。此外,银雀山出土文献《奇正》及《将败》等,明显可以帮助我们更加深刻地理解孙子的奇正理论和将帅论。这些简文和十三篇的关系,则有待进一步考察。

第八,对《孙子》的评价应该实事求是,不必有失当的夸张。长期以来,不少人习惯把《孙子》当成无所不包的军事百科全书,但是从银雀山竹简出发,我们可以发现所谓《孙子》"包四种"的说法,其实是一种不实之词。《孙子》并非"包治百病"的百科全书。考察孙子兵学思想的历史影响,始终存在着多个路向,比如"知论"和"速决战"等,在历史传承过程中也遇到了不少批评或商兑。在走向世界的过程中,孙子同样会遇到类似情况。而且,这一现象的出现并非坏事,可以提醒我们应对孙子的影响和价值等作更加客观的评判。

主要参考文献

一、著作类

中国人民解放军军事科学院编:《马克思恩格斯军事文集》,战士出版社,1981年。

《毛泽东选集》(1—4卷),人民出版社,1991年。

中国兵书集成编委会编:《中国兵书集成》,解放军出版社、辽沈书社,1987—1998年。

谢祥浩、刘申宁编:《孙子集成》,齐鲁书社,1993年影印本。

银雀山汉墓竹简整理小组:《银雀山汉墓竹简(一)》,文物出版社,1985年。

银雀山汉墓竹简整理小组:《银雀山汉墓竹简(二)》,文物出版社,2010年。

银雀山汉墓竹简整理小组:《孙子兵法》,文物出版社,1976年。

中国人民解放军军事科学院战争理论研究部《孙子》注释小组:《孙子兵法新注》,中华书局,1977年。

杨丙安:《十一家注孙子校理》,中华书局,1999年。

杨炳安:《孙子会笺》,中州古籍出版社,1986年。

杨炳安:《孙子集校》,中华书局,1959年。

陈华元:《孙子新诠》,商务印书馆,1940年。

李浴日:《孙子新研究》(《民国丛书》第四编第8册),上海书店,1992年。

李浴日:《孙武子》(《民国丛书》第四编第8册),上海书店,1992年。

郭化若:《孙子译注》,上海古籍出版社,1984年。

钮先钟:《孙子三论:从古兵法到新战略》,广西师范大学出版社,2003年。

吴九龙主编:《孙子校释》,军事科学出版社,1990年。

吴九龙:《银雀山汉简释文》,文物出版社,1985年。

吴如嵩:《孙子兵法新论》,解放军出版社,1989年。

吴如嵩:《孙子兵法浅说》,解放军出版社,1999年。

吴如嵩:《孙子兵法新说》,解放军出版社,2008年。

魏汝霖:《孙子今注今译》,台湾商务印书馆,1972年。

李零:《兵以诈立——我读〈孙子〉》,中华书局,2006年。

李零:《〈孙子〉十三篇综合研究》,中华书局,2006年。

李零:《简帛古书与学术源流》,生活·读书·新知三联书店,2004年。

李零:《〈孙子〉古本研究》,北京大学出版社,1995年。

穆志超:《孙子学文存》,白山出版社,2010年。

陈学凯:《制胜韬略——孙子战争知行观论》,山东人民出版社,1992年。

于汝波主编:《孙子兵法研究史》,军事科学出版社,2001年。

于汝波主编:《孙子学文献提要》,军事科学出版社,1994年。

黄朴民:《〈孙子兵法〉解读》,中国人民大学出版社,2008年。

黄朴民:《孙子评传》,广西教育出版社,1994年。

黄朴民、高润浩:《〈孙子兵法〉新读》,长春出版社,2008年。

储道立、王宁洲:《孙子的用兵艺术》,济南出版社,1996年。

刘庆:《名家讲解孙子兵法》,长春出版社,2009年。

王正向:《〈孙子十三篇〉竹简本校理》,军事科学出版社,2009年。

《中国军事史》编写组:《武经七书注译》,解放军出版社,1986年。

薛国安:《世界兵学双璧——〈孙子兵法〉与〈战争论〉比较》,解放军出版社,
　　2017年。

赵海军:《孙子学通论》,国防大学出版社,2000年。

付朝:《孙子兵法结构研究》,解放军出版社,2010年。

蔡英杰:《〈孙子兵法〉语法研究》,商务印书馆,2006年。

宫玉振:《取胜之道:孙子兵法与竞争原理》,北京大学出版社,2010年。

阎盛国:《〈孙子兵法〉经世致用研究》,中国社会科学出版社,2017年。

阎勤民:《孙子兵法制胜原理》,中州古籍出版社,1992年。

邵青:《民国时期孙子学研究》,军事科学出版社,2011年。

施芝华:《孙子:恒通的智慧》,上海古籍出版社,2009年。

孙远方、苏桂亮编:《中外孙子兵学博硕论文备要》,白山出版社,2014年。

郝进军:《〈孙子兵法〉、“孙武”考辨:兼论秦国的军事文化与兵法》,河南大学
　　出版社,2014年。

杨玉英:《〈孙子兵法〉在英语世界的传播与接受研究》,学苑出版社,2017年。

魏倩倩:《典籍英译与传播:以〈孙子兵法〉为例》,人民出版社,2018年。

熊剑平:《孙子兵法情报思想研究》,金城出版社,2019年。

熊剑平、王敏:《〈孙子兵法〉导读》,当代中国出版社,2018年。

熊剑平:《〈孙子兵法〉史话》,国家图书馆出版社,2018年。

徐勇主编:《先秦兵书佚文辑解》,天津人民出版社,2003年。

李均明:《孙膑兵法译注》,河北人民出版社,1992年。

李均明:《秦汉简牍文书分类辑解》,文物出版社,2009年。

司马迁:《史记》,中华书局,1982年。

班固:《汉书》,中华书局,1962年。

于鬯:《香草续校书》,中华书局,1963年。

阮元校刻:《十三经注疏》,上海古籍出版社,1997年。

孙诒让:《墨子间诂》,中华书局,2006年。

黎翔凤:《管子校注》,中华书局,2004年。

王先慎:《韩非子集解》,中华书局,1954年。

许维遹:《吕氏春秋集释》,中华书局,2009年。

王先谦:《荀子集解》,中华书局,1988年。

杨伯峻:《春秋左传注》,中华书局,2009年。

刘向编纂:《战国策》,上海古籍出版社,1978年。

杜佑:《通典》,中华书局,1984年。

苏轼:《苏轼文集》,中华书局,1986年。

陈伟武:《简帛兵学文献探论》,中山大学出版社,1999年。

黄云眉:《古今伪书考补证》,齐鲁书社,1980年。

赵平安:《新出简帛与古文字古文献研究》,商务印书馆,2009年。

骈宇骞、段书安:《二十世纪出土简帛综述》,文物出版社,2006年。

骈宇骞:《简帛文献纲要》,北京大学出版社,2015年。

陈丽桂:《近四十年出土简帛文献思想研究》,中华书局,2015年。

李学勤:《简帛佚籍与学术史》,江西教育出版社,2001年。

王子今、赵宏亮:《简牍史话》,社会科学文献出版社,2012年。

李均明、刘国忠、刘光胜、邬文玲:《当代中国简帛学研究(1949—2009)》,中国社会科学出版社,2011年。

沈颂金:《二十世纪简帛学研究》,学苑出版社,2003年。

王晖:《古文字与中国早期文化论集》,科学出版社,2017年。

胡阿祥主编:《兵家必争之地——中国历史军事地理要览》,河海大学出版
　　社,1996年。

曹峰:《近年出土黄老思想文献研究》,中国社会科学出版社,2015年。

李锐:《人物、文本、年代——出土文献与先秦古书年代学探索》,中国人民大
　　学出版社,2017年。

李锐:《同文与族本——新出简帛与古书形成研究》,中西书局,2017年。

过常宝:《先秦文体与话语方式研究》,中华书局,2016年。

刘全志:《先秦诸子文献的形成》,中华书局,2016年。

侯文华:《先秦诸子散文文体及其文化渊源》,中华书局,2017年。

《中国军事史》编写组:《中国历代军事思想》,解放军出版社,2007年。

王兆春:《中国科学技术史》(军事技术卷),科学出版社,1998年,

王兆春:《中国军事科技通史》,解放军出版社,2010年。

黄朴民:《先秦两汉兵学文化研究》,中国人民大学出版社,2010年。

黄朴民:《刀剑书写的永恒:中国传统军事文化散论》,国防大学出版社,
　　2002年。

黄朴民:《大一统——中国历代统一战略研究》,军事科学出版社,2004年。

黄朴民、魏鸿、熊剑平:《中国兵学思想史》,南京大学出版社,2018年。

姜国柱:《中国军事思想通史》,中国社会科学出版社,2006年。

姜国柱:《中国军事思想简史》,新世界出版社,2006年。

姜国柱:《道家与兵家》,西苑出版社,1998年。

魏鸿:《宋代孙子兵学研究》,军事科学出版社,2011年。

宫玉振:《中国战略文化解析》,军事科学出版社,2002年。

陈鼓应:《老子注译及评价》,中华书局,1984年。

霍印章:《孙膑兵法浅说》,解放军出版社,1986年。

郭丽:《〈管子〉文献学研究》,中国海洋大学出版社,2007年。

张固也:《〈管子〉研究》,齐鲁书社,2006年。

许保林:《中国兵书通览》,解放军出版社,2002年。

刘申宁:《中国兵书总目》,国防大学出版社,1990年。

周纬:《中国兵器史稿》,中华书局,2018年。

冯友兰:《中国哲学史新编》,人民出版社,1998年。

梁启超:《中国历史研究法》,上海古籍出版社,1998年。

雷海宗:《中国文化与中国的兵》,商务印书馆,2001年。

吕思勉:《先秦学术概论》,《民国丛书》第四编,上海书店,1992年。

蓝永蔚:《春秋时期的步兵》,中华书局,1979年。

李际均:《军事战略思维》(增订版),军事科学出版社,1998年。

糜振玉主编:《中国军事学术史》,解放军出版社,2008年。

秦彦士:《古代防御军事与墨家和平主义——〈墨子·备城门〉综合研究》,人民出版社,2008年。

梁涛:《郭店竹简与思孟学派》,中国人民大学出版社,2008年。

钮先钟:《中国古代战略思想新论》,安徽教育出版社,2005年。

俞樾等:《古书疑义举例五种》,中华书局,2005年。

钱穆:《先秦诸子系年》,中华书局,1985年。

钱穆:《现代中国学术论衡》,生活·读书·新知三联书店,2001年。

童书业:《春秋史》,中华书局,2012年。

杨宽:《西周史》,上海人民出版社,2016年。

张舜徽:《广校雠略》,中华书局,1963年。

张显成:《简帛文献学通论》,中华书局,2004年。

解文超:《先秦兵书研究》,上海古籍出版社,2007年。

李桂生:《诸子文化与先秦兵家》,岳麓书社,2009年。

军事科学院战略研究部编:《战略学》,军事科学出版社,2001年。

张震泽:《孙膑兵法校理》,中华书局,1984年。

赵超:《简牍帛书发现与研究》,福建人民出版社,2005年。

赵国华:《中国兵学史》,福建人民出版社,2004年。

宋杰:《先秦战略地理研究》,首都师范大学出版社,1999年。

谢祥皓:《中国兵学》,山东人民出版社,1998年。

陈峰:《宋代军政研究》,中国社会科学出版社,2010年。

陈峰等:《宋代治国理念及其实践研究》,人民出版社,2015年。

饶胜文:《布局天下:中国古代军事地理大势》,解放军出版社,2002年。

程广中:《地缘战略论》,国防大学出版社,1999年。

洪兵:《中国战略原理解析》,军事科学出版社,2002年。

姜春良主编:《军事地理学》,军事科学出版社,1995年。

葛剑雄:《统一与分裂——中国历史的启示》,生活·读书·新知三联书店,

1994年。

萧公权:《中国政治思想史》,商务印书馆,2011年。

高金虎:《军事情报学》,江苏人民出版社,2017年。

高金虎、张佳瑜等:《战略欺骗》,金城出版社,2015年。

高金虎、张魁:《情报分析方法论》,金城出版社,2017年。

[日]服部千春:《孙子兵法校解》,军事科学出版社,1987年。

[日]佐藤坚司:《孙子研究在日本》,高殿芳等译,军事科学出版社,1993年。

[日]谷中信一:《先秦秦汉思想史研究》,孙佩霞译,上海古籍出版社,2018年。

[马]郑良树:《竹简帛书论文集》,中华书局,1982年。

[马]郑良树:《诸子著作年代考》,北京图书馆出版社,2001年。

[德]克劳塞维奇:《战争论》,中国人民解放军军事科学院译,商务印书馆, 1978年。

[以]马丁·范克勒韦尔德:《战争的文化》,李阳译,生活·读书·新知三联书 店,2016年。

[英]李德·哈特:《战略论:间接路线》,钮先钟译,上海人民出版社,2015年。

[英]詹姆斯·菲尔格里夫:《地理与世界霸权》,龚权译,上海人民出版社, 2016年。

[瑞士]约米尼:《战争艺术》,钮先钟译,广西师范大学出版社,2003年。

[澳]杰弗里·布莱内:《战争的原因》,时殷弘译,商务印书馆,2011年。

[美]斯蒂芬·范·埃弗拉:《战争的原因——权力与冲突的根源》,何曜译,上 海人民出版社,2014年。

[美]理查德·内德·勒博:《国家为何而战?:过去与未来的战争动机》,陈定 定、段啸林、赵洋译,上海人民出版社,2016年。

[美]谢尔曼·肯特:《战略情报:为美国世界政策服务》,刘微、肖皓元译,金 城出版社,2012年。

[美]罗伯特·克拉克:《情报分析:以目标为中心的方法》,马忠元译,金城出 版社,2013年。

[美]小理查兹·J.霍耶尔:《情报分析心理学》,张魁、朱里克译,金城出版社, 2015年。

[美]贝文·亚历山大:《孙子兵法与世界近现代战争》,孙建中译,新华出版 社,2014年。

[美]尼古拉斯·斯皮克曼:《和平地理学:边缘地带的战略》,俞海杰译,上海
　人民出版社,2016年。

二、论文类

蓝永蔚:《〈孙子兵法〉时代特征考辨》,《中国社会科学》,1987年第3期。

银雀山汉简博物馆:《银雀山汉简兵书出土30年回眸与展望》,《军事历史》,
　2002年第1期。

詹立波:《略谈临沂汉墓竹简〈孙子兵法〉》,《文物》,1974年第12期。

吴树平:《从临沂汉墓竹简〈吴问〉看孙武的法家思想》,《文物》,1975年第
　4期。

许荻:《略谈临沂银雀山汉墓出土的古代兵书残简》,《文物》,1974年第2期。

遵信:《〈孙子兵法〉的作者及其时代——谈谈临沂银雀山一号汉墓〈孙子兵
　法〉竹简的出土》,《文物》,1974年第12期。

罗福颐:《临沂汉简概述》,《文物》,1974年第2期。

曾宪通:《试谈银雀山汉墓竹书〈孙子兵法〉》,《中山大学学报(社会科
　学版)》,1978年第5期。

常弘:《读临沂汉简中〈孙武传〉》,《考古》,1975年第4期。

李学勤:《论银雀山简〈守法〉〈守令〉》,《文物》,1989年第9期

朱德熙、裘锡圭:《七十年代出土的秦汉简册和帛书》,《语文研究》,1982年
　第1期。

金景芳:《〈孙子〉十三篇略说》,《社会科学战线》,1982年第3期。

杨伯峻:《孙膑和〈孙膑兵法〉杂考》,《文物》,1975年第3期。

裘锡圭:《考古发现的秦汉文字资料对于校读古籍的重要性》,《中国社会科
　学》,1980第5期。

吴如嵩、魏鸿:《汉简两〈孙子〉与〈孙子兵法〉研究》,《军事历史》,2002年
　第1期。

吴如嵩、陈维民:《孙子思想与多极竞争》,《军事历史研究》,1991第1期。

吴如嵩:《试论〈孙子兵法〉军事思想的文化解读》,《滨州学院学报》,2005年
　第5期。

吴如嵩:《〈孙子兵法〉的战略智慧》,《滨州学院学报》,2013年第5期。

于汝波:《试论〈孙子兵法〉以'胜'为核心的战争理论体系》,《南开学报(哲

学社会科学版)》,1994年第6期。

于汝波：《孙子学文献述论》,《军事历史研究》,1993年第3期。

吴九龙：《简本与传本〈孙子兵法〉比较研究》,《孙子新探——中外学者论孙子》,解放军出版社,1990年。

吴九龙：《银雀山汉简及近年来出土兵书概述》,《军事历史》,2002年第2期。

吴九龙：《银雀山汉简兵书的意义及影响》,《滨州学院学报》,2005年第5期。

李零：《关于银雀山简本〈孙子〉研究的商榷——〈孙子〉著作时代和作者的重议》,《文史》第七辑,中华书局,1979年。

李零：《〈孙子〉篇题木牍初论》,《文史》第十七辑,中华书局,1983年。

李零：《关于〈孙子兵法〉研究整理的新认识》,《古籍整理与研究》,1987年第1期。

李零：《青海大通县上孙家寨汉简性质小议》,《考古》,1983年第6期。

李零：《简帛古书的整理与研究》,《中国典籍与文化》,2003年第4期。

李家浩：《回忆整理银雀山汉墓竹简》,《出土文献》第一辑,中西书局,2010年。

张世超：《孙吴兵法与战国时期的著书风气》,《古籍整理研究学刊》,2004年第1期。

刘钊：《出土简帛的分类及其在历史文献学上的意义》,《厦门大学学报(哲学社会科学版)》,2003年第6期。

王晖：《试论〈吴问〉的成文年代及其相关问题》,《东南文化》,1993年第2期。

寿湧：《银雀山汉简〈吴问〉撰写年代考辨》,《文史》第四十三辑,中华书局,1997年。

霍印章：《论〈孙膑兵法〉与〈孙子兵法〉的师承关系》,《孙子新探——中外学者论孙子》,1990年。

王子今：《秦世民间兵书的流传》,《中国文化》,2013年02期。

刘庆：《〈孙子兵法〉与齐国兵学》,《军事历史研究》,1992年第3期。

刘庆：《先秦南方兵学及其与齐国兵学之比较》,《管子学刊》,1998年第3期。

刘庆：《〈孙子〉对周朝兵学的批判与继承》,《管子学刊》,1997年第4期。

刘庆：《先秦齐国兵学的产生与发展》,《管子学刊》,1994年第3期。

刘庆：《"文人论兵"与宋代兵学的发展》,《社会科学家》,1994年第5期。

骈宇骞：《出土简帛书籍题记述略》,《文史》,2003年第4期。

骈宇骞:《出土简帛书籍分类述略(兵书略)》,《中国典籍与文化》,2006年第1期。

邵鸿:《中国古代对军事术数和兵阴阳家的批判》,《史林》,2000年第3期。

邵鸿:《神权垄断的悖论:中国古代国家对术数活动的限制与两难——侧重于兵阴阳学方面》,《天津社会科学》,2002年第1期。

邵鸿:《兵阴阳家与汉代军事》,《南开学报(哲学社会科学版)》,2002年第6期。

杨炳安、陈彭:《孙子兵学源流述略》,《文史》第二十七辑,中华书局,1986年。

杨丙安、陈彭:《孙子兵学的东流和西渐》,《中州学刊》,1986年第6期。

杨丙安:《论孙子兵学与科学理性》,《军事历史研究》,1991年第1期。

杨丙安:《〈孙子〉新笺》,《中州学刊》,1981年第1期。

杨丙安:《〈孙子〉笺补》,《中州学刊》,1983年第3期。

穆志超:《樱田本〈孙子兵法〉补考》,《〈孙子〉新论集粹》,长征出版社,1992年。

任力:《孙子庙算思想探析》,《军事历史》,2009年第6期。

任力:《孙子"诡道"思想的理论创新价值》,《军事历史》,2012年第4期。

钟少异:《〈孙子〉管见》,《管子学刊》,2015第3期。

黄朴民、宋培基:《〈孙子兵法〉的吴文化特征》,《光明日报》,2006年5月9日。

黄朴民:《齐文化与先秦军事思想的发展》,《学术月刊》,1997年第11期。

黄朴民:《诸子学说与战国兵书文化精神的构建》,《浙江社会科学》,1996年第5期。

黄朴民:《战国黄老学派及其军事思想》,《管子学刊》,1994年第4期。

黄朴民:《〈管子〉的军事思想体系》,《学术月刊》,1996年第9期。

黄朴民:《先秦诸子军事思想异同初探》,《历史研究》,1996年第5期。

黄朴民:《银雀山汉墓竹简〈孙子兵法〉之文献学价值刍议》,《清华大学学报(哲学社会科学版)》,2013年第2期。

徐勇:《当前〈孙子〉研究中的若干问题释疑》,《历史教学》,1997年第3期。

徐勇:《〈孙膑兵法〉及其军事思想考论》,《烟台师范学院学报(哲学社会科学版)》,1996年第4期。

陈学凯:《〈孙子〉"作战"解》,《中国史研究》,1995年第4期。

杨善群:《〈孙子〉精髓在"以谋胜人"》,《孙子研究》,2017年第2期。

宋会群:《论临沂汉简〈黄帝伐赤帝〉的著成时代》,《河南大学学报(社会科学版）》,1992年第4期。

陈伟武:《兵书新注商兑》,《古汉语研究》,1995年第2期。

关桐:《银雀山汉墓竹简〈吴问〉的几点考证》,《孙子学刊》,1992年第4期。

陈相灵:《〈孙膑兵法〉的理论贡献及现实意义》,《滨州学院学报》,2010年
　　第1期。

张震泽:《先秦兵法书之发展与〈孙膑兵法〉之注释》,《社会科学辑刊》,1992
　　年第3期。

赵逵夫:《〈孙膑兵法〉校补》,《简牍学研究》,2002年。

赵逵夫:《〈孙膑兵法〉原列〈孙膑兵法·下编〉十五篇校补》,《简牍学研究》,
　　1998年。

周生春:《简本〈孙子兵法〉的篇题与"天""地"含义考》,《文史》第三十八辑,
　　中华书局,1994年。

田旭东:《〈孙子兵法〉善本考》,《滨州学院学报》,2005年第5期。

田旭东:《先秦齐国兵学成就略论》,《中国史研究》,1997年第3期。

赵海军:《孙子兵学体系研究的千年探索》,《滨州学院学报》,2007年第5期。

褚良才:《宋刊本〈孙子〉十三篇新诂》,《浙江大学学报(人文社会科学版)》,
　　2003年第5期。

张晓军、许嘉:《"知"与〈孙子兵法〉的理论体系》,《济南大学学报》,2001年
　　第1期。

孙建民:《论"全"——关于《孙子兵法》"全"的外在解释》,《管子学刊》,2001
　　年第2期。

孙建民:《〈孙子兵法〉军事情报思想初探》,《解放军外语学院学报》,1998年
　　第5期。

孙建民:《论孙子"选锋"思想及其现代意义》,《济南大学学报》,2001年
　　第3期。

高金虎:《论孙子的情报思想体系》,《滨州学院学报》,2008年第4期。

皮明勇:《〈武经七书〉与中国古典兵学思想体系》,《孙子学刊》,1993年第
　　3-4期。

王家祥:《〈孙子·虚实〉篇"以吾度之"语解》,《文献》,1999年第1期。

宫玉振:《文化流变与中国传统兵家的形态更替》,《军事历史研究》,2000年
　　第1期。

宫玉振:《〈孙子兵法〉"九变"考》,《滨州学院学报》,2007年第5期。

江声皖:《〈作战〉既非"备战"也非"野战"》,《安徽广播电视大学学报》,2012年第2期。

季德源:《明代〈孙子〉研究概说》,《军事历史研究》,1993年第2期。

侯昂妤:《近代〈孙子〉的地位重建与研究特点》,《管子学刊》,2020年第3期。

侯昂妤:《中国古代兵学的反思》,《军事历史》,2011年第5期。

王中兴:《竹简本与传世本〈孙子兵法〉的比较研究》,《孙子研究》,2016年第2期。

徐刚:《论先秦诸子的分派问题》,《北京大学学报(哲学社会科学版)》,2015年第5期。

李锐:《对出土简帛古书学派判定的思索》,《人文杂志》,2012年第6期。

高润浩:《〈六韬〉对中国传统兵学的贡献——对〈六韬〉历史地位的再评价》,《滨州学院学报》,2013年第5期。

郭克勤:《"汉简孙子十三篇"的文献学价值》,《孙子研究》,2015年第5期。

谢川豫:《〈孙子〉和〈吴子〉中的军事情报思想比较》,《情报杂志》,2004年第2期。

韩胜宝:《韩流汉风话孙武——"孙子兵法全球行"韩国情况报告》,《滨州学院学报》,2014年第5期。

邵青:《〈孙子兵法〉海外传播述评》,《军事历史研究》,2013年第4期。

杨少俊:《浅谈国外对〈孙子兵法〉的研究与运用》,载《孙子新探——中外学者论孙子》,解放军出版社,1990年。

明茂修、张显成:《四十年来银雀山汉墓竹简整理研究综述——研究的分期、学科分布与展望》,《临沂大学学报》,2014年第3期。

程浩:《银雀山汉墓一号木牍重审》,《上海大学学报(社会科学版)》,2011年第5期。

宋开霞:《银雀山汉简的文化价值》,《滨州学院学报》,2005年第5期。

宋开霞、邵斌:《从〈擒庞涓〉看孙膑与孙武的师承关系》,《军事历史》,2002年第4期。

王晓雪:《〈孙膑兵法〉的流传、失传及研究价值初探》,《管子学刊》,2008年第3期。

陈来:《竹简〈五行〉章句简注——竹简〈五行〉分经解论》,《孔子研究》,2007
　　年第3期。

孙振田:《〈七略·兵书略〉"重复"考辨——兼"别出本""别裁本"及"单行本"
　　辨微》,《图书馆工作与研究》,2016年第7期。

陆继鹏:《简本〈孙膑兵法〉兵阴阳思想探析》,《军事历史》,2012年第2期。

王瑞明:《宋儒对〈孙子兵法〉的继承和发展》,《孙子学刊》,1994年第2期。

苏成爱:《〈孙子〉文献学研究》,安徽大学,博士论文,2012年。

张海波:《银雀山汉简兵书类文献校释》,吉林大学,博士论文,2015年。

吴春生:《〈孙子兵法〉疑难词句辨析》,上海大学,博士论文,2013年。

耿雪敏:《先秦兵阴阳家研究》,南开大学,博士论文,2014年。

后　记

　　这本书是在博士论文的基础上修改完成的。十二年前,我考入中国人民大学国学院,有幸来到黄朴民老师门下攻读博士学位。入学后不久,便商请以"《孙子》文献学研究"作为毕业论文选题。黄师宽厚仁慈,并没有在第一时间予以否定。随着学习的逐渐深入,我开始感到为难,自知题目选大了,非常难以驾驭,于是决定将视线大幅度缩小,集中于银雀山出土文献,主要围绕简本《孙子》进行文献和思想研究。这样的改动也受到黄克剑、梁涛等老师的认可和鼓励,但并没有降低论文的写作难度。一方面,《孙子》是一部兵学经典,一直受到很多关注,研究成果山积,很难写出新意;另一方面,学界对于银雀山竹简的关注不够,甚至可以说是非常冷清,可资借鉴的研究成果并不是很多。好在黄师是孙子研究专家,对有关领域有着非常精湛的研究。有这样的老师指导,我没有理由不硬着头皮大胆往前走。

　　自从走出人民大学的校门,将近八年的时光已经悄然溜走,当初撰写论文时的种种艰辛也渐渐淡忘,但我始终记得这篇文章并没有完成。迫于毕业之计,当初只能匆匆提交一个"半成品"参加答辩。幸运的是,导师和答辩专家都很宽容,让我能够较为顺利地过关。诸位老师出于奖掖后进的目的,对拙作给予较多肯定和表扬,这更让我暗下决心,等待时日继续完成后续的写作。

　　八年时间并不算短,然而我对《孙子》的研究并没有多大长进。听从朋友和同事的劝告,我以博士论文为题申请了国家社科基金后期资助项目。申请的意外成功,令我多少感觉到一丝治学的乐趣。这至少意味着我可以不必自掏腰包而将论文送去出版。更重要的是,我可以借此机会逼着自己将毕业论文重新打量一番,认真地进行一番修改。

　　当然,我很快就意识到这种乐趣非常有限。等我再重新面对旧作时,才知道它是多么的荒率,修改工程之大也远远超出想象。两年多时间,我将旧作删除五万余字,补写十多万字,整篇论文几乎重新写过。总之,我已尽了最大努力。《孙子》只有数千言,我写了数十万言尝试诠释它,却不幸成为曹操所批评的那种"烦富"和"失其旨要"。

千年以来，围绕《孙子》这部古书，发生了太多争议。大约二十年前，我跟随储道立先生读书习文，就已经深度接触《孙子》，攻读硕士学位时，更是多加留意和思考。在博士论文写作之初，我怀揣探险的勇气，带着解惑之目标，投入到这场浩大的工程之中。但是，当习作完成之后，却发现心中积压的谜团不仅没有散去，反而变得更加沉重。我更没想到这一论题竟然纠缠至今，使得《孙子》这部兵典成为我长久的陪伴。有点沮丧的是，我不知道这么长时间的辛苦和心血是否最终白费，是否对得起诸位师友一直以来的热切关注和热心支持。攻读学位期间所产生的诸多困惑至今依然存在，而且仍是无能为力。仍然只能继续把争议留给争议，把困惑留给困惑。

借此机会，我要郑重感谢导师黄朴民先生所给予的大力帮助。先生是著名的军事史和《孙子兵法》研究专家，更是一位宽厚仁慈的长者。写作过程中，每遇思路阻塞之时，都能得到老师的及时指导。黄师无论工作多么繁忙，教学任务多么繁重，都会对学生所提出的每一个问题耐心细致地给予解答。即便是满纸离经叛道之言，都能得到黄师的宽容和谅解。除了有关专业的指导之外，先生对于学生的关爱之情以及仁厚的长者之风，都将令我永志不忘！

黄克剑老师和梁涛老师都曾提出过很好的指导意见，我的硕士生导师储道立先生也一直在提供着无私的帮助，借此机会也要向他们表示由衷的感谢！在论文评审和答辩过程中，王子今先生、王震中先生、卜宪群先生、廖名春先生、宋杰先生、刘庆先生、宋超先生、杨庆中先生、韩树峰先生等，也都先后提出过评语或修改意见，借此机会也表示衷心的感谢。

书中就个别学术观点进行过商榷的诸位先生，我也要深深地表示感谢。学习他们的著作，才能使我获得进步。也可以说，是他们刺激了我的写作灵感。希望自己的强词夺理，不会引起诸位先生的不悦。

感谢国防科技大学国际关系学院的领导和同事们！是他们给了我坚强的勇气和努力前行的决心。感谢中国人民大学各位授课老师，也感谢一起求学的各位同窗。这段时光虽然艰苦，却永远值得怀念。同门师兄弟也曾提供无私帮助，借此机会也表示真挚的谢意。

在完成博士学业之后，我有幸进入南京师范大学中国史博士后流动站，在张进（晋文）老师的指导下，继续就这一论题进行研究。方向东先生、胡阿祥先生、张学锋先生、王剑先生等，也对拙文提出了改进意见，借此机会，同样表示深深的感谢之情！

我也要郑重感谢全国哲学社会科学工作办公室，感谢他们选派的评审专家。虽无法得知尊姓大名，但他们认真负责的态度令我非常感动。有一位先生密密麻麻地写了两页纸，在肯定拙文的同时，也提出善意批评和修改建议，令人感佩。在论文修改过程中，我每每对照诸位先生的意见和建议，尝试着改得更好，希望能让诸位先生满意。

同时也要感谢中华书局的编审老师，尤其是本书责编白爱虎先生。因为他们的认真打磨和仔细修改，让我的错误得以最大限度地减少。当然，即便如此，错误仍是不免，盼望得到读者诸君的批评和指正。

熊剑平

2021年6月28日记于南京